IFRS 중급회계 2025

저자 | 정운오 / 조성표 / 한승엽 / 선우희연

연습문제 해답

經文社

목 차

제1장 재무회계의 본질과 제도적 측면

익힘문제

[1] 회계의 어원적 의미를 설명하라.

회계를 영어로는 Accounting 또는 Accountancy라고 하는데, 이는 결과에 대해 책임을 물을 수 있거나 설명할 수 있다는 뜻의 accountability와 어원이 같다. 따라서 회계와 책임을 묻는 일은 불가분의 관계에 있다. 한자(漢字)로도 회계는 "한데 모여서(會) 셈을 한다(計)"는 의미를 갖는다. 한데 모여서 셈을 하는 이유도 결과에 대해 평가하고 책임을 가리기 위함이다. 따라서 어원적인 측면에서 회계란 경제적 실체 혹은 경영자의 재무상태와 재무성과에 대해 설명하고 책임을 묻는 절차이다.

[2] 재무회계의 의의를 설명하라.

재무회계란 외부의 다양한 회계정보이용자들의 경제적 의사결정(예: 투자, 신용공여)에 도움을 주기 위해, 경제적 실체의 재무상태와 재무성과를 측정하여 보고하기 위해 고안된 정보생산체계이다.

[3] 재무회계정보를 의사결정에 사용하는 정보이용자들은 누구인가?

재무회계정보를 이용하는 의사결정자들은 경제적 실체의 외부에 존재하면서 해당 실체와 이해관계를 맺고 있는 다양한 유형의 의사결정자들을 가리킨다. 주주, 채권투자자(bondholders)와 같은 투자자를 비롯하여 공급자(suppliers), 종업원, 소비자 등을 포함하는 채권자들(creditors)과 재무분석가, 신용평가기관과 같은 정보중개인, 그리고 금융감독기관과 같은 규제기관이 이에 속한다.

[4] 자본시장의 정보비대칭과 역선택의 문제를 설명하라.

자본주의 경제체제에서 자원의 배분은 자본시장에서 투자자와 기업가가 연결됨으로써 이루어지는데, 이 둘이 연결되는 데에 일반적으로 발생하는 문제점이 정보비대칭이다. 자본시장에서 정보비대칭이란 기업가가 투자자들보다 기업가치에 대해 더 잘 알고 있는 현상을 가리킨다. 정보비대칭이 존재하는 자본시장에서 투자자들은 기업가치를 분별할 수 없으므로 모든 기업(혹은 주식)을 동일한 평균가격으로 매수하려고 하나, 평균 이상의 기업가치를 갖는 기업가들은 이 평균가격에 기업(혹은 주식)을 매도하지 않으려 한다. 결국 평균 이상의 가치를 갖는 양질(良質)의 기업은 공급되지 않게 되어 자본시장 전체의 평균품질수준이 저하되며 이에 따라 투자자들이 지불하려는 가격은 더욱 하락한다. 이러한 현상이 반복되면 궁극적으로 저질(低質)의 기업만 시장에서 거래되거나 아예 거래가 이루어지지 않는 시장실패가 초래되는데 이러한 현상을 역선택이라 한다.

[5] 기업가의 도덕적 해이에 대해 설명하라.

자본을 위임받은 경영자들은 자본을 위임한 주주나 채권자의 이익에 역행하는 행동을 취할 수 있는데, 이를 기업가의 도덕적 해이라 한다. 먼저 주주와의 관계에서 경영자의 도덕적 해이를 살펴보면, 주주들은 자신이 투자한 기업의 경영자가 기업가치(주가)를 극대화시켜 주기를 원하는 반면, 경영자는 자신이 회사의 100% 소유자가 아니므로 기업가치의 극대화보다는 기업가치가 손상되더라도 자신의 이익을 극대화하는 행동을 취하게 된다. 비자금의 조성, 호화로운 사무실과 개인용 차량의 소유, 순현재가치(NPV)가 마이너스인 애완사업(pet projects)에 투자하는 것 등이 그 예가 된다. 한편, 채권자와의 관계에서 본 경영자의 도덕적 해이란, 경영자가 주주이익의 대변자로서 주주이익을 위해 회사의 채무지불능력을 저해하는 의사결정을 택하는 것을 말한다. 과도한 배당의 지급이나 고위험-고수익 사업에 투자하는 것 등이 그러한 예이다.

[6] 회계의 가치평가기능이란 무엇인가?

기업가들은 자신의 사업아이디어를 실현시키는 데에 필요한 자본을 조달하기 위해 자본시장에서 서로 경쟁하며, 투자자들은 자신의 자본을 최적으로 투자하기 위해 기업가들이 제시하는 사업아이디어의 가치를 올바르게 평가해야 할 필요를 갖게 된다. 이로 인해 회계는 기업가가 가지고 있는 사업아이디어의 가치(기업가치)를 평가하는 데에 유용한 정보를 제공하도록 요구받는다. 이렇게 기업가치의 평가에 필요한 정보를 제공하는 기능이 회계의 가치평가기능이다.

[7] 회계의 수탁책임평가기능이란 무엇인가?

수탁책임평가기능이란 회계의 전통적 기능으로서, 경제적 실체의 경영성과에 대해 평가하고 책임을 묻는 것이라는 회계의 어원적 의미와도 상통하는 개념이다. 자본시장이 현재와 같이 발달되기 이전 시대에 자본주는 자본을 출자하여 이를 특정인에게 직접 위탁하고, 이 수탁자는 일정기간 사업을 경영한 후 사업이익을 자본주와 분배하였다. 이때 자본주는 출자한 자본을 수탁자가 잠식하지 않고 잘 관리하고 있는지에 일차적 관심을 두게 되어, 이러한 관리책임을 묻기 위한 회계정보를 필요로 하게 되었다. 이러한 자본주의 정보수요에 부응하는 회계의 기능이 바로 수탁책임평가기능이다.

[8] 일반적으로 인정된 회계원칙이란 무엇인가?

기업이 회계정보를 생산하는 과정에서 회계처리를 자의적으로 한다면 회계정보의 왜곡가능성이 커진다. 따라서 기업의 회계처리를 논리적으로 폭넓게 수용할 수 있는 회계원칙에 준거하도록 제한한다면 회계정보의 왜곡가능성도 줄어들 것이다. 이러한 회계원칙을 '일반적으로 인정된 회계원칙(GAAP)'이라고 부른다.

[9] 우리나라 회계기준의 체계를 설명하라.

우리나라 회계기준의 현 체계는 2011년 국제회계기준을 채택한 이후 상장회사들과 금융기관들에게 요구되는 "한국채택국제회계기준(약칭 K-IFRS)"과 비상장회사들을 위한 "일반기업회계기준서"

그리고 중소기업들만을 위한 "중소기업회계기준" 등 삼중체계로 되어 있다. "한국채택국제회계기준"은 국제회계기준(IAS 및 IFRS)을 번역한 「기업회계기준서」와 국제회계기준의 해석서인 SIC해석서와 IFRIC해석서를 번역한 「기업회계기준해석서」로 구성되어 있다. IAS를 번역한 「기업회계기준서」는 1000단위로 시작하되 끝자리 번호는 관련 IAS의 번호와 일치되게 하였고, IFRS를 번역한「기업회계기준서」는 1100단위로 시작하고 끝자리는 역시 관련 IFRS의 번호와 일치되게 하였다. 또 SIC해석서와 IFRIC해석서를 번역한 「기업회계기준해석서」는 각각 2000단위와 2100단위를 부여하였다. 기업회계기준서와 그 해석서는 사용자의 이해도를 높이기 위해 내용이 설명식으로 기술되어 있고, 실무적용의 편의와 국제적 정합성을 높이기 위해 문단식 구조를 가지고 있다. 반면 일반기업회계기준서는 법조문 형식으로 기술되어 있어서 그 내용이 개괄적이다.

[10] 우리나라 회계기준의 제정기관에 대해 설명하라.

1981년 최초로 제정된「기업회계기준」은 그 당시 증권관리위원회가 제정주체였으며, 그 후의 개정도 동 위원회가 주체가 되었다. 이후 1990년대 후반에 외환위기가 발발함으로써 금융시장에 대한 감독을 강화할 필요가 생겼고, 이에 따라 1998년에 증권관리위원회가 금융감독위원회로 흡수되고 「기업회계기준」 제정권한도 금융감독위원회로 이양되었다. 그러나 외환위기를 겪는 동안 우리나라 정부는 민간기관이 회계기준을 제정하는 방향으로 회계제도를 개혁하도록 세계은행으로부터 강력하게 요구받았고, 이에 따라 민간기구인 회계기준원을 1999년 9월에 설립하였다. 이어서 2000년 1월에는 「외감법」을 개정하여 금융감독위원회가 회계기준제정업무를 전문성을 갖춘 민간기관에 위탁할 수 있는 법적 근거를 마련함에 따라 회계기준제정권한이 회계기준원에 위탁되었고, 회계기준제정을 위한 심의·의결을 위해 회계기준원 내에 전문가로 구성된 회계기준위원회(KASB)가 설치되었다. 금융감독위원회(현재는 금융위원회로 개칭됨)는 회계기준제정과 관련하여 전반적인 감독권만 행사한다.

[11] 1990년대 말 우리경제에 닥쳤던 외환위기와 그 당시의 회계제도 및 관행에 관한 내용을 인터넷에서 검색하고, 외환위기를 그 당시의 회계제도 및 관행과 연관하여 조명해 보라.

1990년대 말 우리나라의 외환위기를 초래한 근본원인은 정부가 주도하는 은행중심의 금융시스템, 재벌위주의 경제정책, 재벌과 정치인 또는 고위공무원의 부정한 정경유착 때문이지만, 이에 더하여 원칙에 어긋나고 불투명했던 기업회계관행, 그 중에도 특히 금융기관들의 자의적인 회계관행은 우리경제에 대한 대외신인도를 크게 추락시켜 외환위기를 더욱 악화시킨 요인이 되었다. 이처럼 불투명하고 정직하지 못한 회계제도 및 기업회계관행이 우리사회에 정착되게 된 이유는 오랜 기간 동안 자본시장의 자율성이 억압된 상태에 있었기 때문이다. 시장원리를 무시한 정부가 은행의 대주주로서 자원배분의 주체 노릇을 함으로써 금융시장의 자율성이 억압되었고, 주식시장에서도 기업가치평가에 근거한 건전한 투자보다는 주로 단기적인 투기성 투자가 이루어져 왔으며, 이에 더하여 경제원칙에 어긋나는 정부의 인위적인 부양정책으로 주식시장의 자율성도 매우 허약한 상태에 있었다. 시장참여자들의 자율성이 존재하지 않는 자본시장환경 속에서는 가치평가기능이나 수탁기능과 같은 회계의 사회적 기능은 발휘될 여지가 전혀 없었고, 이에 따라 기업의 재무보고나 외부감사인의 감사도 법에 의한 요식행위로 전락하게 되었다. 이러한 풍토 속에서 회계분식과 회계부정이 만연하게 되었고, 이러한 회계윤리의 추락은 우리나라 외환위기를 필요 이상으로 악화시켰다.

[12] 1990년대 말 외환위기 중에 국제통화기금(IMF)이나 세계은행(IBRD)이 우리나라 경제개혁의 핵심과제 중 하나로서 회계제도의 혁신을 꼽은 이유는 무엇이라 생각하는가?

IMF나 IBRD는 우리나라 은행들의 대출이 기업회계정보의 분석을 통한 신용위험평가에 근거하지 않고 경제논리를 무시한 정치인들의 영향력에 의해 좌우되었으며, 기업들도 수익성 위주의 내실 있는 투자보다는 기업규모의 확대와 같은 성장 위주의 투자에 은행대출금을 사용함에 따라 대량의 부실채권이 누적되어 우리나라 금융시스템의 붕괴를 초래하였다고 분석하였다. 이처럼 시장 외적인 힘에 의해 비효율적으로 경제적 자원배분(resource allocation)이 이루어지던 우리나라 경제체제를 '시장을 통한 효율적인 자원배분'이 가능한 경제체제로 개혁하기 위해서는 시장의 정보비대칭과 기업가의 도덕적 해이로 인한 제반 문제를 해결할 수 있는 투명하고 신뢰성 있는 회계정보의 제공이 핵심요인이기 때문이다.

[13] 2000년대 초반에 걸쳐 발생한 미국의 엔론, 월드컴, 아델피아 등 거대기업의 회계부정과 그로 인한 파산에 관하여 인터넷에서 검색하고, 이러한 회계부정이 미국 자본시장에 대한 불신으로 이어졌던 이유에 대해 설명해 보라.

주식시장의 투자자들은 기업에 대한 가치평가와 기업가의 수탁책임에 대한 평가에 근거하여 투자의사결정을 내리며, 회계는 투자자들의 이러한 평가에 필요한 정보를 제공한다. 따라서 주식시장이 자원배분기능을 제대로 수행하려면 신뢰할 수 있는 회계정보가 시장에 제공되는 것이 필수적이다. 이를 위해서는 회계정보의 생산자인 경영자와 해당 회계정보의 신뢰성을 독립적으로 보증하는 외부감사인은 왜곡되지 않은 정직한 회계정보를 제공해야 한다. 만약 이들이 회계부정을 통해 왜곡된 정보를 제공한다면 투자자들은 이들에 대한 불신으로 인해 시장을 이탈하게 되어 자본시장은 제 기능을 발휘할 수 없게 된다. 이러한 현상은 미국의 엔론, 월드컴, 아델피아 등을 비롯한 대기업들의 회계부정사건 이후 미국주식시장에서 관찰되었다. 미국기업들의 회계부정사건은 회계정보의 사회적 기능이 얼마나 중요한지, 그리고 회계부정으로 인한 경제적 손실이 얼마나 큰지 극명하게 보여준 사건이다.

[14] 국제회계기준의 필요성을 요약하라.

정보통신기술의 급격한 발달이 세계를 하나의 경제단위로 만들어가고 있으며, 이에 따라 자본시장에서도 국가 간 장벽이 사라지는 추세이다. 한 국가의 자본시장에서와 마찬가지로 국제자본시장에서도 기업들의 회계정보는 투자자와 채권자들의 의사결정에 중대한 영향을 미친다. 그러나 국가마다 회계기준이 상이하여 어느 국가의 회계기준을 적용하느냐에 따라 유사한 경영성과나 재무상태가 다르게 보고되고, 이러한 문제는 국제자본시장에서 회계정보이용자들에게 혼란을 줌으로써 회계정보의 유용성을 저하시키고 국제자본시장의 발달도 저해한다. 국가 간 회계기준의 차이가 국제자본시장의 발달을 저해하는 문제를 해결하기 위해 국제적으로 통일된 회계기준을 필요로 하게 된다.

[15] 국제회계기준위원회(IASB)의 성격을 요약하라.

국제회계기준위원회의 특징은 순수민간단체로만 회원이 구성되어 있다는 점이다. 이 기구는 국가 간 회계기준의 차이에서 발생하는 제반 문제점에 대처하기 위해 1973년 런던에서 창설되었다. 창설회원국은 발의국인 영국, 미국, 캐나다 등 3개국과 이들의 결의에 의해 가입이 결정된 호주, 프랑스, 구서독, 일본, 네덜란드, 멕시코 등 6개국을 합한 9개국이었고, 1983년 이후에는 국제회계사연맹(IFAC)에 소속된 모든 회계사단체가 참여하게 되었다. 국제회계기준위원회는 창설 이후 오랜 동안 소기의 목적을 효과적으로 달성하지 못하였는데, 가장 큰 이유는 회원구성이 민간단체로만 되어 있어 국제회계기준의 적용을 집행할 법적 구속력이 없었다는 태생적 한계 때문이었다. 그러나 1987년 국제증권감독자기구(IOSCO)가 자문기구로 참여하고, 국제회계기준을 정비함에 따라 2000년에는 IOCSCO가 국제회계기준을 국제표준으로 승인하게 되면서 국제회계기준위원회는 태생적 한계를 벗어나게 되었다. 이후 2001년 대대적인 조직개편과 2009년 및 2013년의 추가 조직개편을 거친 국제회계기준위원회는 점차 국제자본시장에 그 영향력을 확장해 가고 있다.

[16] 국제회계기준위원회(IASB)의 목적을 설명하라.

국제회계기준위원회의 중요한 목적은 재무보고를 위한 회계기준을 공공의 이익 측면에서 제정·공포하고 그러한 회계기준이 세계적으로 인정되고 준수됨으로써 국가 간 회계기준의 조화(harmonization)를 성취하는 것이다. 이러한 국가 간 회계기준의 조화는 국제자본시장의 발달에 기여하게 된다.

[17] IOSCO와 국제회계기준위원회(IASB)의 관계를 설명하라.

국제회계기준위원회는 창립초기부터 회계기준의 국제적 조화와 통일을 위한 적극적인 활동을 전개하여 왔으나, 국제회계기준의 적용을 강제할 법적 집행력이 없고, 국제회계기준(IAS & IFRS)이 지나치게 많은 회계처리방법을 허용하여 회계정보의 비교가능성을 저해하며, 재무보고목적에 대한 국제적인 합의를 이루지 못하는 등의 이유로 인해 1980년대 중반까지도 소기의 목적을 충분히 달성하지 못하였다. 이후 1987년 IOSCO(국제증권감독자기구)가 자문기구로 가입하면서부터 국제회계기준위원회는 그 활동에 활력을 얻게 되었다. IOSCO는 주요 국가의 증권감독기관들로 구성된 국제단체로서 필요시 국제회계기준의 수용을 강제할 수 있는 법적 권한을 가지고 있기 때문이다. 이후 국제회계기준위원회는 IOSCO와의 협약에 따라 불완전한 기존의 국제회계기준을 정비하여 핵심기준(core standards)을 제정하고 IOSCO가 이 핵심기준을 승인함으로써 국제회계기준은 세계표준으로서의 지위를 확립하게 되었다.

[18] 국제지속가능성기준위원회(ISSB)의 목적을 설명하라.

자본시장 참여자들, 특히 기관투자자들은 재무적 정보뿐 아니라 비재무적 정보가 투자의사 결정에 있어서 매우 중요하다는 주장을 꾸준히 제기해 왔고, 그로 인해 관련 정보의 공시 필요성도 증대하였다. 비재무적 정보는 다양하지만, 최근에는 주로 기업의 지속가능성(sustainability)을 평가하는 데에 도움을 주는 정보를 말한다. 지속가능성을 평가하는 데 통상적으로 사용되는 정보는 "ESG 지표"인데, 이는 기업이 환경과 사회적 이슈를 기업경영에 있어 얼마나 중요하게 고려하는지, 그리고 때로는 단기적 이익을 희생하더라도 환경과 사회를 위한 의사결정을 내릴 수 있는 건강한 기업지배구조가 정착되어 있는지를 보여줄 수 있는 각종 정보를 가리킨다. ESG가 자본시장에서 주요한 이슈로 부상하면서 투자자들은 개별 기업의 ESG 경영성과를 평가하고 그 평가에 따라 투자의사 결정을 내리는 일이 필요하게 되었다. 이는 기업들이 ESG 관련 정보를 공시해야 하며, 그러기 위해서는 적절한 공시기준이 필요함을 의미한다. 이를 위해 CDSB, IIRC, SASB, TCFD 등 다양한 독립된 민간 공시기준 제정기관들이 등장하게 되었다. 그러나 이들은 서로 상이한 기준과 개념체계를 제정함으로써 기업이나 투자자에게 혼란을 가져오고 공시된 정보의 비교가능성도 어렵게 되었다. 이에 공신력 있고 일관된 지속가능성 관련 기준을 제정할 목적으로 2022년 IFRS재단은 국제지속가능성기준위원회(ISSB)를 창설하였다.

제2장 재무보고의 개념체계

익힘문제

[1] 개념체계의 필요성을 설명하라.

다양한 이해관계자들의 이해가 상반되는 회계환경에서 회계기준제정기관은 회계기준을 사안별로 단편적으로 제정하거나, 또는 정치적 협상력이 우월한 경제주체의 영향을 받아 이들의 이익을 반영하는 방향으로 제정함으로써, 회계기준제정의 접근방법이 일관성과 중립성을 잃을 가능성이 높다. 회계기준제정의 접근방법이 일관성을 결여하거나 편향성을 갖게 되면 회계기준의 품질이 저하되고 회계정보의 유용성도 떨어져 회계의 기능이 상실된다. 이러한 위험을 방지하기 위해 개념체계는 회계기준제정기관이 회계기준을 제정 또는 개정함에 있어 일관성 있고 중립적인 입장을 견지할 수 있도록 논리적으로 올바른 지침을 제공한다.

[2] 개념체계는 어떠한 역할을 하는가?

개념체계는 다음 세 가지 역할을 담당한다.

첫째, 「한국회계기준위원회(KASB)」가 일관된 개념에 근거하여 한국채택국제회계기준(K-IFRS)을 제・개정하도록 도와주며, 더 나아가 KASB가 소정의 임무(stated mission), 즉 '전 세계 금융시장에 투명성(transparency)과 회계책임(accountability), 그리고 효율성(efficiency)을 가져다주는 회계기준의 개발'이라는 임무를 수행할 수 있도록 돕는 역할을 한다.

둘째, 개념체계는 재무제표 작성자(예 : 경영자)가 특정 거래나 사건의 회계처리에 적용할 회계기준이 없거나, 회계기준이 복수의 회계정책 중 하나의 선택을 허용하는 경우 일관된 회계정책을 개발하도록 도와준다.

셋째, 개념체계는 모든 이해관계자들이(all parties) 회계기준을 이해하고 해석하는 데 도움을 준다.

[3] 개념체계에서 말하는 재무보고의 주요 대상은 누구이며 이들은 어떠한 정보를 필요로 하는가?

재무보고의 주요 대상은 '현재(existing) 및 잠재적(potential) 투자자, 대여자(lenders) 및 기타 채권자들(other creditors)'이며, 이들의 주요한 의사결정은 보고기업이 발행하는 주식이나 채권 등의 매수, 매도, 보유에 관한 결정 및 자금대여와 같은 신용의 제공과 그 결제에 관한 결정, 그리고 경영진의 정책에 대해 의결권을 행사하는 결정 등을 포함한다. 그런데 이러한 주요 의사결정들은 이들이 기대하는 수익(예: 배당, 원금 및 이자, 지분상품과 채무상품의 가격상승 등)에 달려 있으며, 이 기대수익은 ① 보고기업에 유입될 미래 순현금유입의 금액, 발생시기 및 불확실성(전망)에 대한 평가와, ② 보고기업에 위탁된 경제적 자원에 관해 경영진이 수탁책임을 얼마나 잘 이행했는가에 대한 평가에 따라 달라진다. 결과적으로, 현재 및 잠재적 투자자, 대여자 및 기타 채권자들은 이러한 평가에 도움이 되는 정보를 필요로 한다. 구체적으로 이러한 정보는 ① 보고기업의 자원 및 보고기업에 대한 청구권, 그리고 그러한 자원과 청구권의 변동에 관한 정보와, ② 보고기업의 '경영진 및 이사회'가 경제적 자원의 사용에 대한 책임(responsibilities to use the entity's economic resources)을 얼마나 효율적이고 효과적으로 이행했는지를 나타내는 정보이다.

[4] 일반목적재무보고란 무엇인가?

개념체계는 일반목적재무보고(financial *reporting*)를 공식적으로 정의하지는 않았다. 따라서 일반목적재무보고는 '일반목적재무보고서를 작성하고 배포하는 행위'로서, 투자유치를 위한 투자설명(IR), 납세를 위한 세무보고, 경영진을 위한 내부보고 등과 같이 이용자가 제한적인 '특수목적(special-purpose) 재무보고'와 대비되어 '다양한 정보이용자들에게 공통의 정보를 제공하는 재무보고'라고 보면 무난할 것이다.

[5] 일반목적재무보고의 목적을 설명하라.

일반목적재무보고의 목적은, 현재(existing) 및 잠재적(potential) 투자자, 대여자(lenders) 및 기타 채권자(other creditors)가 보고기업에 자원(resources)을 제공하는 것과 관련하여 의사결정을 내릴 때 유용한 재무정보를 제공하는 것이다. 이러한 의사결정은 ① 보고기업이 발행한 지분상품(예 주식) 및 채무상품(예 회사채)의 매수, 매도 또는 보유에 관한 결정, ② 보고기업에게 자금을 대여하고 상환 받거나, 그 밖의 유형의 신용(예 외상, 지급보증)을 제공하고 결제하는 결정, ③ 보고기업의 경제적 자원의 사용에 영향을 미치는 경영진의 행위(actions)에 대해 의결권을 행사하거나 그와 유사한 권리를 행사하는 것에 관한 결정을 말한다.

[6] 의사결정에 유용한 재무정보의 질적 특성에 대해 설명하라.

질적 특성은 유용한 재무정보와 그렇지 않은 정보를 구분하는 기준인데, 이는 근본적 질적 특성과 보강적 질적 특성 등 두 등급으로 나뉜다. 근본적 질적 특성으로는 목적적합성과 표현의 충실성이 있으며, 보강적 질적 특성으로는 비교가능성, 검증가능성, 적시성, 이해가능성 등 네 가지가 있다. 즉, 재무정보가 기본적으로 유용하기 위해서는 우선적으로 목적적합함과 동시에 나타내고자 하는 바를 충실하게 표현해야 하고, 더 나아가 목적적합하고 충실하게 표현된 정보라도 비교가능성, 검증가능성, 적시성, 이해가능성이 보강된다면 그 유용성이 더 제고될 수 있다.

[7] 목적적합한 정보란 무엇인가?

정보이용자의 의사결정에 차이를 가져올 수 있는 정보라면 목적적합한 정보가 되는데, 어떤 재무정보가 예측가치나 확인가치 또는 이 둘 모두를 갖는다면 그 정보는 이용자의 의사결정에 차이가 나게 할 수 있다.

[8] 표현이 충실한 정보란 무엇인가?

재무정보가 표현의 충실성을 갖는다는 것은 나타내고자 하는 경제적 현상(economic phenomena)의 실질(substance)을 충실하게 표현하고 있음을 말한다. 완벽한 표현의 충실성을 갖는 정보는 그 서술이 완전하고(complete), 중립적이며(neutral), 오류가 없다. 현실적으로 완벽한 표현은 거의 불가능하지만, 가능한 정도까지 이 세 가지 속성을 극대화하는 것을 목표로 삼아야 한다.

[9] 재무정보의 비교가능성이 필요한 이유는 무엇인가?

비교가능성이 필요한 이유는 정보이용자의 의사결정이 여러 대안 가운데 하나를 선택하는 것이므로, 어떤 기업에 대한 정보는 다른 기업의 유사한 정보와 비교할 수 있고(기업 간 비교), 또 해당 기업에 대한 다른 기간의 유사한 정보와 비교할 수 있다면(기간 간 비교) 그 유용성이 더욱 높아지기 때문이다. 일반적으로, 동일한 경제적 현상에 대해 대체적인 회계처리방법을 허용하면 비교가능성은 감소한다. 그렇다고 해서 비교가능성이 통일성을 의미하는 것은 아니다. 또 근본적 질적 특성을 충족하면 일정 수준의 비교가능성은 달성될 수 있다. 즉, 어떤 기업의 경제적 현상에 대한 목적적합하고 충실한 표현은 다른 기업의 유사한 경제적 현상에 대한 목적적합하고 충실한 표현과 어느 정도의 비교가능성을 자연히 갖게 된다.

[10] 연결재무제표와 결합재무제표의 차이를 설명하라.

보고기업이 지배기업과 종속기업들로만 구성된 경우 그러한 보고기업이 작성하는 재무제표를 '연결재무제표(consolidated financial statements)'라고 부른다. 따라서 연결재무제표는 지배기업과 종속기업들이 하나로 모여서 이룬 단일(single) 보고기업에 대하여 자산, 부채, 자본, 수익 및 비용에 관한 정보를 제공한다.

반면, 보고기업이 지배-종속 관계로 모두가 연결되어 있지 않은 실체들로 구성되어 있고, 그러한 보고기업이 단일의 재무제표를 작성한다면, 그러한 재무제표를 '결합(combined)재무제표'라고 부른다. 연결은 지배-종속 관계라는 명확한 기준에 따라 이루어지지만, 결합은 그런 기준이 없으므로, 결합재무제표의 적합한 경계(boundary)를 결정하는 일은 쉽지 않다. 원칙적으로는 해당 보고기업의 재무제표를 이용하는 주요 이용자들의 정보 수요에 맞춰 경계를 결정한다.

[11] 재무상태표를 구성하는 세 가지 요소의 정의를 제시하라.

재무상태표 요소는 자산, 부채, 자본이다. 자산은 '과거사건의 결과로 보고기업이 통제하고 있는 현재의 경제적 자원(resource)'인데, 여기서 경제적 자원이란 '경제적 효익(benefits)을 창출할 잠재력을 가진 권리(right)'를 말한다. 이처럼 자산의 정의 안에는 중요한 세 가지 요소, 즉 권리, 경제적 효익을 창출할 잠재력, 그리고 통제(control)가 있다. 부채(liabilities)는 '과거사건의 결과로서 경제적 자원을 이전해야 할 기업의 현재의무(present obligation)'이다. 부채가 존재하려면, ① 기업에게 의무가 있고, ② 이 의무는 경제적 자원을 이전해야 하는 의무이며, ③ 이 의무는 과거사건의 결과로서 존재하는 현재의무이어야 한다. 마지막으로, 자본은 기업의 자산에서 모든 부채를 차감한 후의 잔여지분을 가리킨다.

[12] 재무성과표를 구성하는 두 가지 요소의 정의를 제시하라.

재무성과표의 요소는 수익과 비용이다. 수익(income)은 자산의 증가 또는 부채의 감소이며, 그 결과로 자본의 증가를 가져온다. 그런데 수익으로 인한 자본의 증가는 자본청구권자(주주)의 출자로 인한 자본의 증가는 제외한다.

비용(expenses)은 자산의 감소 또는 부채의 증가이며, 그 결과로 자본의 감소를 가져온다. 수익의 경우와 마찬가지로, 비용으로 인한 자본의 감소는 자본청구권자에 대한 분배(예: 배당지급)로 말미암은 자본의 감소는 제외한다.

[13] 발생주의를 설명하라.

발생주의, 또는 발생기준이란 거래나 사건이 경제적 자원과 청구권에 미친 영향을 관련 현금유출입이 일어나는 시점이 아니라 동 거래나 사건이 발생한 시점에 보여주는 회계방법이며, 이를 적용한 재무정보는 현금흐름을 수반한 과거거래에 대한 정보뿐 아니라, 미래 현금수취가 기대되는 경제적 자원 및 미래 현금을 지급해야 하는 의무에 관한 정보도 보여줌으로써 정보이용자의 의사결정에 가장 유용한 형태의 정보를 제공한다.

[14] 발생주의의 유용성을 현금주의와 비교하여 설명하라.

재화나 용역의 생산을 위한 현금유출과 생산된 재화나 용역의 판매로 인한 현금유입은 동일한 기간에 발생하지 않을 뿐만 아니라 현금이 유출되는 시점에서부터 회수될 때까지 상당한 기간이 소요된다. 그러므로 일 년이라는 짧은 회계기간에 대해 현금유입과 현금유출만을 단순 대비하는 현금기준은 투자와 투자수익을 적절히 대비시킬 수 없어서 기업의 재무성과를 제대로 나타낼 수 없다. 반면에 발생기준은 발생 및 이연을 통해 투자와 투자수익을 기간별로 적절히 짝 맞춤 함으로써(matching) 회계기간별로 기업의 재무성과를 더 정확하게 측정할 수 있게 한다.

[15] 회계단위가 무엇인지 설명하라.

회계단위(unit of account)란 인식기준 및 측정 개념이 적용되는 단위를 가리키는데, 이 단위는 ① 단일 권리나 복수 권리들의 집합(group of rights), ② 단일 의무나 복수 의무들의 집합, 또는 ③ 권리와 의무를 동시에 포함하는 집합일 수 있다. 회계단위는 하나의 자산이나 하나의 부채에 대해 선택하며, 해당 자산이나 부채, 그리고 이들과 관련된 수익과 비용에 인식기준과 측정 개념을 어떻게 적용할 것인지 고려할 때에 선택한다. 예컨대, 토지에는 많은 권리들이 포함되는데, 소유권, 토지이용권, 지상권, 담보제공권 등이 그것이다. 그러나 실무적으로 토지는 하나의 자산으로 인식하고 측정하므로, 토지의 회계단위는 복수의 권리들의 집합인 것이다.

[16] 미이행계약에 대해 설명하라.

미이행계약이란 모든 계약당사자가 자신의 의무를 균등하게(equally) 미이행한 계약이나 그러한 계약의 일부를 말한다. 즉, 미이행계약은 계약당사자 모두가 자신의 의무를 전혀 이행하지 않았거나, 모든 당사자가 각자 의무를 균등하게 부분적으로만 이행한 계약이다. 한 계약당사자의 의무는 상대방에게는 권리가 되므로, 미이행계약은 권리와 의무가 같은 원천에서 동시에 발생하는 예가 된다. 따라서 미이행계약의 권리와 의무는 상호의존적이며 분리될 수 없다. 이렇게 결합된 권리와

의무는 단일 자산 또는 단일 부채를 구성하는데, 현시점에서 교환조건이 유리하다면 자산이 존재하는 것이고, 불리하다면 부채가 존재한다. 따라서 미이행계약의 회계단위는 권리와 의무를 동시에 포함하는 집합이다.

[17] 의제의무에 대해 설명하라.

일반적으로 의무는 계약, 입법, 또는 그와 유사한 수단에 의해 성립되며, 그 이행은 법적으로 강제된다. 그러나 법적으로 강제될 수 있는 의무 이외에도, 보고기업의 실무적 관행, 공개된 정책이나 구체적인 성명(specific statements)으로 인해 의무가 발생할 수도 있는데, 보고기업이 이러한 실무나 정책 또는 성명과 어긋나는 행동을 할 수 있는 실제적 능력이 없다면 의무가 존재한다. 이러한 의무를 '의제의무(constructive obligation)'라고 한다.

[18] 재무제표 요소, 재무상태표 및 재무성과표의 상호연계성에 대해 설명하라.

재무제표 요소들인 자산, 부채, 자본, 수익, 비용이 인식됨에 따라, 이 요소들과 재무상태표 및 재무성과표는 다음과 같은 상호연계성을 갖게 된다. 첫째, 보고기간 초(初)와 말(末)의 각 재무상태표에서는 '총자산 빼기(minus) 총부채는 총자본'이 된다. 둘째, 보고기간에 걸쳐 인식된 자본의 변동은, ① 재무성과표에 인식된 수익에서 비용을 차감한 금액, 즉 순이익과, ② 자본청구권자가 출자한 금액에서 이들에게 분배된 금액(예 배당)을 뺀 금액의 합으로 이루어진다.

[19] 자산과 부채의 인식기준에 대해 설명하라.

어떤 항목이 재무상태표에 자산이나 부채로 인식되기 위해서는 다음 세 가지 인식기준(recognition criteria)을 모두 충족해야 한다. ① 그 항목이 자산 또는 부채의 정의를 충족한다. ② 그 항목의 인식이 자산이나 부채에 대해 목적적합한 정보를 제공한다. ③ 그 항목의 인식이 자산이나 부채에 대해 충실한 표현을 제공한다. 자산은 "과거사건의 결과로 보고기업이 통제하고 있는 현재의 경제적 자원(resource)"으로 정의되며, 부채는 "과거사건의 결과로서 경제적 자원을 이전해야 할 기업의 현재의무(present obligation)"로 정의된다.

[20] 수익과 비용의 인식기준에 대해 설명하라.

어떤 항목이 재무성과표에 수익이나 비용으로 인식되기 위해서는 다음 세 가지 인식기준을 모두 충족해야 한다. ① 그 항목이 수익 또는 비용의 정의를 충족한다. ② 그 항목의 인식이 수익이나 비용에 대해 목적적합한 정보를 제공한다. ③ 그 항목의 인식이 수익이나 비용에 대해 충실한 표현을 제공한다. 수익은 자본청구권자(주주)의 출자로 인한 자본의 증가를 제외한 자본의 증가로 정의되며, 자산의 증가 또는 부채의 감소를 수반한다. 비용은 자본청구권자에 대한 분배(예: 배당지급)로 인한 자본의 감소를 제외한 자본의 감소로 정의되며, 자산의 감소 또는 부채의 증가를 수반한다. 한편, 수익을 인식할 때 관련 비용을 동시에 인식하는 것을 '수익과 관련 원가의 대응(matching)'이라 부르기도 하는데, 개념체계를 적용하여 자산과 부채의 변동을 인식하면 이러한 대응이 자연히 나타난다. 그렇지만 개념체계는 '관련 원가를 수익에 대응하는 것'을 비용의 인식기준으로 제시하지는 않는다.

[21] 자산과 부채의 측정기준으로서 역사적 원가와 현행가치 기준을 설명하라.

자산의 역사적 원가(historical cost)는 자산을 취득하거나 창출할(create) 때 발생한 원가의 가치로서, 자산의 취득 또는 창출을 위해 지급한 대가에 거래원가(transaction costs)를 합친 금액을 말하며, 부채의 역사적 원가는 부채를 발생시키거나 인수하면서(taken on) 수취한 대가에서 거래원가를 뺀 금액을 가리킨다.

현행가치(current value)는 측정일 현재의 조건(conditions at the measurement date)을 반영하기 위해 업데이트된 정보(예 측정일의 금리, 환율, 주가, 신용위험 등)를 사용하여 측정된 가치를 말한다. 따라서 현행가치는 역사적 원가와는 달리, 해당 자산/부채를 발생시킨 과거 거래가격과는 부분적으로라도 연관이 없다. 또 현행가치는 단일 측정기준이 아니라 측정기준의 한 범주(category)로서, 이 범주 안에는 공정가치, 사용가치, 이행가치, 그리고 현행원가라는 다양한 개별 측정기준이 있다.

[22] 세 가지 핵심추정치를 비교 설명하라.

첫 번째 핵심추정치는 '기대치'인데, 이는 발생가능한 모든 결과들의 평균값으로서 확률을 가중치로 하여 계산한 가중평균값이다. 이처럼 기대치는 일어날 모든 결과들의 전체범위를 반영하며, 발생가능성이 높은 결과일수록 더 큰 비중(즉, 가중치)을 준다. 기대치는 해당 자산/부채에서 발생하는 경제적 효익의 궁극적 유출입을 예측하기 위한 것은 아니다.

두 번째 추정치는 '발생가능성이 미발생가능성보다 더 높은 범위 내의 최대값'으로서 통계적 중간값과 유사하다. 사후적으로 발생한 결과가 이 최대값보다 높을 확률이 50% 이하이므로, 이 추정치를 자산이나 부채의 측정치로 사용함으로써 사후적으로 손실이나 이익을 볼 확률은 50% 이하가 된다.

세 번째 핵심추정치는 '발생가능성이 가장 높은 결과'인 통계적 최빈값이다. 이 추정치는 발생확률이 제일 높은 단일의 유출입 금액을 나타낸다.

[23] 자본유지 개념을 설명하라.

자본유지 개념은 기간이익을 결정할 때에 기초의 자본이 기말에도 그대로 유지되는지의 여부를 기준으로 삼는다는 개념으로서, 이 개념에서는 자본을 유지하는 데에 필요한 금액을 초과하여 유입된 자산의 금액만이 이익으로 간주된다. 즉, 기초에 가지고 있던 자본만큼을 기말에도 가지고 있다면 이 기업의 자본은 유지된 것이며, 기초자본을 유지하기 위해 필요한 부분을 초과하는 금액이 이익이 되는 것이다. 이와 같이 자본유지개념은 이익측정의 준거기준(point of reference)을 제공함으로써 자본개념과 이익개념 사이의 연결고리 역할을 한다.

[24] 재무자본유지와 실물자본유지의 차이를 설명하라.

재무자본유지 개념에서의 이익은 기말 순자산의 재무적 금액(financial amount)이 기초 순자산의 재무적 금액을 초과하는 금액이다. 재무자본유지 개념에서는 자본을 명목화폐단위 또는 불변구매력단위로 정의할 수 있는데, 전자의 경우 이익은 해당 기간 중 발생한 명목화폐자본의 증가액이 되고, 따라서 기간 중 발생한 보유자산의 가격상승, 즉 자산보유이익은 전액이 이익에 해당한다. 그러나 자본을 불변구매력단위로 정의하면, 이익은 해당 기간 중 투자된 구매력의 증가가 되고, 따라서 일반물가수준의 상승을 초과하는 자산가격의 상승부분만이 이익이며, 나머지 가격상승부분은 물가상승으로 인한 구매력 손실을 보전하는 데 필요한 자본유지조정으로서 자본의 일부가 된다.

반면, 실물자본유지 개념에서의 이익은 기말 실물생산능력이 기초 실물생산능력을 초과하는 부분에 해당한다. 자산·부채의 가격이 변동하여도 실물생산능력은 변함이 없으므로, 실물자본유지 개념에서는 자산·부채의 가격변동효과를 이익으로 보지 않고, 자본의 일부인 자본유지조정으로 간주한다. 실물자본유지 개념을 채택하게 되면, 해당 기업은 자산·부채의 측정기준으로서 현행원가를 사용해야 한다.

제3장 재무제표

익힘문제

[1] 재무제표란 무엇인가?

재무제표(financial statements)란 기업의 재무상태(financial position)와 재무성과(financial performance)에 관한 '체계적인 표현(structured representation)'으로서, 투자자나 채권자와 같은 재무제표이용자들의 의사결정에 유용한 정보를 제공한다.

[2] 전체를 구성하는 재무제표는 무엇인가?

전체를 구성하는 재무제표는 통상적으로 기말 재무상태표, 기간 포괄손익계산서, 기간 자본변동표, 기간 현금흐름표, 그리고 주석 등 다섯 가지를 포함한다. 그밖에도 회계정책을 소급적용하거나 재무제표를 소급하여 재작성해야 하는 특별한 경우(예 : 중요한 회계오류의 수정 등)에는 '가장 이른 비교기간의 기초재무상태표'도 전체재무제표에 속한다.

[3] 재무제표 작성시 상계(offsetting)와 관련된 원칙을 설명하라.

일반적으로 자산과 부채는 서로 상계하여 순액으로 표시하지 않으며, 마찬가지로 수익과 비용도 서로 상계하여 표시하지 않는다. 그 이유는 상계하는 과정에서 자산, 부채, 수익, 비용의 각 총액에 대한 정보가 유실되므로, 발생한 거래나 사건을 이해하고 기업의 미래현금흐름을 분석할 수 있는 능력을 저해하기 때문이다.

[4] 재무제표 작성시 비교정보(comparative information)와 관련된 원칙을 설명하라.

기업은 한국채택국제회계기준이 허용하거나 달리 요구하는 경우를 제외하고는 최소한 당기 및 직전 기간의 재무제표를 비교형식으로 제시한다. 그러나 회계정책을 소급적용하거나 재무제표를 소급하여 재작성하는 경우에는 적어도 세 개의 재무상태표와 두 개씩의 그 밖의 재무제표 및 관련 주석을 보고한다. 이때 세 개의 재무상태표란 각각 당기 말, 전기 말 (당기 초와 동일), 그리고 가장 이른 비교기간의 기초를 기준시점으로 하여 작성한 재무상태표를 말한다. 또 당기 재무제표를 이해하는 데 목적적합하다면 서술형 정보라 하더라도 비교정보를 제시한다. 한편, 당기에 재무제표

항목의 표시(presentation)나 분류(classification)를 변경한 때에는 실무적으로 적용할 수 없는 경우가 아닌 한, 비교 재무제표도 해당 변경내용에 맞추어 제시해야 한다. 이는 회계정책의 변경이나 오류수정의 경우에도 마찬가지다.

[5] 회계등식을 설명하라.

회계등식은 회사의 자산총액이 부채와 자본의 총액과 같음을 나타낸다. 자산은 회사가 보고기간말 현재 보유 중인 경제적 자원(economic resources)의 총액으로서 이 경제적 자원이 어떤 형태로 보유 또는 투자되어 있는지(예: 현금, 매출채권, 재고자산, 유형자산, 무형자산 등)를 나타내고, 부채와 자본의 합은 이러한 경제적 자원이 누구로부터 어떻게 조달되었는지 나타낸다. 다시 말해, 부채와 자본의 합은 회사에 제공된 총자본(total capital)을 의미하고, 이로써 회사의 자본구조(capital structure)를 보여준다.

자산 = 부채 + 자본

[6] 자산항목을 유동/비유동으로 분류하는 기준에 대해 설명하라.

어떤 자산항목이 다음 하나에 해당하는 경우 유동자산으로 분류하고, 그 밖의 모든 자산은 비유동자산으로 분류한다.

- 기업의 정상영업주기 내에 실현될 것으로 예상하거나, 정상영업주기 내에 판매 또는 소비할 의도가 있음
- 주로 단기매매 목적으로 보유함 (예: 단기매매증권 등)
- 보고기간후 12개월 이내에 실현될 것으로 예상함
- 현금이나 현금성자산 (단, 다른 자산과의 교환이나 부채상환을 위해 사용함에 있어서 12개월 이상의 기간 동안의 제한이 없어야 함)

[7] 부채항목을 유동/비유동으로 분류하는 기준에 대해 설명하라.

어떤 부채항목이 다음 하나에 해당하는 경우에는 유동부채로 분류하고, 그 밖의 모든 부채는 비유동부채로 분류한다.

- 정상영업주기 내에 결제될 것으로 예상됨
- 주로 단기매매 목적으로 보유함
- 보고기간후 12개월 이내에 결제될 예정임
- 보고기간후 12개월 이상 결제를 연기할 수 있는 무조건적인 권리를 보유하지 않음

[8] 보고기간후 12개월 이내에 결제일이 도래하는 장기차입부채를 차환을 통해 비유동부채로 분류할 수 있는 경우에 대해 설명하라.

보고기간후 12개월 이내에 결제일이 도래하는 장기차입부채를 차환하는 계약을 통해 보고기간후 적어도 12개월 이상 부채상환을 연장할 수 있을 것으로 기대하고, 또 그럴 수 있는 재량권이 있다면, 비유동부채로 분류한다. 단, 그러한 차환계약이 보고기간말 이전에 이미 체결되어야 비유동부채로 분류할 수 있다.

[9] 차입약정을 위반하면 채권자가 즉시 상환을 요구할 수 있는 장기차입약정을 보고기간말 이전에 위반한 채무자가 해당 장기차입부채를 여전히 비유동부채로 분류할 수 있는 경우에 대해 설명하라.

채무자가 장기차입약정을 위반했을 때 채권자가 즉시 상환을 요구할 수 있는 채무라 하더라도, 보고기간 종료 이전에 보고기간후 적어도 12개월 이상의 유예기간을 주는 데 양자가 합의하여 그 유예기간 내에 채무자가 위반사항을 해소할 수 있고, 또 그 유예기간 동안 채권자가 즉시 상환을 요구할 수 없다면 그 부채는 비유동부채로 분류한다.

[10] 현금성자산이란 무엇인가?

현금성자산이란 유동성이 매우 높은 단기 투자자산(예: 금융상품 등)으로서 확정된 금액의 현금으로 전환이 용이하고 가치변동의 위험이 중요하지 않은 자산을 가리킨다. 따라서 일반적으로 지분상품, 취득일로부터 상환일이 3개월 이상인 채무상품, 또는 투자목적으로 보유중인 금융상품은 현금성자산에 포함하지 않는다.

[11] 충당부채에 대해 설명하라.

충당부채는 과거 사건이나 거래의 결과에 의하여 보고기간말 현재 부담하고 있는 의무로서, 그 의무이행에 소요되는 지출의 시기 또는 금액은 불확실하나, 지출가능성이 높고 그 금액을 신뢰성 있게 추정할 수 있어서 부채로 인식한 것이다.

[12] 당기법인세와 관련한 부채와 자산에 대해 설명하라.

당기법인세(current tax) 관련 부채는 회계기간의 과세소득(taxable income)에 대해 조세당국에 납부할 법인세액을 말하며, 당기법인세 관련 자산은 세무상 결손금에 대해 환급받을 법인세액을 말한다.

[13] 재무상태표 정보의 유용성과 한계를 간략히 설명하라.

재무상태표는 회사의 장기지불능력(solvency)을 나타내는 부채비율, 단기유동성(liquidity)을 나타내는 유동비율 및 재무탄력성에 관한 정보, 그리고 총자산수익률, 자기자본수익률 등과 같은 회사의 수익성을 평가하는 데 필요한 정보, 즉 총자산과 자기자본 정보를 제공해 준다. 한편, 재무상태표 정보는 몇 가지 한계점을 가지고 있는데 먼저 일부 재무상태표 항목들이 목적적합성이 낮은 취득원가로 측정되므로 재무상태표에 기록된 일부 자산 및 부채항목들이 공정가치로 보고되지 못한다. 또 다른 한계점은 인식과 측정의 불확실성이나 회계기준의 불완전성으로 인해 재무상태표에서 누락되는 자산이나 부채가 있다는 점이다. 예를 들어, 기업가치의 평가에 유용한 항목인 회사의 기술개발잠재력, 높은 브랜드가치, 숙련된 노동, 좋은 기업이미지 등과 같은 무형자산 정보는 재무상태표에서 흔히 누락된다. 또 하나의 한계점으로는 자산이나 부채의 가치를 평가할 때 추정과 주관적 판단이 개재된다는 사실이다. 이러한 주관적 추정이나 판단은 회계부정을 초래할 소지가 있다.

[14] 총포괄이익과 순이익을 비교하여 설명하라.

총포괄이익(total comprehensive income)은 보고기간 동안의 자본(즉 순자산)의 변동에서 소유주와의 거래(예 : 유상증자, 유상감자, 자기주식의 취득 또는 재발행, 배당지급 등)로 인한 자본변동의 효과를 제외한 것으로서 기업이 보고기간 동안 획득한 경제적 이익(economic income)을 측정하기 위한 것이다. 한편, 기업회계기준은 총포괄이익 가운데 일부 미실현손익(예: 매도가능금융자산평가손익 등)은 당기손익으로 인식하지 않고 자본항목으로 인식하도록 허용하고 있는데, 이러한 미실현손익을 통칭하여 기타포괄손익이라고 부른다. 결국 총포괄이익에서 기타포괄손익을 제외한 이익이 순이익인 셈이다.

[15] 금융자산(FVOCI)평가손익에 대해 설명하라.

금융자산(FVOCI)에 대해 보고기간 말 시점의 공정가치로 평가하여 장부금액과의 차액을 인식한 것이 금융자산(FVOCI)평가손익으로서 당기손익에 포함되지 않고 자본항목으로 인식된다. 일례로, 기중 ₩1,000에 취득한 금융자산(FVOCI)의 기말 공정가치가 ₩1,200이 되었다면, ₩200의 평가이익은 자본에 직접 가산된다. 이러한 평가손익은 관련 금융자산을 처분할 때 당기손익에 포함된다.

[16] 당기손익의 계산에 포함되는 법인세비용은 어떻게 정의되는가?

일반적으로 자산/부채의 장부금액은 세무기준액(tax bases)과 일시적으로 달라서 이연법인세(deferred tax expense)가 발생하고, 이로 인해 당기손익의 계산에 포함되는 법인세비용(total tax expense)은 당기에 납부할 법인세(즉, 당기법인세: current tax expense)와 일치하지 않는다. 따라서 법인세비용은 당기법인세 및 이연법인세와 연관하여 당기손익을 결정하는 데 포함되는 금액으로 정의된다. 일례로, 당기법인세가 ₩2,000(=미지급법인세: 대변금액)이고, 이연법인세부채 발생액이 ₩700(대변금액), 그리고 이연법인세자산 발생액이 ₩500(차변금액)이라면, 법인세비용은 대차균형을 맞추기 위한 '끼워 넣기 금액(plug)'으로서 ₩2,200(=₩2,700−₩500)이 된다.

[17] 중단영업과 관련한 정보는 포괄손익계산서에 어떻게 보고하며, 왜 계속영업의 결과와 구분하여 보고하는지 설명하라.

중단된 영업부문이 있으면 그 영업손익을 따로 계산하여 계속영업의 결과와 구분하여 보고한다. 또한 중단영업에 속한 자산의 보유 중 발생한 순공정가치의 변동과 처분시점의 처분손익도 중단영업손익과 합산하여 표시한다. 이때 합산되는 모든 금액은 관련 법인세효과를 제거한 세후금액이다. 중단영업은 미래에 반복되지 않으므로, 이로 인한 영업손익은 미래이익을 예측하는 데 목적적합하지 않다. 따라서 이를 계속영업의 결과와 분리하여 보고함으로써 투자자들이 오도되는 것을 막을 수 있다.

[18] 포괄손익계산서를 작성하는 방법으로서 분리형식과 통합형식의 차이점을 설명하라.

포괄손익계산서를 작성할 때 별도의 손익계산서를 먼저 작성한 후, 여기서 계산된 당기순이익에 기타포괄손익을 구성하는 수익/비용 항목들을 가감함으로써 총포괄이익을 표시하는 방법을 '분리형식'이라 하는데, 이 방법에 의하면 손익계산서와 포괄손익계산서가 분리되어 각각 작성된다. 또 다른 방법은 당기순이익을 구성하는 수익/비용과 기타포괄이익을 구성하는 수익/비용을 구분은 하되, 이들을 통합하여 하나의 포괄손익계산서(즉, 단일포괄손익계산서)에 담아내는 방법인데, 이를 '통합형식'이라 부른다.

[19] 기타포괄손익 항목들에 대한 법인세효과를 보고하는 두 가지 방식에 대해 설명하라.

기타포괄손익에 해당하는 각 항목은, 관련 법인세효과를 차감한 순액, 즉 세후금액으로 표시하거나, 또는 관련 법인세효과 반영 전 금액, 즉 세전금액으로 표시하고, 법인세효과는 단일 금액으로 합산하여 표시할 수도 있다.

[20] 비용을 분석하는 두 가지 방법과 분석한 내용을 어떻게 재무제표에 표시하는지에 대해 설명하라.

기업은 당기손익의 계산에 포함된 비용항목에 대해, 성격별(by nature) 또는 기능별(by function) 분류방법 중 더 신뢰성 있고 목적적합한 정보를 제공하는 방법을 선택하여 분석한 내용을 공시한다. 성격별 분류방법이란 비용항목의 유형(types)에 초점을 맞추어, 종업원급여비용, 감가상각비, 광고비, 운송비, 제품/재공품의 변동액, 원재료사용액 등으로 구분하여 보고하는 것이다. 반면, 기능별 분류방법은 비용을 관련 기능과 연관시켜서, 매출원가, 물류비, 관리비, 판매비 등으로 구분하는 것이다. 이 두 방법 중 기능별 분류방법을 선택한 기업은 비용의 성격에 대한 추가정보를 제공해야 한다. 이는 비용의 성격에 대한 정보가 미래현금흐름을 예측하는 데 더 유용하다고 보기 때문이다.

[21] 당기손익에 포함하지 말도록 특별히 규정된 두 종류의 손익항목에 대해 간략하게 설명하라.

한 기간에 인식되는 모든 수익과 비용 항목은, 달리 정하지 않는 한, 당기손익으로 인식하는데, 이 원칙의 예외가 되는 대표적 항목이 바로 기타포괄손익 항목이다. 즉 기타포괄손익 항목은 당기손익에 포함되지 않고 자본항목에 포함된다. 또한 '전기오류의 수정효과'와 '회계정책의 변경효과' 등 두 가지 항목도 당기손익 이외의 항목으로 인식하도록 특별히 규정된 항목이다. 과거기간의 회계오류를 당기에 발견하여 수정함으로써 발생하는 수정효과는 당기손익에 반영하지 않고, 오류가 발생한 과거 해당 기간의 재무제표를 재작성함으로써 반영한다. 또 회계정책을 변경하는 경우에도 변경효과를 당기손익에 반영하지 않고, 변경된 회계정책을 소급적용하여 당기 재무제표에 비교 표시되는 과거 재무제표를 재작성한다. 그리고 이들의 누적효과는 당기의 기초이익잉여금에 가감하는 방식으로 표시한다.

[22] 미국회계기준에 나타난 특별손익에 대해 설명하라.

미국회계기준에서는 비경상적(unusual)이고 미래에 다시 발생할 가능성이 극히 낮은 비반복적인(non-recurring) 손익항목을 특별손익이라 명명하고, 이를 손익계산서상 별도의 항목으로 구분하여 보고한다. 국제회계기준은 특별항목을 포괄손익계산서상 별도 구분하는 것을 엄격히 금지하고 있다.

[23] 포괄손익계산서 정보의 한계점을 설명하라.

포괄손익계산서의 한계점 중 하나는 보고된 이익이 회사가 수익활동을 통해 획득한 경제적 자원을 완전하게 나타내지 못한다는 점이다. 즉, 포괄손익계산서상의 총포괄이익으로 대변되는 회계이익은 물가변동을 고려하지 않은 명목가치로 측정되고, 또 자산/부채의 모든 항목이 공정가치로 평가되지 않는 등의 불완전한 회계기준으로 인해 일반적으로 경제적 이익과 일치하지 않는다. 또 하나의 한계점은 회계이익이 여러 가지 대안이 가능한 회계처리방법에 의해 산출된다는 점이다. 이는 회사의 경제적 실질은 변하지 않았어도 단순한 회계처리방법의 변경으로 이익의 크기가 얼마든지 달라질 수 있음을 의미한다.

[24] 자본변동표를 작성하는 주요 목적은 무엇인가?

자본변동표는 한 보고기간 동안 소유주지분(owners' equity), 즉 자본이 어떻게 변동하였는지를 자본의 구성요소(예 : 납입자본과 이익잉여금, 기타포괄손익누계액 등의 적립금)별로 보고하는 것이 주요 목적이다. 따라서 자본변동표의 구성요소는 자본의 구성요소와 일치한다.

[25] 자본변동표상의 이익잉여금대체에 대해 설명하라.

이익잉여금대체란 기타포괄손익누계액인 재평가잉여금, 확정급여제도의 재측정요소 및 지분상품(equity instruments) 금융자산(FVOCI)의 평가손익을 이익잉여금으로 대체시키는 회계처리를 가리킨다. 재평가잉여금의 경우는 과거 기간 동안 기타포괄이익으로 인식된 이후 관련 유·무형자산이 사용 중 상각되거나 또는 제거되는 기간에 이익잉여금으로 대체할 수 있으며, 이러한 대체는 이익잉여금을 증가시킨다. 확정급여제도의 재측정요소도 이익잉여금으로 대체할 수 있으며, 지분상품 금융자산(FVOCI)의 누적 평가손익은 재순환(recycling)이 금지되어 있으므로 관련 금융자산이 제거되는 기간에 이익잉여금으로 대체할 수 있다. 위 재측정요소나 평가손익의 이익잉여금대체는 해당 누적액의 부호에 따라 이익잉여금을 증가시키거나 감소시킨다.

[26] 현금흐름표의 기본구조를 설명하라.

현금흐름표는 한 보고기간 동안 발생한 현금유출·입을 영업활동(operating activities), 투자활동(investing activities) 및 재무활동(financing activities)으로 구분하여 보고하며, 다음과 같은 기본구조를 갖는다.

I. 영업활동으로부터의 현금흐름	×××
II. 투자활동으로부터의 현금흐름	×××
III. 재무활동으로부터의 현금흐름	×××
현금의 증가(감소)	×××
기초현금	×××
기말현금	×××

[27] 현금성자산을 현금흐름표의 작성에 포함시키는 이유는 무엇인가?

현금성자산을 현금흐름표 작성에 포함시키는 이유는, 기업이 현금성자산을 현금관리(cash management) 차원에서 취득/처분하기 때문이다. 일례로, 기업은 일시적인 여유자금이 발생한 경우 필요시까지 단기투자자산에 투자함으로써 현금운용의 효율성을 높인다.

[28] 현금흐름표상 영업활동현금흐름이란 무엇인가?

일반적으로 영업활동현금흐름은 '당기순이익의 결정에 영향을 미치는 거래나 사건'으로부터 발생하는 현금흐름으로 보는데, 이는 영업활동현금흐름을 손익계산서상의 순이익에 대응하는 개념으로 보는 견해에 근거한다. 영업활동현금흐름의 대표적인 예로서 재화와 용역의 구매, 제조, 판매활동으로부터 발생하는 현금유출입을 들 수 있다. 그밖에도, 단기매매목적을 갖는 금융자산의 취득과 처분에 수반하는 현금흐름도 영업활동현금흐름으로 분류하는데, 이는 이들 항목이 판매를 목적으로 취득한 재고자산과 성격이 유사하기 때문이다.

[29] 현금흐름표상 투자활동현금흐름이란 무엇인가?

투자활동이란 장기성 자산(long-term assets) 및 기타 투자자산을 취득하고 처분하는 활동을 가리킨다. 따라서 투자활동현금흐름은 일반적으로 미래수익을 창출할 경제적 자원의 확보를 위해 회사가 지출한 정도를 나타낸다. 투자활동현금흐름으로는 금융자산이나 유·무형자산의 처분, 대여금의 회수 등에 따른 현금유입과, 현금의 대여, 금융자산이나 유·무형자산의 취득에 따른 현금유출이 있다. 그 밖에도 비금융회사의 경우는 선택에 의해 이자수입과 배당금수입을 영업활동현금흐름이 아니라 투자활동현금흐름으로 보고할 수 있다.

[30] 현금흐름표상 재무활동현금흐름이란 무엇인가?

재무활동은 회사의 납입자본과 차입금의 크기 및 구성요소에 변동을 가져오는 활동으로서, 자금의 차입 및 상환, 신주발행, 자기주식의 취득과 재발행, 배당금의 지급 등과 같은 자본조달과 관련한 활동을 말한다. 재무활동현금흐름의 구체적인 예로는 자금의 차입, 어음 및 채권의 발행, 주식이나 기타 지분상품의 발행 등에 따른 현금유입이 있고, 배당금의 지급, 차입금의 상환 등으로 인한 현금유출이 있다. 그 밖에도 비금융회사의 경우는 이자지급을 영업활동현금흐름이 아니라 재무활동현금흐름으로 보고할 수 있다.

[31] 현금 이자수입 및 배당금수입을 현금흐름표상 어떤 활동으로 구분하는지에 대해 설명하라.

금융회사의 경우 이자수입 및 배당금수입은 주요 수익창출활동으로 인해 발생하므로 일반적으로 영업활동현금흐름으로 분류한다. 그러나 비금융회사의 경우 이러한 현금흐름의 분류방법에 대해서는 합의가 이루어진 것이 없다. 한편으로 보면, 이자수입 및 배당금수입은 '당기순이익의 결정에 영향을 미치는 거래'로부터의 현금흐름이므로, 영업활동현금흐름으로 분류할 수 있을 것이다. 그러나 또 한편으로 보면, 이자수입 및 배당금수입은 대여금 등의 투자자산에 대한 수익으로 간주할 수 있으므로, 이들을 투자활동현금흐름으로 분류할 수도 있다. 따라서 한국채택국제회계기준은 이 두 분류방식을 모두 허용한다.

[32] 현금 이자지급을 현금흐름표상 어떤 활동으로 구분하는지에 대해 설명하라.

금융회사의 경우 이자지급은 주요 수익창출활동으로 인해 발생하므로 일반적으로 영업활동현금흐름으로 분류한다. 그러나 비금융회사의 경우 이자지급의 분류방법에 대해서는 합의가 이루어진 것이 없다. 한편으로 보면, 이자지급은 '당기순이익의 결정에 영향을 미치는 거래'로부터의 현금흐름이므로, 영업활동현금흐름으로 분류할 수 있을 것이다. 그러나 또 한편으로 보면, 이자지급은 자본조달을 위한 원가로 간주할 수 있으므로, 이를 재무활동현금흐름으로 분류할 수도 있다. 따라서 한국채택국제회계기준은 이 두 분류방식을 모두 허용한다.

[33] 현금배당의 지급을 현금흐름표상 어떤 활동으로 구분하는지에 대해 설명하라.

배당금의 지급은 자본조달을 위한 원가로 간주하여 재무활동현금흐름으로 분류하는 것이 일반적이지만, 대체적인 방법으로서 영업활동현금흐름으로 분류할 수도 있다. 이 같은 대체적인 방법은 영업활동현금흐름에서 배당금을 지급할 수 있는 기업의 능력을 재무제표이용자가 판단하는 데 도움을 줄 수 있기 때문이다. 따라서 한국채택국제회계기준은 이 두 분류방식을 모두 허용한다.

[34] 영업활동현금흐름을 표시하는 방법으로서 직접법과 간접법을 비교하여 설명하라.

직접법은 영업을 통해 획득한 총현금유입과 영업을 위해 지출한 총현금유출을 주요 항목별로 구분하여 표시하는 방법으로서, 현금유입은 주요원천(sources)별로 구분하고 현금유출은 주요 용도(uses)별로 구분하여 표시한다. 직접법은 영업활동현금흐름을 총현금유입에서 총현금유출을 차감하여 계산하므로 매우 직관적이고, 회계에 미숙한 재무제표이용자도 쉽게 이해할 수 있다. 반면, 간접법은 영업활동현금흐름을 당기순이익과의 조정(reconciliations)을 통해 계산한다. 당기순이익은 영업활동의 결과가 반영된 금액이므로 영업활동현금흐름과 개념적으로는 일치한다. 그러나 당기순이익은 발생주의(accrual basis)를 적용하여 산출하는 반면, 영업활동현금흐름은 그 의미대로 현금주의(cash basis)에 따라 산출하므로 실제에 있어서 이 둘은 일치하지 않는다. 따라서 당기순이익의 조정을 통해 영업활동현금흐름을 간접적으로 구하기 위해서는 수익/비용 인식시점에 관한 발생주의와 현금주의 간 차이를 조정해 줄 필요가 있다. 일반적으로 이러한 조정은 회계기간 동안 발생한 ① 재고자산의 변동 및 영업활동 관련 채권·채무(예: 매출채권, 매입채무 등)의 변동과, ② 당기 발생한 감가상각비, 충당부채, 이연법인세, 외화환산손익 등과 같은 비현금항목을 당기순이익에 가감함으로써 이루어진다.

[35] 잉여현금흐름이 무엇이며, 어떠한 정보를 제공하는지 설명하라.

잉여현금흐름(free cash flow)은 재무탄력성에 관해 현금흐름표가 제공할 수 있는 정보로서 영업활동순현금흐름에서 유·무형자산의 취득과 같은 자본적 지출액(capital expenditures)을 차감한 금액이다. 이 금액은 현재의 영업능력을 손상하지 않고도 기업이 인수합병, 자산의 추가취득, 부채의 상환, 배당의 지급, 자기주식의 취득 등에 재량적으로 사용할 수 있는 현금을 나타낸다. 따라서 잉여현금흐름이 많을수록 기업의 재무탄력성이 높아서 돌발적인 유동성의 위기상황으로부터 쉽게 회복할 수 있거나, 예상하지 못했던 투자기회를 포착할 수도 있다.

[36] 주석이 제공하는 정보의 성격에 대해 설명하라.

주석(notes)은 재무상태표, 포괄손익계산서, 별개의 손익계산서(표시하는 경우), 자본변동표 및 현금흐름표에 표시하는 정보에 추가하여 제공된 정보로서, 이러한 기본 재무제표에 표시된 항목을 구체적으로 설명하거나 세분화한 정보를 제공하고, 또 의사결정에 유용하지만 재무제표 인식요건을 충족하지 못하는 항목들에 관한 정보도 제공한다.

[37] 추정 불확실성의 원천에 대해 설명하라.

일부 자산과 부채는 불확실한 미래 사건의 영향에 대한 추정에 근거하여 장부금액을 결정하는 경우가 있다. 이렇게 추정에 근거하는 자산/부채의 예로는, 손상된 유형자산의 회수가능금액, 기술적 진부화로 가치가 하락된 재고자산, 진행 중 소송사건의 결과에 따라 변동될 충당부채, 종업원의 미래급여수준/퇴직시기/수명 등에 영향을 받는 퇴직연금부채 등이 있다. 이러한 자산과 부채는 장부금액을 측정할 때 최근 관측된 시장가격이 존재하지 않는다면 미래지향적인 추정에 의존하게 된다. 이러한 추정은 현금흐름, 할인율에 대한 위험조정, 급여의 미래변동, 원가에 영향을 미치는 가격의 미래변동 등에 대한 가정을 필요로 한다. 이와 같은 추정 불확실성의 주요 원천은 주석으로 공시한다.

[38] '보고기간후사건'이란 무엇인가?

'보고기간후사건(events after the reporting period 또는 subsequent events)'이란 보고기간말과 '재무제표발행승인일' 사이에 발생한 유리하거나 불리한 사건으로서, 기업의 재무제표에 영향을 미치는 사건을 말한다. 여기서 '재무제표발행승인일'이란 일반적으로 이사회가 재무제표 발행을 승인한 날이며, 주주에게 승인을 받기 위해 재무제표를 제출해야 하는 경우에도 마찬가지다.

[39] '보고기간후사건'은 수정을 요하는 사건과 수정을 요하지 않는 사건으로 나뉜다. 이 두 유형의 사건이 무엇인지 구별하여 설명하라.

'수정을 요하는 보고기간후사건'은 보고기간말에 존재하였던 상황에 대한 추가적 증거를 제공하는 사건으로서 재무제표에 영향을 주는 사건을 말한다. 반면에 '수정을 요하지 않는 보고기간후사건'은 보고기간후에 발생한 상황을 나타내는 사건을 말한다.

[40] 위 [39]에서 수정을 요하는 사건과 수정을 요하지 않는 사건이 각각 어떻게 회계처리되는지 설명하라.

'수정을 요하는 보고기간후사건'에 대해서는 그 영향을 반영하여 재무제표를 수정해야 한다. 즉, 재무제표에 이미 인식한 금액은 수정하고, 재무제표에 미인식된 항목은 이를 새로 인식한다. 반면 '수정을 요하지 않는 보고기간후사건'에 대해서는 재무제표상의 금액을 수정하지 않는다. 후자의 예로서, 투자자산의 시장가치가 보고기간말과 재무제표발행승인일 사이에 하락한 경우, 시장가치의 하락은 보고기간말 현재의 상황과 관련된 것이 아니라 그 이후에 발생한 상황이 반영된 사건이다. 따라서 비록 시장가치가 하락하였더라도 해당 투자자산의 재무제표 금액을 수정할 필요가 없다. 한편, '수정을 요하지 않는 보고기간후사건'에 대해서는 관련 재무제표금액을 수정하지는 않는다 하더라도, 그 사건이 중요한 경우에는, 사건의 성격과 재무적 영향에 대한 추정치(추정이 어렵다면 이에 대한 설명)를 주석으로 보고한다.

[41] 수정을 요하는 '보고기간후사건'의 예를 들어보라.

'수정을 요하는 보고기간후사건'의 예로는 보고기간말 현재 이미 자산의 가치가 하락되었음을 나타내는 정보를 보고기간후에 입수하는 경우, 보고기간말에 존재하였던 현재의무가 보고기간후에 소송사건의 확정으로 확인되어 이미 인식한 손실금액과 충당부채를 수정하는 경우, 또는 보고기간말 이전에 구입한 자산의 취득원가, 또는 매각한 자산의 대가를 보고기간후에 결정하는 경우 등을 들 수 있다.

[42] 누적우선주배당금이란 무엇이며 재무제표에는 어떻게 표시하는지 설명하라.

특정 기간에 대한 배당을 지급하지 않고 거르더라도 이후 기간에 배당을 결의하게 되면 과거 연체된 배당(dividend in arrears)도 지급해야 하는 우선주를 누적우선주(cumulative preferred stock)라 하는데, 누적우선주에 대해 연체된 배당금이 누적우선주배당금이다. 누적우선주 배당금은 배당결의 전까지는 부채가 아니므로 재무상태표에 부채로 인식하는 대신 관련 정보를 주석으로 표시한다. 따라서 이를 미인식 누적우선주배당금이라고도 부른다.

연습문제

[1] 포괄손익계산서항목

(1) a
(2) c
(3) a
(4) a
(5) b
(6) c
(7) a
(8) a
(9) c
(10) c
(11) a
(12) a(실현된 손실 부분)와 b(재분류조정 부분)

[2] 포괄손익계산서의 작성

포괄손익계산서(통합형식)

(주)삼영

	20×9년
매 출	₩450,000
매출원가	(205,000)
매출총이익	245,000
기타수익*	7,700
관리비**	(63,000)
세전이익	187,000
법인세비용	(47,000)
당기순이익	142,700
기타포괄손익	
금융자산(FVOCI)평가손실	(260)
총포괄이익	₩142,440
주당이익	₩142.7

* 임대료수익 + 이자수익 = 5,000 + 2,700
** 급여 + 감가상각비 + 기타관리비 = 43,000 + 15,000 + 5,000

[3] 현금흐름표의 작성(직접법)

현금흐름표

(주)삼영	20×9년
영업활동현금흐름	
매출처로부터의 현금유입	₩430,000
매입처에 대한 현금유출	(255,000)
종업원에 대한 현금유출	(35,000)
건물임대료 수입	10,000
영업에서 창출된 현금흐름	150,000
이자의 수령	2,700
영업활동순현금흐름	152,700
투자활동현금흐름	
유형자산의 취득	(433,000)
금융자산(FVOCI)의 취득	(45,000)
투자활동순현금흐름	(478,000)
재무활동현금흐름	
장기차입금	100,000
유상증자	300,000
배당금지급	(20,000)
재무활동순현금흐름	380,000
현금증가액	54,700
기초현금잔액	0
기말현금잔액	₩54,700

▸참고: 1. 이자수입은 투자활동현금흐름으로 분류할 수도 있음.
2. 배당금지급은 영업활동현금흐름으로 분류할 수도 있음.

[4] 재무상태표의 작성

재무상태표

(주)삼영	20×9년 12월 31일
자산	
비유동자산	
토지	₩110,000
건물	220,000
(감가상각누계액)	(9,000)
사무실집기	103,000
(감가상각누계액)	(6,000)
금융자산(FVOCI)	44,700
이연법인세자산	40
	462,740
유동자산	
현금및현금성자산	54,700
매출채권	20,000
재고자산	70,000
	144,700
자산총계	₩607,440
자본과 부채	
납입자본	₩300,000
이익잉여금	122,700
금융자산(FVOCI)평가손익	(260)
자본총계	422,440
비유동부채	
장기금융부채	100,000
유동부채	
매입채무	20,000
미지급비용	5,000
미지급급여	8,000
미지급법인세	47,000
선수임대료	5,000
	85,000
부채총계	185,000
부채및자본총계	₩607,440

[5] 당기순이익과 영업활동현금흐름의 조정

당기순이익	₩142,700
당기순이익의 조정	
감가상각비	15,000
매출채권 증가	(20,000)
매입채무 증가	20,000
재고자산 증가	(70,000)
미지급급여 증가	8,000
미지급비용 증가	5,000
선수임대료수익 증가	5,000
미지급법인세 증가	47,000
영업활동으로 인한 현금흐름	₩152,700

[6] 현금흐름표의 작성(간접법)

현금흐름표

(주)삼영	20×9년
영업활동현금흐름	
당기순이익	₩142,700
당기순이익의 조정	
감가상각비	15,000
매출채권 증가	(20,000)
매입채무 증가	20,000
재고자산 증가	(70,000)
미지급급여 증가	8,000
미지급비용 증가	5,000
선수임대료수익 증가	5,000
미지급법인세 증가	47,000
이자수익	(2,700)
영업에서 창출된 현금흐름	150,000
이자의 수령	2,700
영업활동순현금흐름	₩152,700

[7] 자본변동표의 작성

자본변동표

(주)청해

구 분	납입자본	이익잉여금	금융자산 (FVOCI)	해외사업장 외화환산	자본총계
20×6년 1월 1일 잔액	1,738,000	630,000	15,000	(10,000)	2,373,000
회계정책변경누적효과	-	18,400	-	-	18,400
전기오류수정	-	200,000	-	-	200,000
재작성 잔액	1,738,000	848,400	15,000	(10,000)	2,591,400
20×6년 자본변동					
배 당		(30,000)			(30,000)
유상증자	850,000				850,000
총포괄이익		500,000	15,000	(10,000)	505,000
자기주식취득	(18,000)				(18,000)
20×6년 12월 31일 잔액	2,570,000	1,318,400	30,000	(20,000)	3,898,400

제4장

회계와 화폐의 시간가치

익힘문제

[1] 이자율에 영향을 미치는 요소에 대해 설명하라.

이자율은 크게 다음 세 가지 요소로 구성된다. 첫째, 무위험이자율로서, 이는 대여자(lender)가 인플레이션이 없는 상황에서 상환위험이 전혀 없는 차입자(borrower)에게 자금을 빌려 줄 경우 적용할 이자율이다. 두 번째 요소는 상환위험(채무불이행위험)에 대한 보상률이다. 다른 조건이 동일하다면, 상환위험이 높을수록 이자율은 높아진다. 세 번째는 예상되는 인플레이션이다. 물가가 상승하는 인플레이션기간에는 대주들이 더 높은 이자율을 적용하여 화폐의 구매력 감소에 따른 손실을 보상받으려 하기 때문에 이자율은 높아진다.

[2] 이자를 계산하는 방식인 단리와 복리의 차이에 대해 설명하라.

단리는 원금에 대해서만 이자를 계산하는 방식인 반면, 복리는 원금뿐만 아니라 이미 발생한 이자에 대해서도 이자를 계산하는 방식이다. 즉, 복리이자는 원금과 이전 기간에 발생하여 누적된 이자를 합한 금액에 일정률을 곱하여 이자를 계산하는 방식이다.

[3] 1년에 한 번 이상 복리계산을 하면 실질이자율이 명목이자율보다 커지는 이유는 무엇인가?

일 년에 한 번 이상 복리계산을 하면 이자계산횟수에 비례하여 이자에 대한 이자가 계속 가산되기 때문에 명목이자율보다 실질이자율이 높아지게 된다.

[4] 현재가치란 무엇인가?

현재가치란 현재 및 미래의 일정기간에 걸쳐 발생할 현금흐름을 해당 기간의 시작시점(현재시점)에서 평가한 가치로서, 현금흐름을 일정률로 할인한 값(discounted value)이다.

[5] 미래가치란 무엇인가?

미래가치란 현재 및 미래의 일정기간에 걸쳐 발생할 현금흐름을 해당 기간의 끝 시점에서 평가한 가치로서, 현금흐름을 일정률로 복리계산한 값(compounded value)이다.

[6] 현재가치와 미래가치를 한 동전의 양면이라고 하는 이유는 무엇인가?

현재가치와 미래가치는 주어진 현금흐름에 대해 측정하는 가치라는 점에서 유사하지만, 측정시점이 상이하므로 그 값이 다르다. 그러나 현재가치를 복리계산하면 미래가치가 되고, 미래가치를 할인하면 현재가치가 되므로 결국 이 둘은 같은 동전의 양면이라 할 수 있다.

[7] 영속연금과 이연연금에 대해 설명하라.

영속연금(perpetuity)은 연금의 특수한 형태로서 현금흐름이 영원히 계속하여 발생하는 연금의 형태를 말한다. 이연연금(deferred annuity)은 현금흐름이 제1기부터 발생하는 것이 아니라 몇 기간이 유예된 후에 첫 번째의 현금흐름이 발생하는 연금의 형태를 말한다.

[8] 이표채, 할인채 및 복리채에 대해 설명하라.

채권을 이자지급방식으로 구분하면 크게 이표채, 할인채 및 복리채로 구분할 수 있다. 이표채는 발행시점에서 만기까지 정기적으로 이자를 지급하는 채권으로서 표시이자율이 시장이자율과 비교하여 높으면 (낮으면) 채권가격이 액면금액보다 높다 (낮다). 할인채는 만기까지 이자를 지급하지 않으며 만기가 되어도 권면에 적힌 액면금액만을 지급하는 채권이다. 이러한 채권은 발행시점부터 채권의 만기까지 항상 액면금액보다 할인된 가격에 거래되므로 할인채라 불린다. 복리채는 할인채처럼 만기까지 이자지급이 없으나, 할인채와 다른 점은 만기일에 액면금액뿐 아니라 표시이자율에 의해 복리계산된 이자도 함께 지급된다. 복리채의 가격도 이표채처럼 표시이자율이 시장이자율보다 높으면 (낮으면) 채권가격이 액면금액보다 높다 (낮다).

[9] 첨가소화채란 무엇이며 어떠한 것이 있는가?

첨가소화채란 부동산 등기나 식품숙박업소 등의 영업허가를 취득하고자 하는 사람들이 관련법에 의해 액면금액으로 강제 구입해야 하는 채권으로서 부동산등기나 영업허가 등에 첨가하여 물량을 소화시키는 채권이라는 뜻에서 첨가소화채라 불린다. 국민주택채권, 도시철도채권, 지역개발채권 등이 이에 속한다.

[10] 기업회계기준에서 현재가치의 적용이 반드시 요구되는 사례를 들어라.

장기금전대차거래에서 발생하는 채권 및 채무에 있어서 명목가치와 현재가치의 차이가 중요한 경우와, 장기연불조건의 매매거래에서 발생하는 채권 및 채무로서 명목가치와 현재가치의 차이가 중요한 경우 현재가치로 평가하여 인식한다. 또 리스계약에서 금융리스로 분류되면 리스회사는 리스채권을, 리스이용자는 리스부채를 인식해야 하는데, 리스채권과 리스부채는 리스료를 포함한 리스계약상의 모든 현금흐름을 적절한 이자율로 할인한 현재가치로 평가하여 인식한다. 그 밖에도 채권·채무가 조정되면, 채무자가 채권자에게 지급하도록 약정된 미래현금흐름을 현재가치로 평가한다.

[11] 기업회계기준에서 현재가치의 적용을 명시적으로 배제한 사례를 들어라.

전세권, 전신전화가입권, 회원권, 임차보증금, 장기선급금, 장기선수금 등은 일반적으로 현재가치로 평가하여 인식하지 않는다. 또 이연법인세자산과 이연법인세부채도 미래 발생할 금액을 나타내지만, 현재가치로 평가하는 것을 배제하고 있다.

연습문제

[1] 일회금액의 미래가치 — 단리적용

$FV = ₩50,000(1.09) = ₩54,500$

[2] 일회금액의 미래가치 — 복리적용

$FV = ₩50,000(1.0225)^4 = ₩54,654$; [1]번과 비교하여 미래가치가 더 커진 이유는 이자를 한 번 계산할 때보다 4번 복리계산함으로써 더 많은 이자가 발생하기 때문이다.

[3] 일회금액의 현재가치

$PV = ₩70,000/(1.09)^{-3} = ₩54,053$

[4] 일회금액의 현재가치

$PV = ₩70,000/(1.0225)^{-12} = ₩53,597$; [3]번과 비교하여 현재가치가 더 적은 이유는 할인하는 횟수가 더 많아졌기 때문이다.

[5] 기말연금의 미래가치

$$FV = ₩200 \times \left[\frac{(1.09)^5 - 1}{0.09}\right] = ₩1,196.93$$

[6] 기말연금의 미래가치

$FV = ₩100 \times \left[\frac{(1.045)^{10} - 1}{0.045}\right] = ₩1,228.82$; [5]번과 비교하여 미래가치가 더 커진 이유는 [5]의 현금흐름인 200원 중 100원이 매번 6개월 먼저 복리계산이 되므로 이자가 더 많아지기 때문이다.

[7] 기말연금의 현재가치

$$PV = ₩200 \times \left[\frac{1 - (1.09)^{-5}}{0.09}\right] = ₩777.94$$

[8] 기말연금의 현재가치

$PV = ₩100 \times \left[\frac{1 - (1.045)^{-10}}{0.045}\right] = ₩791.27$; [7]번과 비교하여 현재가치가 더 큰 이유는 [7]의 현금흐름인 200원 중 100원이 매번 6개월씩 먼저 발생하므로 그 현재가치가 더 높기 때문이다.

[9] 기초연금의 미래가치

$$FV = ₩200 \times \left[\frac{(1.09)^6 - 1}{0.09} - 1\right] = ₩1,304.66$$

[10] 기초연금의 미래가치

$FV = ₩100 \times \left[\frac{(1.045)^{11} - 1}{0.045} - 1 \right] = ₩1,284.12$; [9]번과 비교하여 미래가치가 더 적은 이유는 [9]의 현금흐름인 200원 중 100원이 매번 6개월씩 늦게 복리계산이 되므로 이자가 더 적어지기 때문이다.

[11] 기초연금의 현재가치

$$PV = ₩200 \times \left[1 + \frac{1 - (1.1)^{-4}}{0.1} \right] = ₩833.98$$

[12] 기초연금의 현재가치

$PV = ₩100 \times \left[1 + \frac{1 - (1.05)^{-9}}{0.05} \right] = ₩810.78$; [11]번과 비교하여 현재가치가 더 적은 이유는 [11]의 현금흐름인 200원 중 100원이 매번 6개월씩 늦게 발생하므로 그 현재가치가 더 낮기 때문이다.

[13] 대차거래

월 이자율을 r%라고 하면 모든 현금흐름을 현재시점에서 r%로 할인한 금액이 1천만 원과 같아야 한다. 다음 식을 만족시키는 r을 구해서 연이자율로 환산한 수익률이 14.5%이어야 한다.

$$10{,}000{,}000 = 120{,}833 \times \left[\frac{1-(1+r)^{-24}}{r} \right] + 158{,}391 \times \left[\frac{1-(1+r)^{-24}}{r} \right] \times \frac{1}{(1+r)^{24}} + 174{,}230 \times \left[\frac{1-(1+r)^{-24}}{r} \right] \times \frac{1}{(1+r)^{48}} + 190{,}069 \times \left[\frac{1-(1+r)^{-24}}{r} \right] \times \frac{1}{(1+r)^{72}} + 205{,}908 \times \left[\frac{1-(1+r)^{-24}}{r} \right] \times \frac{1}{(1+r)^{96}}$$

이 식을 정리하여 시행착오를 통해 r을 구하면 r=1.21%로 구해진다. 이를 연단위로 환산하면 14.5%가 된다.

[14] 이표채의 가격 계산

$$거래가격 = \frac{5{,}382.26}{(1.115)^5} + \frac{2{,}480}{(1.115)^6} + \frac{2{,}360}{(1.115)^7} + \frac{2{,}240}{(1.115)^8} + \frac{2{,}120}{(1.115)^9} = ₩7{,}248.85$$

▸ 참고 : $5{,}382.26 = [10{,}000 \times (1.06)^5 - 10{,}000] + (10{,}000 \times 20\%)$

$2{,}480 = [8{,}000 \times (1.06) - 8{,}000] + (10{,}000 \times 20\%)$

$2{,}360 = [6{,}000 \times (1.06) - 6{,}000] + (10{,}000 \times 20\%)$

[15] 이표채의 가격 계산

$$거래가격 = \frac{5{,}382.26}{(1.123)^5} + \frac{2{,}480}{(1.123)^6} + \frac{2{,}360}{(1.123)^7} + \frac{2{,}240}{(1.123)^8} + \frac{2{,}120}{(1.123)^9} = ₩6{,}929.50$$

[16] 복리채의 가격 계산

만기 발생할 현금흐름

$= ₩10{,}000 \times \left(1+\dfrac{0.1159}{4}\right)^{12} = ₩10{,}000 \times (1.028975)^{12} = ₩14{,}088$이며, 만기까지 2년 353일이 남아 있고, 353일에 대한 할인율은 11.9%(=12.3%×353/365)이므로,

거래가격 $= ₩14{,}088 \times (1.123)^{-2} \times (1.119)^{-1} = ₩9{,}983$

[17] 복리채의 가격 계산

先발행된 25일에 해당하는 이자 $= ₩10{,}000 \times 11.59\% \times 25/365 = ₩79.38$;

그리고 이 금액의 6월 7일 가치는 $₩79.38 \times (1.123)^{\frac{12}{365}} = ₩80$;

따라서 6월 7일자 채권가격은 [16]에서 구한 ₩9,983과 ₩80을 합한 ₩10,063이 된다.

[18] 대차거래 — 동일금액으로 상환

원리금상환액을 P라 하면,

$P \cdot \left[\dfrac{1-(1.1)^{-3}}{0.1}\right] = ₩2{,}000{,}000$이므로, $P = ₩804{,}214$

[19] 대차거래 — 매기 다른 금액으로 상환

두 번째 연도 말 상환액을 M이라 하면,

$$\frac{1{,}000{,}000}{1.1} + \frac{M}{(1.1)^2} + \frac{200{,}000}{(1.1)^3} = 2{,}000{,}000 \text{이므로, } M = ₩1{,}138{,}181.66$$

〈상환계획표〉

기 간	기초차입금잔고	발생이자	상환액	차입금감소액	기말차입금잔고
첫 해	₩2,000,000	₩200,000	₩1,000,000	₩800,000	₩1,200,000
둘째 해	1,200,000	120,000	1,138,181.66	1,018,181.66	181,818.34
셋째 해	181,818.34	18,181.834	200,000	181,818.17	0

[20] 재무계획

이 문제에는 현금유입(투자)과 현금유출(인출)이 동시에 개재되어 있으므로, 이 두 상반된 현금흐름의 가치가 일치되어야 한다. 이 두 현금흐름의 일치시점을 20×7년 말로 잡으면, 투자의 가치는 6년에 걸친 기초연금의 미래가치가 되고, 인출액의 가치는 3년에 걸친 기초연금의 현가가 될 것이다. 따라서 인출액을 P원이라고 하면,

$$₩1{,}000\left[\frac{(1.085)^7-1}{0.085}-1\right] = \left[\frac{1-(1.085)^{-2}}{0.085}+1\right]P \;\rightarrow\; P = ₩2{,}909$$

〈투자/인출 계획표〉

기 간	투자액	기초잔고	발생이자	인출액	기말잔고
20×2	₩1,000	₩1,000	₩85	−	₩1,085
20×3	1,000	2,085	177	−	2,262
20×4	1,000	3,262	277	−	3,539
20×5	1,000	4,539	386	−	4,925
20×6	1,000	5,925	504	−	6,429
20×7	1,000	7,429	631	2,909	5,151
20×8		5,151	438	2,909	2,680
20×9		2,680	228	2,909	0

[21] 대출기간 계산

융자액을 M이라 하면,

$$M\left[\frac{1-(1.096)^{-5}}{0.096}\right]=\frac{1}{2}M\left[\frac{1-(1.096)^{-n}}{0.096}\right]$$

식에서 M을 제거하고 n에 관하여 정리하면, $(1.096)^{-n}=0.26464$. 따라서 n=14.5년

[22] 내재이자율 계산—매입의사결정

$$₩1,500,000=₩300,000+₩495,335\times\left[1-\frac{(1+r)^{-3}}{r}\right]\text{이므로, }\left[\frac{1-(1+r)^{-3}}{r}\right]=2.42\ ;$$

시행착오를 통해 내재이자율 r을 구하면 $r=11.5\%$임. 그런데 이는 회사의 자본비용 11%보다 더 높으므로, 첫 번째 구매조건인 현금지급조건으로 건물을 구입하는 것이 유리하다.

제5장 수 익

익힘문제

[1] 다음 질문에 답하라.

(1) ① 광의의 수익(Income) : 자산의 유입 또는 가치 증가나 부채의 감소 형태로 (궁극적으로) 자본의 증가를 가져오는, 특정 회계기간에 생긴 경제적 효익의 증가. 단, 유상증자와 같이 동일한 자본의 증가를 가져오더라도 지분참여자의 출연과 관련된 것은 제외.

② 수익(Revenue) : 광의의 수익 중 기업의 통상적인 활동에서 생기는 것

③ 차익(Gains) : 광의의 수익 중 기업의 통상적인 활동 이외의 활동과 관련하여 나타난 것

(2) ① 계약(contract) : 둘 이상의 당사자들 사이에 집행가능한(enforceable) 권리와 의무가 생기게 하는 합의

② 수행의무(performance obligation) : 고객과의 계약에서 재화나 용역(또는 재화나 용역의 묶음)을 고객에게 이전하기로 한 각 약속

→ 고객과의 계약은 기업이 고객에게 재화와 용역을 이전하는 단일의 수행의무 혹은 복수의 수행의무의 집합을 의미(즉, 계약이 수행의무를 포함하는 개념임)

(3) 수익을 인식하기 위해서는 다음의 5단계를 적용한다.

① 1단계 : 고객과의 계약을 식별.

② 2단계 : 수행의무를 식별.

③ 3단계 : 거래가격을 산정.

④ 4단계 : 거래가격을 계약 내 수행의무에 배분.

⑤ 5단계 : 수행의무를 이행할 때 수익을 인식.

(4) ① 계약 당사자들이 계약을 서면 또는 구두로 승인하고 각자의 의무를 수행하기로 확약한다.

② 이전할 재화나 용역과 관련된 각 당사자의 권리를 식별할 수 있다.

③ 이전할 재화나 용역의 지급조건을 식별할 수 있다.

④ 계약에 상업적 실질이 있다. 즉, 계약의 결과로 기업의 미래 현금흐름의 위험, 시기, 금액이

변동될 것으로 예상된다.

⑤ 고객에게 이전할 재화나 용역에 대하여 받을 권리를 갖게 될 대가의 회수 가능성이 높다.

(5) 다음 기준을 모두 충족한다면 고객에게 약속한 재화나 용역은 구별되는 것이다.

① 고객이 재화나 용역 그 자체에서 효익을 얻거나 고객이 쉽게 구할 수 있는 다른 자원과 함께 하여 그 재화나 용역에서 효익을 얻을 수 있다(그 재화나 용역이 구별될 수 있다).

② 고객에게 재화나 용역을 이전하기로 하는 약속을 계약 내의 다른 약속과 별도로 식별해 낼 수 있다(그 재화나 용역을 이전하기로 하는 약속은 계약상 구별된다).

(6) 변동대가 추정치의 제약 : 변동대가 추정치를 거래가격에 반영할 때에는 변동대가와 관련한 불확실성이 해소된 후, 추정치에 근거하여 이미 인식한 누적수익 중 유의적인 금액을 되돌리지 않을 가능성이 매우 높은(highly probable) 정도까지만 거래가격에 포함해야 한다는 원칙

(7) 이전된 자산에 대한 고객의 통제 보유 여부로 수행의무 이행 여부를 판단한다[즉, 수익은 고객에게 약속한 재화나 용역, 즉 자산을 이전하여 수행의무를 이행할 때(또는 기간에 걸쳐 이행하는 대로) 인식하되, 고객이 그 자산을 통제할 때(또는 일정 기간에 걸쳐 통제하게 되는 대로) 이전되는 것으로 본다].

(8) ① 계약자산 : 기업이 고객에게 이전한 재화나 용역에 대해 그 대가를 받을 기업의 권리 중에서도 시간의 경과 외의 조건이 있는 (조건부적인) 지급청구권

② 계약부채 : 기업이 고객에게서 받은 대가(또는 지급받을 권리가 있는 대가)에 상응하여 고객에게 재화나 용역을 이전하여야 하는 기업의 의무

③ 수취채권 : 기업이 고객에게 이전한 재화나 용역에 대하여 그 대가를 받을 기업의 권리 중 시간의 경과 외의 조건이 없는 (사실상 무조권적인) 지급청구권

(9) 기간에 걸쳐 수행의무가 이행되는 경우는 아래 제시된 세 가지 독립된 기준 중 하나가 충족되는 경우를 의미한다.

① 고객은 기업이 수행하는 대로 기업의 수행에서 제공하는 효익을 동시에 얻고 소비한다.

② 기업이 수행하여 만들어지거나 가치가 높아지는 대로 고객이 통제하는 자산(예: 재공품)을 기업이 만들거나 그 자산 가치를 높인다.

③ 기업이 수행하여 만든 자산이 기업 자체에는 대체 용도가 없고, 지금까지 수행을 완료한 부분에 대해 집행가능한 지급청구권이 기업에 있다.

[2] 다음의 각 진술의 옳고 그름을 구별하고, 그른 경우에는 그 이유를 설명하라.

(1) ×: 고객과 체결한 계약이라 하더라도 상업적 실질이 있고 회수가능성이 높은 경우에 한해 기업회계기준서 제1115호에 의한 회계처리가 가능하다.

(2) ○

(3) ○: 변동대가 추정치의 제약에 의해 유의적으로 환원되지 않을 가능성이 매우 높은 금액까지만 수익을 인식할 수 있다. 따라서 반품 가능성을 합리적으로 추정할 수 없다면 환원 가능성에 대한 판단을 내릴 수 없으므로 변동대가 추정치의 제약에 의해 수익으로 인식할 수 없다.

(4) ×: 거래가격은 고객에게 약속한 재화나 용역을 이전하고 그 대가로 기업이 받을 권리를 갖게 될 것으로 예상하는 금액이다. 거래가격은 고객이 지급하는 고정된 금액일 수도 있으나, 어떤 경우에는 변동대가를 포함하거나 현금 외의 형태로 지급될 수도 있다.

(5) ○

(6) ×: 고객에게 약속한 재화나 용역, 즉 자산을 이전하여 수행의무를 이행할 때 한 시점에 수익을 인식할 수도 있지만, 이행함에 따라 일정 기간에 걸쳐 수익을 인식하기도 한다.

(7) ○ : 모든 용역제공거래는 그 성과를 신뢰성 있게 추정할 수 있으면 장단기 구분 없이 진행기준에 따라 수익을 인식하여야 한다.

(8) × : 고객과의 계약이라 하더라도 다른 기준서의 적용대상인 경우 해당 기준서가 우선적으로 적용된다.

(9) × : 거래가격의 후속 변동은 계약 개시시점과 같은 기준으로 계약상 수행의무에 배분하며, 계약을 개시한 후의 개별 판매가격 변동을 반영하기 위해 거래가격을 다시 배분하지는 않는다.

연습문제

[1] 수익인식의 5단계

(1) 1단계 : 고객과의 계약을 식별.
이 거래는 두 기업이 계약을 체결하였고 이전할 재화와 용역이 식별되기 때문에 기준서의 정의에 맞는 수익인식 계약이라고 할 수 있다. 참고로 두 기업 간의 정상적인 거래이므로 별도의 언급이 없는 한 상업적 실질과 회수가능성 요건도 충족될 것으로 예상할 수 있다.

(2) 2단계 : 수행의무를 식별.
이 계약은 동시에 체결되었지만, 복사기 판매와 유지서비스 제공은 별개로 판매되는 계약으로서 서로 구별되므로 두 개의 수행의무로 구분할 수 있다.

(3) 3단계 : 거래가격을 산정.
이 계약의 거래가격은 ₩2,700,000으로 확정되어 있다.

(4) 4단계 : 거래가격을 계약 내 수행의무에 배분.
본래 복사기와 유지서비스를 별개로 판매하는 경우 각각 ₩2,000,000과 ₩1,000,000이지만, 두 계약을 동시에 체결하여 ₩2,700,000으로 할인받았기 때문에 두 거래의 판매가격에 비례하여 다음과 같이 배분한다.

$$\text{복사기 판매 : ₩2,7000,000} \times \frac{2,000,000}{2,000,000 + 1,000,000} = \text{₩1,800,000}$$

$$\text{유지 서비스 : ₩2,7000,000} \times \frac{1,000,000}{2,000,000 + 1,000,000} = \text{₩900,000}$$

(5) 5단계 : 수행의무를 이행할 때 수익을 인식.
복사기 판매는 복사기 설치 시점에서 ₩1,800,000 전액 수익으로 인식한다. 그러나 유지서비스 ₩900,000은 3년간에 걸쳐 이루어지기 때문에, 설치 후 3년 동안 유지서비스가 제공되는 정도에 따라 수익을 인식하여야 한다(예. 연도별로 제공되는 유지서비스 수준이 유사할 경우 매년 ₩300,000 수익 인식).

[2] 수행의무의 구별

1. 광주전산의 ERP 프로그램은 매우 전문적이라 프로그램 판매 외에 설치와 교육이 필수적이다. 따라서 세 가지 수행의무는 대부분의 기업들이 동시에 구매한다. 이처럼 고객에게 이전하기로 한 자산에 상호의존성이 존재하고 유의적 변형을 통해 고객 맞춤화되는 경우 계약상 구별되지 않으므로 다른 수행의무와 별도로 식별되지 않는다. 따라서 광주전산은 목포기업에게 판매한 세 가지 용역은 계약의 단일 수행의무로 회계처리한다.
2. 여기서 순천기업이 구매한 소프트웨어는 다른 재화와 용역보다 먼저 인도되고 갱신과 기술지원이 없어도 스스로 가동될 수 있다. 그러므로 순천기업은 고객이 각 재화와 용역 그 자체에서 효익을 얻거나, 자체적으로 쉽게 구할 수 있는 다른 재화와 용역과 함께하여 효익을 얻을 수 있으

므로 해당 재화나 용역은 구별 가능하다. 또한 라이선스, 설치용역, 갱신, 기술지원을 별도로 판매하기 때문에, 각각의 약속들은 계약상으로도 구별 가능하다. 따라서 위 두 가지 판단에 기초하여, 광주전산은 계약에서 다음의 재화나 용역에 대해 네 가지의 수행의무를 식별하여 각각 별도의 회계단위로 수익을 인식하여야 한다.

(1) 소프트웨어 라이선스
(2) 설치용역
(3) 소프트웨어 갱신
(4) 기술지원

[3] 변동대가의 추정

1. 기댓값에 의한 추정
   ₩1,000,000 × 60% + ₩990,000 × 30% + ₩980,000 × 10% =₩995,000
2. 가능성이 가장 높은 금액에 의한 추정
   ₩1,000,000 (60%)

[4] 수행의무에 거래가격의 배분

1. 제품 A : ₩100 × 50/120 = ₩42
   제품 B : ₩100 × 30/120 = ₩25
   제품 C : ₩100 × 40/120 = ₩33
2. 제품 A는 관측 가능한 시장가격 ₩50, 제품 B는 시장평가 조정접근법, 그리고 제품 C는 예상원가 · 이윤 가산접근법을 적용하여 개별 판매가격을 추정한다.

<판매가격의 추정>

제품 A : ₩50 (판매가격)
제품 B : ₩25 (시장평가 조정접근법)
제품 C : ₩50 × (1+50%) = ₩75 (예상원가 · 이윤 가산접근법)

<배분가격>

제품 A : ₩100 × 50/150 = ₩33
제품 B : ₩100 × 25/150 = ₩17
제품 C : ₩100 × 75/150 = ₩50

[5] 위탁판매

거 래	(차)	(주)위탁상사		(대)	(차)	(주)수탁상사		(대)
(1) 적송	적 송 품	100,000	재고자산	100,000	분개 없음			
(2) 매출	분개 없음				현 금	180,000	수탁판매부채	144,000
							수탁수수료	36,000
					수탁판매부채	5,000	현 금	5,000

거 래	(차)	(주)위탁상사		(대)	(차)	(주)수탁상사		(대)
(3) 통보	현 금	139,000	매 출	180,000	수탁판매부채	139,000	현 금	139,000
	위탁판매비용	41,000						
	매출원가	90,000	적 송 품	90,000				

[6] 상품권발행에 의한 판매

(1) 상품권 발행 시

(차)	현 금	900,000	(대) 상품권선수금	1,000,000
	상품권할인액	100,000		

(2) 상품 판매 시

(차)	상품권선수금	1,000,000	(대) 매 출	900,000
			현 금	100,000
(차)	매출할인	100,000	(대) 상품권할인액	100,000
(차)	매출원가	520,000	(대) 재고자산	520,000

[7] 정기구독 신청에 의한 판매

	20×5		20×6		20×7	
기 간	1/1~6/30	7/1~12/31	1/1~6/30	7/1~12/31	1/1~6/30	7/1~12/31
매출액	₩1,500,000	₩1,500,000	₩1,200,000	₩1,200,000	₩1,600,000	₩1,600,000
취소율	30%		20%		10%	
순매출액	₩1,050,000	₩1,050,000	₩960,000	₩960,000	₩1,440,000	₩1,440,000
만료일						
20×5	₩1,050,000	₩525,000				
20×6		525,000	₩960,000	₩480,000		
20×7				480,000	₩1,440,000	₩720,000
20×8						720,000
계	₩1,050,000	₩1,050,000	₩960,000	₩960,000	₩1,440,000	₩1,440,000

• 매출수익

20×5년 : ₩1,575,000(=1,050,000+525,000)

20×6년 : ₩1,965,000(=525,000+960,000+480,000)

20×7년 : ₩2,640,000(=480,000+1,440,000+720,000)

[8] 반품가능판매

(1) 고객이 만족하지 않는 경우에 판매대금을 반환하는 소매판매의 경우 기업이 받을 권리를 갖게 될 것으로 예상하는 금액만을 수익으로 인식한다. 따라서 판매시점에 수익을 인식할 때, 추정반환 예상금액은 환불부채로 인식하고 그 나머지 금액을 수익으로 인식한다.

(2)	(차) 현 금	30,000	(대) 매 출	29,250
			환불부채	750
	(차) 매출원가	23,400	(대) 재고자산	24,000
	반환제품회수권	600		

[9] 용역제공거래: 진행률에 따른 수익인식

(1)

	20×6	20×7	20×8
당기 발생원가:	₩126,000	₩168,000	₩146,000
누적 발생원가:	126,000	294,000	440,000
기말 추정 추가원가:	294,000	126,000	−
총추정원가:	₩420,000	₩420,000	₩440,000
진행률:	126,000÷420,000 = 30%	294,000÷420,000 = 70%	− 100%
공사수익:	500,000×30% = ₩150,000	(500,000×70%) − 150,000 = ₩200,000	500,000 − 350,000 = ₩150,000

(2)

고객에게 대금 청구할 때:

(차) 공사미수금	140,000	(대) 진행청구액	140,000

고객으로부터 대금을 수령할 때:

(차) 현 금	120,000	(대) 공사미수금	120,000

20×6년 말 공사수익 및 비용의 인식

(차) 공사원가	126,000	(대) 공사수익	150,000
미성공사	24,000		

(3)

	20×7		20×8	
<u>고객에게 대금 청구할 때:</u>				
(차) 공사미수금	160,000		200,000	
(대) 진행청구액		160,000		200,000
<u>고객으로부터 대금을 수령할 때:</u>				
(차) 현　금	150,000		230,000	
(대) 공사미수금		150,000		230,000
<u>보고기간 말 공사수익/비용의 인식:</u>				
(차) 공사원가	168,000		146,000	
미성공사	32,000		4,000	
(대) 공사수익		200,000		150,000
<u>공사 종료 후:</u>				
(차) 진행청구액	–		500,000	
(대) 미성공사				500,000

(4)

	20×6 말	20×7 말	20×8 말
미성공사 잔액		₩150,000	₩350,000
	₩126,000(공사원가)	+ 168,000(공사원가)	+ 146,000(공사원가)
	+ 24,000(공사이익)	+ 32,000(공사이익)	+ 4,000(공사이익)
	₩150,000	₩350,000	₩500,000
진행청구액 잔액	₩140,000	₩140,000+₩160,000 =₩300,000	₩300,000+₩200,000 =₩500,000
재무상태표 표시	₩10,000: 계약자산 (미청구공사)	₩50,000: 계약자산 (미청구공사)	–

[10] 용역제공거래: 진행률에 따른 수익인식

(1)

	건#1	건#2	건#3	건#4	건#5
용역계약금액	₩1,000,000	₩800,000	₩1,200,000	₩2,000,000	
진행률	100%	100%	40%	50%	
수　익	₩1,000,000	₩800,000	₩480,000	₩1,000,000	
비　용	1,100,000	700,000	400,000	800,000	
당기순이익	(100,000)	100,000	80,000	200,000	

(2)

용역계약금액	₩300,000
진행률	50%
수 익	₩150,000
비 용	(200,000)
용역예상손실액*	(50,000)
당기순이익	(100,000)

* 진행기준을 적용함에 있어 용역제공기간 전체에 손실이 발생될 것이 예상될 때에는 예상총손실액 중 미래에 실현될 금액을 미성용역계정에서 직접 차감한다. 이에 따른 용역예상손실액 ₩50,000 [=총손실×(1−진행률)=₩100,000×50%]은 추가적인 용역원가로 계상된다.

(3) 건#1과 건#2는 당기말 현재 용역계약이 이행완료되었으므로 표시할 계약자산과 계약부채 잔액이 존재하지 않는다. 또한 대금회수도 정상적으로 이루어졌으므로 용역미수금과 용역선수금 잔액도 존재하지 않는다. 한편, 건#3~5의 계약자산과 계약부채 및 용역미수금과 용역선수금 잔액은 다음과 같이 계산된다.

가. 계약자산 및 계약부채 계산

구분	건#3	건#4	건#5
미성용역 잔액	400,000(용역원가) +80,000(용역이익) 480,000	800,000(용역원가) +200,000(용역이익) 1,000,000	200,000(용역원가) −50,000(용역손실)* 150,000
진행청구액	700,000(당기청구액)	1,600,000(당기청구액)	100,000(당기청구액)
계정과목	**초과청구용역 (계약부채)**	**초과청구용역 (계약부채)**	**미청구용역 (계약자산)**
금액	**220,000**	**600,000**	**100,000**

* 손실부담계약에 대한 계약자산과 계약부채 표시액을 계산함에 있어 총손실 발생이 예상됨에 따라 미래 예상손실액을 조기 인식한 부분은 고려하지 않는다. 미래 예상손실액이 용역원가를 증가시켜 용익손실을 증가시키긴 하나, 증가된 용역비용에 대응되는 계정과목으로 용역손익을 집계하는 미성용역 대신 미래의 불확실한 현금유출을 인식하는 충당부채가 사용되기 때문이다.

나. 용역미수금 및 용역선수금 계산

구분	건#3	건#4	건#5
진행청구액*	700,000(당기청구액)	1,600,000(당기청구액)	100,000(당기청구액)
당기회수액	1,000,000	1,500,000	300,000
계정과목	**공사선수금****	**공사미수금**	**공사선수금****
금액	**300,000**	**100,000**	**200,000**

* 대금회수전 용역미수금액과 일치

** 용역미수금 잔액을 초과하여 회수한 금액

[11] 용역제공거래 : 발생주의

① 105,000 (= 55,000[기말 소모품 잔액] + ② 100,000 - 50,000[기초 소모품 잔액])

② 100,000 (포괄손익계산서상 소모품비용)

③ 1,500,000 (= 600,000[기말 선수용역수익 잔액] + ④ 1,000,000 - 100,000[기초 선수용역수익 잔액])

④ 1,000,000 (포괄손익계산서상 용역수익)

[12] 용역제공거래 : 기타의 수익인식 방법

(1)	20×5	20×6	20×7	(2)	20×5	20×6	20×7
용역금액			5,000				
진행률			100%				
누적수익			5,000				
당기수익	1,500	1,500	2,000		1,800	1,500	1,700
당기비용	1,500	1,500	2,000		1,500	1,500	2,000
당기순이익	0	0	0		300	0	(300)

[13] 계약의 변경

1. 제품 50개를 추가하는 계약변경은 당초 계약인 100개 계약과 구별되는 약속이 추가되어 계약의 범위가 확장된 것이다. 또한 단골고객에 대한 할인이 있었지만 이는 개별 판매가격을 반영한 정상적인 관례이다. 따라서 추가 제품은 원래의 제품과 구별되는 계약의 확장이며, 계약변경 시점에 그 제품의 개별 판매가격을 반영하여 가격이 조정된 것으로 판단한다[문단 20]. 따라서 강원물산은 원래 계약의 제품 100개에 대하여 @₩200씩 수익을 인식하고, 새로운 계약은 별도 계약으로 간주하여 제품 50개에 대하여 @₩180씩 수익을 인식한다.

2. 우선 종전에 인도한 제품의 하자로 인한 공제액 ₩900은 그 제품 60개에 대한 수익에서 차감하여야 한다. 따라서 종전 60개의 매출액은 ₩11,100(₩12,000 − ₩900)으로 감소한다. 공제액 ₩900은 미리 받은 금액에 해당하기 때문에, 이를 선수금으로 처리한다. 미래에 납품될 90개에 대하여는 정상가격인 @₩200씩 수익을 인식한다.

제6장 재고자산 I : 유통기업

익힘문제

[1] 재고자산의 인식기준을 설명하라.

「재무보고를 위한 개념체계」에 따르면, 어떤 항목이 재무제표에 인식되기 위해서는 다음 세 가지 인식기준(recognition criteria)을 모두 충족해야 한다.

① 그 항목이 자산, 부채, 자본, 수익 또는 비용의 정의를 충족한다.

② 그 항목의 인식이 자산이나 부채, 그리고 그에 수반하는 수익, 비용 또는 자본 변동에 대해 목적적합한 정보를 제공한다.

③ 그 항목의 인식이 자산이나 부채, 그리고 그에 수반하는 수익, 비용 또는 자본 변동에 대해 충실한 표현을 제공한다.

재고자산의 정의에 해당하는 항목은 통상적인 영업과정에서 판매를 위하여 보유 중인 자산, 통상적인 영업과정에서 판매를 위하여 생산 중인 자산, 혹은 생산이나 용역제공에 사용될 원재료나 소모품이다. 실무에서 영리기업이 보유하는 이러한 자산은 대부분 과거사건의 결과로 기업이 통제하고 있고, 그 미래경제적 효익이 기업에 유입될 것으로 기대되고, 또한 측정가능성이 높으므로 위의 나머지 두 인식기준 또한 충족될 것이다.

[2] 재고자산회계에 적용하는 원가배분 또는 단위원가결정의 개념을 설명하라.

원가흐름은 재고자산의 원가가 취득으로 인식함에 따라 증가하다가 판매로 제거함에 따라 감소하는 일련의 과정이다. 달리 표현하면, 원가흐름을 파악하는 것은 취득에 따라 인식한 원가를 원가POOL(cost pool)인 매출가능재고원가로 모은 다음 이를 ① 팔고 남은 단위들에 해당하는 원가와 ② 팔린 단위들에 해당하는 원가로 배분되는 과정을 알아보는 것이다. 보고기간 말에 최종적으로 팔다 남은 재고자산의 ①에 후술할 저가법을 적용한 후의 금액으로 재무상태표의 재고자산을 보고한다. 그리고 보고기간 중에 발생한 ②에 해당하는 금액은 포괄손익계산서의 당기손익항목으로 보고한다. 이렇듯 보고기간 전체로 볼 때는, 보고기간 전체의 매출가능재고원가를 포괄손익계산서와 재무상태표로 나누어 보고하는 회계절차를 원가배분(cost allocation)이라고 하며, 이 절차가 재고자산회계의 특징 중의 하나이다. 또한 원가배분을 한다는 것은 계산 측면에서는 단위원가를 결정하는 것에 해당한다. 그 이유는 원가배분을 실시하는 방법인 가중평균법과 선입선출법이 팔린 재고자산 혹은 남은 재고자산의 원가를 산정하는 방법인데, 각각의 물량과 대비하면 단위가격이 다르게 계산되는 방법이기도 하기 때문이다.

[3] 재고자산회계는 저가법(손상회계)을 적용하는 원가모형을 기조로 하는데, 기업이 영위하는 사업의 특성에 따라 공정가치모형을 적용한다. 이에 대해서 요약하라.

자산회계에 적용되는 원가모형(cost model)은 최초 취득원가(및 그에 근거한 상각후원가)로 장부금액을 유지하면서 보유 중의 공정가치 변동을 제한적으로 반영하며, 손상회계를 적용하여 가치하락만 인식하는 모형이다. 반면, 자산별로 구체화될 때 조금씩 차이는 나타내지만 기본적으로 보유 중의 공정가치 상승분과 하락분(즉, 변동분)을 모두 인식하는 것이 공정가치모형(fair value model)이다.

기업이 영위하는 사업의 특성에 따라 공정가치모형을 적용하는데, 재고자산에는 순공정가치에 기반을 둔 공정가치모형을 적용한다. 먼저, 유통기업 중 1차산업(농업·임업·어업 및 광업)의 생산물을 중개하는 기업이 보유하는 상품은 순공정가치로 측정할 수 있다. 여기서의 중개기업이란 주로 단기간 내에 매도하여 가격변동이익이나 중개이익을 얻을 목적으로 타인을 위하여 혹은 자기 계산으로 이러한 1차상품을 매매하는 기업이다. 순공정가치의 변동분은 모두 당기손익으로 인식한다. 그리고 생산기업 중 농림어업(농업·임업·어업) 기업의 수확물은 최초 측정시 취득원가가 아닌 순공정가치로 최초 인식한다는 점에서 특징적 차이가 나타난다. 일단 인식한 후에는 재고자산회계가 적용된다. 수확물(agricultural produce)이란 생물자산에서 수확한 생산물로서, 그 자세한 회계는 제7장에서 살펴볼 것인데, 순공정가치 측정에 따른 평가손익은 당기손익으로 인식한다.

[4] 재고파악의 원칙 및 기준에 대해서 설명하라.

재고파악은 특정 시점에 특정 재고자산이 과연 그 기업의 자산인지를 판별하는 것이다. 그 원칙은 법적 소유(ownership)나 물리적 점유(occupation)와 같은 거래의 외형적 특성뿐 아니라 경제적 실질을 함께 고려한다는 것이다. 여기서, 경제적 실질의 판단이란 특정 시점, 현재 재고자산 보유에 따른 위험과 보상이 누구에게 귀속하는가 그리고 누가 해당 자산을 통제하는가를 알아본다는 다소 추상적인 행위이다. 일반적으로 해당 재고자산이 그 기업 자산인지의 여부는 많은 경우 물리적 점유기준보다는 법적 소유기준에 따라 판정한다. 특수한 상황을 제외하고는 법적 소유만으로도 기업이 배타적이고 독점적으로 사용할 수 있기 때문이다. 물론, 법적 소유 기준만으로는 재고자산의 귀속여부를 결정할 수 없고 거래의 경제적 실질로 판단하여 보유재고에 포함여부를 결정하는 경우도 있다. 예를 들어, 환매조건부매출(sales with buyback agreement)이나 반품(sales returns)이 매우 많이 이루어지는 매출의 경우에는 소유권이 이전되었어도 해당 재고자산을 보유재고에 포함시키는 경우가 있다. 한편, 법적으로 소유하고 있어도 해당 재고자산을 기업의 보유재고에 포함하여서는 안 되는 경우가 있다. 예를 들어, 장기할부매출(long-term installment sales) 중에는 소유권을 가지고 있어도 보유재고에 포함하지 않는 것이 적절한 경우가 있다.

[5] 원가흐름의 기록방식인 실지재고조사법과 계속기록법의 차이를 대비하여 설명하라.

실지재고조사법(periodic inventory system)은 보고기간 말에 1회 원가배분을 실시하고 그 결과를 기록하는 방식이다. 보고기간 말에 가서 보유하고 있는 상품들의 원가를 파악하고, 이를 보고기간 중 집계한 매출가능재고원가에서 차감하여 판매된 상품들의 원가로 인식하는 것이다. 즉, 보고기간 말에 보고기간 중에 일어났던 모든 매출에 따른 상품의 제거를 일괄 기록하는 방식이다. 이 방식에서는 상품을 매입할 때마다 통상 그 매입원가를 '매입'계정에 기록한다. 그리고 상품을 매출할 때는 자산제거분개를 수행할 수 없기에 매출수익 인식분개만 수행한다. 이는 원가배분을 하지 않아 해당 원가를 모르기 때문이다. 매출가능재고원가에서 보고기간 말 현재 보유한 상품의 원가를 차감한 금액이 제거할 금액, 즉 매출원가로서 '기초원가+당기매입원가−기말원가'에 해당한다.

한편, 계속기록법(perpetual inventory system)은 매출시점마다 원가배분을 수행함으로써 상품 원가 흐름의 변동을 계속해서 파악하고 그 결과를 자산제거·매출원가인식으로 기록하는 방법이다. 이 방식에서는, 상품을 매입할 때마다 통상 그 매입원가를 '상품'계정에 기록하고, 매출할 때마다 매출인식 분개와 자산제거·매출원가인식 분개를 기록한다. 매출수익 인식분개와 자산제거·매출원가 인식 분개이다. 매번의 매출시점마다 계산한 매출원가를 합하면 보고기간의 매출원가가 된다. 그리고 보고기간 말의 '상품'계정 잔액인 기말원가는 '기말원가=기초원가+매입원가−매출원가'라는 관계를 가진다.

두 기록방식의 특징적 차이는 보고기간 중에 실시하는 원가배분의 빈도가 다르다는 것이다. 그리고 인식·제거를 기록할 때 통상 사용하는 계정에 있어서도 다소 차이가 있다. 그런데 원가배분의 빈도가 다르다고 해서 반드시 재고자산의 보고기간 말 원가와 보고기간 매출원가가 다르지는 않다. 한편, 원가배분을 실시할 때 적용하는 단위원가 결정방법이 무엇이냐에 따라서 빈도 차이가 재무제표 보고액 차이로 이어지기도 하고 이어지지 않기도 한다. 개별법이나 선입선출법에 따를 때는, 두 기록방식에 따라 재무제표 보고액이 달라지지 않지만, 가중평균법에 따를 때는, 재무제표 보고액이 일반적으로 달라진다.

[6] 단위원가결정방법의 개념 및 특징에 대해서 요약하라.

합리적인 단위원가결정방법은 개별법, 선입선출법 및 가중평균법이다. 먼저 개별법(specific identification method)은 개별적으로 식별되는 재고자산 항목(an item, 단위자산이라고 해석해도 무방함)별로 특정한 원가를 부과하는 방법이다. 이는 개별 항목별 원가를 단위원가로 하는 방법이며. 통상적으로 상호 교환될 수 없는 항목이나 특정 프로젝트별로 생산되고 분리되는 재화 또는 용역에 적용하는 방법이다.

선입선출법(first-in first-out method : FIFO)은 종목별로 먼저 매입(또는 생산된) 재고자산 항목(즉, 단위자산)이 먼저 판매되고 결과적으로 보고기간 말에 재고로 남아 있는 항목은 가장 최근에 매입(또는 생산된) 항목이라고 가정하는 방법이다. 이렇게 선입(즉, 먼저 취득)된 것이, 선출(즉, 먼저 제거)된다는 가정은 많은 기업이 보유하는 많은 종목의 재고자산 물류흐름과 일관되기도 한다. 이러한 선입 여부는 원가배분시점에 판정한다. 실지재고조사법으로 보고기간 말에 1회 자산제거를 기록하는 경우에는 보고기간 말 기준으로 선입 여부를, 그리고 계속기록법으로 매번의 매출시점에 자산제거를 하는 경우에는 그 시점에서의 선입 여부를 살펴본다.

가중평균법(weighted average cost method)은 보고기간 초의 재고자산과 보고기간 중에 매입(또는 생산된) 재고자산의 원가를 가중평균하여 해당 종목에 속하는 재고자산의 단위원가를 결정하는 방법이다. 이 경우 평균은 기업의 상황에 따라 주기적으로 계산하거나 매입(또는 생산)할 때마다 계산할 수 있다. 한편, 실지재고조사법에서는 보고기간 말에 1회 원가배분을 실시하므로, 단위원가는 보고기간 전체의 매출가능재고원가를 그 해당 단위수(기초물량+당기 매입물량)로 나누어 계산한다. 실무에서는 이를 총평균법이라고 부르기도 한다. 반면, 계속기록법에서는 매번의 매출시점마다 적용할 단위원가를 계산한다. 매출 직전에 보유하고 있던 재고자산 원가총액을 그 보유단위수로 나누어 계산한다. 달리 표현하면, 취득에 따라 새로이 구성되는 보유재고의 단위원가를 계산하고 이를 다음 번의 매출에 적용하는 것이다. 실무에서는 이를 이동평균법이라고 부르기도 한다. 평균을 구할 때마다, 구성 재고자산 내역이 다르므로, 일반적으로 총평균법과 이동평균법의 계산결과는 다르다.

[7] 원가배분이 왜 중요한지에 대해서 단위원가결정방법이 미치는 영향과 원가배분 오류에 대해서 설명하라.

원가배분은 정해진 크기의 매출가능재고원가 중 얼마치를 재무상태표로 보내고, 얼마치를 포괄손익계산서로 보낼 것인가를 결정하는 회계행위이다. 물론 자의적(恣意的)으로 수행하는 것이 아니라, 기업과 자산의 특성에 비추어 합리적으로 배분을 실시하는 것이다. 그러므로 어떤 원가배분방법을 적용하는가에 따라 재무상태표의 기말재고액과 포괄손익계산서의 비용(즉, 매출원가)이 달리 보고될 수 있다. 그 결과는 이익과 법인세 부담액의 변화로 이어지기도 한다. 예를 들어, 매입단가가 상승(하락)하는 추세를 가질 경우 선입선출법과 가중평균법 중 선입선출법을 적용할 때, 매출원가 보고액이 작기에(크기에) 당기순이익이 높게(낮게) 보고되는 것이다. 그리고 당기순이익 변화는 기업의 법인세 부담 변화로 이어진다. 따라서 해당 자산의 특성에 따라 합리적인 원가배분을 실시하여야 하며, 이익관리 혹은 법인세관리만을 목적으로 배분방법을 변경한다든지 하는 것은 바람직한 회계처리가 아니다. 물론, 원가흐름에 영향을 미치는 여러 다른 요소들을 고려하면 이러한 단순한 분석만으로 두 방법의 차이를 다 설명할 수는 없을 것이다. 그렇지만 이러한 비교만으로도 원가배분이 매우 중요한 회계절차임을 충분히 알 수 있다. 더 나아가, 원가배분을 수행함에 있어 실수를 하는 경우가 있는데, 재고자산의 경우 이러한 실수가 발견되지 않고 다음 보고기간으로 이월되면 재무제표에 표시되어야 할 실수의 흔적이 사라지는(wash-out) 수가 있기에 원가배분의 중요성이 더욱 강조되기도 한다. 원가배분 오류가 발생한 후속 보고기간에 관련 재고자산이 판매되면, 그 재무상태표에 자산이 나타나지 않으며, 또한 실수 개입으로 그 보고기간의 이익이 변동하는 만큼 후속기간의 이익이 반대방향으로 변동하여 후속기간 재무상태표 이익잉여금에는 실수의 흔적이 남지 않기 때문이다. 즉, 포괄손익계산서를 비교하여 이상징후를 찾지 못하면 실수를 정정하고 그 원인을 분석할 기회도 갖지 못하고 그냥 넘어 갈 수도 있는 것이다.

[8] 저가법이란 어떤 회계절차인가? 그리고 재고자산 종류별로 저가법 적용의 구체적 방식이 어떻게 다른가?

저가법(LCM, lower-of-cost-or-market method)은 재고자산의 원가와 순실현가능가치 중 낮은 금액을 재무상태표에 보고하는 방법이다. 예를 들어, (가) 물리적 손상, (나) 완전·부분 진부화, (다) 판매가격의 하락, (라) 완성·판매에 필요한 원가의 상승 등과 같은 사유로 재고자산의 원가를 회수하기 어려울 수 있기 때문이다. 한편, 판매목적으로 보유하고 있는 재고자산(예, 상품, 제품)의 경우와는 달리 생산과정에 투입될 원재료의 경우에는, 통상적인 영업과정에서 거래하는 시장이 판매시장이 아니라 구입시장이다. 따라서, 원재료의 경우에는 그 순실현가능가치에 대한 최선의 이용가능한 측정치는 현행대체원가(current replacement costs)가 될 수 있는데, 이는 현재 상태의 재고자산을 지금 매입하거나 혹은 재생산한다고 할 때 지급해야 할 현금 또는 현금등가액을 의미한다. 그리고 저가법은 재고자산 항목(an item)별로 적용한다. 개별법으로 단위 자산 하나하나의 원가를 추적하는 항목도 있음을 고려할 때의 원칙적인 적용방식이다. 다만, 원가흐름이 유사하거나 관련 있는 항목들을 통합한 종목별로 분석하는 경우에는 저가법 역시 종목별로 실시하는 것이 적절할 것이다. 한편, 후속기간에 순실현가능가치를 재평가한다. 그리고 재고자산의 감액을 초래하였던 사유가 해소되었거나 경제상황의 변동으로 순실현가능가치가 상승한 명백한 증거가 있으면 최초의 장부금액을 초과하지 않는 범위 내에서 평가손실을 환입한다. 다시 말해, 재고자산평가충당금의 잔액을 한도로 손상의 회복을 인식한다. 이때의, 재고자산평가손실환입은 매출원가에서 차감한다. 즉, 이익을 증가시키는 결과를 가진다. 다만, 생산기업 원재료나 소모품의 경우에는 저가법을 적용할 때 판단을 요구한다. 제품에 평가손실이 나타나지 않은 경우 구태여 원재료·소모품의 손상을 판단할 실익이 없기 때문이다.

[9] 소매재고법의 특징은 무엇인가? 어떠한 업종에 가장 적절한 대체적 원가측정방식인지와 연관하여 설명하라.

소매재고법은 특정한 경우의 재무제표 작성을 위한 원가배분에 적용하는 대체적 원가측정방법이다. 원칙적으로 원가배분은 재고자산항목(즉, 단위자산) 혹은 이를 유사한 집단으로 분류한 종목별로 실시하는데 유통기업(혹은 생산기업의 유통사업부문)의 경우 보유상품 전체를 모두 묶어서 하나의 상품으로 원가배분을 실시할 필요성이 있어, 실무에서 사용하고 「기업회계기준서」에서 일정한 제한 하에 종목별 원가배분에 대한 대체법으로 제시하는 방법인 것이다. 이 방법은 이익률이 유사하고 품종변화가 심한 다품종 상품을 취급하는 유통기업에서 실무적으로 다른 원가배분방법을 사용할 수 없을 때 사용한다. 이러한 기업들의 경우에는 재고자산의 종목이 대단히 많고 그 회전속도가 매우 빨라 종목별 물량흐름을 파악하는 것이 기술적으로 불가능하지는 않더라도 경제적으로는 실익이 없는 작업이 되기 때문이다. 그리고 그 결과가 종목별 원가배분결과와 유사하다고 판단하여야 사용할 수 있다. 적용하는 이익률은 일반적으로 판매부문별 매출총이익률의 평균을 사용한다. 이때 부문별 이익률에는 최초판매가격 이하로의 가격인하분도 적절히 반영하여야 할 것이다. 그리고 재고자산원가는 그 판매가격을 적절한 이익률을 반영하여 환원한다. 즉, '원가 = 소매가격 × (100% − 이익률%)'으로 계산하는 것이다. 물류흐름을 이익률흐름으로 대체하는 것이므로, 실무에서는 원가배분시 선입선출 혹은 가중평균 가정 중 하나를 선택하여 적용한다. 그리고 기말재고의 원가를 결정하고 나면 저가법을 적용하여야 한다. 그런데 저가법은 종목별 판매시장에서의 정보를 반영하여 손상을 파악하는 방법이기에, 상품 전체의 묶음에 적용하기가 용이하지는 않을 것이다. 이용가능한 정보를 토대로 최선의 파악을 수행하면서, 적절한 실무적인 기법을 활용할 수 있다.

[10] 매출총이익률은 재무제표 보고목적으로 사용할 수 없다. 그 이유는 무엇이라고 생각하는가? 그렇다면 어떤 목적으로 이 방법을 적용하여 재고자산가액을 계산하는가?

매출총이익률법(gross profit method)은 자기 기업의 보고기간 이익률을 활용하지 못하고, 자신의 과거 이익률 혹은 유사기업의 이익률 등을 이용하여 보유재고 원가를 추정하는 방법이다. 따라서 소매재고법과는 달리 종목별 원가배분결과를 대체한다고 간주할 수 없는 실무적 기법에 불과하다. 즉, 매출총이익률법은 재무제표 보고액을 계산하는 방법이 아니라 다른 목적으로 간편하게 원가를 추정하고자 할 때 실무적으로 활용할 수 있는 기법이다. 예를 들어, 시장상황이 계속적이고 신속한 원가추정을 요구하는 경우, 재고관리과정에서 비효율과 부정을 예상하는 경우 혹은 홍수·화재 등의 천재지변을 당하여 신속하게 보상을 청구하고 재산보전계획을 세워야 하는 경우, 외부감사인이 보고기간 중 재고가액을 추정하여 재고관리 및 그 회계처리가 적절한가를 판단하고자 하는 경우 등에 사용한다.

[11] 후입선출법은 「기업회계기준서」에서 더 이상 단위원가 결정방법으로 인정하지 않고 있는데, 그렇다면 후입선출법의 단점은 무엇인가? 그럼에도 불구하고 기업들이 후입선출법을 선택한다면 어떠한 이유 때문인지를 밝혀라.

후입선출법(LIFO, last-in first-out method)은 원가배분시점을 기준으로 그 시점에 시간적으로 가장 근접하여 매입한 물량부터 매출한다고 가정하는 원가배분방법을 말한다. 이 방법은 그간 여러 갈래의 비판을 받아온 방법이다. 첫째, 수익·비용 대응을 강조한 결과 재무상태표에 오래 전에 매입한 자산의 매입원가를 보고하여 역사적 원가주의에 따른 회계가 가지는 문제점을 지나치게 부각시키는 방법이라는 비판을 받고 있다. 둘째, 오래 전에 구입한 재고층(inventory layer)을 청산하면 수익·비용 대응구조를 크게 왜곡하고 또한 당기의 이익과 법인세납부액이 급증할 수 있다는 점이다. 셋째, 이러한 현상 자체도 문제가 되지만 이때 경영진이 건전하고 정상적인 재고수급계획을 수행하지 않고 당기이익을 감소시켜 절세효과를 유지하기 위한 목적으로 재고매입을 지시할 유혹에 빠질 수 있다는 것이다. 뿐만 아니라 이 논리를 연장하면 당기의 이익이 만족스럽지 못한 회계연도에는 보고이익을 증가시키기 위하여 재고층을 청산시키고자 할 유혹에 빠질 수도 있는 것이다. 넷째, 후입선출법에 대한 또 다른 비판은 기업의 경영상황에서 발생하는 실제 물량흐름이 후입선출일 가능성이 거의 없다는 것이다.

그럼에도 불구하고, 이 방법은 미국의 경우 법인세 절감 측면에서 활발히 이용되고 있는 방법이다. 그 이유는 매입단가가 상승하는 추세에 있을 때, 후입선출법에 따른 매출원가는 다른 방법(예를 들어, 선입선출법)에 비하여 보다 높게 나타나기에 이익이 낮게 나타나고 따라서 법인세 역시 낮게 계산될 수 있기 때문이다.

[12] 재고자산의 반품회계와 관련하여 나타나는 매입에누리와환출의 개념과 이에 대한 회계처리를 설명하라.

매입조건에 따라서는 매입한 재고자산에 파손이나 결함이 있을 때 반품이 허용되는 경우도 있고, 반품 대신 결제대금의 반환 혹은 할인을 요구할 수도 있다. 이들을 각각 매입환출과 매입에누리라고 부른다. 일반적으로 반품과 에누리를 매입에누리와환출이라는 계정에 함께 기록한다. 한편, 매입에누리의 경우에는 반품이 없으나 매입환출이 발생하면 재고자산을 반품한다는 점에서 차이가 있지만 어느 경우에나 현금의 증가 혹은 매입채무의 감소를 수반한다. 그리고 현금증가액 혹은 매입채무감소액은 구매자와 판매자 간의 합의에 의하여 결정하며 재고자산 원가배분을 보고기간 말에 실시하는가 혹은 매출시점에서 실시하는가에 따라 변화하지 않는다.

연습문제

[1] 보유재고의 파악

(1) 법적 소유기준에 따라 점유 여부와는 관계없이 기말재고에 포함한다. 따라서 기말재고원가는 ₩200,000만큼 증가한다.

(2) 20×7년도에는 계약만 체결한 상태이므로 회계거래로서 인정하지 않는다. 즉, 판매거래가 발생하지 않았기 때문에 기말재고원가는 영향을 받지 않는다.

(3) 선적지인도기준 매매거래이므로 이 상품은 선적시점부터 기말재고에 포함시켜야 한다. 매입운임 또한 매입원가에 포함되기 때문에 기말재고원가는 ₩85,000(=₩80,000+₩5,000)만큼 증가한다.

(4) 이 상품은 상대방이 다시 가져가는 조건으로 잠시 보관하고 있을 뿐이며, 소유에 따른 위험과 보상 역시 상대방에게 귀속되므로 기말재고에 포함하지 않는다. 따라서 (주)오일유통의 기말재고원가는 ₩450,000만큼 감소한다.

(5) 위탁한 상품의 소유권은 판매시점까지 (주)오일유통의 재고자산이다. 따라서 기말재고원가는 ₩70,000만큼 증가한다.

요약하면, (주)오일유통의 정확한 기말재고원가는 ₩905,000(=₩1,000,000+₩200,000+₩85,000−₩450,000+₩70,000)이 된다.

[2] 매입할인 및 추가적 금융요소

거 래	순 액 법				총 액 법			
	(차)		(대)		(차)		(대)	
매 입 시 점	상 품	891	매입채무	891	상 품	900	매입채무	900
반 달 되는 날	매입채무	297	현 금	297	매입채무	300	현 금 상 품	297 3
한 달 되는 날	이자비용*	6	매입채무	6	분개없음			
	매입채무	300	현 금	300	매입채무	300	현 금	300
두 달 되는 날	매입채무 이자비용	300 15	현 금	315	매입채무 이자비용	300 15	현 금	315

* 매입할인을 선택하지 않은 ₩600어치에 대한 한 달 간의 이자비용을 인식함.

[3] 실지재고조사법 대 계속기록법 1

(1) 경우 1

	실지재고조사법				계속기록법			
매입	(차) 매 입	600	(대) 현 금	600	(차) 상 품	600	(대) 현 금	600
매출	(차) 현 금	1,200	(대) 매 출	1,200	(차) 현 금 (차) 매출원가	1,200 800	(대) 매 출 (대) 상 품	1,200 800
기말	(차) 매출원가	800*	(대) 매 입 상 품	600 200	없음			

* 보고기간 중 상품은 ₩200 감소하였다. 매출원가는 ₩800(=₩600+₩200)이다.

(2) 경우 2

	실지재고조사법	계속기록법
매입	(차) 매　　입 600　(대) 현　　금 600	(차) 상　　품 600　(대) 현　　금 600
매출	(차) 현　　금 300　(대) 매　　출 300	(차) 현　　금 300　(대) 매　　출 300 (차) 매출원가 200　(대) 상　　품 200
기말	(차) 매출원가 200**　(대) 매　　입 600 　　상　　품 400	없음

** 보고기간 중 상품은 ₩400 증가하였다. 매출원가는 ₩200(=₩600+₩(400))이다.

[4] 실지재고조사법 대 계속기록법 2

보고기간 중 1회 매출하였으므로 기록방식과 무관하게 원가배분 결과는 동일하다. 평균단가는 ₩11.533$\left(=\frac{\text{₩}2,000+\text{₩}4,920}{600\text{장}}\right)$이다. 매출물량과 재고물량이 각 300장이므로 매출원가와 기말재고원가는 각 ₩3,460이다.

(1) 실지재고조사법:

	차변	금액	대변	금액
<1분기 말>	(차) 매　　입	4,920	(대) 매입채무	3,920
			(대) 현　　금	1,000
<외상대금지급 시>				
	(차) 매입채무	3,920	(대) 현　　금	3,920
<2분기 말>	(차) 매출채권	4,900	(대) 매　　출	4,900
<외상대금회수 시>				
	(차) 현　　금	4,900	(대) 매출채권	4,900
<4분기 말>	(차) 매출원가	3,460	(대) 매　　입	4,920
	상　　품	1,460*		
	(차) 재고자산평가손실	760**	(대) 재고자산평가충당금	760

* 기말에 먼저 재고실사를 실시하면서 원가배분을 하여 기말재고원가 ₩3,460을 산정한다. 재고변동액은 증가 ₩1,460(=기초 ₩2,000－기말 ₩3,460)이다.
** 300장×{₩11.533－₩9} 당기비용으로 인식하고, 또한 주석으로 공시한다.

(2) 계속기록법:

	차변	금액	대변	금액
<1분기 말>	(차) 상　　품	4,920	(대) 매입채무	3,920
			현　　금	1,000
<외상대금지급 시>				
	(차) 매입채무	3,920	(대) 현　　금	3,920
<2분기 말>	(차) 매출채권	4,900	(대) 매　　출	4,900
	(차) 매출원가*	3,460	(대) 상　　품	3,460

* 300장 × ₩11.533

	차변	금액	대변	금액
<외상대금회수 시>				
	(차) 현　　금	4,900	(대) 매출채권	4,900
<4분기 말>	(차) 재고자산평가손실	760	(대) 재고자산평가충당금	760

[5] 실지재고조사법 대 계속기록법(기능별 분류 포괄손익계산서)

(1) 분개

<실지재고조사법>

매입시점	: (차) 매 입	500	(대) 현 금	500
매출시점	: (차) 현 금	900	(대) 매 출	900
수정·마감분개	: (차) 매출원가	610	(대) 매 입	500
			재고자산	110*

* 재고실사시의 원가배분에 의하여 기말재고원가 ₩90을 산정하면, 재고변동액=감소 ₩110(=₩200−₩90)

<계속기록법>

매입시점	: (차) 재고자산	500	(대) 현 금	500
매출시점	: (차) 현 금	900	(대) 매 출	900
	(차) 매출원가	600*	(대) 재고자산	600

* ₩200+₩500−₩100

수정·마감분개	: (차) 재고자산감모손실	10	(대) 재고자산	10

(2) 기능별 분류 포괄손익계산서−부분(단위: ₩)

	실지재고조사법	계속기록법
매 출	₩900	₩900
매출원가	(610)	(600)
매출총이익	₩290	₩300
기타비용		
재고자산감모손실		(10)
당기순이익	₩290	₩290

[6] 선입선출법과 가중평균법 1

		매출가능수량 6,100단위㉠ 매출가능재고원가 ₩742,000㉡	
		기말재고원가	매출원가
실지재고조사법	선입선출법	₩367,000①	₩375,000②
	총 평 균 법	352,756③	389,244④
계속기록법	선입선출법	367,000⑤	375,000⑥
	이동평균법	358,424⑧	383,576⑦

㉠ 기초재고물량+당기매입물량=100+2,000+3,000+1,000=6,100

㉡ 기초재고원가+당기매입원가=100×₩120+2,000×₩110+3,000×₩130+1000×₩120=₩742,000

① 1,000×₩120+1,900×₩130=₩367,000

② ₩742,000−①=₩375,000

③ 2,900×₩121.64=₩352,756 여기서, ₩121.64는 '㉡÷㉠'인 총평균단가

④ ₩742,000−③=₩389,244

⑤, ⑥: 기록방식에 관계없이 선입선출법의 결과는 ①, ②와 동일함.

⑦ 매출원가=매출 1원가+매출 2원가=₩383,576

매출 1원가=1,200×{(100×₩120+2,000×₩110)÷2,100}=1,200×₩110.48=₩132,576

매출 2원가=2,000×{(900×₩110.48+3,000×₩130)÷3,900}=2,000×₩125.50=₩251,000

⑧ ₩742,000−⑦=₩358,424

[7] 선입선출법과 가중평균법 2

(물량, 원가)에 대한 정보와 원가배분결과를 요약하면 다음과 같다.

흐름	기초재고	+	당기매입	=	매출가능재고	=	매출	+	기말재고
정보쌍	(100,₩5,000)		(400,₩28,000)		(500,₩33,000)		(300, ?)		(200, ?)

실지재고조사법하의 배분결과			계속기록법하의 배분결과		
배분방법	기말재고	매출원가	배분방법	기말재고	매출원가
선입선출법	₩15,000	₩18,000	선입선출법	₩15,000	₩18,000
총평균법	13,200	19,800	이동평균법	14,000	19,000

(1) 실지재고조사법으로 기록한 결과

실지재고조사법으로 원가흐름을 기록하는 경우에는 보고기간 말에 1회 원가배분을 실시한다.

① 선입선출법

기말재고원가 : 200단위×₩75=₩15,000

매출원가 : ₩33,000−₩15,000=₩18,000

② 총평균법

연평균단가 : ₩33,000÷500단위=₩66

기말재고원가 : 200단위×₩66=₩13,200

매출원가 : ₩33,000−₩13,200=₩19,800

(2) 계속기록법으로 기록한 결과

계속기록법에서는 매번의 매출 시점마다 원가배분을 실시한다.

① 선입선출법

	매 입			매 출			잔 액		
	수량	단위원가	원가	수량	단위원가	총원가	수량	단위원가	원가
기초재고	100	₩50	₩5,000				100	₩50	₩5,000
매 입 1	200	65	13,000				100 200	50 65	5,000 13,000
매 출 1				100 100	₩50 65	㉠ ₩5,000 6,500	100	65	6,500
매 입 2	200	75	15,000				100 200	65 75	6,500 15,000
매 출 2				100	65	㉡ 6,500	200	75	15,000

매출원가 : ㉠₩11,500+㉡₩6,500=㉢₩18,000

기말재고 : ₩33,000−㉢₩18,000=₩15,000

② 이동평균법

	매 입			매 출			잔 액		
	수량	단위원가	원가	수량	단위원가	총원가	수량	평균원가	원가
기초재고	100	₩50	₩5,000				100	₩50	₩5,000
매 입 1	200	65	13,000				300	60	18,000
매 출 1				200	60	12,000	100	60	6,000
매 입 2	200	75	15,000				300	70	21,000
매 출 2				100	70	7,000	200	70	14,000

매출원가 : ₩12,000 + ₩7,000 = ₩19,000, 기말재고 : ₩33,000 − ₩19,000 = ₩14,000

[8] 재고자산의 원가배분 오류

(1) ₩50만큼 과소계상

- 20×7년 : 기말재고원가가 ₩50만큼 과소 계상됨에 따라 매출원가는 ₩50만큼 과대계상되고, 그 결과 매출총이익은 ₩50만큼 과소 계상되어 있다. 따라서 정확한 매출총이익은 ₩300(= ₩250 + ₩50)이 되어야 한다.

- 20×8년 : 20×7년의 기말재고원가는 20×8년의 기초재고원가가 된다. 다른 여타의 상황이 동일하다면, 기초재고원가 ₩50만큼의 과소 계상은 매출원가를 동액만큼 줄이게 되고 그 결과, 매출총이익을 ₩50만큼 높이게 된다. 따라서 20×8년의 정확한 매출총이익은 ₩450(= ₩500 − ₩50)이 되어야 한다.

- 20×9년 : 20×7년의 기말재고원가 과소 계상에 따른 매출총이익의 과소계상액은 20×8년의 매출총이익 과대계상액과 정확히 상계되기 때문에 20×9년의 매출총이익은 변함이 없다. 이러한 이유에서 이러한 오류를 차기자동수정오류라 한다.

(2) ₩70만큼 과대계상

- 20×7년 : 매출총이익이 ₩70만큼 과대 계상되어 있다. 따라서 정확한 매출총이익은 ₩180(= ₩250 − ₩70)이 된다.

- 20×8년 : 매출총이익이 ₩70만큼 과소 계상되어 있다. 따라서 정확한 매출총이익은 ₩570 (= ₩500 + ₩70)이 된다.

- 20×9년 : 매출총이익에 미친 영향은 없다.

[9] 저가법 1

(1) 상품 1과 상품2는 손상되지 않았으므로 분개가 없다.
상품 3과 상품 4가 손상되었다. 분개는 다음과 같다.

(차) 재고자산평가손실	3,000	(대) 재고자산평가충당금–상품3	1,500*
		재고자산평가충당금–상품4	1,500**

* ₩1,500 = 150×(₩110 − ₩100)
** ₩1,500 = 300×(₩90 − ₩85)

그리고 재무상태표에는 다음과 같이 방법 1과 방법 2로 표시할 수 있다. 즉, 방법 1은 상품과 그 평가충당금을 나누어 표시하는 방법이며, 방법 2는 상품에서 그 평가충당금을 차감한 순액으로 단일 표시하는 방법이다.

<방법 1>		<방법 2>	
상 품	77,500	상 품	74,500
재고자산평가충당금－상품	(3,000)		

(2) 종목을 분류하지 않고 네 종목의 상품을 묶어서 저가법을 적용하면, 평가손실이 ₩0으로 계산된다.* 그 이유는 상품묶음에 저가평가를 실시하는 경우 상품 1과 상품 2의 순실현가능가치의 상승액 합계가 상품 3과 상품 4의 순실현가능가치의 하락액을 상계할 정도로 크기 때문이다. 따라서 상품의 구체적 용도와 판매시장이 다른 경우에 그 전체에 저가법을 적용하면 그 합리성을 주장하기가 어렵게 된다.

*원가	₩77,500(＝100×₩100＋200×₩120＋150×₩110＋300×₩90)
순실현가능가치	78,500(＝100×₩120＋200×₩130＋150×₩100＋300×₩85)
저가(＝원가)	₩77,500

[10] 저가법 2

(1) 매출 : 300×₩6,000 ＋ 200×₩5,000 ＝ ₩2,800,000

(2) 기말재고의 이동평균원가

1) 6월 1일까지 : (100×₩3,000 ＋ 400×₩4,000)/500개 ＝ ₩3,800

2) 9월 1일까지 : (200×₩3.800 ＋ 100×₩5,000)/300개 ＝ ₩4,200

3) 12월 31일 기말재고 수량 ＝ 100＋400－300＋100－200 ＝ 100개

4) 12월 31일 기말재고의 취득원가 ＝ 100×₩4,200 ＝ ₩420,000 ＞ 저가금액 ＝ 100×₩3,000 ＝ ₩300,000

5) 매출원가 ＝ 300×₩3,800＋200×₩4,200＋(₩120,000－₩40,000) ＝ ₩2,060,000

(3) 매출총이익 ＝ ₩2,800,000－₩2,060,000 ＝ ₩740,000

[11] 소매재고법과 매출총이익률법

(1) 소매재고법

가) 선입선출법 적용

① 기말재고원가＝₩2,000×(100%－50%)＝₩1,000

② 당기매출원가＝₩12,000×(100%－52%)－₩1,000＝₩5,760－₩1,000＝₩4,760

나) 가중평균법 적용

① 기말재고원가＝₩2,000×(100%－52%)＝₩960

② 당기매출원가＝₩12,000×(100%－52%)－₩960＝₩5,760－₩960＝₩4,800

(2) 매출총이익률법

추정손실액＝추정 기말재고－잔존 상품평가액

＝{기초재고＋당기매입원가－추정 매출원가}－₩3,000

={₩10,000+₩30,000−₩16,000*}−₩3,000=₩21,000

* ₩20,000×(100%−20%)=₩16,000

[12] 후입선출법(학습목적 원가배분방법)과 반품회계

(1) 후입선출법

	20×7년	20×8년
후입선출법 순이익	₩8,600*	₩1,400**

* 선입선출법 순이익 ₩8,000+당기 말 재고원가 상향조정액인 ₩600(=₩2,300−₩1,700)
** 선입선출법 순이익 ₩2,400−당기 말 재고원가 하향조정액인 ₩400(=₩2,100−₩2,500)
−당기 초(즉, 전기말) 재고원가 상향조정액인 ₩600

(2) 반품회계

① 분개

<실지재고조사법>

시점	차변	금액	대변	금액
매입시점	(차) 매 입	500	(대) 현 금	500
매입환출시점	(차) 현 금	50	(대) 매입환출	50
매출시점	(차) 현 금	900	(대) 매 출	900
매출환입시점	(차) 매출환입	30	(대) 현 금	30
수정·마감분개	(차) 매입환출	50	(대) 매 입	50
	(차) 매 출	30	(대) 매출환입	30
	(차) 매출원가	590	(대) 매 입	450
			재고자산*	140

* 기말에 먼저 재고실사를 수행한다. 실사액이 ₩60이므로, 재고자산변동액은 감소 ₩140(=₩200−₩60)이다.

<계속기록법>

시점	차변	금액	대변	금액
매입시점	(차) 재고자산	500	(대) 현 금	500
매입환출시점	(차) 현 금	50	(대) 매입환출	50
매출시점	(차) 현 금	900	(대) 매 출	900
	(차) 매출원가	600	(대) 재고자산	600
매출환입시점	(차) 매출환입	30	(대) 현 금	30
	(차) 재고자산	20	(대) 매출원가	20
수정·마감분개	(차) 매입환출	50	(대) 재고자산	50
	(차) 매 출	30	(대) 매출환입	30
	(차) 재고자산감모손실	10	(대) 재고자산	10

② 기능별 분류 포괄손익계산서 - 부분(단위 : ₩)

	실지재고조사법	계속기록법
매 출	₩870	₩870
매출원가	(590)	(580)
매출총이익	₩280	₩290
기타비용		
재고자산감모손실		(10)
당기순이익	₩280	₩280

제7장 재고자산 Ⅱ : 생산기업

익힘문제

[1] '재고자산회계의 특징은 저가법으로 측정하는 것이다'라는 주장에서의 '저가법 측정'은 어떤 회계처리를 망라하고 있는가를 정리하라.

재고자산은 그 취득원가로 인식(recognition)하고, 원가배분(cost allocation)을 실시하여 제거(derecognition)한다. 제거한 재고자산의 원가는 포괄손익계산서에 당기의 비용(상품의 경우, 매출원가)으로 보고하고, 보유하는 재고자산의 원가는 저가법을 적용한 후 재무상태표에 보고하는 것이다. 그리고 원가배분은 원칙적으로 개별법과 종목별로 적용한 선입선출법·가중평균법으로 실시하되, 제한적인 상황에서 소매재고법으로 대체하여 실시하는 것을 제시하고 있다. 정리하면, 재고자산회계는 순실현가능가치에 기반을 둔 저가법을 적용하는 원가모형을 기조로 하기에 '재고자산은 저가법으로 측정하는 자산'이라는 표현으로 그 특징을 압축하기도 한다.

[2] 제품원가의 구성요소를 제조원가와 비제조원가로 구분하여 정리하라.

교재 제7장 본문의 다음 표와 같이 그 내용을 정리할 수 있다.

<table>
<tr><th rowspan="9">제품원가</th><th colspan="4">구 성 요 소</th></tr>
<tr><td rowspan="7">제조원가</td><td colspan="3">직접재료원가</td></tr>
<tr><td colspan="3">직접노무원가</td></tr>
<tr><td rowspan="4">제조간접원가</td><td colspan="2">고정제조간접원가(경비)</td></tr>
<tr><td rowspan="3">변동제조간접원가</td><td>간접재료원가</td></tr>
<tr><td>간접노무원가</td></tr>
<tr><td>기타변동제조간접원가(경비)</td></tr>
<tr><td colspan="3">재공품변동액(기초재공품원가－기말재공품원가)</td></tr>
<tr><td colspan="4">비제조원가(차입원가 등의 기타원가)</td></tr>
</table>

제품원가는 크게 제조원가(manufacturing costs)와 비제조원가로 구성되는데, 후자의 예로서는 자본화되는 차입원가와 특정한 고객을 위해 발생한 비제조 간접원가 또는 제품 디자인원가 등을 들 수 있다. 그리고 제조의 본질은 원재료를 물리적, 화학적 혹은 성능적으로 전환하는 기능이므로,

제조과정에는 재료원가, 노무원가 및 경비의 세 가지 성격(nature)의 원가가 발생한다. 원재료에 사람의 노력과 기술·기계의 공력을 들여 재화를 생산하는 것이다. 그리고 제조원가의 구성요소는 직접재료원가, 직접노무원가 및 제조간접원가이다. 즉, 제조원가 중 직접원가에 해당하는 것은 직접재료원가와 직접노무원가이다. 한편, 제조간접원가(production overheads ; indirect manufacturing costs)는 변동제조간접원가와 고정제조간접원가로 대별된다. 이 중 변동제조간접원가(variable production overheads)는 간접재료원가 또는 간접노무원가와 같이 생산량에 완전하게 혹은 거의 비례적으로 발생하는 원가를 말한다. 반면, 고정제조간접원가(fixed production overheads)는 공장건물 또는 공장설비의 감가상각비나 공장관리비와 같이 생산량에 관계없이 거의 일정하게 발생하는 원가 혹은 일정구간의 생산량 범위 내에서는 고정적으로 발생하는 원가라고도 할 수 있다.

[3] 제조와 직접 관련이 없거나 혹은 비정상적인 항목은 제조원가에 포함할 수 없으며, 발생기간의 비용으로 인식하여야 한다. 이러한 항목의 예를 들어라.

생산기업 재고자산의 취득원가에 포함할 수 없으며 발생기간의 비용으로 인식하여야 하는 원가의 예는 다음과 같다.

① 재료원가, 노무원가 및 기타 제조원가 중 비정상적으로 낭비된 부분

② 후속 생산단계에 투입하기 전에 보관이 필요한 경우 이외의 보관원가

③ 재고자산을 현재의 장소에 현재의 상태로 이르게 하는데 기여하지 않은 관리간접원가

④ 판매원가

[4] 변동제조간접원가는 실제조업도에 기초하여 배부하고, 고정제조간접원가는 정상조업도에 따라 배부한다. 이와 관련하여 실제조업도와 정상조업도의 개념은 무엇인가? 그리고 고정제조간접원가는 실제조업도가 아닌 정상조업도에 기초하여 배부해야 하는지에 대해서도 설명하라.

조업도는 생산량과 같은 생산활동의 수준을 의미한다. 그리고 실제조업도(actual capacity)는 보고기간 중 실제 달성한 생산수준이다. 한편, 정상조업도(normal capacity)는 정상적인 상황에서 상당한 기간 동안 평균적으로 달성할 것으로 추정되는 생산수준이며, 정상적이고 계획된 유지활동에 예상되는 조업도 손실을 고려한 것이다. 따라서 전자에는 생산과정에서 개재될 수 있는 비정상적인 비능률·비효율과 생산여건의 예상치 못한 변화의 효과가 포함되지만 후자에는 그러하지 아니한다. 고정제조간접원가는 일반적으로 조업도와 관계없이 고정된 총액으로 발생하며. 보고기간 말에 이 금액을 고정제조간접원가로 배부하면 집계상의 문제는 없을 것이다. 그런데 기업 실무에서는 미리 제품단위당 고정제조간접원가를 설정하고 이에 근거하여 경영계획과 통제(plan and control)를 실시한다. 또한 가격정책을 수립하고 생산·판매 계획을 입안·추진하기 위하여 그리고 사후적으로 예상과 실적을 대비·분석하는 과정에 활용하기 위하여 단위당 고정제조간접원가 수치가 필요한 것이다. 이러한 기업 실무를 고려할 때, 고정제조간접원가는 생산설비의 정상조업도에 기초하여 배부하여야 한다. 다만, 실제조업도가 정상조업도와 유사할 때는 실제조업도를 사용할 수 있다.

[5] 고정제조간접원가의 초과배부 혹은 부족배부를 어떻게 회계처리하는지에 대해서 설명하라.

기업 실무를 고려할 때, 고정제조간접원가는 생산설비의 정상조업도에 기초하여 배부하여야 한다. 다만, 실제조업도가 정상조업도와 유사할 때는 실제조업도를 사용할 수 있다. 그런데 정상조업도 기준을 여과 없이 실시하면, 실제조업도가 정상조업도보다 낮은 경우에 소위 부족배부현상이 나타

나게 된다. 이는 생산과정에서 비정상적인 비능률·비효율이 발생한 결과이기에 부족배부 해당액은 당기비용(매출원가에 가산)으로 처리하는 것이 적절하다. 한편, 실제조업도가 정상조업도 보다 높은 경우에는 초과배부문제가 대두된다. 그러나 제품의 취득원가는 실제발생액을 상회할 수 없기에 보고기간 중 실제조업도가 정상조업도를 초과하면 배부를 중지하여야 할 것이다. 그렇지 않으면 제조과정에서 이익을 기록하게 되기 때문이다.

[6] 제조기업 재고자산회계에 인정되는 대체적 평가방법인 표준원가법의 개념, 사용 전제조건 및 그 의의에 대해서 정리하라.

표준원가법(standard costing method)은 제조기업 재고자산회계에 인정되는 대체적인 평가방법으로서, 제품(및 재공품)의 취득원가를 측정할 때 실제원가에 대체하여 표준원가를 사용하는 방법이며, 구체적으로 제품(및 재공품)원가를 측정함에 있어 기업이 제품원가 구성요소별로 설정한 표준(standards)에 근거하는 방법이다. 이 방법 역시 기업 실무를 수용하는 회계처리이다. 기업에 따라서는 내부관리목적상 사전에 객관적이고 합리적인 방법에 의하여 산정한 표준을 설정한 다음 이를 이용하여 제조원가를 측정하고 실제원가와의 차이를 분석하여 추후의 경영개선을 도모하는 것이 필수적인 상황에서 영업하기도 하기 때문이다. 그리고 표준원가는 모든 원가구성요소에 대한 표준에 근거한다는 점에서 실제원가와 차이를 나타낸다. 표준은 공학적이고 통계적인 기법으로 뒷받침되는 자료를 경영자가 전문적으로 판단하여 설정한 요소별 원가배부기준이라고 할 수 있다. 표준원가는 더 나아가 다른 원가요소에도 표준을 설정한다는 점에서 더욱 포괄적인 원가관리수단이라고 볼 수 있다. 실제원가를 취합하는 직접재료원가, 직접노무원가 및 간접제조원가에도 표준을 설정하고 표준과 실제의 차이를 분석하는 노력을 하기 때문이다. 이를 위해, 표준을 설정할 때 정상적인 재료원가, 소모품원가, 노무원가 및 효율성과 생산능력활용도를 반영한다. 그런데 재무제표를 표준원가로 측정한 금액으로 보고하는 표준원가법은 제한적으로 허용되고 있으며, 그에 따른 결과가 실제원가의 경우와 유사하여야만 기업의 내부관리목적으로 측정한 수치가 재무제표 계상능력을 가질 수 있는 것이다. 만일 차이가 크다면 실제원가로 전환하여 보고한다.

[7] 소매재고법은 일반적으로 유통기업 재고자산회계에 인정되는 대체적 평가방법이다. 생산기업에의 적용가능성을 설명하라.

제조기업 제품의 경우에도 그 이익률이 유사하고 품종변화가 심한 다품종제품을 생산하며 실무적으로 다른 원가측정법을 사용할 수 없는 경우에는, 그 원가배분을 실시함에 있어 소매재고법을 사용할 수 있을 것이다. 다만, 기업 실무에서 그 사례는 많지 않다.

[8] 제조기업의 원가흐름에 대해서 간단히 요약하라.

원재료(및 소모품)의 사용액을 집계한 금액은 직접재료원가와 간접재료원가 요소이다. 그리고 제조에 투입되거나 제조와 관련된 노무원가의 발생액을 집계한 금액은 직접노무원가와 간접노무원가를 구성한다. 또한 설비, 기계장치 등과 같은 유형자산의 감가상각비와 특허권과 같은 무형자산의 상각비를 배부한다. 그리고 발생 및 배부한 원가항목들을 일단 '재공품'계정으로 집계한 후, 모든 공정이 완료되면 제품으로 집계하며, 그 후 판매되면 당기비용으로 인식한다. 실무에서는 공정의 순서에 따라 여러 개의 재공품계정을 활용하기도 한다.

[9] 제조기업에서도 유통기업과 일관되게 재고자산을 보고기간 말 재무상태표에 보고할 때 저가법을 적용한다. 그런데 제조기업의 재고자산 중 원재료와 소모품의 경우에는 추가적인 고려사항이 존재한다. 이에 대해서 설명하라.

기말재고자산을 재무상태표에 보고하기에 앞서 저가법을 적용하여, 순실현가능가치가 원가보다 낮으면 평가손실을 인식한다. 그리고 후속기간에는 이러한 평가손실을 초래했던 상황이 해소되거나 경제상황의 변동으로 순실현가능가치가 상승한 명백한 증거가 있는 경우에 최초의 장부금액을 초과하지 않는 범위 내에서 평가손실을 환입한다. 원재료·소모품의 경우에는 저가로 평가할 때 추가적인 고려가 필요하다. 완성될 제품이 원가 이상으로 판매될 것으로 예상하는 경우에는 그 생산에 투입하기 위하여 보유하는 원재료·소모품을 감액하지 않으나 원재료 가격이 하락하여 제품의 원가가 순실현가능가치를 초과할 것으로 된다면 해당 원재료를 순실현가능가치로 감액한다. 이때 원재료의 현행대체원가가 순실현가능가치에 대한 최선의 이용가능한 측정치가 될 수 있다.

[10] 농림어업활동의 수확물과 생물자산에 적용하는 회계처리의 특징을 설명하라.

농림어업활동에 종사하는 기업의 수확물은 수확시점에 순공정가치로 측정한다. 즉, 수확시점에 공정가치에서 매각부대원가를 차감한 금액으로 인식하여야 한다. 이때의 평가손익은 당기손익 항목으로 분류한다. 그리고 고객에의 판매를 목적으로 보유한다는 점에서 재고자산과 성격을 공유하지만, 특유한 회계처리가 적용되는 소비용 생물자산은 수확물로 수확하거나 혹은 생물자산으로 판매할 자산이다. 예를 들어 정육용 가축, 판매용 가축, 양식장의 어류, 옥수수나 밀과 같은 곡물, 목재용으로 재배된 나무 등이다. 생산용식물(유형자산임)을 제외한 **생산용 생물자산**은 성숙하면 정기적으로 생산물을 수확하는 자산이다. 예로는 젖소나 양털을 수확할 양을 들 수 있다. 소비용 생물자산과 생산용 생물자산은 최초인식 시점과 그 후의 매 보고기간 말에 순공정가치로 측정하고, 그에 따른 평가손익을 당기손익 항목으로 분류한다. 다만, 최초인식 시점에 공정가치를 신뢰성 있게 측정할 수 없으면 원가모형을 적용하여 측정하면서 그 이후 공정가치 측정을 신뢰성 있게 할 수 있을 때 순공정가치로 측정하여야 한다. 또한 농림어업 기업의 수확물과 생물자산의 경우 마구 돌아다니다 행방불명되거나 섞이면 구별하기 힘든 경우도 있기 때문에 그 인식기준의 하나로 통제를 강조하고 있다. 판매용 가축에 낙인을 찍거나 그 밖의 방법으로 표시하여 소유 혹은 통제를 입증할 수 있어야 할 것이다.

연습문제

[1] 제조원가(구성요소 – 재공품 무시)

(참고) 재공품 재고가 없는 경우이다

제품원가 구성요소

<table>
<tr><td rowspan="5">제조원가</td><td colspan="3">직접재료원가</td><td>₩2,500</td></tr>
<tr><td colspan="3">직접노무원가</td><td>10,000</td></tr>
<tr><td rowspan="3">제조간접원가</td><td colspan="2">고정제조간접원가</td><td>5,000</td></tr>
<tr><td rowspan="2">변동제조간접원가</td><td>간접재료원가</td><td>300</td></tr>
<tr><td>간접노무원가</td><td>1,100</td></tr>
<tr><td colspan="4">비제조원가(차입원가 등의 기타원가)</td><td>100</td></tr>
<tr><td colspan="4">제품원가</td><td>₩19,000</td></tr>
</table>

[2] 제조원가(보유재고 파악)

(1) 구매자는 선적시점에서 원재료를 소유하므로 그 이후에 발생하는 운임은 통상 구매자 부담이다. 따라서 원재료의 취득원가는 ₩1,500 증가한다.

(2) 구매자는 목적지에서 원재료를 소유하므로 도착 전에 발생하는 운임은 통상 판매자 부담이다. 이러한 경우에 원재료의 취득원가는 영향을 받지 않는다.

(3) 매입에누리와환출액 ₩46,000만큼 부품 취득원가가 감소한다.

(4) 부품의 취득원가는 제시된 매입할인액 ₩72,000만큼 감소한다.

(5) 재공품의 취득원가는 ₩2,148,000(=₩2,000,000+₩148,000)만큼 증가한다.

(6) 매입대금 ₩100,000을 원재료의 취득원가에 포함한다.

[3] 제조원가(차입원가)

취득원가는 현금지출액 ₩15,000에 제작기간 동안의 차입원가 ₩980을 가산한 ₩15,980이다. 이때 가산하는 차입원가는 제작기간 동안에 발생한 이자비용 ₩980(=₩7,000×7% ×2년)이다.

[4] 제조원가(제조간접원가 배부)

• 조업도 1단위당 고정제조간접원가의 배부액은 ₩3,000÷10회=₩300으로 연중 1경기 출장 시마다 다음과 같이 분개한다.

(차) 재 공 품	300	(대) 선급보험료	300

따라서 고정제조간접원가 배부액과 발생액은 다음과 같은 관계를 가진다.

상 황	배부액	발생액	비 고	
5회 출장	₩1,500	₩3,000	실제조업도 < 정상조업도	₩1,500 부족배부
10회 출장	3,000	3,000	실제조업도 = 정상조업도	전액배부
15회 출장	3,000	3,000	실제조업도 > 정상조업도	

실제조업도가 정상조업도보다 낮은 경우는 제조과정에서 비정상적인 비능률·비효율이 발생한 결과일 수 있다. 따라서, 부족배부에 해당하는 금액 ₩1,500은 당기비용으로 인식한다. 한편, 실제조업도가 정상조업도보다 큰 경우, 총 배부액은 발생원가(즉, 연초에 납부한 상해보험료 ₩3,000)를 초과할 수 없다. 따라서 10회 출장을 초과하면 배부를 중지한다.

[5] 제조원가(성격별 분류)

(참고) 연습문제 [5]~[7]은 연결된 문제들이다. 그리고 재공품변동액이 발생하므로 유의하여야 한다.

(1) 재료원가(사용액) : ₩2,450(= ₩100 + ₩2,600 − ₩250)
이 중 간접재료원가가 ₩300이며, 나머지는 직접재료원가에 해당한다.

(2) 노무원가(발생액) : ₩11,100(= 직접노무원가 ₩10,000 + 간접노무원가 ₩1,100)

(3) 경비(사용액 혹은 발생액이자 배부액) : 설비감가상각비 ₩5,000

(참고) 한편, 재공품변동액은 재료원가·노무원가·경비를 구분할 수 없으며, 차입원가 ₩100은 비제조원가로서 성격을 구분할 수 없다. 연습문제 [6] 풀이를 참조하라.

[6] 제조원가(구성요소 − 재공품 고려, 성격별 분류 포괄손익계산서)

(1) 제조원가
₩18,600(= 재료원가 ₩2,450 + 노무원가 ₩11,100 + 경비 ₩5,000 + 재공품변동액 ₩50)
여기서, 재공품변동액은 기초재공품 ₩200에서 기말재공품 ₩150을 차감한 금액이다.

(2) 제품원가의 구성요소별 분해

<table>
<tr><th rowspan="9">제품원가</th><th colspan="4">구 성 요 소</th><th>금액</th></tr>
<tr><td rowspan="6">제조원가</td><td colspan="3">직접재료원가</td><td>₩2,150</td></tr>
<tr><td colspan="3">직접노무원가</td><td>10,000</td></tr>
<tr><td rowspan="3">제조간접원가</td><td colspan="2">고정제조간접원가</td><td>5,000</td></tr>
<tr><td rowspan="2">변동제조간접원가</td><td>간접재료원가</td><td>300</td></tr>
<tr><td>간접노무원가</td><td>1,100</td></tr>
<tr><td colspan="3">재공품변동액(기초재공품원가 − 기말재공품원가)</td><td>50</td></tr>
<tr><td colspan="4">제조원가 합계</td><td>₩18,600</td></tr>
<tr><td colspan="4">비제조원가(차입원가 등의 기타원가)</td><td>₩100</td></tr>
<tr><td colspan="5">제품원가 합계</td><td>₩18,700</td></tr>
</table>

(3) 매출원가

• 먼저, 기능별 분류개념에 따라 계산해 본다.
매출원가 ₩18,800(= 기초제품원가 ₩500 + 당기제품원가 ₩18,700 − 기말제품원가 ₩400)

• 다음으로 성격별 분류 개념으로 계산해 본다.

제품과 재공품 변동액	₩150(=₩500－₩400＋₩200－₩150)
＋원재료 사용액	2,450
＋종업원급여비용	11,100
＋감가상각비와 기타상각비	5,000
＋기타지출(자본화된 차입원가)	100
＝매출원가	₩18,800

(4) 성격별 분류 포괄손익계산서

수 익	₩30,000
제품·재공품 변동액	(150)
원재료 사용액	(2,450)
급여비용	(11,100)
감가상각비	(5,000)
기타지출(자본화된 차입원가)	(100)
광고비	(400)
배송료	(200)
당기순이익	₩10,600
기타포괄이익	0
총포괄이익	₩10,600

[7] 제조원가(원가흐름)

① 취득활동과 원가발생의 기록

• 원재료 매입과 사용

(차)	원재료	2,600	(대)	현 금	2,600
(차)	재료원가	2,450	(대)	원재료	2,450

• 공장장 및 공장근로자 임금지급

(차)	급 여	11,100	(대)	현 금	11,100

• 감가상각비 기록

(차)	감가상각비	5,000	(대)	감가상각누계액	5,000

• 금융비용 발생

(차)	이자비용	100	(대)	현 금	100

② 재공품으로의 집계

• 원재료	(차)	재 공 품	2,450	(대)	재료원가	2,450
• 노무원가발생	(차)	재 공 품	11,100	(대)	급 여	11,100
• 감가상각비	(차)	재 공 품	5,000	(대)	감가상각비	5,000

③ 제품으로의 대체

• 재공품의 대체	(차)	제 품	18,600	(대)	재 공 품	18,600
• 차입원가	(차)	제 품	100	(대)	이자비용	100

④ 매출·매출원가 인식

(차) 현 금	30,000	(대) 매 출	30,000
(차) 매출원가	18,800	(대) 제 품	18,800

⑤ 판매활동 관련 거래

(차) 광고선전비	400	(대) 현 금	400
(차) 배 송 료	200	(대) 현 금	200

[8] 농림어업활동(수확물)

(1) (차) 수확물* 1,300 (대) 수확물평가이익 1,300

* 10kg × (₩150 − ₩20)

(2) (차) 현 금* 725 (대) 수 확 물 650**

수확물처분이익 75

* 5kg × ₩145

** 5kg × ₩130

[9] 농림어업활동(생물자산)

(1) ① 사육비 발생 :

(차) 사육비 1,500 (대) 현 금 1,500

② 소비용생물자산의 생산

(차) 소비용생물자산 5,000* (대) 소비용생물자산평가이익 5,000

* 50마리 × ₩100

③ 판 매

(차) 현 금 5,500* (대) 소비용생물자산** 5,000

소비용생물자산처분이익 500

* 50마리 × ₩110

** 50마리 × ₩100

④ 보고기간 말 공정가치평가

(차) 생산용생물자산 5,000* (대) 생산용생물자산평가이익 5,000

* 100마리 × (₩250 − ₩200)

(2)

재무상태표와 성격별 분류 포괄손익계산서 - 부분		
재무상태표	생산용생물자산	₩25,000
성격별 분류 포괄손익계산서	생산용생물자산평가이익	₩5,000
	소비용생물자산평가이익	5,000
	소비용생물자산처분이익	500
	사 육 비	(1,500)
	당기순이익	₩9,000

제8장 유형자산 I : 인식과 측정

익힘문제

[1] 유형자산은 어떤 속성을 가진 자산인가? 그리고 유형자산을 다른 자산과 구별짓는 가장 중요한 회계적인 특징은 무엇인지를 설명하라.

유형자산(property, plant and equipment, PP&E)이란 재화나 용역의 생산·제공, 타인에의 임대 또는 관리활동에 사용하려고 보유하는 물리적 형태가 있는 자산으로서 한 회계기간을 초과하여 사용할 것이 예상되는 자산이다. 따라서, 유형자산의 특징을 ① 물리적 실체를 가지고 있으며, ② 그 용역잠재력을 영업활동에 사용하며, ③ 장기적으로 사용한다는 세 가지로 정리할 수 있다. 이들 특징을 자세히 살펴보도록 하자. 먼저, 유형자산은 ① 그 물리적 실체가 나타내는 용역잠재력(service potential)으로부터 경제적 효익을 얻으려고 보유하는 자산이다. 다음으로 ② 유형자산의 용도(intended use)는 그 용역잠재력을 영업활동에 사용한다는 것이다. 그렇지 않은 자산은 유형자산이 아니다. 예를 들어, 용역잠재력을 사용하는 것이 아니라 실물 자체를 고객에게 판매하기 위한 용도로 보유하는 자산은 재고자산이다. 그리고 사용에 따른 감가상각을 인식하는 것이 유형자산의 가장 큰 회계적 특징이라고 할 수 있다. 또한 유형자산은 ③ 장기적 사용을 전제로 취득한 비유동자산이다. 물론, 취득시점에서 예상하는 사용기간(즉, 내용연수)에 따른 분류이므로 사후적으로 단기사용에 그치는 경우를 완전히 배제하지는 않지만, 일반적으로 용도는 장기적 사용이라는 것이다. 영업활동에 사용하는 한 유형자산으로 분류하며, 사용 최종연도에 이르더라도 유동자산으로 재분류하지 않는다. 한편, 처분을 예정하는 경우 매각예정자산으로 재분류한다.

[2] 유형자산은 그 분류별로 동일하게 원가모형(cost model) 혹은 재평가모형(revaluation model) 중 하나를 회계정책으로 선택하여 적용하여야 한다. 이에 대해 요약하라.

취득원가로 최초 인식한 유형자산은 그 분류별로 동일하게, 원가모형 혹은 재평가모형 중 하나를 회계정책으로 선택하여 적용하여야 한다. 원가모형(cost model)은 유형자산의 장부금액을 그 최초 및 사용 중 인식에 따라 원가로 기록한 후, 사용 중의 감가상각과 손상차손에 따라 감소시키는 회계방식이다. 이 모형은 인식시점 이후에 공정가치가 변동하더라도 장부에 그 정보를 반영하지 않는 방식이다. 다만, 손상이라고 판단하는 가치훼손이 발생하면 가치감소를 인식한다. 손상차손은 그 산정과정이 다소 복잡하지만, 손상시점의 공정가치가 한 축을 이루고 있는 것은 분명하다. 그러나 가치의 상승은 어떠한 경우에도 인식하지 않는 방식이다. 한편, 재평가모형(revaluation model)은 기업이 자신의 영업 특성을 고려할 때, 유형자산 분류 중 취득 후 공정가치 변동을 반영하는 것이 적절하다고 판단할 때 선택 적용하는 방식이다. 즉, 가치상승과 가치하락을 모두 장부금액에 반영하는 방식이다.

[3] 차입원가의 자본화에 관한 회계적 개념에 대해서 설명하고, 이와 관련하여 적격자산에 대해서도 간단히 요약하라.

적격자산의 취득, 건설 또는 제조와 직접 관련되는 차입원가는 당해 자산 취득원가의 일부를 구성하여야 한다. 이러한 차입원가는 적격자산 취득에 필수적이며 또한 당해 자산을 취득하지 않았더라면 회피가능하였을(즉, 부담하지 않았을) 원가이므로, 취득원가의 일부로 포함하여야 한다는 것이다. 그 외의 모든 차입원가는 당기비용으로 인식한다. 여기서 적격자산(a qualifying asset)이란 의도된 용도로 사용하거나 판매가능한 상태에 이르게 하는 데 상당한 기간을 요구 하는 자산이며, ① 재고자산, ② 제조설비자산, ③ 전력생산설비, ④ 무형자산 및 ⑤ 투자부동산 등의 자산이 경우에 따라 적격자산에 해당하고, 차입원가(borrowing costs)는 자금의 차입과 관련하여 발생하는 이자 및 기타 원가이며, 적격자산을 인식할 때 그 원가에 포함하는 것을 자본화라고 부른다.

[4] 유형자산의 원가구성요소 중 추정복구원가는 어떻게 회계처리하는가? 그리고 어느 시점에서 취득원가에 포함시키는지도 함께 설명하라.

환경오염을 유발할 가능성이 있는 시설물 등의 유형자산의 경우 그 사용이 종료된 후에 환경보전을 위하여 원상을 복구해야 한다. 이와 같이 원상복구를 위하여 시설물을 제거, 해체하거나 또는 부지를 복원할 의무에 따른 유형자산 복구원가는 해당 유형자산을 (가) 취득한 시점에 혹은 (나) 해당 유형자산을 특정 기간 동안 재고자산 생산 이외의 목적으로 사용한 결과로서 발생한다. 복구의무가 충당부채의 인식요건을 충족하는 시점에 최초로 추정한 복구소요액의 현재가치를 유형자산 취득원가에 포함하여, 복구충당부채 발생을 기록한다. 이렇듯 추정 복구소요액의 현재가치를 취득원가에 산입하는 것은 자산을 사용하기 위해 반드시 부담해야 할 원가이기 때문이다. 다시 말해, 취득시점에서 발생하는 지출과 사용 종료 후 발생할 복구비용은 자산을 취득하지 않았더라면 회피할 수 있었을 원가라는 점에서 동질적이다

[5] 교환에 의한 유형자산 취득의 출발점은 '상업적 실질'의 유무이다. 상업적 실질의 개념에 대해서 설명하고, 상업적 실질이 있는 교환과 상업적 실질이 결여된 교환으로 구분하여 회계처리를 요약하라.

기업은 비화폐성자산 또는 화폐성자산과 비화폐성자산이 결합된 대가(이하, 제공한 자산)와 교환하여 유형자산을 취득하기도 한다. 이때의 교환이 상업적 실질(commercial substance)을 가지고 있으면 다음과 같이 취득한 유형자산의 원가를 측정한다.

① 취득한 유형자산과 제공한 자산의 공정가치 중 하나를 신뢰성 있게 결정할 수 있으면 우선적으로 제공한 자산의 공정가치로 측정한다. 다만, 취득한 자산의 공정가치가 더 명백한 경우에는 그 금액을 원가로 한다.

② 취득한 유형자산과 제공한 자산 모두의 공정가치를 신뢰성 있게 측정할 수 없는 경우에는, 유형자산의 원가를 제공한 자산의 장부금액으로 측정한다.

공정가치로 측정하는 경우에는 제공한 자산 장부금액과의 차이를 처분이익 혹은 처분손실 과목으로 하여 당기손익으로 인식한다. 한편, 제공한 자산의 장부금액으로 측정하는 경우에는 처분손익이 인식되지 않는다. 그리고 교환거래에 상업적 실질이 결여되면, 취득 유형자산의 원가는 제공한 자산의 장부금액으로 측정한다.

[6] 정부보조금과 관련하여 자산관련보조금 및 수익관련보조금의 회계처리에 대해서 비교하여 설명하라.

정부보조금이란 정부가 특정 영업활동과 관련하여 과거나 미래에 일정한 조건을 충족하였거나 충족할 기업에게 이전하는 현금이나 비화폐성자산 가액 혹은 허용하는 부채감소액이다. 여기서 정부는 지방자치단체, 중앙정부 또는 국제기구인 정부, 정부기관 및 이와 유사한 단체를 망라한다.
자산관련보조금은 정부지원의 요건을 충족하는 기업이 장기성 자산을 매입, 건설하거나 다른 방법으로 취득하여야 하는 일차적 조건이 있는 정부보조금이다. 이러한 보조금은 재무상태표에 이연수익으로 표시하거나 혹은 대체적으로 해당 자산의 차감계정으로 표시할 수 있다. 이연수익으로 표시하는 경우 자산의 내용연수에 걸쳐 체계적이고 합리적인 기준으로 수익(income)을 인식한다. 그리고 자산의 차감으로 표시하는 경우, 내용연수에 걸쳐 감가상각비를 감소시키는 방식으로 수익을 인식한다. 수익관련보조금은 자산관련보조금이 아닌 정부보조금이다. 이 보조금은 그 인식시점(여기서는 편의상, 보조금 수취시점)에 기타수익 항목으로 하여 수익으로 인식한다. 예를 들어, 버스회사로 하여금 심야 운행시간을 연장시키기 위하여 지급하는 보조금을 버스회사가 정부보조금수익으로 인식하는 것이다.

[7] 유형자산을 장기연불조건으로 취득하는 경우, 그 취득원가 산정에 대해서 설명하라.

대금지급이 일반적인 신용기간을 초과하여 이연되는 경우, 현금가격상당액과 실제 총지급액과의 차액은 신용기간에 걸쳐 이자비용으로 인식한다. 다만, 적격자산의 자본화가능차입원가는 원가에 포함한다. 유형자산의 취득대가를 거래당사자 간에 이루어진 합의에 의하여 단기간 내에 현금으로 결제하지 않고, 자산취득 기업이 발행한 약속증서에 기재한 장기연불(deferred payment)조건으로 결제할 수도 있다. 즉, 기업은 자산을 취득하면서 비유동부채를 발생시키는 거래이다. 이러한 거래에서의 유형자산 원가의 구성요소인 구입가격은 현금가격상당액이다. 그리고 이 금액은 발생한 비유동부채에 따라 미래에 지급할 금액총액을 유효이자율로 할인한 현재가치에 해당한다.

[8] 유형자산을 취득하여 사용하는 중에도 그 자산과 관련된 여러 가지 후속 원가가 발생한다. 이러한 후속원가에는 수선·유지, 대체 및 정기적 종합검사 등이 포함되는데 그 회계처리에 대해서 설명하라.

두 가지 인식기준(① 자산으로부터 발생하는 미래 경제적 효익이 기업에 유입될 가능성이 높다와 ② 자산의 원가를 신뢰성 있게 측정할 수 있다)이 모두 충족되면 해당 유형자산의 원가에 산입한다. 먼저, 일상적인 수선·유지(repair and maintenance)를 위한 원가는 해당 유형자산의 장부금액에 포함하여 인식하지 아니 한다. 이러한 원가는 해당 유형자산에 내재된 미래 경제적 효익을 보존시키려는 목적에서 발생하므로 수익인식기준을 충족시키지 못하는 것이다. 다음으로, 유형자산의 일부를 대체(replacement)할 때 발생하는 원가가 인식기준을 충족하는 경우에는 이를 해당 유형자산의 장부금액에 포함하여 인식한다. 그리고 대체되는 부분의 장부금액를 제거한다. 이때는 대체된 부분을 그간 별도로 분리하여 상각하였는지 여부와 관계없이 대체된 부분에 대한 감가상각후 장부금액을 적절히 산정 혹은 추정하여 제거한다. 마지막으로, 항공기와 같은 유형자산을 계속적으로 가동하기 위해서는 당해 유형자산의 일부가 대체되는지 여부와 관계없이 결함에 대한 정기적인 종합검사(major inspection)가 필요할 수 있다. 정기적인 종합검사과정에서 발생하는 원가가 인식기준을 충족하는 경우에는 유형자산의 일부가 대체되는 것으로 보아 해당 유형자산의 장부금액에 포함하여 인식한다.

[9] 다음의 각 기술이 옳다고 생각하는지(○) 아닌지(×)를 간단한 판단근거와 함께 밝혀라.

(1) 그 자체로는 직접적인 미래 경제적 효익이 발생하지 않지만, 다른 자산으로부터의 경제적 효익을 얻는 데 필수적이라면 유형자산으로 고려할 수 있다.

○. 예를 들어, 안전·환경상의 이유로 취득하여야 하는 유형자산이 이에 해당한다.

(2) 취득과정에서 발생하는 모든 금융비용은 당기손익으로 인식한다.

×. 적격자산의 자본화개시일로부터 자본화중단일까지에 발생한 차입원가는 특정한 한계 내에서 자산의 취득원가에 산입하여야 한다.

(3) 자산취득을 위해 지급된 정부보조금은 자산사용 혹은 처분에 의하여 당기순이익을 증가시킨다.

○. 감가상각비 혹은 처분손실(이익)을 감소(증가)시키는 형식으로 당기순이익을 증가시킨다.

(4) '상업적 실질'이 있는 유형자산 교환거래에서 수취한 자산의 장부가액은 우선적으로 수취한 자산의 공정가치를 반영한다.

×. 우선적으로 제공한 자산의 공정가치를 반영한다.

(5) 정기적인 수선, 종합검사 등에 따른 지출은 모두 당기손익으로 인식한다.

×. 정기적인 수선·종합검사 원가는 자산 인식기준을 충족하는 경우 유형자산 장부금액의 증가로 처리한다.

연습문제

[1] 취득원가(유형자산)

(1) 토지의 취득원가

=① 토지구입대금 100,000+③ 토지정지비용 8,000+④ 토지취득세 1,000

=₩109,000

건물의 취득원가

=② 기초굴착비용 10,000+⑤ 신축공사비 200,000+⑥ 보험료 5,000

=₩215,000

(2) 토지의 구입을 위하여 지급한 어음의 현재가치가 토지의 공정가치인 상황이다.

(차) 토 지	95,026	(대) 장기성미지급금*	95,026

* ₩100,000×1.10^{-3}+₩8,000×$(1-1.10^{-3})/0.1$=₩100,000×0.75131+₩8,000×2.48685=₩95,026

(참조) 위 분개는 설명의 편의를 위하여 순액으로 기재하였으나, 정확한 취득거래는 다음과 같이 회계처리한다.

(차) 토 지	95,026	(대) 장기성미지급금	100,000
현재가치할인차금	4,974		

(3) 토지 : 1,000,000×400,000/1,300,000=₩307,692

건물 : 1,000,000×600,000/1,300,000=₩461,539

기계 : 1,000,000×300,000/1,300,000=₩230,769

(4)

(차) 기 계	100,000	(대) 장기성미지급금*	100,000

* 표시이자율과 유효이자율이 동일하므로 어음의 현재가치는 액면금액이다.

(5)

(차) 기 계	5,212,000	(대) 자본금-보통주	5,000,000
		주식발행초과금	200,000
		현 금	12,000

[2] 취득원가(부지)

5월 1일까지 부지취득과 관련하여 발생한 원가는 ₩1,220,000(=매입대금 ₩1,000,000+직접 발생 급여 ₩10,000×4개월+발파비 ₩200,000−발파폐석 판매대금 ₩100,000+중개료 등 ₩80,000)이다. 따라서 토지의 취득원가는 ₩1,220,000이다.

[3] 차입원가 자본화

(1) 토지분 : 취득기간(20×7년 7월부터 12월까지)의 차입금에 대한 이자비용 ₩10,000에서 같은 기

간 동안의 차입금에서 발생한 이자수익 ₩8,000을 차감한 ₩2,000이다.

(2) 건물분 : 20×8년~20y0년의 건물에 대한 특정목적 차입금의 이자비용 ₩150,000(=₩50,000×3)에 동 기간 동안의 토지에 대한 특정목적 차입금의 이자비용 ₩60,000을 합한 ₩210,000이다.

[4] 차입원가 자본화(정부보조금)

(1) 차입원가의 자본화기간은 적격자산에 대한 자본화 개시일인 20×7년 초부터 적격자산을 의도된 용도로 사용하기 시작한 자본화 종료일인 20×8년 10월 초까지이다.

(2) ① 특정목적 차입금 자본화가능차입원가

=자본화기간 동안의 특정목적 차입금의 차입원가−일시적 운용수익

=₩1,000,000×8%−₩25,000=₩55,000

② 일반목적 차입금 자본화가능차입원가

min{㉠, ㉡}=₩30,000

㉠ 자본화기간 동안의 일반목적 차입금의 차입원가(자본화 금액의 상한)

=₩500,000×12%×6/12=₩30,000

㉡ [연평균 지출액−연평균 특정목적 차입금 조달액]×자본화 이자율

=[(₩2,000,000−₩800,000*)−(₩1,000,000−₩1,000,000×6/12)]×12%**=₩84,000

* 정부보조금

** ₩30,000/₩250,000=0.12

③ 자본화가능 차입원가(①+②)=₩55,000+₩30,000=₩85,000

<자본화 거래 분개>

• 20×7년 중

(차) 현　금	35,000	(대) 이자수익	35,000*

* 일시적 운용수익=특정목적 차입금분 ₩25,000+일반목적 차입금A분 ₩10,000

• 20×7년 말

(차) 이자비용	110,000	(대) 현　금	80,000*
		미지급이자	30,000**

* 특정목적 차입금 이자

** 일반목적 차입금A 이자

(차) 건설중인자산	85,000*	(대) 이자비용	110,000
이자수익	25,000**		

* 자본화된 차입원가

** 특정목적 차입금 일시적 운용수익

(3) ① 특정목적 차입금 자본화가능차입원가

=₩1,000,000×8%×9/12=₩60,000

② 일반목적 차입금 자본화가능차입원가

min{㉠, ㉡}=₩174,460

㉠ 자본화 금액의 상한
=₩500,000×12%×9/12+₩5,000,000×10%×9/12=₩420,000

㉡ [연평균 지출액−연평균 특정목적 차입금 조달액]×자본화 이자율
=[₩2,463,750* −₩750,000**]×10.18%*** = ₩1,713,750×10.18%=₩174,460
* 20×8년 초 지출 잔액(정부보조 제외, 20×7년 차입원가 자본화액 포함)
₩963,750(=₩1,285,000[=₩2,000,000−₩800,000+₩85,000]×9/12)
+2차지급분 ₩1,500,000(=₩2,000,000×9/12)
** ₩1,000,000×9/12
*** (₩60,000+₩500,000)/(₩500,000+₩5,000,000)=0.1018

③ 자본화가능 차입원가(①+②)=₩60,000+₩174,460=₩234,460

<자본화 거래 분개>

• 20×8년 6월 말 (일반목적 차입금A 이자)

(차) 이자비용	30,000	(대) 현 금	60,000
미지급이자	30,000		

• 20×8년 말

(차) 이자비용	610,000	(대) 현 금	580,000*
		미지급이자	30,000**

* 특정목적 차입금 이자 ₩80,000+일반목적 차입금B 이자 ₩500,000
** 일반목적 차입금A 이자(20×8년 하반기분)

(차) 건설중인자산	234,460*	(대) 이자비용	234,460

* 자본화된 차입원가

[5] 자본화 중단 시 차입원가 자본화 (2023년 공인회계사 2차 기출문제 변형)

(1) 20×3년 적격자산에 대한 연평균 지출액 = (₩1,620,000+₩3,000,000+₩1,200,000) × 2/12
= ₩970,000

(2) 일반차입금 자본화 이자율

차입금	차입금액	기간	연평균차입액	연이자율	차입원가
일반차입금C	₩1,000,000	9/12	₩750,000	8%	₩60,000
일반차입금D	500,000	12/12	500,000	10%	50,000
	₩1,500,000		₩1,250,000	8.8%*	₩110,000

* 자본화이자율 = ₩110,000/₩1,250,000 = 8.8%

(3) 자본화할 차입원가

차입금	차입금액	기간	가중평균	연이자율	차입원가	
특정차입금B	₩1,800,000	2/12	₩300,000	7%	₩21,000	
일반차입금			670,000*	8.8%	58,960	< ₩110,000
			₩970,000		₩79,960	

* ₩970,000(연평균지출액)−₩300,000(특정차입금 연평균차입액)

(4) 자본화 차입원가 = ₩21,000 + ₩58,960 = ₩79,960

[6] 복구원가 종합

(1) 토지의 취득원가: ₩7,500,000 + ₩300,000 − ₩50,000 + ₩500,000 = ₩8,250,000

(차) 토지	8,250,000	(대) 현 금	3,250,000
		정부보조금(자산차감)	5,000,000

(2) 냉각장치 취득원가 = ₩56,000,000×10% = ₩5,600,000
발전설비 취득원가 = ₩56,000,000×90% = ₩50,400,000
발전설비 복구비용 = ₩8,000,000×$(1.07)^{-20}$ = ₩2,067,352

(차) 발전설비	2,467,352	(대) 현 금	56,000,000
냉각장치	5,600,000	복구충당부채	2,067,352

(3) 1) 냉각장치의 2023년도 감가상각비 = ₩5,600,000 / 5 = ₩1,120,000

(차) 감가상각비	1,120,000	(대) 감가상각누계액	1,120,000

2) 발전설비의 2023년도 감가상각비 = (₩52,467,352 − ₩10,000,000) / 20 = ₩2,123,368
복구충당부채전입액 = ₩2,067,352×7% = ₩144,715

(차) 감가상각비	2,123,368	(대) 감가상각누계액	2,123,368
복구충당부채전입액	144,715	복구충당부채	144,715

(4) ① 실제 복구비 발생액이 ₩10,000,000인 경우

(차) 복구충당부채	8,000,000	(대) 현 금	10,000,000
복구공사손실(당기손익)	2,000,000		

② 실제 복구비 발생액이 ₩5,000,000인 경우

(차) 복구충당부채	8,000,000	(대) 현 금	5,000,000
		복구공사이익(당기손익)	3,000,000

[7] 교환취득

(1)	(차) 신 기 계	130,000	(대) 구 기 계	200,000
	감가상각누계액	50,000		
	유형자산처분손실	20,000		
(2)	(차) 신 기 계	115,000	(대) 구 기 계	200,000
	감가상각누계액	50,000		
	유형자산처분손실	35,000		
(3)	(차) 신 기 계	150,000	(대) 구 기 계	200,000
	감가상각누계액	50,000		
(4)	(차) 신 기 계	150,000	(대) 구 기 계	200,000
	감가상각누계액	50,000		

(5)	(차) 신 기 계	130,000	(대) 구 기 계	200,000
	감가상각누계액	50,000	현 금	15,000
	유형자산처분손실	35,000		

[8] 증여 및 정부보조금

(1)	(차) 토 지	1,000,000	(대) 자산수증이익(당기손익)	1,000,000
(2)	(차) 기계-영농기계	600,000	(대) 자산수증이익(당기손익)	600,000
(3)	(차) 기계-발아장비	3,000,000	(대) 정부보조금(자산차감)	1,500,000
			미지급금	1,500,000
(4)	(차) 미지급금	1,500,000	(대) 채무면제이익(당기손익)	1,500,000
(5)	(차) 감가상각비-영농기계	60,000	(대) 감가상각누계액	60,000
	감가상각비-발아장비	540,000*	감가상각누계액	540,000
	정부보조금	300,000**	감가상각비-발아장비	300,000

* ₩2,700,000 ÷ 5년
** ₩1,500,000 × (₩540,000/₩2,700,000) = ₩300,000

(6)	(차) 감가상각비-발아장비	180,000*	(대) 감가상각누계액	180,000
	(차) 정부보조금	100,000**	(대) 감가상각비-발아장비	100,000
	(차) 현 금	2,000,000	(대) 기계장치-발아장비	3,000,000
	감가상각누계액-발아장비	720,000***	유형자산처분이익	820,000
	정부보조금	1,100,000****		

* ₩540,000 × 4/12 = ₩180,000
** ₩1,500,000 × (₩180,000/₩2,700,000) = ₩100,000
*** ₩540,000 + ₩180,000
**** ₩1,500,000 − ₩300,000 − ₩100,000

[9] 장기연불조건

(1) 유효이자율은 연 12%였다. 다음과 같이 확인할 수 있다.
연리 r%로 할인한 ₩100,000의 현재가치는 '₩100,000×$(1+r)^{-3}$이다. 이 금액을 공정가치 ₩71,178과 일치시키는 할인율 r=12%가 거래당일에 적용된 유효이자율이다.

(2)	(차) 기 계	71,178	(대) 장기성미지급금	71,178

(3) 20×7년의 이자비용은 이자기간 초의 부채 장부금액인 ₩71,178의 12%이다. 그 인식분개는 다음과 같다.

(차) 이자비용	8,541	(대) 장기성미지급금	8,541

20×8년 초의 부채 장부금액은 ₩79,719(=₩71,178+₩8,541)이므로 이자비용은 그 12% 상당액

이다. 분개는 다음과 같다.

(차) 이자비용	9,566	(대) 장기성미지급금	9,566

20×9년 초의 부채 장부금액은 ₩89,285(=₩79,719+₩9,566)이므로 이자비용은 그 12% 상당액이다. 분개는 다음과 같다.

(차) 이자비용	10,715*	(대) 장기성미지급금	10,715

* 단수차이 ₩1

(4) 실제 총지급액 ₩100,000
공정가치 − 71,178
신용기간 이자비용 합계액 ₩28,822(=₩8,541+₩9,566+₩10,715)

[10] 후속원가(대체)

<신 부품A 취득>

(차) 기 계 부 속	400,000	(대) 현 금	400,000

<구 부품 폐기처분>

(차) 감가상각누계액	200,000**	(대) 기 계 장 치	500,000*
유형자산처분손실	300,000		

* ₩2,000,000 × 25%
** (₩2,000,000 ÷ 5년) × 2년 × 25%

[11] 유형자산의 제거

(1) 순매각대금과 처분시점의 장부금액 간의 차이는 처분손익이다.

<순매각대금>
어음 현재가치 ₩12,397(=₩15,000 × 1.10^{-2})에서 처분부대원가 ₩500을 차감한 ₩11,897

<장부금액>
정액법에 따른 1년 감가상각비 ₩2,000을 기준으로, 연초까지 2년 반의 감가상각비 ₩5,000이 감가상각누계액으로 인식되었다. 그리고 20×7년의 상반기 감가상각비는 ₩1,000이다. 즉, 만 3년간의 감가상각누계액은 ₩6,000(=₩2,0000 × 3년)이므로, 처분시점 장부금액은 ₩14,000(=₩20,000−₩6,000)이다.

<처분손익>
순매각대금 ₩11,897−장부금액 ₩14,000=처분손실 ₩(2,103)

(2) 분개는 두 개로 구성된다.
<상반기 감가상각비의 계상>

(차) 감가상각비	1,000	(대) 감가상각누계액	1,000

<처분 자체의 분개>

(차)	장기미수금(어음)	12,397	(대)	현 금	500
	감가상각누계액	6,000		기 계	20,000
	유형자산처분손실	2,103			

제9장 유형자산 Ⅱ : 감가상각·손상·재평가

익힘문제

[1] 감가상각과정의 본질은 무엇인지, 그리고 감가상각을 수행하려면 어떤 정보를 알고 있어야 하는지에 대해서 설명하라. 또한 감가상각비는 그 성격에 따라 다른 자산의 장부금액 또는 당기손익으로 인식되는데, 각각의 사례를 들어보라.

감가상각(depreciation)은 유형자산의 감가상각대상금액을 그 자산의 내용연수 동안 체계적으로 배분하는 회계절차로서, 유형자산의 원가를 인식한 후 적용되는 감가상각회계는 내용연수와 잔존가치를 추정하는 것으로 시작된다. 이때의 내용연수는 기업에서 자산이 사용가능할 것으로 기대되는 기간 또는 자산에서 얻을 것으로 예상되는 생산량이나 이와 유사한 단위수량을 뜻한다. 즉, 시간 또는 물량 개념으로 파악하는 것이다. 그리고 잔존가치(residual vale)란 자산이 이미 오래되어 내용연수 종료시점에 도달하였다는 가정 하에 자산의 처분으로부터 현재 획득할 금액에서 추정 처분부대원가를 차감한 금액의 추정치인데, 실무적으로는 중요하지 않은 경우가 많다. 한편, 감가상각비(depreciation expense)는 다른 자산의 장부금액에 포함해야 하는 경우가 아니라면 당기손익으로 인식한다. 예를 들어, 재고자산 중 제품의 장부금액에는 기계설비와 같은 생산용 유형자산의 감가상각비가 포함된다.

[2] 체계적인 감가상각방법에는 어떠한 것들이 있는가? 그리고 유형자산에 내재된 미래 경제적 효익의 예상 소비형태가 변한다면 감가상각방법을 변경할 수 있는데, 이러한 경우 어떻게 회계처리하는가를 밝혀라.

정액법은 잔존가치가 변동하지 않는다고 가정할 때 자산의 내용연수 동안 매 기간 일정액의 감가상각액을 계상하는 방법이다. 구체적으로 내용연수를 N이라고 표시할 때, 감가상각대상금액에 매 기간 동일한 상각률 '1/N'을 곱하는 방법이다. 그리고 체감잔액법은 내용연수 동안 감가상각액이 매 기간 감소하는 방법이다. 이 방법은 실무에서의 정률법과 연수합계법으로 구체화되기도 한다. 먼저, 정률법에서는 먼저 내용연수 동안 적용할 고정적인 상각률을 산출한다. 그리고 매 보고기간 초의 유형자산 장부금액, 즉 '취득원가 - 감가상각누계액 = 미상각잔액'에 이 산출된 상각률을 곱하여 감가상각비를 계산하는 데 내용연수가 진행됨에 따라 기초의 장부금액이 계속 감소하므로 감가상각비 역시 계속 감소한다. 내용연수가 종료하면 최종적인 장부금액은 추정잔존가치가 된다. 다음으로, 연수합계법은 체감배분을 유도하기 위하여 매우 단순한 논리를 적용한다. 감가상각대상금액을 매기 감소하는 상각률로 곱하면 체감배분을 실시할 수 있으므로, 매기 상각률의 분모를 고정시키되 분자를 감소시켜 나가는 방법이다. 이때 공통 적용하는 분모로서는 내용연수의 연수합계인 'N(N+1)/2'를 사용하고 매기의 분자는 연수를 역순으로 적용한다. 예를 들어, N은 2년인 경우에 제1기의 상각률은 2/(1+2) 그리고 제2기의 상각률은 1/3을 적용하는 방법이다. 한편, 생산량비례법은 자산의 예상생산량(혹은 예상조업도)에 근거하여 감가상각액을 계상하는 방법이다. 감가상각대상금액을 매기의 생산량에 비례하여 배분하므로, 매기의 상각률은 '매기생산량/예상생산량'이라서 매기의 생산량이 변화됨에 따라 감가상각비 역시 변화한다. 강조할 점은 생산량비례법에서의 내용연수는 예상생산량으로 표현하므로 감가상각을 수행하는 기간의 수는 총생산량을 달성하는 시점에 따라 달라진다는 점이다.

추정한 내용연수·잔존가치와 선정한 감가상각방법은 적어도 매 회계연도 말에 그 적정성을 검토하여야 한다. 그리고 선정한 감가상각방법은 유형자산에 내재된 미래 경제적 효익의 예상 소비형태가 변하지 않는 한 매 회계기간에 일관성 있게 적용하는데, 추정·선정할 때 고려하지 못하였던 새로운 정보들을 입수하고 또한 경영여건이 변화함으로써 이들을 수정 혹은 변경하고자 할 때가 있다. 이에 따른 내용연수, 잔존가치 혹은 미래 경제적 효익 소비형태 추정의 변화는 모두 회계추정의 변경에 해당한다. 이러한 회계추정 변경의 효과는 변경시점부터 반영하며 그 이전의 회계처리결과에는 영향을 미치지 않도록 회계처리한다. 즉, 전진법(prospective approach)으로 처리한다. 전진법에 따를 때 변경시점 현재의 장부금액을 근거로 새로운 잔존가치 및 새로운 내용연수를 근거로 감가상각비를 계산한다.

[3] 원가모형이 적용되는 유형자산의 손상차손 인식과 환입처리회계를 설명하라. 이때 손상차손 발생 여부는 언제 판단하여야 하는지, 손상차손이 발생하였음은 어떻게 알 수 있는지, 그리고 환입할 때 그 한도에 대해서도 설명하라.(*현금창출단위 손상검사는 생략함. 자세한 내용은 교재 참조)

손상차손은 유형자산의 회수가능액이 장부금액보다 작은 경우, 그 차액이다. 구체적으로 손상차손액은 회수가능액이 장부금액보다 낮은 경우 장부금액을 감액하는 금액이다. 이때의 회수가능액이란 유형자산 '처분부대원가를 차감한 공정가치'와 사용가치 중 큰 금액이다. 그리고 '처분부대원가를 차감한 공정가치'는 합리적 판단력과 거래의사를 가진 독립된 당사자 간의 거래에서 자산(개별 자산 혹은 현금창출단위) 매각으로부터 수취할 수 있는 금액에서 처분부대원가를 차감하여 추정한 금액이다. 한편, 사용가치(value in use)는 자산(개별 자산 혹은 현금창출단위)에서 창출될 것으로 기대되는 미래현금흐름의 현재가치이다. 그러므로 회수가능액은 자산을 처분하여 얻을 것으로 예상하는 '처분부대원가를 차감한 공정가치'와 자산을 계속 사용하여 창출할 수 있을 것으로 예상하는 사용가치 중 큰 금액인 셈이다. 그리고 손상회계는 각 보고기간 말에 먼저 손상징후를 검토하고 손상징후가 있으면 손상검사를 실시한다. 손상검사란 앞서 살펴본 손상차손 측정을 실시하는 과정이다. 손상징후 검토시, 다음과 같은 정보를 고려하고 그 하나라도 해당하면 손상징후가 있는 것이다.

<외부정보>

i) 자산의 시장가치가 정상적인 수준보다 중요하게 더 하락함.

ii) 경영환경과 판매시장에서의 불리하고 중요한 변화가 발생함.

iii) 시장이자율 상승에 따른 할인율 상승으로 회수가능액이 중요하게 감소할 가능성이 있음.

iv) 순자산 장부금액이 시가총액보다 큼.

<내부정보>

v) 자산의 진부화나 물리적 손상의 증거가 있음.

vi) 자산 사용범위·사용방법의 제한에 따라 불리한 변화가 나타남.

vii) 자산의 경제적 (예상)성과가 기대에 못 미친다는 내부보고가 있음.

손상검사 결과, 회수가능액이 장부금액보다 작으면 장부금액을 회수가능액으로 감액한다. 원가모형을 적용하는 유형자산의 경우 손상차손을 당기손익으로 인식한다. 그리고 손상차손을 인식한 후속 연도에는 해당 자산의 손상차손이 더 이상 존재하지 아니하거나 감소되었음을 시사하는 회복징후가 있는지를 검토한다. 손상회복의 징후가 있는 경우 당해 자산의 회수가능액을 추정한다. 또한 직전 손상차손이 인식된 이후에, 회수가능액을 결정하는 데 사용된 추정치에 변화가 있는 경우에만 과거 손상차손을 환입한다. 이때의 환입한도액은 "손상차손을 인식하지 않았을 경우의 감가상각 후 금액"이다. 원가모형을 적용하는 유형자산의 경우 손상차손환입은 당기손익으로 인식한다.

[4] 재평가모형에 사용되는 공정가치는 세 가지 접근방식에 따라 측정할 수 있다. 즉, ① 시장접근법, ② 원가접근법 및 ③ 이익접근법이다. 이들의 개념에 대해서 설명하라.

① 시장접근법

시장접근법에서는 동일하거나 비교가능한(즉, 유사한) 자산, 부채 또는 사업과 같은 자산과 부채의 집합에 대한 시장거래에서 생성된 가격이나 기타 관련 정보를 사용한다. 예를 들면, 비교가능대상들로부터 도출된 시장 배수를 사용하는 것이다.

② 원가접근법

원가접근법은 자산의 사용능력을 대체하는 데 현재 필요한 금액, 즉 통상 현행대체원가라고 부르는 금액을 반영하는 방법이다. 이러한 현행대체원가법은 많은 경우 다른 자산과 함께 사용되거나 다른 자산 및 부채와 함께 사용되는 유형의 자산에 대한 공정가치를 측정하는 데 사용된다.

③ 이익접근법

이익접근법에서는 미래 금액(예: 현금흐름 또는 수익과 비용)을 단일의 현행, 즉 할인된 금액으로 전환한다. 이익접근법에 따른 공정가치측정치는 그러한 미래 금액에 대한 현행의 시장 기대를 반영한다. 예를 들면, 다음의 가치평가기법이 해당된다.

i) 현재가치기법

ii) 옵션가격결정모형(예: 현재가치기법을 이용하고 옵션의 시간가치와 내재가치 모두를 반영하는 블랙-숄즈-머튼 공식이나 이항모형 등)

iii) 다기간 초과이익법(일부 무형자산의 공정가치를 측정하는 데 사용)

[5] 유형자산을 재평가모형으로 측정하는 경우, 재평가증가액 혹은 재평가감소액이 나타난다. 이러한 과목을 재무제표에 어떻게 보고하는지에 대해서 설명하라.

재평가증가액은 포괄손익계산서의 기타포괄이익으로 인식한 후, 재무상태표의 자본 중 재평가잉여금(기타포괄손익누계액에 속함)을 증가시킨다. 단, 동일한 자산에 대하여 이전에 당기손실로 인식한 재평가감소액이 있는 경우, 그 금액을 한도로 재평가증가액만큼 당기이익으로 인식한다. 한편, 재평가감소액은 당기손실로 인식한다. 다만, 동일 자산에 대한 재평가잉여금 잔액을 한도로 포괄손익계산서의 기타포괄손실로 인식하고 그만큼 재평가잉여금 잔액을 감소시킨다.

[6] 재평가모형 적용 시 감가상각대상자산의 자산 장부금액 변동을 조정하는 두 가지 방법(감가상각누계액 제거법과 총장부금액 조정법)에 대해서 설명하라.

재평가에 따라 감가상각대상자산의 장부금액을 증감하고자 할 때는 유형자산가액과 감가상각누계액 잔액을 조정하며, 다음 중 하나의 방법에 따른다. (설명은 일단 손상 회계를 무시하고 진행한다) 감가상각누계액 제거법은 두 가지 항목(총장부금액과 감가상각누계액)으로 구분 인식된 장부금액을 단일 공정가치('재평가된 장부금액')로 전환하는 것이다. 새로운 장부금액을 보고하는 단일 항목은 자연스럽게 총장부금액, 즉 해당 유형자산이 된다. 이 방식의 특징은 기존 감가상각누계액의 제거이다.

한편, 총장부금액 조정법은 두 가지 공정가치(즉, '재평가된 총장부금액'과 '재평가된 장부금액')가 별도로 측정되는 실무적 상황을 반영하고 있다. 이러한 상황에서, 두 가지 항목으로 구분 인식된 장부상 수치를 두 가지의 공정가치 수치를 이용하여 구분하여 전환하는 방식이다. '재평가된 총장부금액'은 분개에서 직접 모습을 드러내지만, '재평가된 장부금액'은 간접적으로 반영된다. 두 공정가치의 차액만큼 감가상각누계액을 조정하는 것이다. 다시 말해, 총장부금액과 장부금액을 각각 공정가치로 조정한 결과로 감가상각누계액도 조정되는 방식이다. 두 방식을 비교할 때 이 방식의 특징은 총장부금액의 조정이다. 그리고 '재평가일의 공정가치'에 해당하는 금액은 어느 방식에서건 '재평가된 장부금액'이다.

[7] 재평가모형을 채택한 유형자산의 경우, 만일 손상의 징후가 나타나면 보고기간 말에 감가상각, 재평가뿐 아니라 자산손상 회계처리도 수행하여야 한다. 그렇다면 관련 회계처리를 어떤 순서에 따라 적용해야 하는지를 설명하라.

손상을 고려할 때는 재평가 회계의 첫 단계는 손상차손누계액을 제거하는 것이다. 그리고 재평가를 수행한 연도와 그리고 후속적으로 재평가를 수행하지 않은 연도를 나누어 손상 회계를 살펴본다. 재평가연도에는 재평가금액('재평가일의 공정가치')보다 회수가능액이 적은 경우에 새로이 손상을 인식한다. 반면, 기존의 손상을 제거하였기에 회복은 따질 필요가 없다. 후속연도에는 재평가금액(직전 '재평가일의 공정가치'에서 후속 감가상각누계액과 손상차손누계액을 뺀 금액)과 회수가능액을 비교하여 손상 혹은 회복을 처리한다. 회복 상한은 손상차손을 인식하지 않은 경우의 (감가상각 후) 재평가금액이다. 회수가능액이 이 상한 금액을 초과하면 재평가를 수행하는 것이 적절한지 여부를 판단해야 할 것이다. 재평가를 수행하지 않는 경우 상한 초과액은 장부에 반영하지 않는 것이 적절할 것이다.

[8] 자본에 계상된 재평가잉여금은 해당 자산이 제거되거나 혹은 해당 자산을 사용 중에 이익잉여금으로 대체할 수 있다. 그 내용을 설명하라

처분이 유형자산의 잔여 경제적 효익을 한꺼번에 (매각을 통하여) 현금화하는 것이라면, 감가상각은 부분적으로 (수익창출을 통하여) 현금화하는 것이라고 할 수 있다. 이러한 관점에서 본다면, 제거시점에 실시할 수 있는 잉여금대체를 감가상각에 따라 실시할 수 있는 것이다. 따라서, 잉여금대체는 다음과 같이 두 가지 경우로 나타난다. 첫째, 해당 유형자산이 처분(및 폐기)될 때, 자본에 계상된 재평가잉여금 전액을 이익잉여금으로 대체할 수 있다. 이 금액은 당기손익으로 인식하지 않는다. 처분시점에서의 잉여금대체 관련 처리는 간단하게. 재평가잉여금과 이익잉여금 간의 재분류만 수행하는 것이다. 둘째, 해당 유형자산을 사용할 때, 재평가잉여금의 일부를 이익잉여금으로 대체할 수 있다. 재평가된 금액에 근거한 감가상각액과 최초원가에 근거한 감가상각액의 차이를 이익잉여금으로 대체하는 경우이다. 이 경우에도 대체금액은 당기손익으로 인식하지 않으며, 대체할 금액은 재평가된 금액에 근거한 감가상각액과 최초원가에 근거한 감가상각액 간의 차액이다.

[9] 잉여금대체의 선택 여부가 재무상태표와 포괄손익계산서에 미치는 영향을 설명하라.

잉여금대체 여부는 자본 구성요소의 내역을 변화시키는 것뿐이다. 이익잉여금은 배당의 원천인 반면, 재평가잉여금은 주주배당 원천으로서는 제한이 가해진다. 그리고 이러한 제한은 경우에 따라 그 기업에 대한 잠재적 및 현재 투자자의 투자성향에 영향을 줄 수도 있을 것이다. 따라서 잉여금대체 여부는 기업이 결정할 사항이다. 그러나 재무제표에 보고하는 자본총액은 변화하지 않으며 포괄손익계산서의 내역 역시 영향을 받지 않는다.

[10] 특수한 감가상각방법에는 폐기법과 대체법, 조별상각법과 종합상각법을 들 수 있다. 각각에 대해서 개념 및 어떠한 회계처리를 하는지에 대해서 정리하라.

폐기법(retirement method)은 유형자산을 폐기하는 시점에서 폐기한 자산의 취득원가를 감가상각비로 인식한다. 즉, 특정 회계기간의 감가상각비는 산정대상 유형자산 묶음에 속한 개별 자산들 중 폐기한 자산들의 취득원가를 합한 금액이다. 적용논리는 재고자산의 선입선출법과 유사한 점이 있다. 한편, 후입선출가정을 적용하는 방식이 대체법(replacement method) 혹은 갱신법이다. 이 방법에서는 개별 유형자산의 대체시점에서 취득한 개별 자산의 취득원가를 감가상각비로 기록한다. 다만, 「기업회계기준서」에서는 재고자산에 후입선출법을 적용하지 않는 것으로 규정하고 있기에, 유형자산에 대체법을 적용할 근거가 많이 사라졌다고 생각한다. 실무적으로 사용하는 폐기법과 대체법은 적용하는 업종·자산의 특성과 자산 묶음의 감가상각비를 계산한다는 특성을 반영하여 기록방식을 단순화시킨다. 유형자산 실물을 폐기처분할 때 발생하는 처분실수금을 폐기법과 대체법에 따른 감가상각비와 상계하는 것이다. 결과적으로는 감가상각비와 처분손익의 구분을 하지 않는 회계처리인데 개별 자산의 장부금액을 계산하지 않는데서 비롯한 것이다.

용도, 기능, 내용연수 및 '잔존가치/취득원가'의 비율이 유사한 개별 유형자산들로 묶음을 구성하고 이 묶음자산의 취득원가에 평균적인 상각률을 곱하여 감가상각비를 계산하는 회계절차를 조별상각법(group depreciation method)이라고 한다. 한편, 묶음에 포함하는 개별 유형자산들의 성격이 상대적으로 다양하고 내용연수 또한 상당히 다른 경우에 적용하는 방법을 종합상각법(composite depreciation method)이라고 한다. 이렇게 묶음에 포함하는 개별 자산의 동질성에 따라 두 방법을 구분하지만 회계절차로서의 특성에는 차이가 없다. 이 특성은 첫째, 묶음자산에 평균상각률을 적용하여 감가상각비의 근사치를 구한다는 것이고 둘째, 개별 자산을 처분할 때 처분손익을 분리하지 않는다는 것이다. 이 네 가지 방법들을 사용하면 어디까지나 감가상각비의 근사치를 계산할 뿐이다.

연습문제

[1] 감가상각(방법)

(1) ① 정액법

- 20×7년 : (₩900,000÷4년) × 6개월/12개월 = ₩112,500
- 20×8년 : ₩900,000 ÷ 4년 = ₩225,000

② 정률법

상각률 $= 1 - \sqrt[4]{\frac{₩100,000}{₩1,000,000}} = 0.4377$

- 20×7년 : (₩1,000,000 × 0.4377) × 6개월/12개월
  = ₩437,700 × 6개월/12개월
  = ₩218,850
- 20×8년 : ₩437,700 × 6개월/12개월 + ₩246,119* × 6개월/12개월
  = ₩218,850 + ₩123,059
  = ₩341,909

* 사용2기 감가상각비 = (₩1,000,000 − ₩437,700) × 0.4377
= ₩562,300 × 0.4377 = ₩246,119

[참고] 위의 20×8년분 계산방식은 교재 본문에 설명한 안분방식에 따른 계산 결과임.
참고로 정률법의 계산구조를 활용하면 다음과 같이 계산할 수도 있음:
20×8년 : (₩1,000,000 − ₩218,850) × 0.4377 = ₩341,909

③ 연수합계법

- 20×7년 : (₩900,000 × 4/10) × 6개월/12개월 = ₩180,000
- 20×8년 : ₩180,000 + (₩900,000×3/10) × 6개월/12개월 = ₩315,000

④ 생산량비례법

- 20×7년 : ₩900,000 × 30,000단위/200,000단위 = ₩135,000
- 20×8년 : ₩900,000 × 75,000단위/200,000단위 = ₩337,500

(2) 취득시점으로부터 정확히 2년간 사용하였기 때문에 처분시점에서의 감가상각누계액은 ₩450,000이 되어야 한다. 제거분개에 앞서 마지막으로 감가상각비를 인식한 시점(20×8년 12월 31일)부터 처분시점(20×9년 7월 초)까지의 감가상각비를 인식한다.

(차) 감가상각비	112,500*	(대) 감가상각누계액	112,500

* (₩900,000÷4년)×6개월/12개월

(차) 현 금	400,000	(대) 기 계	1,000,000
감가상각누계액	450,000		
처분손실	150,000		

[2] 감가상각(회계추정의 변경)

(1) 20×7년과 20×8년의 감각상각비는 정액법에 따라 각각 ₩30,000이었으므로 20×8년 말 감가상각누계액은 ₩60,000이었다. 잔존내용연수는 5년, 잔존가치는 ₩15,000을 이용할 때 감가상각비는 다음과 같이 계산한다.

감가상각비 = 새로운 감가상각대상금액÷새로운 내용연수
= (₩150,000 − ₩60,000 − ₩15,000)÷5년 = ₩15,000

(차) 감가상각비 15,000 (대) 감가상각누계액 15,000

(2) 감가상각비 = 새로운 감가상각대상금액×새로운 상각률
= (₩150,000 − ₩60,000)×3/6 = ₩45,000

(차) 감가상각비 45,000 (대) 감가상각누계액 45,000

[3] 감가상각(기중 취득·처분)

정률법 상각률은 0.36904$\left(= 1 - \sqrt[5]{\dfrac{₩10,000}{₩100,000}}\right)$이다. 정액법, 정률법 및 연수합계법에 의한 취득 후 3개 기의 감가상각비는 다음과 같다(단위 : ₩).

사용연도	정액법 감가상각비	정률법 감가상각비	연수합계법 감가상각비
제1기	₩18,000	₩36,904	₩30,000
제2기	18,000	23,285	24,000
제3기	18,000	14,692	18,000

위의 자료를 근거로 정액법, 정률법 및 연수합계법에 따른 취득 후 처분시점까지의 회계연도별 감가상각비를 계산하면 다음과 같다(단위 : ₩).

회계연도	정액법	정률법			연수합계법		
		상반기	하반기	합계	상반기	하반기	합계
20×7	18,000×1/2 =9,000	0	36,904×1/2 =18,452	18,452	0	30,000×1/2	15,000
20×8	18,000	18,452	23,285×1/2 =11,643	30,095	15,000	24,000×1/2	27,000
20×9	18,000	11,642	14,692×1/2 =7,346	18,988	12,000	18,000×1/2	21,000
20y0	18,000×1/2 =9,000	7,346	0	7,346	9,000	0	9,000

그리고 생산량비례법의 경우에는 다음과 같다(단위 : ₩).

회계연도	상 반 기	하 반 기	합 계
20×7	0	₩90,000×1,000/10,000	₩9,000
20×8	₩90,000×2,000/10,000		18,000
20×9	₩90,000×2,000/10,000		18,000
20y0	₩90,000×1,500/10,000	0	13,500

[4] 손상 회계(개별 자산)

(1) 각 연도 말의 감가상각과 손상·환입

① 부지(감가상각대상자산이 아님)

- 20×7년 : 회수가능액은 '처분부대원가를 차감한 공정가치'(₩1,100,000)와 사용가치(₩950,000) 중 큰 금액이므로 ₩1,100,000이 되며, 장부금액 ₩1,000,000을 초과하므로 자산이 손상되지 않았다.
- 20×8년 : 회수가능액은 ₩850,000으로 손상되었다.

(차) 손상차손 150,000 (대) 손상차손누계액-토지 150,000

② 설비

- 20×7년

<감가상각>

(차) 감가상각비 1,000,000 (대) 감가상각누계액-설비 1,000,000

<자산손상>

(차) 손상차손 500,000* (대) 손상차손누계액-설비 500,000

* 회수가능액 : *max*(₩1,400,000, ₩1,500,000) = ₩1,500,000
손상차손 = ₩1,500,000 − ₩2,000,000(장부금액 = 취득원가 − 감가상각누계액)

- 20×8년

<감가상각>

(차) 감가상각비 750,000* (대) 감가상각누계액-설비 750,000

* ₩1,500,000÷2년

<회복>

· 감가상각후 장부금액 : ₩750,000(= 취득원가 ₩3,000,000 − 감가상각누계액 ₩1,750,000 − 손상차손누계액 ₩500,000)

· 회복판정 : 회수가능액(₩950,000)이 장부금액을 초과하기 때문에 회복됨.

· 회복한도 : 손상되지 않았을 경우의 장부금액, 즉 취득원가 ₩3,000,000을 근거로 2년간 정액법으로 상각한 결과인 ₩1,000,000이 될 때까지 장부금액을 회복시킬 수 있다. 그런데 회수가능액의 회복이 충분하지 않으므로 ₩950,000까지만 환입시킨다.

(차) 손상차손누계액-설비 200,000 (대) 손상차손환입 200,000

(2) 재무상태표 − 부분

	20×7년		20×8년	
부 지		₩1,000,000	₩1,000,000	
손상차손누계액			(150,000)	₩850,000
설 비	₩3,000,000		₩3,000,000	
감가상각누계액	(1,000,000)		(1,750,000)	
손상차손누계액	(500,000)	₩1,500,000	(300,000)	₩950,000

[5] 손상 회계(현금창출단위)

• 20×7년

<기계감가상각>

(차) 감가상각비 1,000,000 (대) 감가상각누계액-설비 1,000,000

<자산손상>

현금창출단위			개별 자산	
			1차배분액	1차배분 후 장부금액
장부금액	부지	₩1,000,000	₩150,000	₩850,000
	설비	2,000,000	300,000	1,700,000
	계	₩3,000,000	₩450,000	₩2,550,000
회수가능액		2,550,000		
손상액		₩450,000		

현금창출단위의 자산손상액 ₩450,000을 개별 자산의 장부금액에 비례하여 부지와 설비에 각각 1/3과 2/3씩 1차 배분한다. 그리고 배분결과는 제약조건에 저촉되지 않으므로 1차배분 후 다음과 같이 분개하여 개별 자산의 손상차손을 인식한다.

(차) 손상차손 150,000 (대) 손상차손누계액-부지 150,000

(차) 손상차손 300,000 (대) 손상차손누계액-설비 300,000

• 20×8년

<기계감가상각>

(차) 감가상각비 850,000* (대) 감가상각누계액-설비 850,000

* ₩1,700,000÷2

<자산손상>

현금창출단위의 손상회복액 ₩200,000을 개별 자산의 장부금액에 비례하여 부지와 설비에 각각 1/2씩 1차배분한다. 또한 배분결과는 회복한도를 초과하지 않으므로 1차배분 후 다음과 같이 분개하여 개별 자산의 손상차손환입을 인식한다.

(차) 손상차손누계액-부지 100,000 (대) 손상차손환입 100,000

(차) 손상차손누계액-설비 100,000 (대) 손상차손환입 100,000

현금창출단위			개별 자산			
			1차배분액	1차배분 후 장부금액		상 한
장부금액	부지	₩850,000	₩100,000	₩950,000	<	₩1,000,000
	설비	850,000	100,000	950,000	<	1,000,000
	계	₩1,700,000	₩200,000	₩1,900,000		₩2,000,000
회수가능액		1,900,000				
회복액		₩200,000				

[6] 재평가모형(토지)

(1) ① 보고기간 말 재평가 분개

	(차)		(대)	
<20×7>	재평가손실(당기손익)	3,000	토　　지	3,000
<20×8>	토　　지	4,000	재평가이익(당기손익)	3,000
			재평가이익(기타포괄손익)	1,000

② 포괄손익계산서

(단위 : ₩)		20×7년	20×8년
포괄손익계산서	당기순이익	(3,000)	3,000
	기타포괄이익	0	1,000
	총포괄이익	(3,000)	4,000

③ 재무상태표

(단위 : ₩)		20×7년	20×8년
재무상태표	자산-토지	7,000	11,000
	자본-이익잉여금	(3,000)	0
	재평가잉여금	0	1,000

(참고) 위 20×7년 재평가손실 ₩3,000은 결산과정에서 이익잉여금으로 마감되고, 20×8년 재평가이익(당기손익) ₩3,000도 이익잉여금으로 마감된다. 그러나 20×8년도 재평가이익(기타포괄손익) ₩1,000은 자본 중 기타포괄손익누계액에 속하는 재평가잉여금으로 마감된다. 이 마감분개는 다음과 같다.

(차) 재평가이익(기타포괄손익) 1,000　　(대) 재평가잉여금(기타포괄손익누계액) 1,000

(2) ① 보고기간 말 재평가 분개

	(차)		(대)	
<20×7>	토　　지	5,000	재평가이익(기타포괄손익)	5,000
<20×8>	재평가손실(기타포괄손익)	5,000	토　　지	6,000
	재평가손실(당기손익)	1,000		

② 포괄손익계산서

(단위 : ₩)		20×7년	20×8년
포괄손익계산서	당기순이익	0	(1,000)
	기타포괄이익	5,000	(5,000)
	총포괄이익	5,000	(6,000)

③ 재무상태표

(단위 : ₩)		20×7년	20×8년
재무상태표	자산 - 토지	15,000	9,000
	자본 - 이익잉여금	0	(1,000)
	재평가잉여금	5,000	0

(참고) 각 년도 재평가손익(기타포괄손익)의 마감분개는 다음과 같다.

20×7년 (차) 재평가이익(기타포괄손익) 5,000 (대) 재평가잉여금(기타포괄손익누계액) 5,000

20×8년 (차) 재평가잉여금(기타포괄손익누계액) 5,000 (대) 재평가손실(기타포괄손익) 5,000

따라서, 20×8년 재무상태표의 재평가잉여금 잔액은 ₩0(=₩5,000－₩5,000)이다.

(3)

	잉여금대체를 한 경우	잉여금대체를 하지 않은 경우
처분	(차) 현 금 11,000 (대) 토 지 11,000	옆과 동일함
재평가 잉여금 대체	(차)재평가잉여금 1,000 (대)이익잉여금 1,000	–

[7] 재평가모형(감가상각대상자산 1)

(1) 20×7년 감가상각 분개

(차) 감가상각비 2,000 (대) 감가상각누계액 2,000

(2) 20×7년 재평가 분개

	① 감가상각누계액 제거법			② 총장부금액 조정법		
	수정 전	수정 후	수정액	수정 전	수정 후	수정액
기 계	₩10,000	₩9,600	₩(400)	₩10,000	₩12,000	₩2,000
감가상각누계액	(2,000)	(0)	2,000	(2,000)	(2,400)	(400)
장부금액	₩8,000	₩9,600	₩1,600	₩8,000	₩9,600	₩1,600
분 개	(차) 감가상각누계액 2,000 (대) 기 계 400 재평가이익 1,600* (기타포괄손익)			(차) 기계 2,000 (대) 감가상각누계액 400 재평가이익 1,600* (기타포괄손익)		

* 마감후 재평가잉여금 잔액은 ₩1,600임. 이익잉여금으로의 대체는 후속연도부터 가능함.

(3) 20×8년의 감가상각 분개와 잉여금대체 분개는 각각 다음과 같다.

(차) 감가상각비 2,400* (대) 감가상각누계액 2,400

* ₩2,400(=₩9,600÷4년)

(차) 재평가잉여금** 400 (대) 이익잉여금 400

** ₩2,400－₩2,000

(4) 총장부금액 조정법에 따른 20×9년 회계처리는 다음과 같다.

<재평가 전> 감가상각 분개와 잉여금대체 분개는 각각 다음과 같다.

(차) 감가상각비 2,400 (대) 감가상각누계액* 2,400

* 감가상각누계액 잔액은 ₩7,200(=₩2,400×3년)

(차) 재평가잉여금** 400 (대) 이익잉여금 400

** ₩2,400－₩2,000

<재평가> 장부금액 수정

	총장부금액 조정법		
	수정 전	수정 후	수정액
기 계	₩12,000	₩13,200	₩1,200
감가상각누계액	(7,200)	(7,920)	(720)
장부금액	₩4,800	₩5,280	₩480
재평가 - 장부금액 수정분개	(차) 기 계 1,200	(대) 감가상각누계액 720 재평가이익(기타포괄손익) 480	

(5) 20y0년의 감가상각 분개와 잉여금대체 분개는 각각 다음과 같다.

(차) 감가상각비 2,640* (대) 감가상각누계액 2,640

* ₩2,640(=₩5,280 ÷ 2년)

(차) 재평가잉여금** 640 (대) 이익잉여금 640

** ₩2,640 − ₩2,000

[8] 재평가모형(감가상각대상자산 2)

(1) 총장부금액 조정법 중 비례조정법

'재평가된 총장부금액'과 '재평가된 장부금액'은 상각후대체원가방식에 따라 추정된 금액이다.

- 20×7년도 : '재평가된 총장부금액' = ₩50,000* × 90% = ₩45,000
  '재평가된 장부금액' = ₩40,000** × 90% = ₩36,000
  * 취득원가, ** ₩50,000 − 감가상각비 ₩10,000(=₩50,000÷5년)
- 20×8년도 : '재평가된 총장부금액' = ₩45,000*** × 130% = ₩58,500
  '재평가된 장부금액' = ₩27,000**** × 130% = ₩35,100
  *** 전년도 '재평가된 총장부금액', **** ₩36,000 − 감가상각비 ₩9,000(=₩36,000÷4년)

	20×7	20×8
재평가 전 - 감가상각 분개	(차) 감가상각비 10,000 (대) 감가상각누계액 10,000	(차) 감가상각비 9,000 (대) 감가상각누계액 9,000

<table>
<tr><th rowspan="2"></th><th colspan="3">20×7</th><th colspan="3">20×8</th></tr>
<tr><th>수정 전</th><th>수정 후</th><th>수정액</th><th>수정 전</th><th>수정 후</th><th>수정액</th></tr>
<tr><td>기 계
감가상각누계액</td><td>₩50,000
(10,000)</td><td>₩45,000
(9,000)</td><td>₩(5,000)
1,000</td><td>₩45,000
(18,000)</td><td>₩58,500
(23,400)</td><td>₩13,500
(5,400)</td></tr>
<tr><td>장부금액</td><td>₩40,000</td><td>₩36,000</td><td>₩(4,000)</td><td>₩27,000</td><td>₩35,100</td><td>₩8,100</td></tr>
<tr><td>재평가 - 분개</td><td colspan="3">(차) 감가상각누계액 1,000
재평가손실(당기손익) 4,000
(대) 기 계 5,000</td><td colspan="3">(차) 기 계 13,500
(대) 감가상각누계액 5,400
재평가이익(당기손익) 4,000
재평가이익(기타포괄손익) 4,100</td></tr>
</table>

(2) 감가상각누계액 제거법

<table>
<tr><th></th><th>20×7</th><th>20×8</th></tr>
<tr><td>재평가 전
- 감가상각 분개</td><td>(차) 감가상각비* 10,000
(대) 감가상각누계액 10,000</td><td>(차) 감가상각비** 8,800
(대) 감가상각누계액 8,800</td></tr>
</table>

* ₩50,000÷5년, ** ₩35,200÷4년

<table>
<tr><th rowspan="2"></th><th colspan="3">20×7</th><th colspan="3">20×8</th></tr>
<tr><th>수정 전</th><th>수정 후</th><th>수정액</th><th>수정 전</th><th>수정 후</th><th>수정액</th></tr>
<tr><td>기 계
감가상각누계액</td><td>₩50,000
(10,000)</td><td>₩35,200
(0)</td><td>₩(14,800)
10,000</td><td>₩35,200
(8,800)</td><td>₩34,500
(0)</td><td>₩(700)
8,800</td></tr>
<tr><td>장부금액</td><td>₩40,000</td><td>₩35,200</td><td>₩(4,800)</td><td>₩26,400</td><td>₩34,500</td><td>₩8,100</td></tr>
<tr><td>재평가 - 분개</td><td colspan="3">(차) 감가상각누계액 10,000
재평가손실(당기손익) 4,800
(대) 기 계 14,800</td><td colspan="3">(차) 감가상각누계액 8,800
(대) 기 계 700
재평가이익(당기손익) 4,800
재평가이익(기타포괄손익) 3,300</td></tr>
</table>

[9] 재평가모형(감가상각대상자산 3) (2024년 공인회계사 2차 기출문제 변형)

20×1년 감가상각비 = (₩6,000,000 − ₩500,000)÷10년 = ₩550,000
20×1년 말 인식된 장부금액 = ₩6,000,000 − ₩550,000 = ₩5,450,000
20×1년 말 재평가된 장부금액 = ₩5,000,000
20×1년 재평가손실(당기손익) = ₩5,000,000 − ₩5,450,000 = ₩(−)450,000

20×2년 감가상각비 = (₩5,000,000 − ₩500,000)÷9년 = ₩500,000
20×2년 말 인식된 장부금액 = ₩5,000,000 − ₩500,000 = ₩4,500,000
20×2년 말 재평가된 장부금액 = ₩5,500,000
20×2년 재평가이익(당기손익) = ₩450,000
20×2년 재평가이익(기타포괄손익) = (₩5,500,000 − ₩4,500,000 − ₩450,000) = ₩550,000

20×3년 감가상각비 = (₩5,500,000 − ₩600,000)÷5년 = ₩980,000
20×3년 말 인식된 장부금액 = ₩5,500,000 − ₩980,000 = ₩4,520,000
20×3년 말 재평가된 장부금액 = ₩3,500,000
20×3년 재평가손실(기타포괄손익) = ₩(−)550,000
20×3년 재평가손실(당기손익) = (₩3,500,000 − ₩4,520,000 − ₩(−)550,000) = ₩(−)470,000

20×2년 당기순이익 영향 = 감가상각비 (−)500,000 + 재평가이익 450,000 = ₩(−)50,000
20×3년 당기순이익 영향 = 감가상각비 (−)980,000 + 재평가손실 (−)470,000 = ₩(−)1,450,000

[10] 재평가모형과 손상(토지)

(1) 재무상태표에의 기말 토지 보고내역, 20×8년 기말 자본 보고액과 그 적정성의 판단

자산 (단위 ₩)	20×7년 말	20×8년 말	자본	20×8년 말
토지	13	10	이익잉여금	0
손상차손누계액	(2)	(0)	재평가잉여금	0
장부금액	11	10	합계	0

20×7년 초 ₩10에 취득한 토지를 2년 보유한 20×8년 말 현재, 토지의 공정가치는 취득원가와 동일한 금액이 되었고 또한 손상차손누계액의 잔액도 ₩0이 되었다. 이런 경우, 누적된 보유손익은 실현된 손익이든 미실현된 손익이든 각각 ₩0으로 판단하는 것이 적절할 것이다. 다시 말해 이익잉여금도 재평가잉여금도 잔액이 ₩0인 것이 적정한 것이다.

(2) 분개 ('기포'는 기타포괄손익을 의미함. 그리고 ㄱ = 재평가 분개, ㄴ = 손상 분개)

① 첫 번째 접근법

	20×7년 말		20×8년 말	
ㄱ	토 지 3	재평가이익(기포) 3	손상차손누계액 2 재평가손실(기포) 1	토 지 3
ㄴ	손상차손(당기손익) 2	손상차손누계액 2		

② 두 번째 접근법(즉, '선 환입 − 후 재평가')

	20×7년 말		20×8년 말	
ㄱ	토 지 3	재평가이익(기포) 3	손상차손누계액 2 재평가손실(기포) 3	손상차손환입(당기손익) 2 토 지 3
ㄴ	손상차손(당기손익) 2	손상차손누계액 2		

(3) 두 가지 접근법으로 분개한 결과를 정리한 연도별과 누적적인 당기손익 및 재평가손익 금액

	첫 번째 접근법			두 번째 접근법 ('선 환입-후 재평가')		
	20×7년	20×8년	누적액	20×7년	20×8년	누적액
당기손익	(2)	0	(2)	(2)	2	0
재평가손익	3	(1)	2	3	(3)	0
총포괄손익	1	(1)	0	1	(1)	0

[11] 특수한 감가상각

(1) ① 폐기법

20×7년 :

(차) 가 스 관	5,000,000	(대) 현 금	5,000,000

20×8년 :

(차) 가 스 관	4,000,000	(대) 현 금	4,000,000
(차) 감가상각비	2,400,000	(대) 가 스 관	2,500,000
현 금	100,000		

② 대체법(갱신법)

20×7년 :

(차) 가 스 관	5,000,000	(대) 현 금	5,000,000

20×8년 :

(차) 감가상각비	3,900,000	(대) 현 금	3,900,000

(2) 종합상각법

① 평균상각률 = ₩30,000/₩100,000 = 30%

감가상각비 = ₩100,000×30% = ₩30,000

②

(차) 현 금	12,000	(대) 기계장치	20,000
감가상각누계액	8,000		

③ (₩30,000 + ₩50,000 + ₩105,000)×30% = ₩55,500

제10장 무형자산·투자부동산·매각예정비유동자산

익힘문제

[1] 무형자산의 일반적인 인식요건을 열거하라.

무형자산(intangible assets)은 물리적 실체는 없지만 식별가능한 비화폐성자산으로, ① 식별가능성, ② 자원에 대한 통제 및 ③ 미래 경제적 효익의 존재 등 세 가지의 조건을 모두 충족하여야 한다. 그리고 무형자산으로 인식하기 위해서는 이상과 같은 무형자산의 정의를 충족시키면서 ① 자산에서 발생하는 미래 경제적 효익이 기업에 유입될 가능성이 높고 또한 ② 자산의 취득원가를 신뢰성 있게 측정할 수 있다는 두 가지 인식기준을 모두 충족하여야 한다. 그리고 무형자산의 개별 취득과 사업결합 시 취득은 미래 경제적 효익의 유입가능성 조건을 항상 충족하는 것으로 간주한다. 그러나 취득이나 완성 후의 지출은 기존 무형자산에 내재된 기대 미래 경제적 효익을 유지하는 것이 대부분이며, 취득이나 완성 후의 지출을 사업 전체가 아닌 특정 무형자산에 직접 귀속시키기 어려운 경우가 많기 때문에 인식조건을 충족시키는지의 여부를 매우 엄격하게 검토하여야 한다.

[2] 무형자산의 식별가능성을 설명하라.

다음 중 하나에 해당하는 경우에 무형자산 정의의 식별가능성(identifiability) 조건을 충족한 것으로 본다.

첫째, 자산이 분리가능하다. 즉, 기업에서 분리하거나 분할할 수 있고, 개별적으로 관련된 계약, 자산이나 부채와 함께 매각, 이전, 라이선스, 임대, 교환할 수 있다.

둘째, 자산이 계약상 권리 또는 기타 법적 권리로부터 발생한다. 이 경우 그러한 권리가 이전가능한지 여부와 기업이나 기타 권리와 의무에서 분리가능한지 여부는 고려하지 않는다.

[3] 개별 취득 무형자산과 사업결합으로 취득한 무형자산을 비교·설명하라.

기업은 일반적으로 ① 브랜드, ② 제호와 출판표제, ③ 컴퓨터소프트웨어, ④ 라이선스와 프랜차이즈, ⑤ 저작권, 특허권, 기타 산업재산권, 용역운영권, ⑥ 기법, 방식, 모형, 설계 및 시제품, ⑦ 개발 중인 무형자산 등과 같은 여러 종류의 무형자산을 개별적으로 취득한다.

그리고 사업결합을 통해서 위의 무형자산에 추가해서 ① 피취득자의 장부에 그동안 기록되지 않았던 무형자산과 ②영업권을 취득하기도 한다. 여기서, 사업결합(business combinations)이란 취득자가 피취득자의 자산과 부채를 일괄하여 인수하는 대가로 자산이전·채무부담을 하거나 혹은 주식을 발행하는 거래이다. 이러한 거래에서 취득자는 피취득자의 재무제표에 인식되지 않았지만 그 인식요건을 충족시키는 무형자산이 있는 경우 이를 영업권과 분리하여 개별적으로 인식하는데, 그 취득원가는 취득일의 공정가치로 한다. 예를 들어, 사업결합 전에 피취득자가 자산으로 인식하였는지 여부에 관계없이 취득자는 취득일에 피취득자가 진행하고 있던 연구·개발 프로젝트가 무형자산의 정의를 충족하고 그것의 공정가치를 신뢰성 있게 측정할 수 있다면 취득자가 영업권과 분리하여 별도의 자산으로 인식할 수 있는 것이다.

[4] 무형자산의 내용연수는 어떻게 결정되는가를 요약하고, 관련하여 내용연수가 비한정(indefinite)인 무형자산에 대해서도 생각해 보라.

무형자산의 내용연수는 기업에서 자산이 사용가능할 것으로 기대되는 기간 또는 자산에서 얻을 것으로 예상되는 생산량이나 이와 유사한 단위수량으로 정의된다. 경제적 요인과 법적 요인의 영향을 동시에 고려하여 이러한 요인들에 의해 결정된 기간 중 짧은 기간을 내용연수로 본다. 관련된 모든 요소의 분석에 근거하여, 그 자산이 순현금유입을 창출할 것으로 기대되는 기간에 대하여 예측가능한 제한(foreseeable limit)이 없을 경우 해당 무형자산의 내용연수가 비한정(indefinite)인 것으로 본다.

[5] 무형자산의 상각과 관련하여 상각방법, 잔존가치 및 상각기간 등에 대해서 내용연수가 유한한 무형자산과 내용연수가 비한정인 무형자산을 비교·설명하라.

내용연수가 유한한 무형자산의 상각은 유형자산의 감가상각과 그 의의 및 회계처리절차가 유사하다. 추정한 내용연수와 잔존가치에 근거한 상각방법에는 정액법, 체감잔액법과 생산량비례법 등이 있다. 다만, 무형자산의 경제적 효익이 소비되는 형태를 신뢰성 있게 결정할 수 없는 경우에는 정액법을 사용한다. 그리고 상각은 대상자산이 더 이상 사용되지 않을 때도 중단하지 아니한다. 다만, 완전히 상각하거나 대상자산이 「기업회계기준서」 제1105호 '매각예정비유동자산과 중단영업'에 따라 매각예정 기타비유동자산으로 분류되는(또는 매각예정 기타비유동자산으로 분류되는 처분자산집단에 포함되는) 날과 재무상태표에서 제거되는 날 중 이른 날에 중단한다. 한편, 내용연수가 비한정인 무형자산은 상각하지 않으며 다만 손상회계의 대상이 된다. 그리고 그 잔존가치는 일반적으로 영(0)으로 본다.

[6] 무형자산에 자산손상회계를 적용할 때 유의할 점을 정리하라.

무형자산에도 유형자산과 마찬가지로 자산손상과 그 회복을 기록하는 회계절차를 적용한다. 즉, 장부금액을 회수가능액으로 조정하고 그 차액을 당기손익항목인 손상차손으로 인식한다. 또한 차기 이후에 손상처리된 자산의 회수가능액이 장부금액을 초과하면 그 자산의 손상 전 장부금액의 상각후 잔액을 한도로 하여 그 초과액을 당기손익항목인 손상차손환입으로 처리한다. 상각회계를 적용하는(내용연수가 유한한 무형자산) 경우에는 매 회계연도 말에 당해 자산의 손상을 시사하는 징후가 있는지를 검토한다. 그리고 손상징후가 있는 경우에만 그 회수가능액을 추정한다. 한편, 상각을 하지 아니하는 비한정 내용연수를 가진 무형자산의 경우에는 자산손상을 시사하는 징후가 있는지에 관계없이 회수가능액을 추정하고 장부금액과 비교하여 손상검사를 한다는 점에서 내용연수가 유한한 무형자산 손상회계와 차이를 나타낸다. 즉, 내용연수가 비한정인 무형자산에 대해서는 ① 매년 그리고 ② 손상징후가 있을 때 손상검사를 한다. 그리고 손상검사는 회계연도 중 어느 때라도 할 수 있으며 매년 같은 시기에 실시하는데, 서로 다른 무형자산에 대해서는 각기 다른 시점에서 손상검사를 할 수 있다. 다만, 회계연도 중에 이러한 무형자산을 최초로 인식한 경우에는 당해 회계연도 말 전에 손상검사를 한다.

[7] 내부적으로 창출한 무형자산의 인식요건을 기술하라.

내부창출 무형자산은 그 존재 여부와 인식시점을 식별하기 어렵고, 그 원가를 신뢰성 있게 측정하기 어렵고. 많은 경우 내부창출 무형자산의 원가를 내부적으로 창출된 영업권을 유지 또는 향상시키는 비용이나 일상적인 경영관리활동에서 발생하는 비용과 구별하기 어렵다. 따라서 내부창출 무형자산에 대해서는 일반적인 인식기준의 충족과 추가적으로 개발단계에서의 창출이라는 엄격한 잣대를 적용한다. 먼저, 일반적 인식기준이란 무형자산의 정의(미래 경제적 효익의 존재, 통제 및 식별가능성)와 인식조건(미래 경제적 효익의 유입가능성 및 측정가능성)을 모두 충족시켜야 하며, 추가적으로, 개발(development)단계에서 발생한 지출이면서 다음 여섯 가지의 조건을 모두 충족시켜야 한다는 인식기준을 적용한다.

① 무형자산을 사용 또는 판매하기 위해 그 자산을 완성시킬 수 있는 기술적 실현가능성
② 무형자산을 완성해 그것을 사용하거나 판매하려는 기업의 의도
③ 완성된 무형자산을 사용하거나 판매할 수 있는 기업의 능력
④ 무형자산이 미래 경제적 효익을 창출하는 방법(대표적인 예로서, 무형자산의 산출물이나 그 무형자산 자체를 거래하는 시장의 존재 또는 무형자산이 내부적으로 사용될 것이라면 그 유용성을 제시함)
⑤ 무형자산의 개발을 완료하고 그것을 판매 또는 사용하는데 필요한 기술적·재정적 자원 등의 입수가능성
⑥ 개발과정에서 발생한 무형자산 관련지출을 신뢰성 있게 하여 측정할 수 있는 능력

[8] 내부창출 무형자산과 관련하여 연구단계 및 개발단계에서 발생한 지출을 어떻게 회계처리하는지에 대해서 설명하라.

내부적으로 창출한 무형자산의 추가적 인식조건을 충족시키는지를 평가하기 위하여 무형자산의 창출과정을 연구단계와 개발단계로 구분한다. '연구단계'와 '개발단계'라는 용어는 '연구'와 '개발'의 정의보다 더 넓은 의미를 갖는데, 무형자산을 창출하기 위한 내부 프로젝트를 연구단계와 개발단계로 구분할 수 없는 경우에는 그 프로젝트에서 발생한 지출은 모두 연구단계에서 발생한 것으로 본다.

내부 프로젝트의 연구단계에서는 미래 경제적 효익을 창출할 무형자산이 존재한다는 것을 제시할 수 없기 때문에 연구단계에서 발생한 지출은 무형자산으로 인식할 수 없고, 연구비항목으로 하여 발생시점에 비용으로 인식한다. 반면, 개발단계는 연구단계보다 훨씬 더 진전되어 있는 상태이기 때문에 이 단계에서는 무형자산을 식별할 수 있으며, 그 무형자산이 미래 경제적 효익을 창출할 것임을 제시할 수 있다. 개발단계에서 발생한 지출로서 앞의 추가적 인식조건을 모두 충족하는 경우에만 개발비과목 혹은 기타 표현충실한 과목의 무형자산(예를 들어 : 소프트웨어개발비)으로 인식하고, 그 외의 경우에는 경상개발비의 과목으로 하여 발생시점에 비용으로 인식한다.

[9] 투자부동산은 최초인식 후 원칙적으로 공정가치모형과 원가모형 중 하나를 선택하여 모든 투자부동산에 적용한다. 공정가치모형의 특징에 대해서 재평가모형과 비교하여 설명하라.

투자부동산을 최초로 인식한 후 당해 자산에 대해서는 원칙적으로 공정가치모형과 원가모형 중 하나를 선택하여 모든 투자부동산에 적용한다. 그러나 모든 기업은 결과적으로 투자부동산의 공정가치를 반드시 산정하여야 한다. 왜냐하면 공정가치모형을 사용하는 기업이라면 그 측정을 위해서이고, 원가모형을 사용하는 기업이라면 공정가치를 주석으로 공시하도록 요구받기 때문이다. 투자부동산에 적용하는 공정가치모형은 그 평가손익을 당기손익으로 인식한다. 한편, 유형자산과 무형자산에 적용하는 재평가모형은 공정가치변동을 회계처리함에 있어, 재평가증가액은 원칙적으로 기타포괄손익으로 그리고 재평가감소액은 원칙적으로 당기손익으로 처리한다는 점에서 투자부동산에 적용하는 모형과는 다소 다른 공정가치모형이다. 그리고 재평가모형을 적용할 때는 해당 유형자산의 제거와 사용시에 재평가잉여금을 이익잉여금으로 대체하는 선택이 제공된다는 특징도 있다.

[10] 비유동자산 또는 처분자산집단을 매각예정비유동자산으로 분류하기 위한 기준에 대해서 정리하라.

비유동자산의 장부금액이 계속사용이 아닌 매각거래를 통하여 주로 회수될 것이라면 이를 매각예정비유동자산(Non-current assets held for sale)으로 분류한다. 매각예정 비유동자산은 개별 자산뿐만 아니라 처분자산집단(disposal group)일 수도 있는데, 단일거래를 통해 매각이나 다른 방법으로 함께 처분될 예정인 자산의 집합과 당해 자산과 직접 관련되어 이전될 부채를 망라한 것이다. 그리고 비유동자산을 매각예정으로 분류하기 위해서는 당해 자산을 현재의 상태에서 통상적이고 관습적인 거래조건만으로 즉시 매각가능하여야 하며, 매각될 가능성이 매우 높아야 한다. 또한 처분만을 목적으로 취득한 비유동자산이 위에서 제시한 분류기준을 충족하지 못하였으나, 분류시점에서 1년 이내에 매각완료 요건이 충족되면서 취득 후 빠른 기간(통상 3개월 이내) 내에 충족할 가능성이 매우 높은 경우에도 매각예정자산으로 분류한다.

[11] 중단영업의 개념이 무엇인지, 그리고 중단영업 관련 손익을 포괄손익계산서에 어떻게 표시하는지도 함께 설명하라.

중단영업은 이미 처분되었거나 매각예정으로 분류되고 다음 중 하나에 해당하는 기업의 구분단위를 말한다.

① 별도의 주요 사업계열 혹은 영업지역
② 별도의 주요 사업계열 혹은 여업지역을 처분하는 단일계획의 일부
③ 매각만을 목적으로 취득한 종속기업

중단영업과 관련된 손익은 포괄손익계산서에 세후중단영업손익으로 하여 단일금액으로 표시한다. 중단영업손익에는 중단영업에서 발생한 수익과 비용뿐만 아니라 중단영업에 속하는 자산은 매각예정자산에 해당된다는 점에서 중단영업의 정의를 충족하는 매각예정비유동자산의 평가손익도 포함된다. 그러나 매각예정으로 분류하였으나, 중단영업의 정의를 충족하지 않는 비유동자산을 재측정하여 인식하는 평가손익은 계속영업손익에 포함한다.

연습문제

[1] 무형자산(인식과 측정)

(1) ₩3,000

(2) ₩900(출원료 : ₩200 + 개발비 : ₩700)

(3) 소프트웨어 A는 별도의 무형자산으로 인식. 소프트웨어 B는 유형자산인 기계장치의 일부로 인식
소프트웨어 A의 취득원가 = ₩1,000,000 × (₩300,000 ÷ ₩1,200,000) = ₩250,000
20×7년 소프트웨어 A의 상각비용 = ₩250,000 ÷ 2년 = ₩125,000
20×7년 말 소프트웨어 A의 장부가액 = ₩125,000

(4) ₩1,000

(5) ₩800

따라서 (주)구일공작이 20×7년 재무상태표에 보고할 무형자산 가액은 ₩5,700이다.

[2] 무형자산(교환)

(1) 두 회사 소유 무형자산의 공정가치를 신뢰성 있게 측정할 수 없으므로 제공한 자산의 장부금액을 무형자산의 취득원가로 인식한다.

(주)구이제지			(주)팔팔환경		
(차) 소프트웨어	10,000		(차) 산업재산권	12,000	
(대) 산업재산권		10,000	(대) 소프트웨어		12,000

(2) (주)구이제지는 제공한 자산(산업재산권)의 공정가치가 취득한 자산(소프트웨어)의 공정가치보다 더 명백하므로 제공한 자산의 공정가치를 취득원가로 인식한다. 반면에, (주)팔팔환경은 취득한 자산(산업재산권)의 공정가치가 제공한 자산(소프트웨어)의 공정가치보다 더 명백하므로 취득한 자산의 공정가치를 취득원가로 인식한다.

(주)구이제지			(주)팔팔환경		
(차) 소프트웨어	9,000		(차) 산업재산권	9,000	
무형자산처분손실	1,000		무형자산처분손실	3,000	
(대) 산업재산권		10,000	(대) 소프트웨어		12,000

[3] 무형자산(사업결합)

(1) 매수연구비 = ₩700
영업권 = 사업결합대가 − 매수기업의 순자산 공정가치
= ₩4,000 − ₩3,700(= ₩3,000 + ₩700) = ₩300

(2) 매수연구비 = ₩0
영업권 = ₩4,000 − ₩3,000(= ₩3,000 + ₩0) = ₩1,000

[4] 상표권과 영업권

- 상표권 상각

(차) 무형자산상각비-상표권	5,000	(대) 상각누계액-상표권	5,000*

* (100,000÷5)×3/12 = ₩5,000

- 영업권 상각 : 영업권은 상각하지 않는다.

[5] 특허권

(1)	(차) 특 허 권	1,500,000	(대) 현 금	1,500,000
	(차) 무형자산상각비-특허권	300,000*	(대) 상각누계액-특허권	300,000

* 1,500,000÷5년 = ₩300,000

(참고: 법적인 유효기간 10년과 경제적 요인에 의한 기간 5년 중 짧은 기간임)

(2)	(차) 특허권소송비	50,000	(대) 현 금	50,000
	(차) 무형자산상각비-특허권	300,000	(대) 상각누계액-특허권	300,000
(3)	(차) 특허권소송비	100,000	(대) 현 금	100,000
	(차) 무형자산손상차손-특허권	900,000	(대) 손상차손누계액-특허권	900,000

[6] 무형자산(상각과 손상)

(1) 20×7년

<상표권>

내용연수가 비한정인 자산으로 처리하였으므로 상각은 실시하지 않으며, 취득원가와 회수가능액을 비교하면 ₩4,000의 손상이 발생하였다.

(차) 무형자산손상차손-상표권	4,000	(대) 손상차손누계액-상표권	4,000

<매수브랜드>

다음과 같은 정액법 상각을 분개한 후 매수브랜드의 장부금액은 ₩80,000*이다.

(차) 무형자산상각비-매수브랜드	20,000	(대) 상각누계액-매수브랜드	20,000

* ₩100,000 − (₩100,000/5년) = ₩80,000

회수가능액 ₩72,000과 비교하여 ₩8,000의 손상차손이 발생하였다.

(차) 무형자산손상차손-매수브랜드	8,000	(대) 손상차손누계액-매수브랜드	8,000

<라이선스>

생산량비례법으로 상각한 라이선스의 상각후 장부금액은 ₩180,000*이다.

(차) 무형자산상각비-라이선스	20,000	(대) 상각누계액-라이선스	20,000

* ₩200,000 − ₩200,000×(10,000/100,000)

회수가능액 ₩162,000과 비교하면 ₩18,000의 손상차손이 발생하였다.

(차) 무형자산손상차손-라이선스	18,000	(대) 손상차손누계액-라이선스	18,000

(2) 20×8년

전기에 손상을 기록한 자산에 대하여 내용연수와 잔존가치의 변화가 있는지를 검토한 후 상각 및 손상회복 회계처리를 한다.

<상표권>

계속적으로 내용연수가 비한정인 자산으로 분류한다면, 상각을 수행하지 않고 회복을 기록한다. 또한 취득원가를 초과하여 회복시킬 수 없다.

(차) 손상차손누계액-상표권 4,000 (대) 손상차손환입-상표권 4,000

<매수브랜드>

정액법에 따른 상각액은 상각 전 장부금액 ₩72,000을 잔존 내용연수 4년으로 나눈 ₩18,000이다. 상각후 장부금액은 ₩54,000이다.

(차) 무형자산상각비-매수브랜드 18,000 (대) 상각누계액-매수브랜드 18,000

회수가능액 ₩66,000과 비교하면 손상이 회복되었음을 알 수 있는데, 다만 손상이 없었다고 가정할 경우의 상각후 잔액인 ₩60,000까지만 회복시킬 수 있다.

(차) 손상차손누계액-매수브랜드 6,000 (대) 손상차손환입-매수브랜드 6,000*

* *min*{회수가능액 ₩66,000, 상각후잔액 ₩60,000} − ₩54,000 = ₩6,000

<라이선스>

생산량비례법에 따른 상각비는 상각 전 장부금액 ₩162,000에 20×8년의 상각률인 2만벌/9만벌을 적용한 ₩36,000이다. 상각후 장부금액은 ₩126,000이다.

(차) 무형자산상각비-라이선스 36,000 (대) 상각누계액-라이선스 36,000

장부금액 ₩126,000을 회수가능액 ₩138,000과 비교하면 손상이 회복되었음을 알 수 있다. 그리고 회수가능액은 손상이 없었다고 가정할 경우의 상각후 잔액인 ₩140,000보다 작으므로, 회수가능액까지의 회복이 이루어진다.

(차) 손상차손누계액-라이선스 12,000 (대) 손상차손환입-라이선스 12,000*

* *min*{회수가능액 ₩138,000, 상각후잔액 ₩140,000} − ₩126,000 = ₩12,000

[7] 내부창출 무형자산

<20×7년>

새로운 생산공정 개발과 관련하여 발생한 ₩1,000 중에서 자산인식조건 충족 후에 지출한 ₩100만 생산공정(개발비)의 취득원가가 되며, 20×7년도 보고기간 말에 추정한 회수가능액은 ₩500이다. 따라서 재무상태표에 보고되는 생산공정(개발비)의 장부금액은 ₩100이 된다.

<20×8년>

새로운 생산공정 개발과 관련하여 추가지출 ₩2,000을 포함하여 ₩2,100이 생산공정(개발비)의 장부금액이 된다. 이 장부금액과 회수가능액 ₩1,900을 비교하여 낮은 금액인 회수가능액 ₩1,900이 재무상태표에의 보고액이다.

[8] 내부창출 무형자산(재무제표 보고)

(1) 성격별 분류에 따른 포괄손익계산서에 보고될 금액은 다음과 같다.

(전통모델#52 프로젝트 관련)

감가상각비와 기타 상각비

무형자산상각비	₩1,500*	
기타 비용		
연구비	₩1,000	
경상개발비	3,000	
판매촉진비	1,500	₩5,500

* 개발비 {₩12,000 ÷ 4년} × 6개월/12개월

그리고 재무상태표에 보고될 금액은 다음과 같다.

개발비	₩12,000	
상각누계액	(1,500)	₩10,500

(2) 성격별 분류에 따른 포괄손익계산서에 보고될 금액은 다음과 같다.

(혁신쌀통 프로젝트 매입관련)

기타 비용

경상개발비 ₩5,000

그리고 재무상태표에 보고될 금액은 다음과 같다.

개발비 ₩75,000*

* 매입원가 ₩50,000 + 추가발생 개발비 ₩25,000

[9] 탐사평가자산

(1) 20×7년 탐사평가자산의 재분류

(차) 무형자산-개발비	480,000	(대) 무형자산-탐사평가자산	480,000

(2) 20×7년 개발활동에 따른 개발비 지출

(차) 무형자산-개발비	20,000	(대) 현 금	20,000

(3) 20×8년 채굴활동과 판매활동

<채굴: 개발비의 상각>

톤당 상각비 = 취득원가 ÷ 총추정생산량 = ₩500,000 ÷ 1,000톤 = ₩500/톤

연 상각비 = 100톤 × ₩500 = ₩50,000

(차) 무형자산상각비-개발비	50,000	(대) 상각누계액-개발비	50,000
(차) 재고자산-희토류	50,000	(대) 무형자산상각비-개발비	50,000

<채굴: 다른 발생원가>

(차) 재고자산-희토류	200,000	(대) 제 좌*	200,000

* 제좌(various accounts) : 현금, 감가상각비 등 여러 가지 채굴원가 항목을 나타내는 계정들

<판매>	(차) 현　　금	270,000	(대) 매　　출	270,000
	(차) 매출원가	150,000*	(대) 재고자산-희토류	150,000

* 톤당 원가가 ₩2,500(={₩50,000+₩200,000}÷100톤)이므로 60톤×₩2,500

[10] 투자부동산

(1) <20×7년>

(차) 투자부동산	500	(대) 투자부동산평가이익 (당기손익)	500

<20×8년>

(차) 투자부동산평가손실 (당기손익)	1,000	(대) 투자부동산	1,000

(2) <20×7년>과 <20×8년> 다음의 분개를 동일하게 수행한다.

(차) 감가상각비	200*	(대) 감가상각누계액	200

* ₩2,000÷10년=₩200

[11] 매각예정비유동자산과 중단영업

(1) 매각예정비유동자산은 순공정가치와 장부금액 중 작은 금액으로 측정한다. 장부금액은 ₩2,500,000이고, 순공정가치는 공정가치에서 매각부대원가를 차감한 ₩2,350,000(=₩2,600,000－₩250,000)이 된다. 따라서 다른 자산과는 별도로 재무상태표에 매각예정비유동자산으로 ₩2,350,000을 보고한다.

(2) 중단영업손익은 중단영업에서 발생한 수익과 비용뿐 아니라 중단영업의 정의를 충족하는 매각예정비유동자산의 평가손익도 포함한다. 또한 중단영업손익은 세후 금액으로 표시되어야 한다. 따라서 포괄손익계산서에 보고되는 중단영업손익은 ₩35,000 (={₩200,000－₩150,000*}×{1－30%})이다

* 매각예정비유동자산 평가손실=₩2,350,000－₩2,500,000

제11장 금융상품 : 표시 및 측정을 위한 분류

익힘문제

[1] 금융상품의 정의를 설명하라.

금융상품은 금융거래에서 사용되는 모든 수단 또는 도구를 가리키며, 법률적으로는 거래당사자들 사이에 합의되어 구속력을 갖는 계약의 형태를 취하게 된다.

[2] 금융상품의 거래에서 발행자와 보유z자들에게 금융자산과 금융부채 또는 지분상품을 동시에 발생하는 현상을 회사채와 주식의 예를 들어 설명하라.

금융상품의 거래당사자로서 금융상품의 발행자와 보유자가 존재한다. 채권이나 주식의 경우, 보유자에게는 금융자산을, 발행자에게는 금융부채 또는 지분상품을 발생시킨다. 회사채의 경우를 보면, 자금을 빌리기 위해 회사채를 발행한 회사에게는 금융부채가 발생하고, 이 회사채에 투자한 채권보유자에게는 금융자산이 발생한다. 또 자금을 조달하기 위해 주식을 발행한다면, 발행회사에게 해당 주식은 지분상품(즉, 자본)이 되고, 주식보유자(즉, 주주)에게는 금융자산이 되는 것이다.

[3] 파생상품의 정의를 설명하고, 기업회계기준서에서 규정하는 파생상품의 세 가지 특성을 설명하라.

파생상품이란 다른 상품이나 자산의 가격 또는 지수에 의해 그 가치가 결정되는 상품을 말하는데, 기업회계기준서 제1039호에서는 파생상품을 다음 세 가지 특성을 모두 가진 금융상품이나 기타 계약으로 정의하고 있다.

1) 기초변수의 변동에 따라 가치가 변동한다.
2) 최초 계약시 순투자금액이 필요하지 않거나 시장요소의 변동에 유사한 영향을 받을 것으로 기대되는 다른 유형의 계약보다 적은 순투자금액이 필요하다.
3) 미래에 결제된다.

[4] 파생상품을 거래하는 두 가지 목적을 설명하라.

파생상품거래는 그 목적에 따라 위험회피거래와 투기적거래로 나눌 수 있다. 위험회피거래(hedging)는 파생상품이 존재하는 본연적 이유라 할 수 있으며, 이는 한 거래자가 자신의 위험을 다른 거래자에게 이전할 목적으로 수행하는 거래이다. 투기적거래(speculation)는 기초변수의 변동위험에 노출된 현물을 보유하고 있지 않으면서, 선물가격의 변동으로 인한 차익을 획득할 목적으로 수행하는 거래를 말한다.

[5] 선도계약과 선물의 공통점과 차이점을 설명하라.

선도계약은 하나의 자산을 또 다른 자산과 교환할 것을 약속한 계약으로서, 약속에 따른 실제 거래의 이행은 미래시점에 이루어지나 거래가격, 수량, 시기 등의 거래조건은 계약체결 시점에서 결정되는 거래를 가리킨다. 그런데 선도거래는 거래자 쌍방의 계약에만 근거하여 사후적으로 계약을 위반하려는 유인이 존재하고 계약이행에 관한 보장이 미약하다는 문제가 있다. 선물은 선도계약과 거래의 목적은 동일하나, 선도계약의 문제점을 적절한 제도적 장치를 통해 보완한 것으로서, 조직화된 거래소, 표준화된 계약조건, 청산소의 설치, 증거금 및 일일정산 등의 제도를 도입하고 있다.

[6] ㈜울산조선은 해외에서 배를 수주하여 3년 동안 건조하면서 중간에 여러 번에 걸쳐 대금을 달러로 받게 된다. 그런데 중간에 대금을 받을 때마다 환율이 달라지기 때문에, 원화 수입액이 변동하여 경영성과가 불안정해지는 경우가 자주 있었다. ㈜울산조선 사장은 선물계약이 유용하다는 이야기를 듣고 당신에게 그 이유를 물었다. 선물계약이 어떻게 환율변동위험을 줄이고 일정액의 원화 수입을 확보할 수 있는지 설명하라.

울산조선이 미래에 대금을 달러로 받는 경우, 대금을 받는 시점에 달러를 일정한 환율로 매도할 수 있는 외환선물계약을 체결하는 것이 바람직하다. 외환선물계약을 하게 되면, 환율이 변동한다고 할지라도, 사전에 계약한 일정한 선물환율로 원화를 받을 수 있어 환율변동에 따른 손실위험을 예방할 수 있다.

[7] 선물과 옵션의 차이를 설명하라.

선물은 하나의 자산을 또 다른 자산과 교환할 것을 약속한 계약으로서, 약속에 따른 실제 거래를 반드시 이행하여야 하는 의무가 거래 쌍방에 존재한다. 그런데 옵션이란 만기까지의 기간에 걸쳐 미리 정한 행사가격으로 특정자산(기초자산)을 매수하거나 매도할 수 있는 권리로서, 이 권리를 행사하지 않아도 된다. 따라서 선도나 선물계약은 거래당사자 모두에게 권리와 의무가 동시에 존재하게 된다. 반면, 옵션보유자는 권리만 있고 의무는 없게 되며, 옵션발행자는 권리는 없고 의무가 부담하게 된다는 차이가 있다.

[8] 선도계약과 선물거래의 최초 계약시점에서 프리미엄이 0인 이유를 설명하라.

선도계약 또는 선물거래에서는 어느 한 거래자가 이익을 보면 상대 거래자는 반드시 손실을 입게 되며, 이러한 사후적 이익과 손실은 그 크기가 동일하게 된다. 그런데 어느 거래자가 이익을 볼지 또는 손해를 입을지 사전적으로는 알 수 없다. 이와 같이 선도계약과 선물거래는 어떤 거래자가 이익을 볼지, 손실을 볼지 알 수 없기 때문에 처음 계약시점에서 이익과 손실이 발생하지 않는다. 이에 따라 최초 계약시점에서의 순투자액은 0이며, 선도계약 또는 선물거래의 프리미엄(premium)은 0이 된다. 즉 회계처리상 최초인식시점에서 선도계약과 선물거래의 공정가치(fair value)는 0이다.

[9] 옵션거래시에 옵션프리미엄이 존재하는 이유를 설명하라.

옵션거래에서는 옵션보유자는 자신에게 손실이 되는 경우에는 이를 행사하지 않고 이익이 되는 경우에만 행사하므로 의무는 없고 권리만 존재한다. 반면, 옵션 발행자는 권리는 없고 의무만 부담하게 된다. 이는 거래당사자 모두에게 권리와 의무가 동시에 존재하는 선도나 선물계약과는 대조적이다. 그러므로 사전적으로 옵션은 보유자에게는 자산이 되고, 발행자에게는 부채가 된다. 따라서 선도나 선물거래와는 달리 옵션은 계약시점에 일정금액의 프리미엄을 지불하고 매매하게 된다. 즉, 옵션의 순투자액은 0이 아니며, 이로 인해 계약시점, 즉 최초인식시점에서의 공정가치에 따라 프리미엄이 존재하게 된다.

[10] 미래에 거래상대방에게서 현금 등 금융자산을 수취할 계약상 권리인 금융자산과 거래상대방에게서 현금 등 금융자산을 인도할 계약상 의무로서의 금융부채의 예를 각각 세 가지 이상 제시하라.

금융자산의 예 : ① 매출채권, ② 받을어음, ③ 대여금, ④ 투자사채 등

금융부채의 예 : ① 매입채무, ② 지급어음, ③ 차입금, ④ 사채 등

[11] 풋옵션이나 콜옵션이 금융자산과 금융부채를 동시에 발생시키는 이유를 설명하라.

파생금융상품거래에서 미리 정해진 행사가격으로 금융상품을 교환하는 풋옵션이나 콜옵션은 해당 금융상품의 공정가치 변동에 따른 잠재적 이익을 획득할 권리를 옵션보유자에게 부여하는 반면, 옵션발행자에게는 잠재적으로 불리한 조건으로 금융자산이나 금융부채를 교환하는 계약상 의무를 부여한다. 따라서 풋옵션이나 콜옵션에서는 잠재적으로 유리한 권리를 가진 옵션보유자에게는 금융자산을, 잠재적으로 불리한 의무를 부담하는 옵션발행자에게는 금융부채를 발생시키게 된다.

[12] 금융상품이 자기지분상품으로 결제되거나 결제될 수 있는 경우, 지분상품으로 분류되려면 비파생계약과 파생계약에서 어떠한 차이가 있는가?

비파생계약의 경우, 확정수량의 자기지분상품을 인도할 계약상 의무인 경우에는 지분상품으로 분류될 수 있지만, 파생계약의 경우, 확정수량의 자기지분상품에 대하여 확정금액의 현금 등 금융자산의 교환을 통해서만 결제될 계약이어야만 하기 때문에, 확정금액이라는 조건이 추가된다. 파생계약에 대하여 이와 같이 두 가지 확정 조건을 부여하는 것을 "확정 대 확정"의 요건이라고 부른다.

[13] ㈜대구전자는 1,000개의 신주인수권을 발행하면서 이를 부채가 아닌 자본으로 분류하고 싶어 한다. 이 신주인수권이 자본으로 분류되려면 행사가격을 어떻게 설정해야 하는지 설명하라.

파생상품이 자본으로 분류되려면, 확정수량의 자기지분상품에 대하여 확정금액의 현금 등으로 교환되는 "확정 대 확정"의 요건이 충족되어야 한다. 따라서 1,000개의 신주 수량이 확정되어 있기 때문에 행사가격을 확정(예를 들어, 주당 ₩5,000)하면 "확정 대 확정"의 요건이 충족되어 자본으로 분류될 수 있다. 반대로 행사가격이 행사 당시의 주가 또는 다른 조건에 따라 변동한다면, 부채로 분류하여야 한다.

[14] 기업회계기준서에서 금융자산에 대하여 적용하는 세 가지 측정모형을 설명하라.

(1) **상각후원가(amortized cost) 모형** : 금융자산의 최초인식시점에서 인식한 취득원가에 근거하여 후속 측정을 하는 모형으로서 공정가치의 변동에 따라 자산의 장부금액을 조정하지 않는 측정모형이다.

(2) **공정가치-OCI 모형(FVOCI 모형)** : 최초 인식 이후 발생하는 공정가치의 변동에 따라 금융자산의 장부금액을 조정하고, 관련 평가손익은 기타포괄손익으로 표시하는 측정모형이다.

(3) **공정가치-PL 모형(FVPL 모형)** : 최초 인식 이후 공정가치의 변동에 따라 금융자산의 장부금액을 조정한다는 점에서는 FVOCI 모형과 같으나, 관련 평가손익은 당기손익으로 표시한다는 점에서 다른 측정모형이다.

제12장 금융자산 I : 지분투자와 채권투자

익힘문제

[1] 지분투자 회계에 적용하는 범주 분류와 측정모형에 대하여 설명하라. (제11장 제4절 내용도 참고)

원칙적으로 타 기업이 발행한 지분상품에 대한 투자는 FVPL(fair value through profit or loss, 당기손익-공정가치) 범주로 분류해야 한다. 다만, 지분투자의 경우는 단기매매목적이 아닌 한, 최초 인식시점에서 FVOCI(fair value through other comprehensive income, 기타포괄손익-공정가치) 범주로 분류할 수 있는 선택권을 갖는다. 또한 이 선택은 추후 변경할 수 없다. 이 ‘FVOCI 선택권’이 적용된 지분투자의 공정가치 변동액에는 투자의 처분시점에 재분류조정 회계처리의 적용을 금지하고 있다. 교재에서는 이를 재순환(recycling) 금지 FVOCI 범주라고 부르고 있다.

이들 범주로 분류된 지분상품의 회계처리에는 각각 FVPL 측정모형과 FVOCI 측정모형을 적용한다. 이 두 측정모형의 공통점은 최초인식 이후 금융자산의 공정가치가 변동함에 따라 그 장부금액을 조정한다는 것이다. 반면, 이 두 모형의 기본적 차이는, FVPL의 경우 공정가치 변동으로 인한 평가손・익을 당기손익(profit or loss: PL)으로 인식하지만, FVOCI의 경우는 기타포괄손익(other comprehensive income: OCI)으로 인식한다는 점이다.

[2] 지분투자의 각 범주 분류별로 취득과 보유 중에 적용하는 회계처리를 요약하여 설명하라.

기업은 지분증권은 범주 분류에 상관없이 그 취득시점의 공정가치로 측정하여 인식한다. 다만, 취득과 직접 관련되는 거래원가의 인식에 있어서는 분류된 범주에 따라 차이를 나타낸다. 지분증권(FVPL)의 거래원가는 당기비용으로 인식하는 반면, 지분증권(FVOCI)의 거래원가는 공정가치에 가산함으로써 자본화하는 것이다.

지분증권을 보유하는 중에 현금배당을 받거나, 주식배당 또는 무상증자에 따라 주식을 추가로 받으면 범주에 상관없이 동일하게 처리한다. 현금배당이 선언되면 배당금수익의 발생을 당기손익으로 인식하지만 주식배당과 무상증자의 경우에는 회계사건으로 인식하지 않는다.

그리고 FVPL이든 FVOCI든, 기말시점에(서나 혹은 처분할 때) 그 시점의 공정가치로 재측정한다. 장부금액이 공정가치가 되도록 조정을 하는 동시에 그 조정금액을 평가이익 혹은 손실로 인식하는 것이다. FVPL(FVOCI)의 평가손・익은 당기손익(기타포괄손익)으로 인식한다. 기타포괄손익은 재무상태표의 자본 항목인 지분증권평가손익으로 마감·누적됨을 강조한다.

[참고] 처분시점에는 먼저 공정가치로 재측정한 후 처분기록을 수행하면서 처분손·익을 당기손익으로 인식한다. FVOCI의 경우에는 보유 중에 발생한 누적 평가손·익을 자본 내의 다른 항목 특히, 이익잉여금으로 이전할 수 있다.

[3] 재순환금지 FVOCI 모형을 적용하는 지분투자에서 허용되는 '이익잉여금으로의 대체'와 채권투자의 FVOCI 모형에서 수행하는 재분류조정의 공통점과 차이점을 설명하라.

재순환금지 FVOCI 모형을 적용하는 지분투자의 경우 보유 중 인식한 누적 평가손·익은 당해 지분증권이 처분되어도 재무상태표에 기타포괄손익누계액으로 계속 보고된다. 처분으로 미실현 보유손·익이 당기손익으로 실현되어도 재무상태표에는 미실현손익의 발생에 의한 자본 증가 혹은 감소로 보고되는 것이다. 기업의 판단과 선택에 따라 누적 평가손·익을 자본 내의 다른 항목 특히, 이익잉여금으로 이전하는 것이 허용되고 있다. 한편, 채무증권(FVOCI)의 경우에는 처분기록의 일부로 포괄손익계산서의 항목간 이전을 수행하도록 하고 있다. 미실현손익으로 인식한 보유손·익 즉, 누적된 평가손·익을 실현손익인 처분손익으로 구분하도록 하는 것이다. 기말에 마감을 하고 나면 그 결과 기타포괄손익누계액의 잔액이 사라지는 대신 그 만큼 이익잉여금이 증가 혹은 감소하는 효과를 나타낸다. 즉, 처분시점에 재분류조정 분개를 수행하기에 재무상태표는 '이익잉여금으로 대체'한 결과를 보고하는 것이다. '이익잉여금으로의 대체'와 재분류조정은 재무상태표 보고 측면에서만은 동일한 결과를 나타내는 회계처리이다. 양자 모두 누적 보유손·익을 이익잉여금으로 이전한다는 공통점을 가진다. 한편, 재분류조정은 추가적으로 포괄손익계산서에도 누적 보유손·익을 당기의 처분손익으로 이전한다는 점에서 차별적인 회계처리이다.

[4] 채권투자 회계에 적용하는 범주 분류와 측정모형에 대하여 설명하라. (제11장 제4절 내용도 참고)

채권투자는 첫째, 금융자산의 관리 및 운용목적인 사업모형과 둘째, 금융자산의 계약상 현금흐름의 특성이라는 두 가지 요소를 모두 고려하여 분류해야 한다. 계약상 현금흐름이란 채권의 원금과 이자(원리금) 그리고 매도대금이나, 수익형펀드의 수익분배금과 환매대금 등을 가리킨다. 한편, 사업모형은 ① 계약상 현금흐름의 수취만을 목적으로 하거나, ② 계약상 현금흐름의 수취 뿐 아니라 가격변동에 따라 매도할 목적이거나, 그리고 ③ 그 밖의 기타 목적(일반적으로, 단기매매 목적)일 수 있다.

AC(amortized cost, 상각후원가)는 그 사업모형이 ①이고 또한 현금흐름이 원리금지급으로만 이루어지는 채권투자에 반드시 적용해야 하는 범주 구분이자 측정모형이다. 한편, FVOCI(fair value through other comprehensive income, 기타포괄손익－공정가치)는 그 사업모형이 ②이고 또한 현금흐름이 원리금지급으로만 이루어지는 채권투자에 반드시 적용해야 하는 범주 구분이자 측정모형이다. 그리고, AC 혹은 FVOCI로 분류될 수 없는 채무투자는 FVPL(fair value through profit or loss, 당기손익-공정가치) 범주로 분류한다. 또한, AC 또는 FVOCI로 분류되는 채권투자라 하더라도 "회계불일치"를 제거·감소시킬 목적으로 기업은 FVPL 범주로의 분류를 선택할 수 있다. 이 선택은 최초 인식시점에서만 할 수 있으며, 일단 FVPL로 분류된 후에는 이를 변경할 수 없다.

세 가지 측정모형 중 AC는 원가모형이고 FVPL과 FVOCI 모형은 공정가치모형이다. AC모형에서의 원가는 총장부금액이라는 고유용어로 지칭되는데 취득원가에서 시작하여 유효이자율법에 따른 상각에 따라 점차 변동한다. (유사하게, 감가상각되는 자산의 원가 역시 취득원가에서 출발하여 감가상각에 따라 점차 감소한다) 그리고 상각 회계를 적용한다.

한편, 공정가치 모형의 경우에는 추가적으로 공정가치 평가를 실시한다. FVOCI 모형의 경우, 원가 모형을 적용한 후 공정가치 평가를 수행한다는 회계절차의 적용체계를 철저하게 따른다. 즉, 유효이자율법에 의한 상각, 손상 그리고 공정가치 평가를 수행한다. 다만, 실무적인 관점에서 손상과 공정가치 평가는 기반정보를 공유하는 절차이기에 동시에 수행한다. 그리고 공정가치 변동에 따른 장부금액 증감액을 손상차손(당기손익)으로 인식한 후, 차액은 기타포괄손익(other omprehensive income: OCI)으로 인식한다.

만약, FVPL 모형의 경우라면 단순화된 절차를 채택하면 된다. 취득원가에 근거하고 후속적으로 공정가치 평가를 수행하는 것이다. 다시 말해, 유효이자율법에 의한 상각과 손상 회계처리를 생략할 수 있는 것이다. 당기손익(profit or loss: PL)으로 인식하는 평가손·익에 상각과 손상에 따른 당기손익이 모두 포함되어 있다고 볼 수 있기 때문이다. FVOCI는 평가손·익을 OCI로 인식하기에 이렇게 단순화시킬 수 있는 가정을 할 수 없는 것이다.

[5] 채권투자의 (최초 인식시점에서) 유효이자율을 어떻게 측정하는지와 채권투자 범주별로 적용하는 회계처리에서 언제, 어떻게 이용하는지를 정리하라.

유효이자율(The effective interest rate)은 '금융자산의 만기까지 남은 기간에 걸쳐 발생할 미래현금흐름의 현재가치를 최초 총장부금액과 일치시켜 주는 이자율'이다. 취득시점에 신용이 손상된 채무상품(교재에서의 POCI)이 아닌 채무상품에의 투자 회계에서 '유효이자율'은 이런 방식으로 그 최초인식 시점에 단 한번 측정된다. 이렇게 측정한 유효이자율은 AC 혹은 FVOCI 범주로 분류된 채무증권의 이자수익을 인식할 때마다 적용된다. 예를 들어, 채무증권을 보유하는 중에 신용이 손상되더라도 유효이자율에 근거하여 이자수익을 인식한다. 그러므로 채무증권이 POCI가 아니고 보유 중에 원리금지급의 계약조건이 변동되지 않는 한, 유효이자율법에 의한 상각을 정리한 상각표 역시 취득시점에 단 한번 작성된다. 유효이자율이 변동하지 않기 (또한 총장부금액의 정의가 변하지 않기) 때문이다.

또한 유효이자율은 손상을 인식하는 근거 금액인 기대신용손실(ECL)을 계산할 때 적용한다. 미래에 나타날 것으로 예상하는 손상 금액을 당 기말의 재무제표에 보고할 때는 현재가치로 전환해야 하며, 이 때 유효이자율로 할인하는 것이다. 그러므로 AC 혹은 FVOCI 범주의 채무증권 회계처리의 핵심과정인 이자수익 인식과 손상 평가는 최초인식 시점에 측정한 유효이자율에 근거한다고 볼 수 있다.

[6] 유효이자율법에 의한 상각이란 어떤 회계처리 과정을 의미하는가? 그 내용을 설명하라.

유효이자율(The effective interest rate)에 따라 이자기간당 이자수익을 인식함에 따른 결과로서 나타나는 과정이다. 이자수익을 인식하는 과정에서 채무증권의 최초인식액에 반영된 액면금액으로부터의 할인액이 상각(즉, 감소)되는 과정을 가리키는 것이다. 액면보다 낮은 금액으로 채무증권을 최초인식한 할인취득 상황에서는 매 이자기간의 이자수익 인식액이 항상 이자수취액보다 크므로, 이자수익을 인식할 때마다 채무증권의 총장부금액이 점차 증가하여 만기시점에는 액면금액과 일치하게 된다. 유효이자율법에 의한 상각과정은 총장부금액 증가 과정의 다른 표현이라고 볼 수 있다. 한편, 최초인식액에 액면금액으로부터의 할증액이 포함되어 있으면, 즉 할증취득 상황에서는 매 이자기간의 이자수익 인식액이 항상 이자수취액보다 작게 나타난다. 그러므로 이자수익을 인식할 때마다 할증액이 상각되는 형식으로 총장부금액이 점차 감소하게 되고 만기시점에는 액면금액과 일치하게 된다.

[7] 기말에 채무증권의 손상 평가를 위하여 적용하는 손상요구사항(즉, [그림 12. 1])의 내용을 정리하라.

손상요구사항(impairment requirement)은 기말에 손상측정을 할 때 어떤 경우에 어떤 ECL을 사용하는지를 정리한 길라잡이로서, 손상 관련 규정을 신용이 이미 손상되었는지 여부에 따라 나누고 다시 다섯 가지 경우로 구분하고 있다.

신용이 이미 손상되지 않은 경우에는, 신용위험의 유의적 증가 여부(즉, 신용위험의 변동(change) 여부)에 따라 ①과 ②를, 그리고 신용위험의 수준(level)에 따라 ③을 구분한다. 이러한 구분과 각 구분 별 손상 관련 규정은 ① '최초 인식 후에 채무증권의 신용위험이 유의적으로 증가'한 경우에는 전체기간 ECL로 손상을 측정하되, 보유 중에 신용이 손상되지 않았다면 이자수익은 유효이자율을 총장부금액에 적용하여 인식한다는 것이다. 그리고 ② '최초 인식 후에 신용위험이 유의적으로 증가'하지 않은 경우에는 12개월 ECL로 손상을 측정하고, 이자수익은 유효이자율을 총장부금액에 적용하여 인식한다는 것이다. 마지막으로 ③ '낮은 신용위험' 간편법의 적용을 선택하는 경우에는 앞의 ②경우와 동일한 방식으로 손상을 측정하고 이자수익을 인식하는 것이다. 여기서의 간편법 적용 선택이란 보고기간 말에 평가한 신용위험 수준(level)이 낮으며, 아울러 '신용위험이 낮은' 채무증권에 한하여 허용된 '12개월 ECL 측정' 옵션을 선택하는 것을 의미한다.

한편, 신용이 이미 손상된 경우에는 다시 ④, ⑤의 두 가지 채무증권을 구분하여 규정한다. 즉, ④ 보유기간 말 현재, 보유중 신용이 손상된 경우에는 ①의 경우처럼 전체기간 ECL로 손상을 측정하고, 그 후속기간의 이자수익은 유효이자율을 상각후원가에 적용하여 인식한다. 여기서, 상각후원가란 총장부금액에서 손실충당금을 차감한 금액이다. 그리고 ⑤ '최초 인식할 때부터' 신용이 손상되어 있는 경우(POCI)에는 항상 전체기간 ECL의 변동으로 손상을 측정하고, 아래의 익힘문제 [12]에서 다루는 신용조정 유효이자율을 상각후원가에 적용하여 이자수익을 인식한다.

[8] 채무증권 손상 평가에서 기대신용손실(expected credit losses, ECL)을 어떻게 측정하는지를 설명하라. 그리고 전체기간 ECL과 12개월 ECL의 차이도 설명하라.

기대신용손실(expected credit losses, ECL)은 투자기업 경영자가 추정한 채무불이행이 발생할 위험(risk of default occurring, RDO)'의 상황별 신용손실을 그 발생확률로 가중평균한 금액이다. 여기서 신용손실(credit losses)은 '계약에 따라 지급받기로 한 모든 계약상 현금흐름과 수취할 것으로 예상하는 모든 계약상 현금흐름의 차이(즉, 모든 현금부족액)를 유효이자율로 할인한 금액'이다. 그런데 기말에 미래 채무불이행 상황을 세분 할 때 출발점은 그 다음 보고기간의 채무불이행으로 국한하여 ECL을 측정할 것인가 아니면 만기까지의 남은 보고기간 중 각각에 발생할 수 있는 채무불이행 모두를 대상으로 ECL을 측정할 것인가를 결정하는 것이다. 전자는 보고기간 말 이후 12개월 내에 발생가능한 채무불이행 상황에 국한하여 측정하기에 12개월 ECL이며, 후자는 해당 채무상품의 기대존속기간에 발생할 수 있는 모든 채무불이행 상황을 감안하여 측정하기에 전체기간 ECL이다. 그러므로 12개월 ECL은 전체기간 ECL의 일부분이다. 매 기말에 두 가지 ECL 중 어느 것을 측정할 것인가는 기업이 임의로 선택할 수 있는 것이 아니라 '손실요구사항'의 원칙을 따라야 한다.

[9] ECL을 측정한 후, 채무증권(AC)와 채무증권(FVOCI) 각각의 경우 어떻게 손실충당금을 인식하는지에 대하여 정리하라.

기말에 적절한 ECL(전체기간 ECL 혹은 12개월 ECl)을 측정하면 이 금액이 손실충당금이다. (POCI의 경우는 예외다. 이는 아래의 익힘문제 [12]에서 다룬다) 손실충당금을 구체적으로 인식하는 방법은 범주에 따라 다르다. 채무증권(AC)의 경우에는 손실충당금은 채무증권의 (총장부금액에서 차감하여) 손상후원가를 계산할 수 있도록 인식한다. 다시 말해, (POCI를 무시할 때는) 재무상태표에서 채무증권 총장부금액의 차감 항목으로 표시되는 것이다. 한편, 채무증권(FVOCI)의 경우에는 재무상태표에 표시되지 않는다. 재무상태표에는 채무증권의 공정가치와 기타포괄손익누계액을 구성하는 세부 항목인 채무증권평가손익 잔액만 표시되기 때문이다. 대신에, 재무제표의 주석사항으로 누적된 손상금액 즉, 손실충당금 잔액을 공시한다.

[10] 채무증권(AC)의 처분 회계를 설명한 후, 이에 대비한 채무증권(FVOCI) 처분 회계의 특징적 차이를 설명하라.

어떤 종류의 금융자산(지분증권, 채무증권)이 어떤 범주로 분류되었건, 제거(처분을 포함)시에는 먼저 해당 범주에 적용되는 측정모형에 따른 측정을 수행하고 제거거래를 기록한다. <u>채무증권(AC)</u>의 경우 측정은 유효이자율법에 의한 이자수익 인식과 손상 평가이지만, 처분시점이 기말이 아니면 손상은 실시하지 않는다. 그리고 처분시점이 이자기간 말이 아니면 미수이자의 발생을 인식한다. 이 경우의 처분은 채무증권과 미수이자를 일괄 처분하는 거래이다. 이어지는 제거기록은 수취한 대가와 처분자산 장부금액(채무증권 + 미수이자) 간의 차액을 당기손익 항목인 처분손·익으로 인식하는 것이다. <u>채무증권(AC)의</u> 경우 측정은 유효이자율법에 의한 이자수익 인식, 손상 평가 그리고 공정가치 평가이지만, 역시 처분시점이 기말이 아니면 손상은 실시하지 않는다. 추가적으로 수행하는 공정가치 평가에서 유의할 점은 미수이자가 발생한 상황이면 그 시점 공정가치 역시 채무증권과 미수이자의 가치를 모두 반영하고 있다는 점이다. 제거기록은 수취한 대가와 처분자산 장부금액(채무증권 + 미수이자) 간의 차액을 당기손익 항목인 처분손·익으로 인식하는 것이다. 또한 공정가치 평가손·익을 미실현 손익인 기타포괄손익으로 인식하는 것과 관련되어, 재분류조정 회계가 추가 적용된다. 처분시점까지의 누적된 기타포괄손익을 당기손익으로 재분류조정하는 것이다.

[11] 왜 동일한 채무증권을 AC 범주로 분류하건 혹은 FVOCI 범주로 분류하건 보고기간마다 당기손익 금액은 동일한지를 설명하라.

채무증권(AV)의 경우 당기손익 항목이 인식되는 상황은 이자수익 인식, 손상 평가 그리고 처분손익 인식이다. 가상적으로 동일한 채무증권을 FVOCI으로 분류할 수 있다고 하여도 매기 당기손익은 동일하게 인식될 것이다. 범주 분류에 상관없이 취득원가가 동일하고, 계약상 현금흐름이 동일하고, 매기 실제 수취할 원리금지급액이 동일할 뿐만 아니라 기대신용손실 추정액이 동일하므로, 유효이자율 역시 동일할 때 상각표 역시 동일하다. 즉, 매기 이자수익은 동일하다. 또한 ELC 측정액이 동일하기에 손상 인식액도 동일하다. 처분시에는 재분류조정 회계가 추가 적용되기에 처분손익 또한 동일하게 인식된다. 즉, 매기 모든 항목에서 당기손익 인식액이 동일하다.

[12] 신용이 손상되지 않은 채무증권의 회계처리와 비교할 때, (1) 보유 중에 신용이 손상되는 채무증권의 회계처리와 (2) 취득시 신용이 손상되어 있는 채무증권(POCI)에 적용하는 회계처리의 각각은 어떤 점에서 다른지를 요약하라.

(1) 보유 중에 신용이 손상되는 채무증권에 적용되는 회계처리

기말에 당기 중 신용이 이미 손상되었다고 판정하면 전체기간 ECL을 측정한다. 그러므로 일반 채무증권의 회계처리와 다른 점이 없다고 할 수 있다. 손상 평가 전에 이자수익을 인식하는데 총장부금액에 유효이자율을 적용하여 인식하기 때문이다. 그러나 다음 기부터는 이자수익 회계처리가 달라진다. 손상후원가에 유효이자율을 적용하기 때문이다. 두 단계로 인식한다. 먼저, 기중의 이자수익을 총장부금액에 유효이자율을 적용하여 인식하고, 손상요구사항에 따라 ECL을 측정하고 손실충당금을 인식한다. 여기까지는 일반 채무증권이었을 때의 회계처리와 차이가 없다. 이미 인식한 이자수익을 손상후원가에 근거한 금액으로 감소시키기 위하여 다음 단계를 수행하는 점에서 차이가 난다. 이자수익을 차기하고 손상차손 혹은 손상환입을 대기하는 것이다. (손상 후 처분하는 경우의 회계처리는 연습문제 [8]에서 다룬다)

(2) 취득시 신용이 손상되어 있는 채무증권(POCI)에 적용하는 회계처리

취득시점에 신용조정 유효이자율을 산정한다. 이는 조정된 미래 현금흐름(계약에 따른 원리금을 이미 발생한 신용손실을 고려하여 감액시킨 현금흐름)의 현재가치를 상각후원가(즉, POCI의 취득시점 공정가치)와 일치시켜 주는 이자율이다. 그리고 최초 인식시점부터의 이자수익은 신용조정 유효이자율을 해당 이자기간 초의 상각후원가에 적용하여 인식한다. 또한, POCI의 경우 취득 후 기말에 손실충당금을 인식하는 구조도 조금 변형된다. 보고기간 말에 최초 인식 이후 전체기간 ECL의 누적변동분만을 손실충당금으로 인식하며, 당기의 전체기간 ECL 변동액을 손상차손·환입으로 당기손익에 인식하는 것이다. 또, 전체기간 ECL이 최초 인식시점의 추정현금흐름에 포함되었던 ECL 금액보다 적더라도 전체기간 ECL의 유리한 변동을 손상환입으로 인식한다.

연습문제

[1] 지분투자(FVPL, 재순환금지 FVOCI) – 취득, 배당 수취, 공정가치 평가

*지분증권평가손익(기타포괄손익누계액)의 '이익잉여금으로의 대체'는 무시한다.

(1) 취득, 배당 수취, 기말 공정가치 평가

① FVPL					
20×1년 말	취득	지분증권(FVPL) 수수료비용	20,000 60	현 금	20,060
	기말	지분증권평가손실(당기손익)	2,000	지분증권(FVPL)	2,000
20×2년 말	배당*	현금	1,000	배당금수익(당기손익)	1,000
	기말	지분증권(FVPL)	5,000	지분증권평가이익(당기손익)	5,000
② 재순환금지 FVOCI					
20×1년 말	취득	지분증권(FVOCI)	20,060	현 금	20,060
	기말	지분증권평가손실(기타포괄손익)	2,060	지분증권(FVOCI)	2,060
		지분증권평가손익(기포누)**	2,060	지분증권평가손실(기타포괄손익)	2,060
20×2년 말	배당	현금	1,000	배당금수익(당기손익)	1,000
	기말	지분증권(FVOCI)	5,000	지분증권평가이익(기타포괄손익)	5,000
		지분증권평가이익(기타포괄손익)	5,000	**지분증권평가손익**(기포누)**	5,000

* 현금배당은 기존의 주식 수인 100주에 대하여 선언된다. 한편, 주식배당에 따라 주식을 수취하는 것은 투자기업의 회계거래가 아니다. 분개하지 않는다.

** 기포누 = 기타포괄손익누계액

(2) 재무상태표 내역과 포괄손익계산서 내역

<재무상태표>	① FVPL		② 재순환금지 FVOCI	
	20×1년 말	20×2년 말	20×1년 말	20×2년 말
지분증권	₩18,000	₩23,000	₩18,000	₩23,000
기타포괄손익누계액 - **지분증권평가손익**			(2,060)	2,940

<포괄손익계산서>	① FVPL		② 재순환금지 FVOCI	
	20×1년	20×2년	20×1년	20×2년
당기손익	₩(2,060)*	₩6,000**		₩1,000
기타포괄손익			₩(2,060)	5,000
총포괄손익	₩(2,060)	₩6,000	₩(2,060)	₩6,000

* 수수료비용 ₩(60) + 지분증권평가손실 ₩(2,000)

** 배당금수익 ₩1,000 + 지분증권평가이익 ₩5,000

[2] 지분투자(재순환금지 FVOCI) – 처분 · '이익잉여금으로의 대체'

(1) 처분

공정가치 평가와 처분 기록을 각각 다음과 같이 분개한다.

(차)	지분증권(FVOCI)	75,000	(대) 지분증권평가이익(기타포괄손익)	75,000*
			*₩80,000 − ₩5,000	
(차)	현 금	79,300	(대) 지분증권(FVOCI)	80,000
	처분손실(당기손익)	700		

(2) 마감 (대체 포함)

20×3년 2월 중순의 처분 시점에서 해당 지분증권(FVOCI)의 통산 보유손익, 즉 누적 평가손익이 얼마인지와 그 금액이 장부에 어떻게 기록되어 있는지를 파악할 필요가 있다. 다음과 같다.

	지분증권평가손 · 익(기타포괄손익)		**지분증권평가손익**(기타포괄손익누계액)
20×1년	평가이익	₩14,970 = ₩25,000 – ₩10,030	₩14,970
20×2년	평가손실	₩(20,000) = ₩5,000 – ₩25,000	**₩(5,030)**
20×3년	**평가이익**	**₩75,000** = ₩80,000 – ₩5,000	
누적	평가이익	₩69,970	

누적 평가손익은 평가이익 ₩69,970이다. 이는 처분시점 공정가치 ₩80,000에서 취득원가 ₩10,030을 차감한 금액에 해당하기도 하다. 처분 직후 장부에는 이 금액이 **지분증권평가손익**(기타포괄손익누계액) ₩(5,030) 그리고 지분증권평가이익(기타포괄손익) ₩75,000으로 나누어 기록되어 있다(위 표에 진하게 강조된 계정과 금액이다). 마감절차의 일부로, 먼저 지분증권평가이익을 **지분증권평가손익**으로 마감하면 **지분증권평가손익** 잔액은 ₩69,970(=₩(5,040)+₩75,000)이 된다. 다음으로 **지분증권평가손익**을 이익잉여금으로 대체한다. 두 분개는 각각 다음과 같다.

(차)	지분증권평가이익(기타포괄손익)	75,000	(대) **지분증권평가손익**(기타포괄손익누계액)	75,000
(차)	**지분증권평가손익**(기타포괄손익누계액)	69,970	(대) 이익잉여금	69,970

(3) '이익잉여금으로의 대체'

'이익잉여금으로의 대체'를 수행하지 않으면, 해당 지분증권(FVOCI)의 보유 중에 누적된 평가이익은 20×3년 마감 이후 자본 중 **지분증권평가손익**(기타포괄손익누계액) ₩69,970으로 계속 보고된다. 그런데 해당 지분증권은 20×3년 2월 처분거래로 이미 제거되었다. 처분거래는 누적 평가이익의 성격을 미실현손익에서 실현손익으로 바꾸는 회계적 사건이기도 한다. 그러함에도 「기업회계기준서」는 원천적으로 이를 금지하는 쪽으로 가닥을 잡았다. 소위, 재순환금지 조항이다. 대신, 각국에서 영업하는 기업의 상황과 판단에 따라 **지분증권평가손익**을 자본 내에서 이전하는 것을 허용하고 있다. 이 경우 가장 합리적인 처리는 처분으로 미실현손익의 누계액이 실현손익 누계액으로 성격이 전환되었음을 알리는 것일 것이다. 즉, 처분된 지분증권에 따른 **지분증권평가손익**을 이익잉여금으로 대체하는 것이다.

[3] 지분투자(FVPL) – 취득, 처분(평균법 · 선입선출법)

(1) 20×1년 지분투자 처분에 따른 당기손익 증 · 감 내역

주식 종목	처분 수량	처분 대금	① 총평균법			② 선입선출법	
			단가	처분원가	당기손익*	처분원가	당기손익*
주식 A	30	₩3,300	₩17,000/150	₩3,400(=30×단가)	₩(100)	₩3,000(=30×₩5,000/50)	₩300
주식 B	120	9,000	₩23,000/300	9,200(=120×단가)	(200)	8,600(=100×₩7,000/100 +20×₩16,000/200)	400
계					₩(300)		₩700

* 처분대금 – 처분원가

(2) 20×1년 말 공정가치 평가

<평가손 · 익의 산정>

주식 종목	보유 수량	기말 종가	보유주식 공정가치	① 총평균법		② 선입선출법	
				장부금액	평가손익**	장부금액	평가손익**
주식 A	120	₩140	₩16,800	₩13,600(=120×단가*)	₩3,200	₩14,000(=20×₩5,000/50 +₩12,000)	₩2,800
주식 B	180	60	10,800	13,800(=180×단가*)	(3,000)	14,400(=180×₩16,000/200)	(3,600)
지분증권			₩27,600	₩27,400	₩200	₩28,400	₩(800)

* 총평균법에서의 주식 단가는 위 (1) 내용을 참조

** 공정가치 – 장부금액

<분개>

① 총평균법

(차) 지분증권(FVPL) 200 (대) 지분증권평가이익(당기손익) 200

② 선입선출법

(차) 지분증권평가손실(당기손익) 800 (대) 지분증권(FVPL) 800

[4] 채무증권(AC)

(1) 상각표(금액 ₩) [기초=이자기간 초, 기말=이자기간 말]

이자 기간	①기초 총장부금액	②이자 수익	③이자 수취액	④상각액 (=총장부금액 증가액)	⑤기말 총장부금액
20×1	91,322*	9,132	5,000	4,132	95,454
20×2	95,454	9,546	5,000	4,546	100,000

② 이자수익 = ①기초 총장부금액 × 유효이자율 연 10%
(단, 20×2년에는 반올림오차를 조정하기 위하여 ₩0.6을 가산함)

③ 이자수취액 = 액면 ₩100,000 × 표시이자율 연 5%

④ 상각액 = 총장부금액 증가액 = ②이자수익 – ③이자수취액

⑤ 기말 총장부금액 = ①기초 총장부금액 + ④상각액

* 최초 총장부금액 = ₩100,000 × $(1+0.1)^{-2}$ + ₩100,000 × 0.05 × $\{1-(1+0.1)^{-2}\}/0.1$ = ₩91,322

(2) 취득과 각 기말 회계처리

연도	거래	(차)		(대)	
20×1	취득	채무증권(AC)	91,322	현 금	91,322
	이자수익 인식	현 금 채무증권(AC)	5,000 4,132	이자수익	9,132
	유동성 대체	유동성채무증권(AC)	95,454	채무증권(AC)	95,454
20×2	이자수익 인식	현 금 유동성채무증권(AC)	5,000 4,546	이자수익	9,546
	만기회수	현 금	100,000	유동성채무증권(AC)	100,000

[5] 채무증권(FVOCI)

(1) 상각표([5]의 상각표와 동일, 금액 ₩) [기초=이자기간 초, 기말=이자기간 말]

이자 기간	①기초 총장부금액	②이자 수익	③이자 수취액	④상각액 (=총장부금액 증가액)	⑤기말 총장부금액
20×1	91,322*	9,132	5,000	4,132	95,454
20×2	95,454	9,546	5,000	4,546	100,000

② 이자수익 = ①기초 총장부금액 × 유효이자율 연 10%
(단, 20×2년에는 반올림오차를 조정하기 위하여 ₩0.6을 가산함)

③ 이자수취액 = 액면 ₩100,000 × 표시이자율 연 5%

④ 상각액 = 총장부금액 증가액 = ②이자수익 − ③이자수취액

⑤ 기말 총장부금액 = ①기초 총장부금액 + ④상각액

* 최초 총장부금액 = ₩100,000 × $(1+0.1)^{-2}$ + ₩100,000 × 0.05 × $\{1-(1+0.1)^{-2}\}/0.1$
= ₩91,322

(2) 취득과 각 기말 회계처리(만기상환 가정)

아래 표에서 압축하여 기록한 계정과목명과 정식명칭은 다음과 같다.

평가손실(기포) = 채무증권평가손실(기타포괄손익)

평가이익(기포) = 채무증권평가이익(기타포괄손익)

기포누 = 채무증권평가손익(기타포괄손익누계액)

연도	거래	(차)		(대)	
20×1	취득	채무증권(FVOCI)	91,322	현 금	91,322
	이자수익 인식	현 금 채무증권(FVOCI)	5,000 4,132	이자수익	9,132
	공정가치 평가	채무증권(FVOCI)	546	평가이익(기포)*	546
	유동성 대체	유동성채무증권(FVOCI)	96,000	채무증권(FVOCI)	96,000
	기포 마감	평가이익(기포)	546	**기포누**	546
20×2	이자수익 인식	현 금 유동성채무증권(FVOCI)	5,000 4,546	이자수익	9,546
	공정가치 평가	평가손실(기포)**	546	유동성채무증권(FVOCI)	546
	만기회수	현 금	100,000	유동성채무증권(FVOCI)	100,000
	기포 마감	**기포누**	546	평가손실(기포)	546

*공정가치 평가이익 = 공정가치변동액[= ₩96,000 − ₩91,322] − 상각액 ₩4,132 = ₩546

**공정가치 평가손실 = 공정가치변동액[= ₩100,000 − ₩96,000] − 상각액 ₩4,546 = ₩(546)

(3) 처분 회계처리(20×2년 초 처분 가정)

이자수익 인식	분개없음. 20×1년 말에 이미 이자수익을 인식하였기 때문임.			
공정가치 평가	분개없음. 20×1년 말에 이미 공정가치로 평가하였기 때문임.			
처 분 기 록	(차) 현 금	96,000	(대) 유동성채무증권(FVOCI)	96,000
재 분 류 조 정	재분류조정(기타포괄손익)	546	처분이익(당기손익)	546

[6] 채무증권(AC) – 할인·할증 취득

(1) 상각표(금액 ₩) [기초 = 이자기간 초, 기말 = 이자기간 말]

<할인 취득 – 유효이자율이 연 10%인 경우>

이자 기간	①기초 총장부금액	②이자 수익	③이자 수취액	④상각액 (= 총장부금액 **증가액**)	⑤기말 총장부금액
20×1	90,490*	9,049	7,000	2,049	92,539
20×2	92,539	9,254	7,000	2,254	94,793
20×3	94,793	9,479	7,000	2,479	97,272
20×4	97,272	9,728	7,000	2,728	100,000

② 이자수익 = ①기초 총장부금액 × 유효이자율 연 10%

(단, 20×4년에는 반올림오차를 조정하기 위하여 ₩0.8을 가산함)

③ 이자수취액 = 액면 ₩100,000 × 표시이자율 연 7%

④ 상각액 = ②이자수익 − ③이자수취액

⑤ 기말 총장부금액 = ①기초 총장부금액 + ④상각액

* 최초 총장부금액 = ₩100,000 × $(1+0.1)^{-4}$ + ₩100,000 × 0.07 × $\{1-(1+0.1)^{-4}\}/0.1$

= ₩90,490

<할증 취득 - 유효이자율이 연 3%인 경우>

이자 기간	①기초 총장부금액	②이자 수익	③이자 수취액	④상각액 (=총장부금액 **감소액**)	⑤기말 총장부금액
20×1	114,868*	3,446	7,000	(3,554)	111,314
20×2	111,314	3,339	7,000	(3,661)	107,653
20×3	107,653	3,230	7,000	(3,770)	103,883
20×4	103,883	3,117	7,000	(3,883)	100,000

② 이자수익 = ①기초 총장부금액 × 유효이자율 연 3%
(단, 20×4년에는 반올림오차를 조정하기 위하여 ₩0.51을 가산함)
③ 이자수취액 = 액면 ₩100,000 × 표시이자율 연 7%
④ 상각액 = ②이자수익 - ③이자수취액
⑤ 기말 총장부금액 = ①기초 총장부금액 + ④상각액
* 최초 총장부금액 = ₩100,000 × $(1+0.03)^{-4}$ + ₩100,000 × 0.07 × $\{1-(1+0.03)^{-4}\}/0.03$
= ₩114,868

(2) 취득과 20×1년 이자수익 인식

	거래	(차)		(대)	
r =10%	취득	채무증권(AC)	90,490	현 금	90,490
	이자수익 인식	현 금 채무증권(AC)	7,000 2,049	이자수익	9,049
r =3%	취득	채무증권(AC)	114,868	현 금	114,868
	이자수익 인식	현 금	7,000	이자수익 채무증권(AC)	3,446 3,554

[7] 채무증권(AC, FVOCI) - 취득, 이자수익, 공정가치 · 손상 평가

* 해답에 제시된 표에서 압축하여 기록한 계정과목명과 정식명칭은 다음과 같다.
평가손실(기포) = 채무증권평가손실(기타포괄손익)
평가이익(기포) = 채무증권평가이익(기타포괄손익)
기포누 = 채무증권평가손익(기타포괄손익누계액)

(1) 상각표 ([6]의 유효이자율 연 10%인 상황. 표의 주석은 [6] 해답을 참조)
채무증권(AC)와 채무증권(FVOCI)의 상각표는 동일하다.

이자 기간	①기초 총장부금액	②이자 수익	③이자 수취액	④상각액 (=총장부금액 **증가액**)	⑤기말 총장부금액
20×1	90,490*	9,049	7,000	2,049	92,539
20×2	92,539	9,254	7,000	2,254	94,793
20×3	94,793	9,479	7,000	2,479	97,272
20×4	97,272	9,728	7,000	2,728	100,000

(2) 취득 분개는 다음과 같다.

(차) 채무증권(AC 혹은 FVOCI) 90,490 (대) 현 금 90,490

(3) 20×1년 기말 회계처리

범주	거래	(차)			(대)
AC	이자수익 인식	현 금 채무증권(AC)	7,000 2,049	이자수익	9,049
	손상 평가	손상차손(당기손익)	200	손실충당금	200
FVOCI	이자수익 인식	현 금 채무증권(FVOCI)	7,000 2,049	이자수익	9,049
	공정가치·손상 평가	채무증권(FVOCI) 손상차손(당기손익)	461 200	평가이익(기포)*	661
	기포 마감	평가이익(기포)	661	**기포누**	661

* 공정가치 평가이익 ₩461 − 손상인식액 ₩(200)
여기서 공정가치 평가이익 = 공정가치 변동액 ₩2,510(=₩93,000 − ₩90,490) − 상각액 ₩2,049

(4) 20×2년 기말 회계처리

범주	거래	(차)			(대)
AC	이자수익 인식	현 금 채무증권(AC)	7,000 2,254	이자수익	9,254
	손상 평가	손상차손(당기손익)*	1,000	손실충당금	1,000
FVOCI	이자수익 인식	현 금 채무증권(FVOCI)	7,000 2,254	이자수익	9,254
	공정가치·손상 평가	평가손실(기포)** 손상차손(당기손익)	254 1,000	채무증권(FVOCI)	1,254
	기포 마감	**기포누**	254	평가손실(기포)	254

* ₩1,200 − ₩200
** 공정가치 평가손실 ₩(1,254) − 손상인식액 ₩(1,000)
여기서 공정가치 평가손실 = 공정가치 변동액 ₩1,000(=₩94,000 − ₩93,000) − 상각액 ₩2,254

(5) 20×1년과 20×2년의 재무보고

	AC		FVOCI	
재무상태표	20×1년 말	20×2년 말	20×1년 말	20×2년 말
채무증권	₩92,539	₩94,793	₩93,000	₩94,000
채무증권 손실충당금	(200)	(1,200)		
채무증권 상각후원가	₩92,339	₩93,593		
기타포괄손익누계액 - **채무증권평가손익**			661	407*

* ₩661 + ₩(254)

	AC		FVOCI	
포괄 손익계산서	20×1년	20×2년	20×1년	20×2년
당기손익	₩8,849*	₩8,254	₩8,849	₩8,254
기타포괄손익			661	(254)
주석	20×1년	20×2년	20×1년	20×2년
누적손상액			₩(200)	₩(1,200)

* 이자수익 + 손상인식액 = ₩9,049 + ₩(200)

[참고] 채무증권(FVOCI)의 상각후원가

다음은 20×2년 말 금액임. 20×1년의 경우에도 유사하게 계산할 수 있음.

재무상태표 공정가치 − **채무증권평가손익** = ₩94,000 − ₩407 = ₩93,593

[8] 채무증권(AC, FVOCI) – 보유 중 손상, 처분

(1) 20×1년~20×3년의 거래 분개

① 채무증권(AC)

회계년도	회계처리	(차)		(대)	
20×1	취 득	채무증권(AC)	90,490	현 금	90,490
	이자수익 인식	현 금 채무증권(AC)	7,000 2,049	이자수익	9,049
	손상 평가	손상차손(당기손익)	200	손실충당금	200
20×2	이자수익 인식	미수이자 채무증권(AC)	7,000 2,254	이자수익	9,254
	미수이자 제각*	손상차손(당기손익)	7,000	미수이자	7,000
	손상 평가	손상차손(당기손익)**	36,742	손실충당금	36,742
20×3	이자수익 인식	미수이자 채무증권(AC)	7,000 2,479	이자수익	9,479
	미수이자 제각	손상차손	7,000	미수이자	7,000
	손상 평가	손상차손(당기손익)***	14,876	손실충당금	14,876
	이자 조정****	이자수익	3,694	손상차손(당기손익)	3,694

* 미수이자 제각 분개에서의 차변 항목은 손상차손으로 인식함. 손실충당금을 사용하는 방식과 비교할 때 손실충당금 기말 잔액과 당기 손상인식액에는 차이가 없음. 손상차손으로 인식할 때, 채무증권(AC)의 상각후원가와 [채무증권(FVOCI)–기타포괄손익누계액] 간의 일관성이 유지됨. 채무증권(FVOCI) 회계에서는 손실충당금을 운용하지 않기 때문임

** ₩36,942 − ₩200, *** ₩51,818 − ₩36,942

**** 순액기준(즉, 상각후원가 기준) 이자수익으로의 조정.
20×2년 말 현재 손실충당금 잔액 ₩36,942에 유효이자율 10%를 적용한 금액

② 채무증권(FVOCI) (기포 = 기타포괄손익)

매년 채무증권(AC) 회계에는 손상 평가를 적용하지만, 채무증권(FVOCI) 회계에는 공정가치 평가와 손상 평가를 동시에 수행한 후 인식한 평가손·익을 기타포괄손익으로 마감하는 회계처리를 적용한다. 다음의 표로 공정가치·손상 평가 내용을 요약한다. 이를 제외한 회계처리는 (자

산 계정명칭 차이와 평가손익의 마감을 제외하고는) 정확하게 동일하다.

		(차)		(대)	
20×1	공정가치·손상 평가	채무증권(FVOCI 손상차손(당기손익)	461 200	평가이익(기포)*	661
20×2	공정가치·손상 평가	손상차손(당기손익)	36,742	채무증권(FVOCI) 평가이익(기포)**	35,254 1,488
20×3	공정가치·손상 평가	손상차손(당기손익)	14,876	채무증권(FVOCI) 평가이익(기포)***	12,479 2,397

* 평가이익 ₩661 = 채무증권 변동 ₩461 − 손상인식액 ₩(200)
여기서 채무증권 변동 ₩461 = 공정가치 변동 ₩2,510(=₩93,000 − ₩90,490) − 상각액 ₩2,049
** 평가이익 ₩1,488 = 채무증권 변동 ₩(35,254) − 손상인식액 ₩(36,742)
여기서 채무증권 변동 ₩(35,254) = 공정가치 변동 ₩(33,000)(=₩60,000 − ₩93,000) − 상각액 ₩2,254
*** 평가이익 ₩2,397 = 채무증권 변동 ₩(12,479) − 손상인식액 ₩(14,876)
여기서 채무증권 변동 ₩(12,479) = 공정가치 변동 ₩(10,000)(=₩50,000 − ₩60,000) − 상각액 ₩2,479

(2) 20×1년~20×3년의 재무보고

			20×1년 말	20×2년 말	20×3년 말
①AC	재무상태표	채무증권(AC)	₩92,539	₩94,793	₩97,272
		손실충당금	(200)	(36,942)	(51,818)
		상각후원가	₩92,339	₩57,851	₩45,454
	포괄손익계산서	당기손익			
		이자수익	₩9,049	₩9,254	₩5,785**
		손상차손	(200)	(43,742)*	(18,182)***
②FVOCI	재무상태표****	채무증권(FVOCI)	₩93,000	₩60,000	₩50,000
		기타포괄손익누계액	₩661	₩2,149	₩4,546
	포괄손익계산서	당기손익 부분은 AC의 경우와 정확하게 동일하므로 기재 생략			
		기타포괄이익(손실)	₩661	₩1,488	₩2,397

* 미수이자 제각시 인식액 + 손상인식액 = ₩7,000 + ₩36,742 = ₩43,742
** 이자인식액 − 이자조정액 = ₩9,479 − ₩3,694 = ₩5,785
*** 미수이자 제각시 인식액 + 손상인식액 − 이자조정액 = ₩7,000 + ₩14,876 − ₩3,694 = ₩18,182
**** 「채무증권(FVOCI) − 기타포괄손익누계액」 = 「상각후원가」
예를 들어, 20×1년의 경우, ₩93,000 − ₩661 = ₩92,339

(3) 20×4년 6월 말 처분 (기포 = 기타포괄손익)

	거래	(차)			(대)
①AC	이자수익 인식	미수이자	2,273	이자수익*	2,273
	처분기록	현　　금 손실충당금	48,000 51,818	미수이자 채무증권(AC) 처분이익(당기손익)**	2,273 97,272 273

* 순액기준(상각후원가 기준) 이자수익 = 20×3년 말 상각후원가 ₩45,454 × 10% × 6/12
** 수취한 대가 ₩48,000 − [미수이자 ₩2,273 + 채무증권(AC) ₩97,272 − 손실충당금 ₩51,818]
= ₩48,000 − ₩47,727 = ₩273

	거래	(차)			(대)
②FVOCI	이자수익 인식	미수이자	2,273	이자수익	2,273
	공정가치 평가	평가손실(기포)*	4,273	채무증권(FVOCI)	4,273
	처분기록	현 금 재분류조정(기포)***	48,000 273	미수이자 채무증권(FVOCI) ** 처분이익(당기손익)	2,273 45,727 273

* ₩(4,273) = 공정가치 변동액 [₩48,000 − ₩50,000] − 미수이자 ₩2,273

** ₩45,727 = ₩50,000 − ₩4,273

*** 누적평가손익 = ₩4,546 + ₩(4,273) = ₩273

[9] 채무증권(AC, FVOCI) - 이자기간 중 취득

* 해답에 제시된 표에서 압축하여 기록한 계정과목명과 정식명칭은 다음과 같다.

평가손실(기포) = 채무증권평가손실(기타포괄손익)

평가이익(기포) = 채무증권평가이익(기타포괄손익)

기포누 = 채무증권평가손익(기타포괄손익누계액)

(1) 상각표 ([6], [7]의 유효이자율 연 10%인 상황. 표의 주석은 [6] 혹은 [7] 해답을 참조)
채무증권(AC)와 채무증권(FVOCI)의 상각표는 동일하다.

이자 기간	①기초 총장부금액	②이자 수익	③이자 수취액	④상각액 (=총장부금액 **증가액**)	⑤기말 총장부금액
20×1	90,490*	9,049	7,000	2,049	92,539
20×2	92,539	9,254	7,000	2,254	94,793
20×3	94,793	9,479	7,000	2,479	97,272
20×4	97,272	9,728	7,000	2,728	100,000

(2) 취득 거래의 분개

연초 취득이 아니라 20×1년 7월초 취득이므로, 취득원가에는 연초 공정가치에 경과된 반년치 이자가 가산되어야 한다. 즉, 취득시점의 공정가치는 ₩95,015(=₩90,490 + ₩9,049 × 6/12)라고 본다. 그러므로 현금 ₩95,015을 투자한다. 그 결과 두 자산을 취득한다. 반년 후 현금으로 결제받는 유동자산인 미수이자와 비유동자산인 채무증권이다. 미수이자 금액은 ₩3,500(=₩7,000 × 6/12)이므로, 분개는 다음과 같다.

(차)		(대)	
미수이자	3,500	현 금	95,015
채무증권(AC 혹은 FVOCI)	91,515		

(3) 20×1년 기말 회계처리

범주	거래	(차)			(대)
AC	이자수익 인식	현 금 채무증권(AC)**	7,000 1,024	미수이자 이자수익*	3,500 4,524
	손상 평가	손상차손(당기손익)	200	손실충당금	200

범주	거래	(차)		(대)	
FVOCI	이자수익 인식	현　금 채무증권(FVOCI)	7,000 1,024	미수이자 이자수익	3,500 4,524
	공정가치·손상 평가	평가손실(기포)*** 손상차손(당기손익)	339 200	채무증권(FVOCI)	539
	기포 마감	**기포누**	339	평가손실(기포)	339

* 상각표의 이자기간(20×1년 이자수익) ₩9,049 × 6/12 = ₩4,524. 반올림하지 않고 반내림한 이유는 상각액을 ₩1,024로 산정하기 위한 조정으로 이해하면 됨.

** 상각액 ₩1,024만큼 증가한 총장부금액 ₩92,539(=₩91,515 + ₩1,024)은 상각표상의 첫 이자기간 말 총장부금액과 동일함.

*** 공정가치 평가손실 ₩(539) − 손상인식액 ₩(200)
여기서 공정가치 평가손실=공정가치 변동액 ₩485(=₩92,000 − ₩91,515) − 상각액 ₩1,024

(4) 20×2년 기말 회계처리

20×2년부터는 당해 채무증권을 전기의 어느 시점에 취득하였던지 간에 상관하지 않고, 상각표에 따라 이자수익을 인식한다. 이자기간과 회계연도가 모두 1월~12월로 동일하기 때문이다.

범주	거래	(차)		(대)	
AC	이자수익 인식	현　금 채무증권(AC)	7,000 2,254	이자수익	9,254
	손상 평가	손상차손(당기손익)*	800	손실충당금	800
FVOCI	이자수익 인식	현　금 채무증권(FVOCI)	7,000 2,254	이자수익	9,254
	공정가치·손상 평가	평가손실(기포)** 손상차손(당기손익)	954 800	채무증권(FVOCI)	1,754
	기포 마감	**기포누**	954	평가손실(기포)	954

* ₩1,000 − ₩200

** 공정가치 평가손실 ₩(1,754) − 손상인식액 ₩(800)
여기서 공정가치 평가손실 = 공정가치 변동액 ₩500(=₩92,500 − ₩92,000) − 상각액 ₩2,254

(5) 20×1년과 20×2년의 재무보고

	AC		FVOCI	
재무상태표	20×1년 말	20×2년 말	20×1년 말	20×2년 말
채무증권	₩92,539	₩94,793	₩92,000	₩92,500
채무증권 손실충당금	(200)	(1,000)		
채무증권 상각후원가	₩92,339	₩93,793		
기타포괄손익누계액 - **채무증권평가손익**			(339)	(1,293)*
포괄 손익계산서	20×1년	20×2년	20×1년	20×2년
당기손익	₩4,324**	₩8,454	₩4,324	₩8,454
기타포괄손익			(339)	(954)
주석	20×1년	20×2년	20×1년	20×2년
누적손상액			₩(200)	₩(1,000)

* ₩(339) + ₩(954)　　** 이자수익 + 손상인식액 = ₩4,524 + ₩(200)

[10] 신용이 손상된 채무증권(AC, FVOCI) - POCI의 신용조정 유효이자율

(1) 취득분개, 신용조정 유효이자율, 취득시점 ECL 해당액

<취득 분개> (차) 채무증권(AC) 38,439 (대) 현 금 38,439

<신용조정 유효이자율> 신용조정 유효이자율은 다음을 성립시키는 'r=연 16%'이다.

$$₩38,439 = ₩60,000 \times \frac{1}{(1+r)^3}$$

<취득시점 전체기간 ECL 해당액>

취득시점에서 이미 발생한 신용손실의 현재가치이다. 계약상 현금흐름과 수취할 것으로 예상하는 현금흐름의 차이(모든 현금부족액)를 신용조정 유효이자율로 할인한 금액이다. 예제에서의 현금부족액은 못 받을 것으로 예상하는 세 번의 표시이자와 만기에 회수하지 못할 ₩40,000(=₩100,000-₩60,000)이다. 그 현재가치는 다음과 같이 계산한 ₩36,855이다.

$$₩5,000\times\frac{1}{(1+0.16)} + ₩5,000\times\frac{1}{(1+0.16)^2} + ₩5,000\times\frac{1}{(1+0.16)^3} + ₩40,000\times\frac{1}{(1+0.16)^3}$$

$$= ₩4,310 + ₩3,716 + ₩3,203 + ₩25,626 = ₩36,855$$

(2) 채무증권(AC) 잔액, 손실충당금 잔액, 상각후원가 (₩1의 단수차이를 조정하였음)

	20×2년 초	20×2년 말	20×3년 말	20×4년 현금회수 직전
채무증권(AC)*	₩38,439	₩44,589	₩51,723	₩60,000
손실충당금**	-	(1,145)	855	0
상각후원가	₩38,439	₩43,444	₩52,578	₩60,000

* 채무증권(AC)는 취득 이후 총장부금액의 변동을 표시한 것임. 신용조정 유효이자율을 산정할 때 반영한 추정 미래현금흐름에 근거하여 매년 기초 잔액의 16%만큼 증가함.

** 20×2년 말 손실충당금 잔액 ₩1,145(=₩38,000-₩36,855)은 자산차감 항목으로 표시됨.
한편, 20×3년 말 손실충당금 잔액 ₩(855)(=₩36,000-₩36,855)은 차변 잔액으로서, 자산부가 항목으로 표시됨. 즉, POCI의 취득 이후 전체기간 ECL 누적액이 감소한 것을 나타내는 것임.
20×4년 말 현금회수 직전 손실충당금은 주어진 자료에 따르면 차변 잔액 ₩(1,855)(=₩35,000-₩36,855)을 가지는 것으로 나타남. 다만, 현금이 회수될 때 채무증권과 함께 손실충당금 잔액도 제거되므로 정보 손실 없이 ₩0으로 간주할 수 있음. 제12장 <예제 9> 설명을 참조.

(3) 분개

20×2년	이자수익	채무증권(AC)	6,150	이자수익	6,150
	손상인식*	손상차손	1,145	손실충당금	1,145
20×3년	이자수익	채무증권(AC)	7,134	이자수익	7,134
	손상인식*	손실충당금	2,000	손상환입	2,000
	순액이자로 조정**	이자수익	183	손상환입	183
20×4년	이자수익	채무증권(AC)	8,277	이자수익	8,277
	손상인식*	손상차손	855	손실충당금	855
	현금회수*	현 금	65,000	채무증권(AC)	60,000
				손상차손	855
				손상환입	4,145
	순액이자로 조정**	손상환입	137	이자수익	137

* 보유기간 동안의 손상인식액은 20×2년 차손 ₩(1,145), 20×3년 환입 ₩2,000, 그리고 20×3년의 순환입 ₩4,145(=₩(855)+₩855+₩4,145)을 결합한 환입액 ₩5,000임. 취득시점에 추정한 만기회수액 ₩60,000이 최종시점에는 ₩65,000으로 증가된 것을 나타냄. 이 점을 파악하는데 편리하도록 20×3년에도 순액이자로 조정하는 분개를 제일 뒤에 배치하였음.

** 기초 손실충당금 잔액의 16%에 해당함. 20×3년 : ₩1,145×16% = ₩183, 20×4년 : ₩855×16% = ₩137. 손실충당금이 20×3년에는 자산차감 항목이어서 이자수익을 감소시키는 조정을 하지만, 20×4년에는 자산부가 항목이므로 이자수익을 증가시키는 조정을 수행함.

(4) 채무증권(FVOCI)

이자수익은 채무증권(AC)와 정확하게 동일하게 인식된다. 20×3년의 경우, 채무증권(FVOCI) 역시 ₩7,134만큼 증가한다. 이어서 공정가치평가와 손상인식을 동시에 수행하고 다음과 같이 분개한다.

(차) 채무증권(FVOCI)	2,866*	(대) 채무증권평가이익(기타포괄손익)	866
		손상환입(당기손익)	2,000

*공정가치 변동액 − 이자수익인식액 = [₩50,000 − ₩40,000] − ₩7,134

마지막으로 순액이자로 조정하는 분개 역시 채무증권(AC)의 경우와 동일하게 수행한다.

[11] ECL측정 – 12개월 ECL, 전체기간 ECL

<20×1년 말의 12개월 ECL 측정>

20×2년에 채무불이행 사건이 발생하거나 혹은 발생하지 않는 것이다. 두 사건은 상호배타적이기에 전자의 확률을 0.3%로 추정하면, 후자의 확률은 자동적으로 결정된다. 12개월 ECL을 측정하는 절차를 정리하면 다음과 같다.

12개월 ECL	ECL 측정시점	20×1년 말		
	채무불이행 사건 발생연도	20×2년		
	채무불이행 사건이 발생하면 현금을 부족하게 받을 연도	20×2년	20×3년	20×4년
① 현금부족액	계약에 명시된 금액	₩7,000	₩7,000	₩107,000
	받을 것으로 예상되는 금액	0	0	40,000
	부족금액	₩7,000	₩7,000	₩67,000
② 신용손실	현재가치 비율	$\frac{1}{(1+0.1)}$	$\frac{1}{(1+0.1)^2}$	$\frac{1}{(1+0.1)^3}$
	부족금액의 현재가치	₩6,364	₩5,785	₩50,338
	현재가치의 합	₩62,487		
③ 채무불이행확률	12개월내 채무불이행 확률	0.3%		
④ 사건 발생연도별 기대신용손실(=②×③)		₩187		

<20×2년 말과 20×3년 말의 전체기간 ECL 측정>

20×2년 말 사채의 기대존속기간 전체의 ECL을 측정할 때, 미래상황은 다음과 같이 상호배타적인 세 가지 상황으로 나누어진다 :

1) 20×3년 중 사건(채무불이행) 발생
2) (20×3년 중에는 채무가 이행되고) 20×4년 중 사건 발생
3) 위 두 사건이 발생치 않음 (즉, 채무 이행)

위 1)사건과 2)사건에 따른 신용손실을 추정하고 또 각각의 발생확률을 5%와 4%로 추정한다. 2)사건의 확률은 조건부확률이다. 20×3년 중에는 사건이 발생하지 않은 후 20×4년 중에 사건이 발생할 확률을 추정한 것이다. 20×2년 말, 전체기간 ECL은 다음과 같이 측정된다 :

$$\text{전체기간 ECL} = \Sigma[\text{신용손실} \times \text{채무불이행확률}]$$
$$= \text{1)사건 신용손실} \times \text{확률} + \text{2)사건 신용손실} \times \text{확률}$$

한편, 20×3년 말에도 전체기간 ECL을 측정하지만 [11]상황에서는 12개월 ECL과 동일하다. 20×4년에 채무불이행 사건이 발생하거나 혹은 발생하지 않는데 전자의 확률을 8%로 추정하였다. 20×2년 말과 20×3년 말의 전체기간 ECL을 측정하는 절차를 정리하면 다음과 같다.

<table>
<tr><td rowspan="3">전체기간
ECL *</td><td>ECL 측정시점</td><td colspan="3">20×2년 말</td><td>20×3년 말</td></tr>
<tr><td>채무불이행
사건발생 연도</td><td colspan="2">20×3년</td><td>20×4년</td><td>20×4년</td></tr>
<tr><td>채무불이행 사건
발생시 현금부족
수취 연도</td><td>20×3년</td><td>20×4년</td><td>20×4년</td><td>20×4년</td></tr>
<tr><td rowspan="3">①현금부족액</td><td>계약상의 금액</td><td>₩7,000</td><td>₩107,000</td><td>₩107,000</td><td>₩107,000</td></tr>
<tr><td>받을 것으로 예상되는 금액</td><td>0</td><td>40,000</td><td>40,000</td><td>40,000</td></tr>
<tr><td>부족금액</td><td>₩7,000</td><td>₩67,000</td><td>₩67,000</td><td>₩67,000</td></tr>
<tr><td rowspan="3">②신용손실</td><td>현재가치비율</td><td>$\frac{1}{(1+0.1)}$</td><td>$\frac{1}{(1+0.1)^2}$</td><td>$\frac{1}{(1+0.1)^2}$</td><td>$\frac{1}{(1+0.1)}$</td></tr>
<tr><td>부족금액의 현재가치</td><td>₩6,364</td><td>₩55,372</td><td>₩55,372</td><td>₩60,909</td></tr>
<tr><td>현재가치의 합</td><td colspan="2">₩61,736</td><td>₩55,372</td><td>₩60,909</td></tr>
<tr><td>③채무불이행 확률</td><td>12개월 내 채무불이행 확률</td><td colspan="2">5%</td><td>4%</td><td>8%</td></tr>
<tr><td colspan="2">④사건 발생연도별 기대신용손실 (=② × ③)</td><td colspan="2">₩3,087</td><td>₩2,215</td><td>₩4,873</td></tr>
<tr><td colspan="2">⑤전체기간 기대신용손실</td><td colspan="3">₩5,302</td><td>₩4,873</td></tr>
</table>

[12] 범주 재분류

1. 최초 범주에 따른 20×1년의 회계처리 결과

그 내용을 요약 제시하면 다음과 같다. (표에서의 '기포'는 '기타포괄손익'이며, 'FV'는 '공정가치 평가'이며, 금액단위는 ₩임. 그리고 분개는 들여쓰기 형식임)

• **최초 범주에 따른 재분류 전 20×1년 분개 (기말 ECL 측정액은 ₩50, 공정가치는 ₩9,100)**

	AC 범주	FVOCI 범주	FVPL 범주
취득	채무증권(AC) 9,049 현 금 9,049	채무증권(FVOCI) 9,049 현 금 9,049	채무증권(FVPL) 9,049 현 금 9,049
이자수익	현 금 700 채무증권(AC) 205 이자수익 905	현 금 700 채무증권(FVOCI) 205 이자수익 905	현금 700 이자수익 700
FV·손상	손상차손(당기손익) 50 손실충당금 50	채무증권평가손실(기포) 104 손상차손(당기손익) 50 채무증권(FVOCI) 154	채무증권(FVPL) 51 채무증권평가이익 51 (당기손익)

• **채무증권 관련 항목의 기말 잔액 등**

	AC 범주	FVOCI 범주	FVPL 범주
자산	채무증권(AC) 9,254 손실충당금 (50) 상각후원가 9,204	채무증권(FVOCI) 9,100	채무증권(FVPL) 9,100
자본		기타포괄손익누계액 중 **채무증권평가손익** (104)	
주석		누적손상 (50)	

2. 범주 재분류

(1) AC 범주로부터의 재분류

재분류일 전에 산정한 유효이자율과 손실충당금은 FVOCI 범주로 재분류시에는 모두 승계된다. 재분류일 공정가치가 새로운 범주 자산의 인식액이 되며, 재분류 전 상각후원가와 재분류일 공정가치 간 차이는 재분류손·익으로 기록한다. 당기손익 혹은 기타포괄손익으로 인식한다. 분개는 다음과 같다.

AC → FVPL	AC → FVOCI
채무증권(FVPL) 9,100 채무증권(AC) 9,254 손실충당금 50 재분류손실(당기손익) 104*	채무증권(FVOCI) 9,100 채무증권(AC) 9,254 손실충당금 50 재분류손실(기포) 104*

*재분류일의 상각후원가(₩9,204)와 공정가치(₩9,100) 간의 차이

(2) FVOCI 범주로부터의 재분류

재분류일 전에 산정한 유효이자율과 그간 주석 공시한 누적손상액은 AC 범주로 재분류시에는 모두 승계된다. 다만, 누적손상액은 손실충당금 계정자산 차감으로 인식한다.

위 (1)과는 달리 재분류일에 FVOCI 범주의 기말 공정가치를 승계하기에 일단, 제거손·익으로서의 재분류손·익(당기손익)은 인식되지 않는다. 그러나 FVPL 범주로 재분류시에는 **재분류조정 회계**가 추가로 적용된다. 즉, 재분류는 처분, 즉 제거에 준하는 회계적사건으로

간주하는 것이다. 이 때 당기손익 항목이 나타난다. 본 문제에서의 계정 이름으로는 「기업회계기준서」의 사례를 따라 재분류손 · 익 계정을 사용한다.

[참고] 범주 재분류 상황에서 기타포괄손익의 재분류조정이 수행되어, 차변과 대변에 각각을 지칭하는 '재분류(reclassification)'이라는 용어가 나타난다.

한편, AC 범주로 재분류시에는 기타포괄손익누계액을 제거하면서 채무증권(AC)의 공정가치를 조정한다. 이때 "마치 처음부터 AC 범주로 분류"했을 때의 결과를 재현할 것이 요구된다. 채무증권 총장부금액을 표시하기 위하여 ₩154을 증가시켜야 한다. 이 금액을 어떻게 알 수 있는가? FVOCI 범주의 표시 항목인 기타포괄손익누계액 ₩(104)과 주석 공시내용인 누적손상액, 즉 손실충당금 잔액 ₩(50)을 이용하면 된다. '채무증권 변동액 ₩(154) − 손실충당금 ₩(50) = 기타포괄손익누계액 ₩(104)'이기 때문이다. 본 장 <예제 6>을 검토하면 이 관계가 성립함을 유추할 수 있다. 필요한 경우 관련된 본문 내용을 다시 살펴보면 된다. 그리고 기타포괄손익누계액 잔액을 자산과 그 손실충당금으로 대체한다. 분개는 다음과 같다.

FVOCI → FVPL				FVOCI → AC			
채무증권(FVPL)	9,100	채무증권(FVOCI)	9,100	채무증권(AC)	9,100	채무증권(FVOCI)	9,100
재분류손실(당기손익)	104	재분류조정 (기포)	104	채무증권(AC)	154	손실충당금	50
						채무증권평가손실(기포)	104

(3) FVPL 범주로부터의 재분류

재분류일 공정가치가 새로운 총장부금액이 되며, 유효이자율 산정의 기초가 된다. 재분류일을 새로운 자산과 손실충당금 계정의 최초 인식일로 간주한다. 재분류조정일의 손상 평가에 따른 ECL ₩25은 AC로의 분류시에는 손상차손과 손실충당금을 각각 차변과 대변 항목으로 대응 인식한다. 한편, FVOCI로의 분류시에는, 'FVOCI 범주의 손상차손 인식액은 기타포괄손익을 조정함'을 이용한다. 필요하면 <예제 6>을 복습하라. 분개는 다음과 같다.

FVPL → AC*				FVPL → FVOCI*			
채무증권(AC)	9,100	채무증권(FVPL)	9,100	채무증권(FVOCI)	9,100	채무증권(FVPL)	9,100
손상차손(당기손익)	25	손실충당금	25	손상차손(당기손익)	25	채무증권평가손실(기포)	25

* 유효이자율은 다음 계산식을 만족시키는 'r = 연 5.5715%'이다.

$$₩9,100 = \frac{700}{(1+r)^3} + 10,000 \times \frac{1-(1+r)^{-3}}{r}$$

제13장 금융자산 Ⅱ : 수취채권, 대여금, 현금

익힘문제

[1] 수취채권과 대여금은 어떠한 자산인지를 설명하라.

수취채권과 대여금은 기업활동에 따라 발생하고, 확정되었거나 혹은 결정가능한 금액의 현금 등 금융자산을 수취할 계약상의 권리이다. 그리고 활성시장에서 가격이 공시되지 않는 자산이기도 하다. 기업활동을 수행하는 과정에서 발생하는 수취채권(receivables)은 크게 매출채권과 미수금으로 나눌 수 있다. 매출채권(trade receivables)은 고객에게 재화나 용역을 공급하고 수익을 인식하면서 거래당사자들의 합의하에 대금결제를 이연하는 거래에서 발생한다. 반면, 미수금(non-trade receivables)은 기업이 주로 재고자산 외의 자산을 처분하고서 계약 내용에 따라 처분대금은 이연 결제하는 경우에 나타난다. 또한 경영현장에서는 금융기업이 아니더라도 이해관계자들에게 여유자금을 대여하는 상황이 나타나기에 대여금(loan receivables)이 발생한다. 경영현장에서는 독립된 유통대리점에게 영업자금을 대여해주기도 하는 것이다. 일상적인 영업과정에서 수취채권과 대여금이 발생하면 기업은 그에 따른 원리금을 정상적으로 회수하는 것에 초점을 맞출 것이다. 그 현금흐름이 원리금 지급으로만 구성된 채무상품을 현금흐름을 수취할 목적으로 보유하는 것이기에 일반적으로 AC 범주로 분류한다. 다만, 현금흐름 수취와 함께 매각할 의사도 있는 경우에는 FVOCI 범주로 분류하고, 다른 사업목적 예를 들어, 단기매도만을 목적으로 보유한다면 FVPL로 분류해야 할 것이다. 또한 최초인식시점에 회계불일치를 제거하기 위해 FVPL 범주로의 분류를 선택하는 경우도 나타날 수 있을 것이다.

[2] 수취채권과 대여금의 취득과 보유 중 회계를 개괄적으로 설명하라.

원칙적으로 제12장에서 익힌 채무증권 회계처리를 준용한다. 대부분의 수취채권과 대여금은 AC 범주로 분류될 것이므로, 최초인식할 때 공정가치로 측정한다. ([참고] 엄격하게는 수취채권 중 매출채권은 거래가격으로 측정하지만, '손상 간편법'을 적용하는 매출채권이 아닌 경우의 거래가격은 현금판매가격이다. 이는 공정가치의 다른 이름이다) 이렇게 측정된 금액은 바로 해당 자산의 취득원가이다. 그리고 직접적인 거래원가는 이 취득원가에 가산한다. 최초인식 시점에 산정한 유효이자율로 이자수익을 인식하고 기말에 손상을 평가한다. 그리고 기말 현재 해당 자산의 만기가 1년 이

내에 도래할 것으로 판단하면 해당 비유동자산을 유동자산으로 전환시킨다. 채무증권 회계처리에서는 이자수익을 인식할 때 미수이자가 발생하는 경우가 있었다. 수채채권과 대여금의 경우에도 이자수익 인식액이 이자수취액 보다 큰 금액인 상황에서 그 차액을 미수이자로 인식한다. 다만, 수취채권이나 대여금이 무이자부어음으로 뒷받침될 때는 이자수익 전액이 만기에 현금으로 지급될 비유동자산으로서의 미수이자가 발생하게 된다. 이때는 구태여 장기미수이자와 장기받을어음·장기미수금(어음)·장기대여금(어음)을 구분할 필요가 없다. 장기미수이자 대신 해당 자산의 총장부금액을 직접 증가시키면 된다.

수취채권 중 '손상 간편법'을 적용하는 매출채권의 경우에는 다소 독특한 간편한 회계처리가 규정된다. 그러한 회계처리를 적용하는 대상은 아래의 익힘문제 [3]에서 다룬다. 이러한 자산은 최초인식할 때 미래에 수취할 금액(즉, 약속된 대가)으로 측정한다. 유효이자율이 정의되지 않으므로 이자수취액이 있으면 그 금액을 이자수익으로 인식한다. '간편하게' ECL을 측정하는 과정 역시 익힘문제 [3]으로 다룬다.

FVOCI 범주로 분류하는 수취채권과 대여금에는 앞서 설명한 AC 범주에 적용하는 회계처리 전체를 적용하고 추가로 공정가치 평가를 수행한다. 다만, 손상 평가(당기손익 익식)와 공정가치 평가(기타포괄손익 인식)는 동시에 실시하는 회계처리로 간주해 분개는 단일의 결합분개로 실시한다. 한편, FVPL 범주로 분류하거나 혹은 선택한 경우에는 공정가치로 최초인식하면서 거래원가는 당기손익으로 처리하고, 이자수취액을 이자수익으로 인식하며, 손상 평가를 수행하지 않고 기말 공정가치로 측정하여 재무상태표에 보고한다. 평가손익은 물론 당기손익 항목으로 인식한다.

[3] '손상 간편법'을 설명하고 그 대상 매출채권을 설명하라.

'손상 간편법'이란 POCI(취득시 신용이 손상되어 있는 금융자산)가 아님에도, '항상 전체기간 기대신용손실(ECL)에 해당하는 금액으로 손실충당금을 측정'해야 하는 금융자산에 적용하는 회계처리 방법이다. 두 가지 측면에서 간편하게 손상을 평가하는 회계처리이다. 첫째는, 기말에 해당 매출채권의 신용위험이 최초인식 이후 유의적 증가하였는지 여부를 평가하지 않고 바로 전체기간 ECL(기대신용손실)로 손실충당금을 측정한다는 의미에서의 간편방식(simplified approach)이 허용되는 것이다. 둘째, ECL 측정시 실무적 간편측정법(practical expedients)을 사용하는 것이 허용되고 있다. 예를 들어, 충당금설정률표(provision matrix) 등을 사용하는 것이다.

'손상 간편법'을 적용하는 매출채권은 다음과 같다.

① 유의적인 금융요소 평가 결과, 유의적인 금융요소가 포함되지 않은 매출채권
② 평가와 무관하게 유의적인 금융요소가 없는 매출채권
③ '매출거래 개시시점에서 1년 이내에 대금 지급이 예상될 때 허용되는 실무적 간편법'(매출채권의 거래가격에서 유의적인 금융요소를 조정하지 않는 방법)을 적용한 매출채권
④ 유의적인 금융요소가 있지만 전체기간 ECL에 해당하는 금액으로 손실충당금을 측정하는 것을 회계정책으로 선택한 경우 그에 해당하는 모든 매출채권

[4] 매출채권의 손상과 제각을 비교하여 설명하라.

매출채권에 잠재한 신용위험에 따라 매출채권 총장부금액 중 회수하지 못할 것으로 기대하는 금액을 추정하고 장부에 인식하는 것이 손상 회계이다. 즉, 기말 현재 전체기간 기대신용손실(ECL) 혹은 12개월 ECL을 손실충당금으로 인식하는 회계처리이다. 특히, 소액·다수의 단위 외상채권으로 구

성된 집합자산으로서의 매출채권의 경우 많은 단위 채권 전체에 적용되는 손실충당금은 단일 계정으로 운용된다. 그리고 기말 ECL 측정으로 나타난 손실충당금의 변동액을 당기손익 항목인 손상차손 혹은 손상환입으로 인식한다.

한편, 제각(write-off)은 금융자산 전체나 일부의 회수를 합리적으로 예상할 수 없는 경우에 해당 금융자산의 총장부금액을 직접 줄이는 회계처리이다. 즉, 이제 해당 자산의 전체 또는 일부는 더 이상 존재하지 않는다고 마음을 비워야 하는 사건이 발생한 것을 나타낸다. 매출채권 특히 B2C(기업과 최종 소비자간) 거래의 개별 단위 채권의 경우에는 드물지 않게 발생하는 사건이다. 물론 개별 외상채권이 회수되지 않으면 기업으로서는 합리적인 수준에서의 모든 회수노력을 할 것이지만, 제각에 이르는 시간이 짧고 절차가 간단할 수밖에 없다. 매출채권을 제각 할 때는 해당 채권과 그 손실충당금을 함께 감소시킨다. 즉, 손실충당금을 차기하고 매출채권을 대기하는 분개를 수행하는 것이다.

[5] 기말에 적용하는 손상요구사항(즉, [그림 13.1])의 내용을 설명하라.

<아래>에 그 내용을 정리한 제12장의 [그림 12. 1]에 '손상 간편법'을 적용하는 매출채권인지의 여부를 판단하는 부분이 추가된 것이다. 해당 매출채권은 신용위험의 유의적 증가 여부를 평가하는 과정을 우회함을 강조하고 있다. 그런 평가를 거치지 않고 바로 전체기간 ECL(기대신용손실)로 손실충당금을 측정하는 간편방식 의 제시를 포함한 것이다. 한편, 채무증권, 수취채권(물론, '손상 간편법' 적용 매출채권은 제외)과 미수금에는 신용위험의 유의적 증가 여부를 평가하는 과정이 포함된 일반적인 방식이 적용되어, 전체기간 ECL 혹은 12개월 ECL 중 적절한 것으로 손실충당금을 측정한다.

<아래> 손상요구사항(impairment requirement)은 기말에 손상측정을 할 때 어떤 경우에 어떤 ECL을 사용하는지를 정리한 길라잡이로서, 손상 관련 규정을 신용이 이미 손상되었는지 여부에 따라 나누고 다시 다섯 가지 경우로 구분하고 있다.

신용이 이미 손상되지 않은 경우에는, 신용위험의 유의적 증가 여부(즉, 신용위험의 변동(change) 여부)에 따라 ①과 ②를, 그리고 신용위험의 수준(level)에 따라 ③을 구분한다. 이러한 구분과 각 구분 별 손상 관련 규정은 ① '최초 인식 후에 채무증권의 신용위험이 유의적으로 증가'한 경우에는 전체기간 ECL로 손상을 측정하되, 보유 중에 신용이 손상되지 않았다면 이자수익은 유효이자율을 총장부금액에 적용하여 인식한다는 것이다. 그리고 ② '최초 인식 후에 신용위험이 유의적으로 증가'하지 않은 경우에는 12개월 ECL로 손상을 측정하고, 이자수익은 유효이자율을 총장부금액에 적용하여 인식한다는 것이다. 마지막으로 ③ '낮은 신용위험' 간편법의 적용을 선택하는 경우에는 앞의 경우와 동일한 방식으로 손상을 측정하고 이자수익을 인식하는 것이다. 여기서의 간편법 적용 선택이란 보고기간 말에 평가한 신용위험 수준(level)이 낮으며, 아울러 '신용위험이 낮은' 채무증권에 한하여 허용된 '12개월 ECL 측정' 옵션을 선택하는 것을 의미한다.

한편, 신용이 이미 손상된 경우에는 다시 ④, ⑤의 두 가지 채무증권을 구분하여 규정한다. 즉, ④ 보유기간 말 현재, 보유중 신용이 손상된 경우에는 ①의 경우처럼 전체기간 ECL로 손상을 측정하고, 그 후속기간의 이자수익은 유효이자율을 상각후원가에 적용하여 인식한다. 여기서, 상각후원가란 총장부금액에서 손실충당금을 차감한 금액이다. 그리고 ⑤ '최초 인식할 때부터' 신용이 손상되어 있는 경우(POCI)에는 항상 전체기간 ECL의 변동으로 손상을 측정하고, 신용조정 유효이자율을 상각후원가에 적용하여 이자수익을 인식한다.

[6] 금융자산 제거에서 위험·보상접근법, 통제접근법 및 지속적 관여접근법은 각각 어떠한 회계처리인지를 설명하라.

양도 혹은 '문단 3.2.5 양도'된 금융자산은 다시 양도자가 금융자산의 소유에 따른 위험과 보상을 이전 혹은 보유한 정도에 따라 다음의 세 가지로 경우로 나누어 회계처리하는데, 이를 위험보상접근법(risks·rewards approach)이라고 부르기도 한다 : ① 위험과 보상의 대부분을 이전하는 경우, ② 위험과 보상의 대부분을 보유하는 경우, 혹은 ③ 위험과 보상의 대부분을 보유하지도 아니하고 이전하지도 아니하는 경우이다. 그리고 금융자산의 현금흐름에 대한 권리를 양도(혹은 '문단 3.2.5 양도')하면서 금융자산 소유에 수반되는 위험과 보상의 대부분을 이전하는 경우도 아니며 그 대부분을 보유하지도 아니하는 경우에는, 양도자가 당해 금융자산을 통제하는지에 따라 그 회계처리를 달리 하는데, 이를 통제접근법(control approach)이라고도 부른다. 더 나아가, 양도자가 통제 가능할 때 양도자는 당해 금융자산에 대하여 지속적으로 관여하는 정도까지(to the extent of continuing involvement) 그 자산을 계속하여 인식하는데, 이러한 회계처리를 지속적 관여접근법이라고도 부른다.

[7] 금융자산의 권리소멸과 권리양도를 비교하여 설명하라.

권리소멸(expiration)의 예로는 단기매매항목인 금융자산을 활성화된 금융시장에서 매도하거나(정형화된 매도), 채무증권(AC)이나 받을어음의 경우 채권 혹은 어음의 만기가 도래하여 원리금을 상환받거나, 혹은 단기매출채권의 경우 관행적인 혹은 약속된 결제일이 되면 대금을 결제받는 것을 들 수 있다. 한편, 권리양도(transfer)란 금융자산의 현금흐름에 대한 권리와 현금을 교환하는 거래로 해석할 수 있다. 즉, 현금을 대가로 권리를 이전하는 거래이다. 그런데 형식적으로는 양도가 아니지만 실질적으로 현금흐름에 대한 권리를 양도한 거래도 나타날 수 있다. 예를 들면, 기업이 금융자산의 현금흐름을 수취할 계약상 권리는 보유하고 있지만, 그 현금흐름을 하나 이상의 거래상대방에게 지급할 계약상 의무를 부담하는 거래 등으로. 이러한 거래를 수행하는 기업은 현금이 경유되는 실체에 불과하므로 사실상 해당 금융자산을 양도한 것으로 보는 것이다. 본 장에서는 이러한 경유거래(pass-through arrangement)에 따른 양도는 '문단 3.2.5 양도'라고 지칭하고 있다

[8] 금융자산에 따른 위험과 보상의 대부분을 이전하는 양도의 사례를 들어 보라.

양도자가 소유에 따른 위험과 보상의 대부분을 이전하는 경우의 예로는, ① 금융자산을 아무런 조건 없이 매도한 경우와 ② 양도자가 매도한 금융자산을 재매입시점의 공정가치로 재매입할 수 있는 권리를 보유하고 있는 경우를 들 수 있다. 그리고 ③ 양도자가 매도한 금융자산에 대한 콜옵션을 보유하고 있거나 ④ 양수자가 당해 금융자산에 대한 풋옵션을 보유하고 있지만 당해 콜옵션이나 풋옵션이 깊은 외가격상태이기 때문에 만기 이전에 당해 옵션이 내가격상태가 될 가능성이 매우 낮은 경우 등이다.

[9] 금융자산에 따른 위험과 보상의 대부분을 보유하는 양도의 사례를 들어 보라.

양도자가 소유에 따른 위험과 보상의 대부분을 보유하는 경우의 예는 ① 양도자가 매도 후에 미리 정한 가격 또는 매도가격에 양도자에게 금전을 대여하였더라면 그 대가로 받았을 이자수익을 더한 금액으로 양도자산을 재매입하는 거래의 경우와 ② 양도자가 양수자에게 발생가능성이 높은 기대

신용손실의 보상을 보증하면서 단기 수취채권을 매도한 경우를 들 수 있다. 그리고 ③ 유가증권대차계약을 체결한 경우, ④ 시장위험을 다시 양도자에게 이전하는 총수익스왑과 함께 금융자산을 매도한 경우, ⑤ 양도자가 매도한 금융자산에 대한 콜옵션을 보유하고 있거나 양수자가 당해 금융자산에 대한 풋옵션을 보유하고 있으며 당해 콜옵션이나 풋옵션이 깊은 내가격상태이기 때문에 만기 이전에 당해 옵션이 외가격상태가 될 가능성이 매우 낮은 경우 등을 들 수 있다.

[10] 보증을 제공하는 형태로 지속적 관여가 이루어지는 경우에 지속적 관여금액과 관련부채 가액은 각각 어떻게 계산하는지를 설명하라.

보증제공의 형태로 지속적 관여가 이루어지는 경우, 지속적 관여금액은 ① 양도자산의 장부금액과 ② 수취한 대가 중 상환을 요구받을 수 있는 최대금액(즉, 보증금액) 중 작은 금액이다. 그러므로 장부금액 전액에 대한 보증을 제공하면 지속적 관여금액이 장부금액이므로 양도 후에도 전액을 계속 인식하여야 하며, 제거대상 금액은 ₩0이 된다. 그리고 지속적 관여의 정도까지 부분적으로 자산을 계속 인식하는 경우 관련부채도 함께 인식한다. 이때 인식하는 자산과 관련부채 금액은 양도자가 보유하는 권리와 부담하는 의무를 반영하여 측정한다. 예를 들어, 보증을 제공하는 형태로 지속적 관여가 이루어지는 경우의 관련부채는 '보증금액+보증의 공정가치(일반적으로 보증의 대가로 수취한 금액)'으로 최초 인식한다. 그리고 관련부채 중 보증의 최초 공정가치에 해당하는 금액은 후속 기간에 시간의 경과에 따라 당기손익에 반영한다. 관련부채의 후속 공정가치 측정 등 회계처리에는 제15장에서 다루는 금융부채 회계를 적용한다. 후속측정시 양도자산과 관련부채의 공정가치 변동액은 금융자산의 평가손익 반영규정에 따라 각각 일관성 있게 회계처리한다. 즉, 계속 인식되는 양도자산이 상각후원가로 측정되는 경우 관련부채를 당기손익인식금융부채로 지정할 수 없다. 그리고 그 양도자산과 관련부채는 상계하지 아니하며, 양도자산에서 발생하는 수익과 관련부채에서 발생하는 비용 또한 상계하지 아니한다.

[11] 현금흐름표의 '현금'을 정의하라. 그리고 현금및현금성자산의 현금과 현금성자산을 각각 정의하라.

현금흐름표에서는 재무상태표의 현금및현금성자산(cash and cash equivalents)을 그 분석대상인 '현금'으로 정의하고 있다. 즉, 현금뿐 아니라 현금성자산을 아울러 살핌으로써 재무제표이용자에게 기업의 미래현금흐름 창출능력을 판단하는데 유용한 자료를 제공하는 것이다. 이러한 현금및현금성자산 중 현금은 통화뿐 아니라, 유동성이 대단히 높아 사실상 통화로 사용할 수 있는 통화대용증권과 요구불예금을 포함한다. 통화대용증권은 표시액에 해당하는 통화단위로 전환하는데 아무 어려움이 없는 증서이다. 이러한 증서로서는 타인발행수표 외에 송금환, 우편환, 만기가 된 약속어음 등을 들 수 있다. 요구불예금은 지급요청에 따라 현금을 인출할 수 있는 당좌예금과 보통예금을 말한다. 한편, 현금성자산)은 유동성이 매우 높은 단기투자자산으로서, 확정된 금액의 현금으로 전환이 용이하고, 가치변동의 위험이 중요하지 않은 자산으로 정의된다. 따라서 만기일이 단기에 도래하는 투자자산만 현금성자산으로 분류하는데, 예를 들어 취득로부터 만기일이 3개월 이내인 양도성예금증서를 취득하는 경우이다.

[12] 현금의 회계적 관리수단으로 본 장에서 제시하는 내용 중 소액현금제도의 의의를 생각해 보라.

현금은 도난과 횡령의 가능성이 매우 높아서 물리적 통제가 중요하고 입금 및 출금 거래가 매우 잦아서 적정하면서도 효율적인 회계처리를 요구하는 자산이다. 그리고 필요한 수준의 현금잔액을 보유하고 있지 않으면 일상적인 기업경영에 차질을 빚고 필요 이상의 잔액을 보유하면 높은 수익을 보장하는 투자기회를 활용하지 못한다. 따라서 현금의 입금, 출금 및 보관을 통제하고 또한 적절한 수준을 보유하도록 관리하는 회계제도의 역할이 중요하다. 소액현금제도(petty cash fund system)란 일정액의 현금을 금융기관으로부터 인출하여 소액현금관리자가 책임지고 지출을 담당하므로 현금 지출에 대한 통제를 하면서도 업무효율을 증진시킬 수 있는 현금관리제도라고 할 수 있다.

연습문제

[1] 수취채권 - 이자부어음

(1) 처분거래

(차) 장기미수금(어음)	100,000	(대) 토지	80,000
		유형자산처분이익(당기손익)	20,000

[참고] 유효이자율이 연 10%임은 다음 등식의 성립으로 확인할 수 있다.

$$₩100,000 = ₩114,200 \times (1+0.1)^{-3} + ₩114,200 \times 5\% \times \{1-(1+0.1)^{-3}\}/0.1$$

(2) 상각표(금액 ₩) [기초 = 이자기간 초, 기말 = 이자기간 말, 유효이자율이 연 10%]

이자기간	①기초 총장부금액	②이자수익	③이자수취액	④상각액	⑤기말 총장부금액
20×1	100,000	10,000	5,710	4,290	104,290
20×2	104,290	10,429	5,710	4,719	109,009
20×3	109,009	10,901	5,710	5,191	114,200

② 이자수익 = ①기초 총장부금액 × 유효이자율 연 10%

③ 이자수취액 = 액면 ₩114,200 × 표시이자율 연 5%

④ 상각액 = 총장부금액 증가액 = ②이자수익 - ③이자수취액

⑤ 기말 총장부금액 = ①기초 총장부금액 + ④상각액

(3) 20×1년 말 - 이자수익과 손상 인식

(차) 현　　금	5,710	(대) 이자수익	10,000
장기미수금(어음)	4,290		

(차) 손상차손(당기손익)	150	(대) 손실충당금	150

(4) 20×2년 말 - 이자수익과 손상 인식 그리고 유동성 대체

(차) 현　　금	5,710	(대) 이자수익	10,429
장기미수금(어음)	4,719		

(차) 손실충당금	50	(대) 손상환입(당기손익)	50*

* ₩100 - ₩150

(차) 미수금(어음)	109,009	(대) 장기미수금(어음)	109,009

(5) 20×3년 말 - 이자수익 인식, 손상 환입 그리고 만기 상환

(차) 현　　금	5,710	(대) 이자수익	10,901
미수금(어음)	5,191		

(차) 손실충당금 100 (대) 손상환입(당기손익) 100*

* ₩0 − ₩100

(차) 현 금 114,200 (대) 미수금(어음) 114,200

[2] 수취채권 - 무이자부어음

(1) 상각표(금액 ₩) [기초 = 이자기간 초, 기말 = 이자기간 말, 유효이자율이 연 10%]

이자기간	①기초 총장부금액	②이자수익	③이자수취액	④상각액	⑤기말 총장부금액
20×1.7.~20×2.6.	100,000*	10,000	0	10,000	110,000
20×2.7.~20×3.6.	110,000	11,000	0	11,000	121,000

② 이자수익 = ①기초 총장부금액 × 유효이자율 연 10%

③ 이자수취액 = 액면 ₩121,000 × 표시이자율 연 0%

④ 상각액 = ②이자수익 − ③이자수취액

⑤ 기말 총장부금액 = ①기초 총장부금액 + ④상각액

* 유효이자율이 연 10%임은 "₩100,000 = ₩121,000 × $(1+0.1)^{-2}$" 등식의 성립으로 확인할 수 있다.

(2) 20×1년 말 이자수익과 손상 인식

(차) 장기미수금(어음) 5,000 (대) 이자수익 5,000*

* ₩100,000 × 10% × 6/12

(차) 손상차손(당기손익) 170 (대) 손실충당금 170

(3) 20×2년의 이자수익과 손상 인식 그리고 유동성 대체

- 이자수익 - 20×2.1.~20×2.6.

(차) 장기미수금(어음) 5,000 (대) 이자수익 5,000*

* ₩100,000 × 10% × 6/12

- 이자수익 - 20×2.7.~20×2.12.

(차) 장기미수금(어음) 5,500 (대) 이자수익 5,500*

* ₩110,000 × 10% × 6/12

[참고] 이 문제에서는 상반기와 하반기 이자수익을 기말에 병합하여 처리하여도 무방하다.

- 손상 인식

(차) 손실충당금 105 (대) 손상환입(당기손익) 105*

* ₩65 − ₩170

- 유동성 대체 (20×2년 말 현재, 장기미수금의 만기는 12개월 이내)

(차) 미수금(어음) 115,500 (대) 장기미수금(어음) 115,500*

* ₩100,000 + ₩5,000 + ₩5,000 + ₩5,500

(4) 20×3년 6월 말 - 이자수익 인식, 손상 환입 그리고 만기 상환

(차) 미수금(어음) 5,500 (대) 이자수익 5,500

* ₩110,000 × 10% × 6/12

[참고] 유효이자율법에 의한 이자수익은 이자기간별로 인식한 금액이어야 한다. 즉, 상각표 상의 금액이어야 한다. 그러므로 회계기간 별로 인식하면 원칙에서 벗어나게 된다. 다시 말해, 위의 계산 대신, 20×3년 초의 총장부금액 ₩115,500을 이용하여 이자수익을 ₩5,775(= ₩115,500 × 10% × 6/12)으로 산정하면 아니 된다.

(차) 손실충당금	65	(대) 손상환입(당기손익)	65*

* ₩0 − ₩65

(차) 현 금	121,000	(대) 미수금(어음)	121,000

[3] 매출할인과 어음거래

거래일	순액법				총액법			
	(차)		(대)		(차)		(대)	
(1)	매출채권	99,000	매 출	99,000	매출채권	100,000	매 출	100,000
(2)	현 금	59,400	매출채권	59,400	현 금 매 출	59,400 600	매출채권	60,000
(3)	현 금	30,000	매출채권 이자수익	29,700 300	현 금	30,000	매출채권	30,000
	매출채권	100	이자수익	100				
(4)	장기매출채권 (어음)	10,000	매출채권	10,000	순액법과 동일한 분개			

[4] 손상 평가 – 단일기대신용손실률을 적용한 간편측정법

(1) 20×1년 말의 손상 평가

20×1년 말의 전체기간 ECL은 ₩1,000(=₩100,000 × 1%)이다. 이 금액을 기말 손실충당금으로 인식한다. 손실충당금의 기말 잔액에서 손상 평가 전 잔액을 차감한 금액을 손상차손·환입으로 인식한다. 영업 첫해인 20×1년의 경우 평가 전의 잔액은 ₩0이므로 손상차손은 ₩1,000(= ₩1,000 − ₩0)이다.

(차) 손상차손(당기손익)	1,000	(대) 손실충당금	1,000

(2) 20×2년 봄의 전기 매출채권의 제각

제각 대상 금액이 손실충당금 잔액을 초과하므로, 초과액은 손상차손으로 인식한다.

(차) 손실충당금	1,000	(대) 매출채권	1,500
손상차손(당기손익)	500		

(3) 20×2년 말의 손상 평가

20×2년 말의 전체기간 ECL은 ₩1,700(=₩170,000 × 1%)이다. 손실충당금은 손상 평가 전에 그 잔액이 전액 제각으로 제거되었다. 따라서, ₩1,700 전액이 손상차손으로 인식된다.

(차) 손상차손(당기손익)	1,700	(대) 손실충당금	1,700

[5] 손상 평가 – 연체 기간군에 적용한 충당금설정률표

(1) 20×1년 손상 평가시 작성한 '연체 기간군에 적용한 충당금설정률표'는 다음과 같다.

연체 기간군(群)	총장부금액	전체기간 ECL률	전체기간 ECL
0일 (만기도래 전)	₩110,000	0.2%	₩220
30일 이내	40,000	0.5%	200
31 ~ 60일	30,000	1.0%	300
61 ~ 90일	15,000	3.0%	450
90일 초과	5,000	10.0%	500
합　계	₩200,000		₩1,670

기말 전체기간 ECL 측정액 ₩1,670을 20×1년 말의 손실충당금 잔액으로 인식한다.

(2) 20×2년 봄의 전기 매출채권의 제각

제각 대상 금액이 손실충당금 잔액을 초과하므로, 초과액은 손상차손으로 인식한다.

(차) 손실충당금	1,670	(대) 매출채권	2,000
손상차손(당기손익)	330		

(3) 20×2년 가을, 제각된 매출채권의 추후 회수

(차) 현　금	100	(대) 손실충당금	100

(4) (1) 20×1년 손상 평가시 작성한 '연체 기간군에 적용한 충당금설정률표'는 다음과 같다.

연체 기간군(群)	총장부금액	전체기간 ECL률	전체기간 ECL
0일 (만기도래 전)	₩125,000	0.2%	₩250
30일 이내	55,000	0.5%	275
31 ~ 60일	40,000	1.0%	400
61 ~ 90일	25,000	3.0%	750
90일 초과	5,000	10.0%	500
합　계	₩250,000		₩2,175

기말 전체기간 ECL 측정액 ₩2,175에서 손상 평가 직전의 손실충당금 잔액을 차감한 금액을 손상 차손・환입으로 인식한다. 평가 직전 잔액은 ₩100이었다. 제각으로 기초 잔액이 전액 제거되었다가 ₩100이 회복되었기 때문이다. 다음과 같이 손상차손을 인식한다.

(차) 손상차손(당기손익)	2,075	(대) 손실충당금	2,075

(5) 20×2년 말 재무상태표 보고

매출채권	₩250,000	
손실충당금	(2,175)	₩247,825

[6] 어음의 추심

(1)	(차) 현 금	50,000	(대) 받을어음*	50,000
(2)	(차) 부도어음	50,200	(대) 받을어음	50,000
			현 금	200
(3-1)	(차) 손실충당금	50,200	(대) 부도어음	50,200
(3-2)	(차) 현 금	50,200	(대) 부도어음	50,200

* 혹은 매출채권(어음)도 무방함

[7] 팩터링 – 상환청구불가능 대 상환청구가능

(1) 상환청구 불가능 조건의 팩터링

위험·보상의 대부분을 이전한 거래이다. 매도(즉, 처분)에 따라 팩터링한 자산을 제거한다. 분개는 다음과 같다.

(차) 현 금	97,000	(대) 매출채권	100,000
매출채권처분손실	3,000		

(2) 상환청구 가능 조건의 양도

위험·보상의 대부분을 보유하는 거래이다. 팩터링한 자산을 제거하지 않고 그대로 둔다. 수취한 현금은 금융부채인 단기차입금으로 인식한다. 분개는 다음과 같다.

(차) 현 금	98,000	(대) 단기차입금	100,000
팩터링수수료비용	2,000		

[8] 지속적관여

(1) 팩터링거래

- 지급보증으로 인하여 위험·보상이 대부분 이전되지도 대부분 보유되지도 않는 거래이다. 그리고 (주)완구팬시가 실질적 통제를 상실한 거래도 아니다. 지속적 관여법으로 처리한다.
- (주)르팩토르파이낸스의 내규를 따르자면, 다음 두 단계로 나누어 처리하는 셈이다.

① 수수료 ₩5,000을 납입하는 거래

분개는 다음과 같다.

(차) 팩터링수수료비용	5,000	(대) 현 금	5,000

② 지급보증공정가치를 포함하여 ₩102,000을 받는 거래

- 이때 지속적 관여 금액은 ₩10,000(=장부금액 ₩100,000과 수취한 대가 중 상환을 요구받을 수 있는 최대금액인 보증금액 ₩10,000 중 작은 금액)이다. 따라서 양도 자산의 장부금액 중 지속적 관여금액 ₩10,000은 계속 인식하고, 나머지에 해당하는 ₩90,000은 제거한다.
- 또한 팩터링계약에 따라 부담하는 추가적 의무를 지급보증부채로 기록한다. 그 최초 인식액은 ₩12,000(=지급보증금액 ₩10,000+지급보증의 공정가치 ₩2,000)이다.
- (주)르팩토르파이낸스로부터 현금 ₩102,000을 받으므로 분개는 다음과 같다.

(차) 현 금	102,000	(대) 매출채권	90,000
		지급보증부채	12,000

※물론 (주)완구팬시의 입장에서는 위 두 거래를 결합하여 다음과 같은 단일 분개로 표시하는 것이 편리하다.

(차)	현 금	97,000	(대) 매출채권	90,000
	팩터링수수료비용	5,000	지급보증부채	12,000

• 팩터링한 수취채권 중 ₩10,000 해당액이 계속 인식되므로 이를 다음과 같이 '지속적관여자산'으로 대체하는 것이 바람직할 것이다.

(차)	지속적관여자산	10,000	(대) 매출채권	10,000

(2) 외상대금이 전액 회수된 경우

• (주)르팩토르파이낸스가 팩토링된 채권의 대금을 전액 회수한 경우, (주)완구팬시는 더 이상 지속적 관여를 할 필요 없는 채권을 제거하고 또한 지급보증부채 역시 해소되었음을 다음과 같이 기록한다.

(차)	지급보증부채	12,000	(대) 지속적관여자산	10,000
			지급보증수익	2,000

• (주)르팩토르파이낸스는 신용손실 위험을 회피하기 위하여 ₩2,000의 웃돈(수수료 감액의 형태)을 (주)완구팬시에 지급하였던 것이다. 사후적으로 (주)완구팬시로서는 횡재를 만난 셈이다.

(3) 만일, 외상대금 중 ₩5,000이 제각된 경우

• 설명의 편의를 위하여 채무불이행 사건이 발생한 금액은 도저히 현금화할 수 없어 제각된 금액으로 해석한다. 그리고 손실충당금 설정 관련내용은 일단 무시한다.

• (주)완구팬시로서는 그야말로 횡액을 당한 셈이다. 받을권리인 매출채권도 사라지고, 또한 계약에 따라 현금 ₩5,000을 (주)르팩토르파이낸스에 정산하여야 한다. 정산시 지급보증부채는 해소된다. 분개는 다음과 같다.

(차)	지급보증부채	12,000	(대) 지속적관여자산	10,000
	지급보증손실	5,000	현 금	5,000
			지급보증수익	2,000

[9] 받을어음의 제거 (2023년 공인회계사 2차 기출문제 변형)

(1) 12월 1일:	(차) 현 금	602,700	(대) 단기차입금	602,700

어음의 만기가치 = ₩600,000 × (1+5% × 6/12) = ₩615,000
처분시 어음의 할인료 = ₩615,000 × 6% × 4/12 = ₩12,300
처분시 현금 유입액 = ₩615,000 − ₩12,300 = ₩602,700

12월 31일:	(차) 미수이자	7,500	(대) 이자수익	7,500
	이자비용	3,075	단기차입금	3,075

20×1년 말 받을어음 표시이자수익 = ₩600,000 × 5% × 3/12 = ₩7,500
20×1년 말 단기차입금 이자비용 = ₩615,000 × 6% × 1/12 = ₩3,075

(2) 2월 1일:

	차변	금액	대변	금액
(차)	미수이자	2,500[1)]	(대) 이자수익	2,500
	현 금	608,850[2)]	미수이자	10,000[3)]
	매출채권처분손실	1,150[4)]	매출채권	600,000

1) 1개월치 어음 미수이자 = ₩600,000 × 5% × 1/12 = ₩2,500
2) 처분시 현금유입액은 다음과 같이 계산된다.
어음의 만기가치 = ₩600,000 × (1 + 5% × 6/12) = ₩615,000
처분시 어음의 할인료 = ₩615,000 × 6% × 2/12 = ₩6,150
처분시 현금 유입액 = ₩615,000 − ₩6,150 = ₩608,850
3) 2월 1일까지 누적된 미수이자금액 = ₩600,000 × 5% × 4/12 = ₩10,000
4) 매출채권처분손실 = ₩608,850 − (₩600,000 + ₩10,000) = ₩1,150

[10] 소액현금과 은행계정조정

① 소액현금	₩10,000
② 조정 후 당좌예금	73,000*
③ 현금성자산	30,000
현금및현금성자산	₩113,000

* 장부상 당좌예금 잔액 ₩71,000 + 미통지예금 ₩5,000 − 미통지인출 ₩3,000

제14장 특수한 지분투자와 영업권

익힘문제

[1] 지분투자를 피투자기업의 경영에 미치는 영향력의 크기에 따라 네 가지 종류로 구분하고 각각에 적용하는 회계처리의 특징을 설명하라.

① 종속기업투자

지배력이란 기업이 경제적 효익을 얻고자 다른 기업의 재무정책과 영업정책을 결정할 수 있는 능력을 의미하는데, 지배력 획득의 결과로 그 기업은 지배기업(the parent)이 되고 다른 기업은 종속기업(subsidiary)이 된다. 일반적으로 지배기업은 다른 기업 의결권의 과반수를 소유하는 경우 지배력을 획득한다. 지배기업은 재무보고를 수행할 때 자신과 모든 종속기업들의 재무적 내용을 연결시킨다.

② 공동기업투자

공동기업(joint venture)에 대한 공동지배력을 획득하는 지분투자이다. 공동지배력(joint control)은 해당 공동기업의 이익에 유의적인 영향을 미치는 활동을 수행할 때 지배력을 공유하는 투자자들 전원의 동의를 요구하는 경우에만 존재하는데, 이들 투자자를 공동기업참여자라고 부른다. 공동기업참여자(joint venturer)로서의 투자기업은 그의 지분투자에 지분법(equity method)을 적용하여 회계처리한다.

③ 관계기업투자

관계기업(associate)은 지분투자의 결과로 투자기업이 유의적인 영향력을 행사할 수 있게 된 피투자기업이다. 여기서의 유의적인 영향력(significant influence)이란 투자를 수행한 기업이 피투자 기업의 재무정책과 영업정책에 관한 의사결정에 실질적인 영향을 미칠 수 있는 능력을 말하는데, 일반적으로 투자자가 피투자자 의결권의 20% 이상을 소유하면 유의적인 영향력이 있는 것으로 본다. 관계기업투자에는 지분법을 적용한다.

④ 금융자산

지배력, 공동지배력 혹은 유의적인 영향력을 획득하지 못하는 단순한 지분투자이다. 제12장의 금융자산회계를 적용한다.

[2] 연결재무제표, 별도재무제표 및 개별재무제표는 어떤 기업이 보고하는 재무제표인지를 설명하라.

지배기업은 그가 지배하는 연결실체의 재무적 내용을 연결재무제표(consolidated financial statements)를 통하여 보고한다. 지배기업은 다양한 지분투자 활동을 통하여 ① 하나 이상의 종속기업을 거느릴 뿐 아니라, ② 공동기업에의 참여, ③ 관계기업에의 투자, ④ 금융자산 투자를 수행하기도 한다. 이런 지배기업은 그 연결재무제표에 ①을 연결시키고, ②와 ③에 지분법을 적용하여 보고하고, ④를 제11장의 회계처리를 적용하는 금융자산으로 보고한다. 또한, 지배기업은 관련 법규에서의 요구 또는 자신의 결정에 따라 별도재무제표를 작성하기도 한다. 별도재무제표(separate financial statements)는 ①, ② 및 ③을 피투자기업의 성과·순자산에 근거하지 않고 직접적인 지분투자에 근거한 회계처리로 표시한 재무제표이다. 구체적으로는 ①, ② 및 ③에 첫째, 원가법, 둘째, 제12장의 금융자산 회계, 셋째, 지분법 중 한 가지 회계처리를 선택하여 적용한다.

종속기업을 가지지 않은 기업이거나 혹은 다른 기업의 종속기업은 개별재무제표를 통하여 그의 재무적 내용을 보고한다. 이러한 기업은 지분투자를 연결재무제표와 동일하게 회계처리하여 표시한다. 즉, ②와 ③에는 지분법을 적용하고, ④는 금융자산으로 보고하는 것이다.

[3] 지분투자는 그 종류에 따라 각각 연결재무제표, 별도재무제표 및 개별재무제표에 어떻게 보고하는지를 설명하라.

본 장에서 다루는 특수한 지분투자의 재무보고는 <표 13.1>을 전재한 다음 표와 같이 정리된다.

특수한 지분투자	영향력 정도	연결재무제표·개별재무제표 적용 회계	별도재무제표 적용 회계
종속기업투자	지배력	연결	원가법, 제12장의 금융자산회계, 지분법 중 한 가지
공동기업투자	공동지배력	지분법	
관계기업투자	유의적인 영향력	지분법	

[4] 유의적인(중대한) 영향력을 행사할 수 있다는 개념을 어떻게 설명할 수 있겠는가?

유의적인 영향력(significant influence)이란 다음과 같은 경우에서 보듯이 투자기업이 피투자기업의 재무정책과 영업정책에 관한 의사결정에 참여할 수 있는 능력을 말하며, 그러한 정책에 대한 지배력이나 공동지배를 의미하지는 않는다.

① 유의적인 영향력이 없다는 사실을 명백하게 제시할 수 없는 한, 투자기업이 직접 또는 자신의 종속기업을 통하여 간접으로 피투자기업에 대한 의결권의 20% 이상을 소유하고 있는 경우
② 투자기업이 직접 또는 자신의 종속기업을 통하여 간접으로 피투자기업에 대한 의결권의 20% 미만을 소유하고 있더라도 유의적인 영향력이 있다는 사실을 명백하게 제시할 수 있는 경우
③ 일반적으로 유의적인 영향력이 있다고 보는 다음 중 하나 이상에 해당하는 경우
 i) 피투자기업의 이사회나 이에 준하는 의사결정기구에 참여
 ii) 배당이나 다른 분배에 관한 의사결정에 참여하는 것을 포함하여 정책결정과정에 참여
 iii) 투자기업과 피투자기업 사이의 중요한 거래
 iv) 경영진의 상호 교류
 v) 필수적 기술정보의 제공

[5] 지분법은 어떤 요건을 갖추었을 때 적용하는 회계처리인가? 수익인식 측면에서 원가모형 및 공정가치모형과 비교하여 설명하라. 이때 경영자의 이익조정행위에 어떠한 영향을 미칠 것인지도 함께 고려하라.

유의적인 영향력을 행사하면 투자기업이 자기의 경영의지와 정책에 따라 법률적으로는 다른 기업인 피투자기업을 마치 자신의 사업부서처럼 운용한다고 간주할 수 있다. 이렇듯 수익창출거래가 사실상 사업부서에 의하여 이루어진다는 경제적 실질을 반영하는 회계처리가 필요하다. 이러한 필요에 따라 적용하는 회계처리가 지분법으로서 그 요점은 피투자기업이 수행한 거래에 따른 재무적 성과를 투자기업이 직접 달성한 재무적 성과로 취급한다는 것이다. 그리고 피투자기업 부의 창출(wealth creation)시점에 가치증가를 인식하는 데 초점을 맞추는 회계라고 할 수 있다. 반면, 원가모형은 피투자기업이 배당을 선언할 때 배당금수익을 인식하는 모형이다. 그런 면에서는 부의 배분시점에 가치증가를 인식하는데 초점을 맞추고 있다고 볼 수 있다. 지분법은 이렇듯 유의적인 영향력을 행사할 수 있는 주식투자에 따른 효익을 보다 정밀하게 나타낼 수 있는 회계방법일 뿐만 아니라, 투자기업이 자기의 이익을 조정하기 위하여 피투자기업의 배당정책에 관여하거나 혹은 피투자기업과 특정한 조건의 내부거래를 수행하고자 하는 유인을 가지는 것을 미연에 방지하는 회계방법이기도 하다.

한편, 공정가치모형은 부의 창출시점에 가치증가를 인식한다는 점에서 지분법과 유사하다고 주장할 수도 있다. 다만, 유의적인 영향력을 행사하는 피투자기업의 가치에 대한 공정가치가 모든 경우에 일반적으로 신뢰성이 있을지는 확실하지 않다. 그 공정가치에 투자기업 경영의지와 정책이 반영되기 때문이다.

[6] 지분법회계에서 취득원가와 피투자기업의 순자산장부금액에 대한 투자기업의 지분액 간 차이를 구성하는 두 부분의 성격에 대해서 기술하고, 각각에 대한 회계처리를 설명하라.

지분법을 적용할 때는 취득원가를 다음과 같이 구분하여 파악하는데, 순자산공정가치란 식별가능한 자산의 공정가치 합계액에서 식별가능한 부채의 공정가치 합계액을 차감한 금액이다.

$$
\begin{aligned}
&\text{취득원가} - \{\text{순자산장부금액} \times P\} \\
&\quad = \text{①}\ [\text{취득원가} - \{\text{순자산공정가치} \times P\}] \\
&\quad\ \ + \text{②}\ [\{\text{순자산공정가치} \times P\} - \{\text{순자산장부금액} \times P\}]
\end{aligned}
$$

* P는 지분율

위의 ① 금액은 취득원가가 상대적으로 큰 경우 '영업권 해당액'이고 상대적으로 작은 경우 '부(負, 즉 minus)의 영업권 해당액'이다. 이렇듯 '해당액'이라고 표현한 것은 이 금액을 별도의 자산계정 등에 분리하여 기록하지 않고 후속처리를 위해 파악만 해 두기 때문이다. 그리고 '영업권 해당액'은 상각하지 않으며, '부의 영업권 해당액'은 염가매수차익으로서 지분법적용투자를 수행한 연도에 당기손익으로 인식한다. 한편 ②는 지분법손익을 인식할 때 추가 감가상각 등의 형식으로 반영한다.

[7] 지분법회계에서 피투자기업의 순자산 변동을 반영하는 절차, 즉 지분변동액의 인식에 대해서 요약하라.

취득시점 이후에 발생한 피투자기업의 당기순손익 중 투자기업의 지분에 해당하는 금액을 지분법적용투자 장부금액에 가감한다. 즉, 피투자기업의 당기순손익 중 투자기업의 지분상당액은 투자기업의 당기순손익(지분법손익)으로 인식한다. 피투자기업에게서 받은 분배액은 투자자산의 장부금액에서 차감한다. 피투자기업의 순자산변동이 기타포괄손익의 증감으로 발생하는 경우에도 그러한 자본변동분 중 자신의 지분에 해당하는 금액을 투자자산의 장부금액에 반영하는 것이 필요할 수 있다. 기타포괄손익이 발생하는 경우의 예로서는, 피투자기업이 채권투자(FVOCI)를 수행하고 공정가치 평가손익을 인식하는 것을 들 수 있다. 이러한 피투자기업의 기타포괄손익 인식액 중 투자기업의 지분은 투자기업의 지분법기타포괄손익으로 인식한다.

[8] 사업결합에서 인식한 영업권과 내부적으로 창출한 영업권의 유사점 및 상이점을 설명하라.

영업권(goodwill)이란 사업(혹은 기업)에 내재된 무형의 자원으로서, 그 가치는 해당 사업의 공정가치가 그에 속하는 순자산의 공정가치를 초과하는 금액에 해당한다. 제10장에서 살펴보았듯이 이러한 자원은 내부적으로 창출한 영업권으로서 일반적으로 자산의 요건을 충족하지 못한다. 그런데 사업결합거래의 당사자들은 이러한 자원의 공정가치를 측정하고 나서 그 가치를 감안하여 거래를 한다. 거래가 성사되었다는 것은 영업권을 식별하고 분리하여 측정하였음을 시사한다. 그러하기에 합병회계에서는 취득자가 합병일에 측정한 영업권을 자산으로 인식한다. 한편, 연결회계에서는 지배기업은 취득일에 영업권 가액을 측정하지만, 그 가액을 '종속기업투자'의 일부로 포함하여 기록한다. 즉, 취득일은 영업권 측정일이지만 그 인식일은 아닌 것이다. 그리고 지배기업은 연결재무제표를 작성하는 과정에서 '종속기업투자'로부터 영업권을 분리하여 보고한다. 이는 연결실체 자산의 하나로서 취득일에서의 측정액을 근거로 보고한다.

[9] 영업권의 취득원가를 어떻게 측정하는지를 설명하라. 그리고 염가매수차익의 측정에 대해서도 함께 고려하라.

취득자가 인식하는 영업권의 취득원가는 취득일 현재 다음 (1)이 (2)를 초과한 금액으로 측정한다.

(1) 다음의 합계금액('사업결합대가')
  ① 이전대가로써 일반적으로 취득일의 공정가치
  ② 피취득자에 대한 비지배지분의 금액
  ③ 단계적으로 이루어지는 사업결합의 경우 취득자가 이전에 보유하고 있던 피취득자에 대한 지분의 취득일 공정가치

(2) 식별가능한 취득 자산과 인수 부채의 순액
  만일 (2)가 (1)을 초과하는 사업결합이 발생하면, 모든 취득 자산과 인수 부채를 정확하게 식별하였는지, 그리고 위 (1)의 모든 사항에 대해 그 금액을 측정하는데 사용한 절차를 재검토하고 그래도 남는 부분이 있다면 그 차익인 염가매수차익은 취득일에 당기이익으로 인식한다.

[10] 영업권의 손상차손 인식 및 측정에 대해서 정리하라.

영업권은 상각하지 않는 대신 첫째, 매년 그리고 둘째, 손상을 시사하는 징후가 있을 때마다 손상검사를 실시한다. 즉, 연 1회 이상 손상검사를 실시한 후 영업권은 취득원가에서 손상차손누계액을 차감하여 측정한다. 이러한 회계처리는 내용연수가 비한정인 무형자산에 적용하는 절차와 동일하다. 그런데 영업권은 분리하여 식별하는 것이 불가능한 자산이므로 영업권의 손상파악은 영업권을 반영한 현금창출단위(cash generating unit)에 대한 손상검토의 일부로만 수행될 수밖에 없다. 따라

서, 해당 현금창출단위의 손상차손이 파악된 경우 이를 우선적으로 영업권의 손상으로 간주한다. 영업권이 배분된 현금창출단위의 회수가능액은 그 '처분부대원가를 차감한 공정가치'와 사용가치 중 큰 금액이다. 그 회수가능액이 장부금액에 미달하는 경우에는 손상차손을 인식한다. 손상차손은 다음과 같은 순서로 배분하여 현금창출단위(또는 그 집단)에 속하는 구성자산의 장부금액을 감소시킨다: ① 배분된 영업권의 장부금액을 감액 그리고 ② 다른 구성자산들 각각의 장부금액에 비례하여 배분. 이때 개별 자산은 다음 중 가장 큰 금액 이하로 감액시킬 수 없으며, 그 제약에 따라 특정 자산에 배분되지 않는 손상차손은 현금창출단위(또는 그 집단) 내의 다른 자산에 각각 장부금액에 비례하여 배분한다: ① 개별 자산 '처분부대원가를 차감한 공정가치'(결정가능한 경우), ② 개별 자산 사용가치(결정가능한 경우), 그리고 ③ ₩0이다. 한편, 영업권에 대해 인식한 손상차손은 후속기간에 그 회복을 인식할 수 없다.

[11] 초과이익평가모형의 의의를 설명하라.

사업결합 거래의 성사에 앞서 무엇보다 거래 당사자들 간에 거래대상인 기업(또는 사업)의 가치에 대한 합의가 이루어져야 한다. 여기서 기업의 가치란 기업의 관리대상인 순자산의 총체적 가치이다. 이 가치에서 순자산의 공정가치를 차감하면 그 기업 전체에 귀속하는 영업권 해당액이 된다. 그러므로 실무적으로 기업의 가치 혹은 영업권 가치를 측정할 필요성이 대두된다. 「기업회계기준서」 제1103호 '사업결합'은 필요에 따라 합리적인 가치평가기법을 사용할 수 있음을 시사하고 있다. 그러한 평가기법의 하나로서 사용할 수 있는 기업이 초과이익평가모형이다. 피취득기업의 가치를 산정하는 과정이 곧 이론적인 영업권 측정과정임은 초과이익평가모형에 의하여 잘 포착되고 있기 때문이다. 이 모형에서 피취득기업 주식가치는 측점시점 순자산의 공정가치와 미래시점 초과이익의 현재가치의 합으로 나타난다. 초과이익을 발생시키는 원천이 영업권이므로 초과이익 현재가치의 합이 바로 이론적인 영업권 가치에 해당함을 알 수 있다.

연습문제

[1] 사업결합과 영업권

(1) 합병회계 : (주)피일은 해산되었다.

(차) 제 자산	150,000	(대) 제 부채	80,000
영업권*	5,000	현 금	75,000

* ₩5,000(= 합병대가 − 순자산공정가치 = ₩75,000 − ₩70,000)

내 역	(주)투일전자		
	합병전	합병과정	합병후
제 자산	₩200,000	+₩150,000 − ₩75,000	₩275,000
영업권		+5,000	5,000
제 부채	₩140,000	+₩80,000	₩220,000
자본(순자산)	60,000	0	60,000

(2) 연결회계

(차) 종속기업투자	75,000	(대) 현 금	75,000

내 역	(주)투일전자		
	인수전	인수과정	인수후
제 자산	₩200,000	−₩75,000	₩125,000
종속기업투자		+₩75,000	75,000
제 부채	₩140,000		₩140,000
자본(순자산)	60,000		60,000

(3) • (주)투일전자는 인수일에 '종속기업투자'에 포함된 영업권 가액 ₩5,000을 비망기록한다. 즉, 영업권은 지배기업과 종속기업 회계장부 어디에도 기록하지 않는다.
비망기록 내용은 (주)투일전자가 보고기간 말에 연결재무제표를 작성하는 과정에서 활용하며, 영업권은 연결재무상태표에 연결실체의 자산으로 표시한다.

• 인수일에 (주)투일전자는 그 자산의 하나로 종속기업투자를 장부에 기록한다. 그러나 이 자산은 연결과정에서 그 재무적 내용을 구성하는 항목으로 나누어 보고되므로 연결재무상태표의 한 항목으로 표시되지 않는다.
(주)투일전자가 별도재무제표를 작성한다면, 종속기업투자를 해당 재무상태표에 자산의 하나로 표시한다.

[2] 지분법

(1) 지분법에 따른 일자별 분개

20×7년 초:	(차) 지분법적용투자	100,000	(대) 현 금	100,000

20×7년 말:	(차) 지분법적용투자	24,000	(대) 지분법이익(당기손익)	24,000
20×8년 초:	(차) 현 금	16,000	(대) 지분법적용투자	16,000
20×8년 말:	(차) 지분법손실(당기손익)	10,000	(대) 지분법적용투자	10,000
20×9년 초:	(차) 현 금	95,000	(대) 지분법적용투자	98,000*
	처분손실(당기손익)	3,000		

* ₩100,000 + ₩24,000 − ₩16,000 − ₩10,000

(2) 원가법에 따른 일자별 분개

20×7년 초:	(차) 매도가능금융자산	100,000	(대) 현 금	100,000
20×7년 말:	분개 없음			
20×8년 초:	(차) 현 금	16,000	(대) 배당금수익(당기손익)	16,000
20×8년 말:	분개 없음			
20×9년 초:	(차) 현 금	95,000	(대) 매도가능금융자산	100,000
	처분손실(당기손익)	5,000		

[3] 지분법

(1) <취득> (차) 지분법적용투자 750,000 (대) 현 금 750,000

<지분법적용에 필요한 자료정리>

취득원가	=	₩750,000
순자산 장부금액(₩1,000,000)×0.3	=	(300,000)
차 액	=	₩450,000
건 물: ₩500,000×0.3	=	(150,000)
토 지: ₩500,000×0.3	=	(150,000)
영업권 해당액:		₩150,000

(2) 20×7년도 보고기간 말 분개

<순자산변동>	(차) 지분법적용투자	240,000*	(대) 지분법이익(당기손익)	240,000
<건물상각>	(차) 지분법이익(당기손익)	6,000**	(대) 지분법적용투자	6,000
<내부거래>	(차) 지분법이익(당기손익)	3,000***	(대) 지분법적용투자	3,000

* 피투자회사 당기순이익 ₩800,000 × 0.3
** (₩500,000÷25년) × 0.3
***(₩70,000 − ₩60,000) × 0.3

[4] 지분법

(1) 분개

<취득>

(차) 지분법적용투자 200,000 (대) 현 금 200,000

<현금배당 지급>

(주)피사는 중간배당 지급시점에서 다음과 같은 분개를 수행하였을 것이다.

(차) 이익잉여금 100,000 (대) 현 금 100,000

(주)투사벨트의 입장에서는 이러한 배당 중 지분액의 수취는 그 지분해당액인 ₩20,000만큼의 투자회수에 해당한다.

(차) 현　　금	20,000*	(대) 지분법적용투자	20,000

* ₩100,000×20% = ₩20,000

<당기순이익>

관계기업인 (주)피사가 20×7년의 영업으로 ₩220,000의 당기순이익을 실현하였다고 보고하면 투자기업인 (주)투사벨트는 그 20% 해당액만큼 투자에 따른 당기이익의 실현을 기록한다. 이 때 다음과 같은 분개로 투자주식의 가치 역시 증가하였음을 기록한다.

(차) 지분법적용투자	44,000	(대) 지분법이익(당기손익)	44,000

<기타포괄손익 등>

피투자자인 (주)피사는 미실현이익인 채무증권(FVOCI)에 따른 평가이익 ₩30,000을 기타포괄손익으로 처리하였다. 이 역시 투자기업의 순자산가액을 증가시킨다. (주)투사벨트는 그 20%인 ₩6,000에 해당하는 투자가치 증가와 이익 발생을 기록한다. 다만, 이는 관계기업의 미실현이익에 따른 결과이므로 지분법이익으로 계상하지 못하고, 다음과 같이 기타포괄손익에 반영한다.

(차) 지분법적용투자	6,000	(대) 지분법기타포괄이익(기타포괄손익)	6,000

<전기이월이익잉여금의 증가>

(주)피자빌딩은 20×7년의 회계변경에 따라 전기이월이익잉여금을 ₩50,000만큼 증가시켰다. 이에 따라 다음 분개에서와 같이 그 20%에 해당하는 ₩10,000만큼 투자주식의 가치가 증가하고 또한 투자기업의 전기이월이익잉여금이 증가한다.

(차) 지분법적용투자	10,000	(대) 지분법이익잉여금변동	10,000

[참고] 회계변경은 제25장에서 다룬다.

<공정가치와 장부금액 간의 차액 상각>

공정가치와 장부금액 간에 차이를 나타내는 세부 자산과 부채는 건물뿐인데, 그 공정가치가 장부금액을 ₩300,000 초과한다. 따라서 그에 따른 차액은 ₩60,000(=₩300,000 ×20%)이다. 건물은 향후 6년에 걸쳐 정액법으로 감가상각하고, 감가상각 후 잔존가액은 ₩0이라고 가정함에 따라 분개는 다음과 같다.

(차) 지분법이익(당기손익)	10,000*	(대) 지분법적용투자	10,000

* 추가적인 감가상각비 : ₩60,000 ÷ 6년 = ₩10,000

<내부거래 손익의 제거>

(주)투사벨트가 보고한 토지처분이익 중 지분율 해당액 ₩2,000(=₩10,000×20%)은 외부에 토지를 매각할 때까지 인식하지 않아야 한다. 관련 제거분개는 다음과 같다.

(차) 지분법이익(당기손익)	2,000	(대) 지분법적용투자	2,000

<손상차손 인식>

지분투자와 관련된 모든 분개를 수행한 후 (주)투사벨트의 20×7년 말

지분법적용투자의 장부금액은 ₩228,000(=취득가액 ₩200,000 − 배당 ₩20,000 + 당기순이익

₩44,000 + 지분법기타포괄이익 ₩6,000 + 전기이월이익잉여금 증가 ₩10,000 − 추가 감가상각비 ₩10,000 − 내부거래 이익 제거 ₩2,000)

따라서 손상차손은 ₩68,000(= 장부금액 ₩228,000 − 회수가능액 ₩160,000)이며, 다음 분개로 인식한다.

(차) 손상차손(당기손익) 68,000 (대) 지분법적용투자 68,000

(2) 포괄손익계산서

당기순이익	₩(36,000)*
기타포괄이익	6,000
총포괄이익	₩(30,000)

* 관계기업의 당기순이익 ₩44,000 − 공정가치와 장부금액 간의 차액상각 ₩10,000 − 내부거래로 인한 미실현손익 제거2,000 − 손상차손 68,000

(3) 손상차손을 반영한 최종 장부금액이므로, ₩160,000(= ₩228,000 − ₩68,000)이다.

(4) 자본변동 내역
위의 (1)에서 인식한, 모든 당기손익 항목은 이익잉여금으로 마감하고, 지분법기타포괄이익(기타포괄손익)은 지분법자본변동(기타포괄손익누계액)으로 마감한 분개를 적정히 수행하였다고 가정한다.

내 역		기초 자본의 조정액	당기 변동액	계
자본	이익잉여금	₩10,000(회계변경누적효과)	₩(36,000)	₩(26,000)
	기타포괄손익누계액		6,000	6,000
계		₩10,000	₩(30,000)	₩(20,000)

(참고) 관계회사투자로 인한 당기의 자본변동은 ₩(200,000)이다. 그러면 최초 투자액이 ₩200,000이었기에 기말의 투자 장부금액은 ₩180,000이어야 할 것이다. 위 (3)에 의하면 최종 장부금액은 ₩160,000에 불과하다. 어떻게 된 것인가? 기중에 투자의 일부를 현금으로 회수하였기 때문이다. 즉, 관계회사로부터 배당금 ₩20,000을 수취할 때 현금화했기에 투자잔고는 ₩160,000이 되는 셈이다.

[5] 지분법 (2022년 공인회계사 1차 시험 기출문제 수정)

취득시 투자차액 : 순자산공정가치 ₩2,000,000×20% − 600,000 = 초과지급 ₩200,000 [영업권]

20×1년 말 재고자산 미실현이익 : (매출액 ₩250,000 − 원가액 ₩200,000) × 보유금액 ₩100,000 ÷ 판매금액 ₩250,000 = ₩20,000

지분법 당기순이익 : (순이익 ₩280,000 − 과소상각 0)×20% − 미실현이익 ₩20,000×20% = ₩52,000

[6] 영업권

(1) 영업권은 다음과 같이 계산된 사업결합대가와 식별가능한 취득자산과 인수부채(우발부채 포함) 공정가치 지분액 간의 차액이다.

차액 = ₩4,000 − ₩3,200(= {취득자산 ₩17,000 + 추가자산 ₩1,800 − 인수부채 ₩14,000 − 우발부채 ₩1,600}×100%)

= ₩800

관련 분개는 다음과 같다.

(차) 취득자산	17,000	(대) 인수부채	14,000
매수연구비*	1,800	사업결합우발부채*	1,600
영 업 권	800	현 금	4,000

* 보다 표현충실한 계정명으로 변경할 수 있음.

(2) 사업결합대가와 식별가능한 취득자산과 인수부채(우발부채 포함) 공정가치 지분액 간의 차액은 ▲₩700(= ₩2,500 − ₩3,200)이다.

이렇게 공정가치 지분액이 사업결합대가를 초과하면, 먼저 모든 취득자산과 인수부채를 정확하게 식별하였는지의 여부와 사업결합대가 및 각 항목의 공정가치를 재검토한다. 재검토 결과, 우발부채 공정가치 지분액이 ₩100 증가한 것을 제외하고는 다른 측정치들은 변동되지 않았다. 따라서 차액은 ▲₩600(= ₩2,500 − [₩3,200 − ₩100])으로 조정된다. 이 차액, 즉 염가매수차익은 다음 분개에서와 같이 즉시 당기이익으로 인식한다.

(차) 취득자산	17,000	(대) 인수부채	14,000
매수연구비*	1,800	사업결합우발부채*	1,700
		현 금	2,500
		염가매수차익*	600

* 보다 표현충실한 계정명으로 변경할 수 있음.

[7] 영업권손상

영업권은 단일 현금창출단위에 전액 배분되었다. 현금창출단위의 장부금액 ₩3,800이 그 회수가능액 ₩2,400을 초과하는 금액인 ₩1,400이 그 손상차손이다.

영업권이 배분된 현금창출단위의 손상차손은 먼저 영업권 ₩800을 전액 감액시키고, 잔액 ₩600은 기계와 특허권의 장부금액에 비례하여 각각을 ₩400과 ₩200 감액시키는 데 배분된다. 그러면 기계의 경우, 배분 후 장부금액은 ₩1,600(= ₩2,000 − ₩400)이 되는데 이 금액은 '처분부대원가를 차감한 공정가치' ₩1,700보다 작게 된다. 따라서 기계에 배분될 금액은 배분 후 장부금액이 '처분부대원가를 차감한 공정가치' 이하가 되지 않도록 ₩300이어야 한다. 그리고 기계에 배분되지 않은 손상차손 ₩100(= ₩400 − ₩300)은 다른 자산의 각 장부금액에 비례하여 배분해야 하는데, 다른 자산으로 특허권만이 존재하기 때문에 손상차손 ₩100 전액은 특허권에 배분한다. 그 결과, 특허권에 배분된 손상차손 총액은 ₩300(= ₩200 + ₩100)이 되며, 이를 요약하면 다음과 같다.

현금창출단위			개별 자산			
			영업권감액	1차배분액	2차배분액	2차배분 후 장부금액
장부금액	기 계	₩2,000		₩300		₩1,700
	특허권	1,000		200	₩100	700
	영업권	800	₩800			
	계	₩3,800	₩800	₩500	₩100	₩2,400
회수가능액		2,400				
손상액		₩1,400				

<영업권 손상에 대한 분개>

(차) 손상차손	800	(대) 손상차손누계액-영업권	800
(차) 손상차손	300	(대) 손상차손누계액-기 계	300
(차) 손상차손	300	(대) 손상차손누계액-특허권	300

[8] 영업권

(1) 인수대상 기업들이 부담하고 있는 자본비용은 인수·합병 이후 해당 사업이 부담하는 자본비용이 된다. 따라서 요구이익률은 자본비용을 초과하여야만 초과이익을 기대할 수 있다. 요구이익률의 추정은 인수·합병의 경제적 효과를 파악하기 위해서 필수적이다.

(2) 각 대상회사들이 부담하고 있는 자본비용이 인수·합병 이후 매수회사가 최소한 거두어야 할 요구이익률(최저필수수익률)이 된다. 그런데 대상회사별 요구이익률은 대상회사별 자본구조와 자본조달원천에 따라 각기 다르다. 여기서 자본구조란 부채와 자기자본의 구성비율을 의미하고, 자본조달원천이란 기업이 자금을 조달할 수 있는 수많은 원천으로서 부담하는 자본비용은 각기 상이하다.

(3) 예상이익률 측면에서 검토하면 A회사가 더 높은 수익력을 올리는 회사 같지만 요구이익률이 20%로서 예상이익률을 상회한다. 반면 B회사는 예상이익률은 상대적으로 낮으나 요구이익률이 연 9%로 예상이익률보다 낮으므로 B회사가 영업권을 보유하고 있다고 평가할 수 있다.

(4) 매수결정은 양당사회사 사이에서 결정되는 매수대가에 따라 틀려질 것이다. 예상이익률과 요구이익률을 비교하면 B회사를 매수하는 것이 당연하게 보이지만 B회사가 매수대가를 B회사 가치보다 훨씬 더 많이 요구한다면 매수할 필요가 없다. 또한 A회사를 매수하면 손해를 볼 것으로 예상되나 매수대가에 예상손실이 반영되어 결정된다면 A회사를 매수하는 것이 유리할 수 있다. 매수기업결정은 매수대가와 기업가치를 동시에 고려하여 결정할 문제이다.

[9] 영업권의 측정 : 초과이익평가모형

영업권의 크기는 정상이익을 초과하는 초과이익의 현재가치의 합이다. 3년 후부터는 요구수익률 수준의 실적만을 기대할 수 있으므로 영업권 계산 시 고려할 필요가 없다.

(아래의 표에서 금액단위는 ₩)

① 무배당

연 도	기초순자산	당기순이익	정상이익	초과이익	그 현재가치	현재가치 계산근거
20×7	1,000,000	500,000	100,000	400,000	363,640	400,000×0.9091
20×8	1,500,000	500,000	150,000	350,000	289,240	350,000×0.8264
20×9	2,000,000	500,000	200,000	300,000	225,390	300,000×0.7513
합 계					878,270	

이렇게 계산한 현재가치의 합이 영업권 추정액이다.

② 배당성향 50%

연 도	기초순자산	당기순이익	정상이익	초과이익	그 현재가치	현재가치 계산근거
20×7	1,000,000	500,000	100,000	400,000	363,640	400,000×0.9091
20×8	1,250,000	500,000	125,000	375,000	309,900	375,000×0.8264
20×9	1,500,000	500,000	150,000	350,000	262,955	350,000×0.7513
합 계					936,495	

③ 배당성향 100%

연 도	기초순자산	당기순이익	정상이익	초과이익	그 현재가치	현재가치 계산근거
20×7	1,000,000	500,000	100,000	400,000	363,640	400,000×0.9091
20×8	1,000,000	500,000	100,000	400,000	330,560	400,000×0.8264
20×9	1,000,000	500,000	100,000	400,000	300,520	400,000×0.7513
합 계					994,720	

[10] 영업권의 측정: 초과이익평가모형

(1) (주)우수가 장부에 기록하지 않은 순자산의 가치는 초과이익 현재가치의 합이다.

① 초과이익의 합 = ₩5,000/0.10 = ₩50,000

② 초과이익의 합 = ₩10,000×3.7908 = ₩37,908

③ 초과이익의 합 = ₩7,000×3.7908 + 5,000×3.7908×0.6209 = 26,536 + 11,769 = ₩38,305

(2) (주)아누수가 위의 가액에 근거하여 매수대가를 결정한다면 (주)우수의 순자산 공정가치에 각 상황별 초과이익의 합만큼을 더한 금액을 매수대가로 줄 것이다. 그렇다면 (주)아누수는 영업권으로 초과이익 합의 절반만큼을 영업권으로 계상한다.

제15장 금융부채

익힘문제

[1] 부채의 정의와 인식요건을 설명하라.

부채는 과거사건의 결과로 기업이 경제적 자원을 이전해야 하는 현재의무이다. 부채가 존재하기 위해서는 다음의 세 가지 조건을 모두 충족하여야 한다. (1) 기업에게 의무가 있다. (2) 의무는 경제적 자원을 이전하는 것이다. (3) 의무는 과거사건의 결과로 존재하는 현재의무이다.

부채로 재무제표에 계상하기 위해서는 원칙적으로 당해 항목이 부채의 정의를 충족시켜야 하며, 목적적합성과 충실한 표현이라는 질적 특성을 갖추어 재무제표이용자들에게 유용한 정보를 제공하여야 하고, 정보의 효익이 그 정보를 제공하고 사용하는 원가를 정당화할 수 있어야 한다.

[2] 부채의 측정에 사용할 수 있는 측정속성에는 어떠한 유형이 있는가? 그리고 선수수익, 매입채무, 미지급비용 및 장기충당부채의 측정속성은 앞에서 제시한 측정속성의 유형 중 어디에 해당하는가?

부채의 속성유형은 다음과 같이 구분할 수 있다. 현행가치는 현행원가, 이행가치 및 공정가치로 세분된다.

(1) **역사적 원가(역사적 현금수취액)** : 부담하는 의무의 대가로 수취한 금액으로 기록한다. 부채의 미이행 부분을 인수하면서 수취한 대가(거래원가를 차감한 금액)로, 추정 현금 유출액이 그 대가를 초과할 때 증가

(2) **현행원가** : 현재시점에서 동일하거나 동등한 자산을 취득할 경우에 발생하는 의무를 이행하는데 필요한 현금이나 현금성자산의 할인하지 아니한 금액으로 평가한다. 부채의 미이행 부분을 인수하기 위해 현재 수취하게 될 대가(거래원가를 차감한 금액)로, 추정된 현금 유출액이 그 대가를 초과할 때 증가

(3) **이행가치** : 부채의 이행가치는 미래에 그 의무의 이행으로 지급될 현금 또는 현금등가액에서 그러한 지급에 직접 소요될 비용을 가산한 가치이며, 현재시점의 가치로 환산한 금액이다. 부채의 미이행 부분을 이행하기 위해 발생될 미래현금흐름의 현재가치(이행 또는 이전 시 발생하는 거래원가의 현재가치 포함)

(4) **공정가치** : 부채의 미이행 부분을 이전하기 위해 지급될 가격(이전시 발생할 거래원가는 제외)

(5) **상각후원가** : 금융부채의 최초인식시점의 측정금액에서 상환된 원금을 차감하고, 최초인식금액과 만기금액의 차액에 유효이자율법을 적용하여 계산된 상각누계액을 가감한 금액이며, 이때 손상차손이나 대손상각을 인식한 경우에는 그 금액을 차감한 금액을 말한다. 다시 말해서 금융부채의 기대기간이나 적절하다면 더 짧은 기간에 예상되는 미래 현금유출의 현재가치를 금융부채의 순장부금액과 일치시키는 이자율인 유효이자율을 측정하고, 이 유효이자율을 이용하여 해당 부채에 대한 현재의 가치를 측정할 때 이를 상각후원가라 한다.

각 부채별 후속측정 속성은 다음과 같다. 첫째, 선수수익과 같이 화폐의 시간가치 효과가 유의적이지 않은 유동성 비금융부채는 역사적 원가(역사적 현금수취액)에 의해 측정할 수 있다. 둘째, 금융부채(FVPL)는 공정가치로 측정한다. 셋째, 금융부채(FVPL)를 제외한 대부분의 금융부채는 상각후원가에 의해 측정한다. 넷째, 장기충당부채의 경우는 이행가치(현재가치)로 측정한다.

[3] 1년 이내에 만기가 도래하는 모든 비유동부채를 유동부채로 재분류한다면 어떠한 문제점이 발생하겠는가?

유동부채는 정의상 보고기간후 1년 혹은 정상영업주기 이내에 상환될 채무를 의미한다. 비유동부채로 차환하려는 의도가 있는 경우라도 유동부채로 재분류되어서는 안 된다. 만일 이러한 경우의 비유동부채가 유동부채로 재분류된다면 재무제표가 전달하는 기업의 계속적 사업자금 상태에 대한 정보가 왜곡될 수 있다.

[4] 다음의 부채를 비교하여 설명하라.

(1) 확정부채는 보고기간말 현재 부채의 존재가 확실하며, 지급할 금액과 시기도 확정되어 있는 부채이다. 그러나 충당부채는 보고기간말 현재 지출의 시기 또는 금액이 불확실한 부채이지만, 재무제표 본문에 부채로 인식된다. 반면에 우발부채는 보고기간말 현재 의무나 잠재의무가 존재하지만, 부채의 인식조건을 충족하지 못하여 주석공시 대상이다.

(2) 화폐성부채는 의무가 화폐의 지급에 의해 소멸하나, 비화폐성부채는 의무가 재화나 용역의 제공에 의해 소멸한다. 다시 말해서 화폐성부채는 물가변동에 상관없이 지급하여야 할 화폐적 금액이 고정되어 있는 부채인 반면에, 비화폐성부채는 물가변동에 따라 제공되는 재화나 용역의 가치가 달라지기 때문에 그 화폐적 금액이 변한다. 구체적으로 화폐성부채에는 매입채무, 미지급비용, 예수금, 사채 등이 있다. 그리고 비화폐성부채로는 선수수익, 퇴직급여충당부채, 장기제품보증충당부채 등이 대표적인 예가 된다. 다만, 선수금은 다음과 같이 그 성격에 따라 화폐성유동부채 또는 비화폐성유동부채로 분류된다. 계약 후 대가의 일부만 수취한 경우에는 화폐성유동부채이며, 계약 후 대가의 전부를 수취한 경우에는 비화폐성유동부채이다.

[5] 회계처리기준에 입각한 관련 정보의 공시방법이 다른 것과 차이가 있는 것은?

(1), (2), (3)은 주석사항이다. 하지만 (4)의 경우는 재무제표 본문에 계상하여야 한다.

[6] 유동부채로 분류할 수 있는 것은?

(2), (3), (5)의 경우는 유동성장기차입금이며, (1), (4), (6)의 경우는 계속해서 비유동부채로 분류하여야 한다.

[7] 비유동부채에 의해 자금을 조달할 경우와 주식발행에 의해 자금을 조달할 경우 어떠한 차이점이 있는지 설명하라.

비유동부채에 의한 자금의 조달은 자본의 증가(주식의 발행)에 의한 자금의 조달과 비교해 볼 때 다음과 같은 몇 가지 점에서 차이가 난다. 첫째, 비유동부채를 통해 자금을 조달했을 경우에는 이자의 지급과 만기 시 원금의 상환이 뒤따르나, 주식을 발행하여 자금을 조달한 경우에는 이자의 지급이나 원금을 상환할 필요가 없다. 둘째, 비유동부채와 관련하여 지급하는 이자는 비용에 포함하지만 주주들에게 지급하는 배당금은 비용에 포함하지 않는다. 따라서 이자지급은 법인세절감효과를 가지고 있으나 배당금지급은 그러한 효과가 없다. 셋째, 비유동부채를 제공한 채권자들은 경영에 참가할 수 있는 권리가 없으며 회사의 재무성과에 관계없이 일정한 이자를 지급받게 되나, 주주들은 경영에 참여할 수 있는 권리가 있으며 회사의 재무성과에 따라 배당을 받는다. 그러나 비유동부채와 자본의 구분이 모호한 경우도 있다. 자본 중에는 부채의 성격을 갖는 우선주가 있으며, 부채 중에는 자본의 성격을 갖는 전환사채, 신주인수권부사채 등의 파생상품이 있다.

[8] 비유동부채를 현재가치로 평가할 경우 명목가치와 현재가치 간 차액은 어떻게 처리하는지에 대하여 설명하라.

비유동부채를 현재가치로 평가하는 경우 발생하는 명목가치와 현재가치의 차액은 현재가치할인차금의 과목으로 당해 채무의 명목가치에서 차감하는 형식으로 기재하거나 주석으로 기재한다. 현재가치할인차금은 유효이자율법이나 정액법을 적용하여 상각하고, 이를 이자비용으로 계상한다. 부채의 현재가치가 지니는 의미는 당해 채무로 인하여 미래에 지급할 총금액을 당해 거래 발생 시의 유효이자율로 할인한 금액인 것이다. 여기서 적정한 유효이자율을 파악할 수 없거나, 당해 거래의 유효이자율과 동종시장이자율(관련시장에서 형성되는 동종 또는 유사한 채무의 이자율) 간에 차이가 유의적인 경우에는 동종시장이자율로 할인한다. 그리고 동종시장이자율의 산정이 곤란한 경우에는 가중평균차입이자율을 적용한다.

[9] 금융부채를 정의하라.

금융부채는 다음의 부채를 말한다.

① 다음 중 하나에 해당하는 계약상 의무
- 거래상대방에게 현금 등 금융자산을 인도하기로 한 계약상 의무
- 잠재적으로 불리한 조건으로 거래상대방과 금융자산이나 금융부채를 교환하기로 한 계약상 의무

② 자기지분상품으로 결제하거나 결제할 수 있는 다음 중 하나의 계약
- 인도할 자기지분상품의 수량이 확정되지 않은 비파생상품(예: 2년 후 금 100돈에 해당하는 자기지분상품을 제공하기로 한 계약은 자기지분상품의 수량이 변동되므로 금융부채)
- 확정수량의 자기지분상품에 대하여 확정금액의 현금 등 금융자산을 교환하여 결제하는 방법이 아닌 방법으로 결제되거나 결제될 수 있는 파생상품(예: 자기지분상품 1,000주를 미래에 제공

하고, 자기지분상품 공정가치의 85%를 수취하기로 한 계약은 수취하는 금액이 변동하므로 금융부채). 이 경우에 자기지분상품을 미래에 수취하거나 인도하기 위한 계약 자체는 자기지분상품에 해당하지 않는다.

[10] 계약상 의무를 결제하기 위한 현금 등 금융자산의 인도를 회피할 수 있는 무조건적인 권리를 기업이 가지고 있지 않은 경우, 이러한 의무는 금융부채의 정의를 충족하는가?

계약상 의무를 결제하기 위한 현금 등 금융자산의 인도를 회피할 수 있는 무조건적인 권리를 기업이 가지고 있지 않은 경우, 이러한 의무는 금융부채의 정의를 충족한다. 예를 들면 다음과 같다.

① 외화의 획득이 곤란하거나, 감독기관에서 지급승인을 받을 필요가 있는 등의 이유로 금융상품의 발행자가 의무를 이행할 능력에 제약이 있더라도, 이러한 제약은 기업의 계약상 의무에 영향을 미치지 않고 금융부채로 분류한다.

② 거래상대방이 상환을 요구할 수 있는 권리를 행사하는 경우에 발생하는 계약상 의무도 금융부채이다.

[11] 현금 등 금융자산을 인도해야 하는 계약상 의무를 명시적으로 설정하지 않더라도 계약 조건 등을 통해 간접적으로 계약상 의무를 설정할 수 있는 금융상품은 금융부채인가?

① 배분을 하지 못하거나 당해 금융상품을 상환하지 못한다면, 결제해야 하는 비금융의무를 포함하는 금융상품. 비금융의무의 결제를 통해 현금 등 금융자산의 인도를 회피할 수 있는 금융상품은 금융부채이다.

② 결제시점에 기업이 현금 등 금융자산의 가치를 실질적으로 초과하는 가치로 결정된 기업 자신의 주식을 인도해야 하는 금융상품은 금융부채이다. 기업이 현금 등 금융자산을 인도해야 하는 명시적인 계약상 의무를 부담하는 것은 아니지만, 주식으로 결제할 가치는 현금으로 결제할 가치에 상당하는 것이다. 금융자산의 보유자는 최소한 현금으로 결제받을 가치와 동일한 금액 이상을 수취할 수 있도록 실질적인 보증을 제공받고 있는 것이다.

[12] 보유자나 발행자가 통제할 수 없는 불확실한 미래의 사건 발생 여부나 불확실한 상황의 결과(주가지수, 소비자물가지수, 이자율 등이 사전에 설정된 조건을 충족하는지 여부)에 따라 금융자산을 인도하여 결제하도록 한 조건부 결제조항이 있는 금융상품은 금융부채인가?

다음의 경우를 제외하고는 금융부채이다. 왜냐하면 조건부 결제조항이 있는 금융상품 발행자가 계약상 의무의 결제를 회피할 수 있는 무조건적 권리를 가지고 있지 않기 때문이다.

① 실질적으로 유효하지 않은 상황이 발생해야 결제의무가 발생(예를 들면, KOSPI 200 지수가 1개월 내에 2배로 상승하는 경우 현금으로 상환할 의무가 있는 상품)

② 발행자가 청산하는 경우에만 지급의무가 발생

[13] 다음 금융상품을 금융부채로 분류될 수 있는가?

(1) **상환우선주** : 우선주의 발행자가 보유자에게 확정되거나 확정가능한 미래의 시점에 확정되거나 확정가능한 금액을 의무적으로 상환해야 하거나, 우선주의 보유자가 발행자에게 특정일이나 그 이후에 확정되거나 확정가능한 금액의 상환을 청구할 수 있는 권리를 보유하고 있는 경우에 이러한 우선주는 금융부채이다(예: 의무배당 6%를 포함한 의무상환우선주).

(2) **풋가능 금융상품**(puttable instrument) : 금융상품의 보유자가 발행자에게 환매를 요구하여 현금 등 금융상품을 수취할 권리가 부여된 금융상품은 발행자 입장에서 금융부채로 분류한다.

(3) **₩1,000과 동일한 공정가치에 해당하는 주식을 미래에 인도할 계약** : 단순히 자기지분상품을 수취하거나 인도하는 계약이라고 해서 반드시 자본(지분상품)이 될 수는 없다. 즉, 의무의 대상이 되는지 여부를 먼저 파악하여야 한다. 예를 들어, ₩1,000과 동일한 공정가치에 해당하는 주식을 인도할 계약의 경우, 이러한 계약은 기업이 자기지분상품을 인도하여 당해 계약을 결제해야 하거나 결제할 수 있더라도 (인도하여야 할) 의무가 존재하므로 금융부채로 분류한다. 기업이 확정되지 않은 수량의 자기지분상품을 계약의 결제수단으로 사용하는 경우, 이러한 계약으로 지분상품(즉, 자본)을 인식할 수 없다.

(4) 영구채 : 만기가 없는 영구채(Perpetual Bond)는 이자만 지급하게 되므로 주식의 배당과 비슷한 성격이 있고, 부채이지만 발행자의 명시적 상환의무가 없어 주식과 채권의 중간 성격의 신종자본증권(하이브리드채권)이라고도 불린다. 원금상환의 의무가 없기 때문에 회사의 자본처럼 활용할 수 있다는 측면에서 국제회계기준(IFRS)상 자본으로 인정받고 있다.

[14] 금융부채와 비금융부채 간 의무의 유형에 따른 구분방법을 제시하라.

① 금융부채의 경우 현금 등 금융자산이나 자기지분상품(예: 자기주식)을 직접 혹은 간접적으로 인도할 회피불가능한 의무이다. 금융부채의 경우 선수수익, 제품보증충당부채와 같은 비금융부채에서 발생하는 재화 · 용역의 인도의무가 아니다.

② 금융부채의 경우 의제의무나 법률상 의무가 아니고 계약에 의해 형성된 의무이다. 금융부채의 경우 의제의무로서 인식될 수 있는 구조조정충당부채, 법률상 의무로서 인식되는 미지급법인세 등의 비금융부채와는 달리 계약상 의무인 것이다.

[15] 금융부채를 분류하라.

① 금융부채(FVPL)
- 공정가치로 측정하고, 공정가치 변동을 당기손익으로 인식하는 금융부채
- FVPL선택권을 행사한 금융부채 : 공정가치 변동 중 자기신용위험의 변동으로 발생한 부분은 당기손익이 아닌 기타포괄손익으로 인식하며, 재분류조정이 금지되어 있음.

② 금융부채(AC) : 상각후원가로 측정하는 금융부채

③ 특수한 측정모형을 적용하는 금융부채

[16] 금융부채에 FVPL선택권을 행사할 수 있는 경우를 제시하라.

금융자산이나 금융부채에서 FVPL선택권을 행사할 수 있는 첫 번째 경우를 살펴보면, 회계불일치를 경감하여 더욱 목적적합한 정보를 제공하기 위한 경우이다. 예를 들어, 공정가치 변동을 당기손익으로 인식할 수 있도록 지정하지 않을 경우 금융자산(FVOCI)의 공정가치변동은 기타포괄손익으로 인식하고, 이 금융자산과 관련된 금융부채는 AC모형을 적용하는 금융부채로 분류되어 공정가치변동을 인식하지 않으므로 **회계불일치**가 발생한다. 이러한 경우 해당 금융자산과 금융부채의 공정가치 변동을 모두 당기손익으로 인식할 수 있도록 지정하면 재무제표가 보다 목적적합한 정보를 제공할 수 있게 된다.

공정가치선택권을 행사할 수 있는 또 다른 조건은 금융부채나 금융상품 집합(금융자산과 금융

부채의 조합으로 구성된 포트폴리오)을 공정가치기준으로 관리하고 그 성과를 평가하는 경우이다. 구체적으로 문서화된 위험관리전략이나 투자전략에 따라, 금융부채나 금융상품 집합을 공정가치기준으로 관리하고 그 성과를 평가하며 그 정보를 이사회, 대표이사 등 주요 경영진에게 그러한 공정가치 기준에 근거하여 내부적으로 제공하는 경우에도 공정가치 변동을 당기손익으로 인식할 수 있도록 지정할 수 있다.

[17] 금융보증계약을 설명하라.

금융보증계약은 채무상품의 채무자가 최초 계약조건이나 변경된 계약조건에 따라 지급기일에 특정 채무자가 지급하지 못하여 보유자(채권자)가 입은 손실을 보상하기 위해 발행자(보증자 주로 금융기관)가 특정 금액을 지급하여야 하는 계약이다.

[18] 금융부채의 측정방법을 설명하라.

「기업회계기준서」에 따르면 금융부채는 **최초인식**시 **공정가치**로 측정한다. 다만, 금융부채(FVPL)가 아닌 경우 당해 금융부채의 발행과 직접 관련되는 거래원가는 최초 인식하는 공정가치에 차감하여 측정한다.

최초 인식 후 **후속 측정**시 **금융부채**(FVPL)의 경우 **공정가치**로 측정하며, 그 밖의 모든 **금융부채**는 아래의 예외사항을 제외하고는 유효이자율법을 적용하여 **상각후원가**로 측정한다.

① 금융보증계약이나 시장이자율보다 낮은 대출약정은 ㉠ 손상에 따라 산정한 손실충당금과 ㉡ 최초 인식금액에서 수익기준서(제1115호)에 따라 인식한 이익누계액을 차감한 금액 중 **큰 금액**으로 측정한다.

② 양도자가 **지속적 관여**의 정도까지 자산을 계속 인식하는 경우 관련부채도 함께 인식한다. 이때 양도자산과 관련부채는 양도자가 보유하는 권리와 부담하는 의무를 반영하여 측정한다. 관련부채는 다음과 같이 측정한다.

- 양도자산을 상각후원가로 측정한다면, 양도자산과 관련부채의 순장부금액이 양도자가 보유하는 권리와 부담하는 의무의 **상각후원가**가 되도록 관련부채를 측정한다.
- 양도자산을 공정가치로 측정한다면, 양도자산과 관련부채의 순장부금액이 양도자가 보유하는 권리와 부담하는 의무의 독립적으로 측정된 **공정가치**가 되도록 관련부채를 측정한다.

[19] 공정가치의 정의를 제시하고, 공정가치의 측정방법을 설명하라.

공정가치란 시장참여자 사이의 정상거래에서 자산을 매도할 때 받거나 부채를 이전할 때 지급하게 될 가격이다. 미국회계기준과 국제회계기준에서 동일하게 공정가치를 유출가격으로 정의하고, 거래주체는 시장참여자를 가정하고 있다. **시장참여자**는 서로 독립적이고, 합리적 판단력이 있으며, 자산이나 부채에 대한 거래를 체결할 수 있으며, 거래의사가 있는 매입자와 매도자를 말한다. **정상거래**는 측정일 전의 일정 기간에 해당 자산이나 부채와 관련되는 거래를 위하여 통상적이고 관습적인 마케팅활동을 할 수 있도록 시장에 노출되는 것을 가정한 거래를 말한다. 다시 말해서 강제된 거래(예: 강제 청산이나 재무적 어려움에 따른 매각)가 아니다.

구 분	공정가치	구체적 내용
활성시장이 있는 경우	1순위: 공시가격 (공표되는 시장가격)	자산을 매도하면서 수취하거나 부채를 이전하면서 지급하게 될 가격, 즉 유출가격
활성시장이 없는 경우	2순위: 비활성시장의 공시가격	다른 상대방이 자산으로 보유하고 있는 동일한 항목에 대해 관측가능한 투입변수 사용
	3순위: 가치평가 기법상 가치	① 시장접근법 : 공정가치 측정을 위하여 다른 상대방이 자산으로 보유하는 유사한 부채 또는 지분상품의 공시가격 사용 ② 원가접근법 : 매도자가 수취할 가격(공정가치)은 매입자가 유사한 유용성이 있는 대체자산을 취득하기 위한 원가(현행대체원가) 사용 ③ 이익접근법 : 공정가치 측정을 위하여 시장참여자가 거래 상대방의 부채 또는 지분상품을 자산으로 보유하면서 수취할 것으로 기대하는 미래현금흐름의 현재가치 사용(현금흐름할인모형, 옵션가격결정모형, 무형자산의 공정가치 측정을 위한 다기간초과이익모형 활용)

[20] 다음의 개념을 설명하라.

(1) 금융부채의 재분류

금융부채는 보유기간 또는 발행 이후 기간 중 당기손익인식항목으로 **재분류**하거나, 당기손익인식항목에서 다른 범주로 **재분류**할 수 없다.

(2) 금융자산과 금융부채의 상계

다음 조건을 모두 충족하는 경우에만 금융자산과 금융부채를 **상계**하고 재무상태표에 순액으로 표시한다.

① 인식한 자산과 부채에 대해 법적으로 집행가능한 상계권리를 현재 보유하고 있다.

② 순액으로 결제하거나, 자산을 실현하는 동시에 부채를 결제할 의도를 가지고 있다.

지속적 관여로 인하여 제거의 조건을 충족하지 않는 금융자산의 양도에 관한 회계처리의 경우 양도된 자산과 이와 관련된 부채는 상계하지 아니한다.

(3) 금융부채의 제거

금융부채(또는 금융부채의 일부)는 소멸한 경우(즉, 계약상 의무가 이행, 취소 또는 만료된 경우)에만 재무상태표에서 **제거**한다. 기존 차입자와 대여자가 실질적으로 다른 조건으로 채무상품을 교환한 경우, 최초의 금융부채를 제거하고 새로운 금융부채를 인식한다.

[21] 다음의 경우 지속적 관여의 정도는 어떻게 측정하는가?

구 분	지속적 관여의 정도
보증	Min(양도자산의 장부금액, 보증금액)
양도자가 양도자산에 대한 옵션을 매도하거나 매입하는 경우	양도자가 재매입할 수 있는 금액
공정가치로 측정하는 자산에 대해 풋옵션을 발행한 경우	Min(양도자산의 공정가치, 옵션의 행사가격)

[22] 전환사채와 신주인수권부사채의 차이점에 대하여 설명하라.

전환사채는 사채권자의 청구에 의하여 일정기간 내에 주식(일반적으로 보통주)으로 전환할 수 있는 사채이다. 전환사채의 투자자는 보통주의 주가가 매우 높다고 판단할 때 주식 대 사채의 전환비율로 전환함으로써 이득을 얻는다. 전환사채는 전환 전에는 이자를 지급하며 전환 후에는 배당금을 지급한다. 일정기간 내에 전환하지 않고 만기가 되면 사채와 마찬가지로 원금과 이자를 지급한다. 전환사채는 사채이면서도 잠재적 주식의 성격을 가지고 있다. 따라서 전환사채의 발행회사는 투자자에게 일정한 이자지급에 따른 수익의 안전성과 주가상승에 따른 초과수익성을 제공하는 대가로 낮은 이자율로 원활하게 자금을 조달할 수 있는 이점이 있다. 전환사채가 전환이 되면 사채는 소멸하고 주식만 남는다.

신주인수권부사채는 발행회사의 주식을 일정금액으로 일정기간 내에 매입할 수 있는 권리가 부여된 사채이다. 투자자는 발행회사의 주가가 상승했을 경우 일정금액으로 주식을 매입하면 초과수익을 얻는다. 이와 같은 이유로 신주인수권부사채도 발행회사의 입장에서 보면 낮은 이자율로 자금을 조달할 수 있는 수단인 것이다. 투자자의 입장에서 전환사채의 경우 현금을 지급하지 않고 전환비율에 의해 사채를 주식으로 전환받는다. 반면에, 신주인수권부사채의 경우 투자자는 권리를 행사하고 현금으로 주식을 매입하는 것이다. 투자자가 신주인수권을 행사하더라도 사채는 그대로 남아 있어서, 만기가 도래할 때까지 이자지급기간에 이자와 만기 시 원금을 수령하는 것이다.

[23] 기업이 사채발행 시 액면발행, 할인발행 및 할증발행을 할 수 있다. 이 세 가지의 경우에서 액면이자율과 시장이자율 간의 관계에 대하여 각각 설명하라.

액면이자율과 시장이자율이 같다면 사채는 액면금액으로 액면발행하면 된다. 하지만 액면이자율이 시장이자율보다 낮은 경우에 액면발행을 하면 투자자들로서는 다른 곳에 투자를 하면 더 높은 시장이자율에 해당하는 수익을 보장받기 때문에 액면발행된 사채에 투자를 하지 않을 것이다. 이와 같은 경우에는 할인발행을 함으로써 시장이자율보다 낮은 액면이자율로부터 발생하는 이자감소의 효과를 상쇄시켜야 한다. 한편, 액면이자율이 시장이자율보다 높은 경우에 액면발행을 하는 기업은 없을 것이다. 액면이자율보다 낮은 시장이자율에 의한 이자를 지급하고도 사채를 액면발행할 수 있기 때문이다. 이와 같은 경우에는 할증발행을 함으로써 시장이자율보다 높은 액면이자율로부터 발생하는 이자증가의 효과를 상쇄시켜야 한다.

[24] 사채발행비의 의미에 대해 기술하고 그 회계처리에 대하여 설명하라.

사채발행비는 사채발행수수료와 사채발행으로 인해 직접 발생한 기타의 비용인 금융기관수수료, 사채모집광고비, 사채권인쇄비 등이다. 사채발행비의 회계처리방법으로는 ① 비용으로 처리하는 방법, ② 사채의 발행금액에서 차감하는 방법 및 ③ 이연자산으로 처리하는 방법이 있다. 사채발행비는 미래의 경제적 효익을 제공하지 못하고, 회사가 자금을 차입하는 과정에서 사실상 차입액을 감소시켜 유효이자율을 높이는 결과를 초래한다. 따라서 사채를 발행한 회계연도의 비용으로 처리하거나, 사채할인발행차금(혹은 사채할증발행차금)의 계정을 사용하여 사채의 발행금액에서 차감하는 방식으로 계상하고 최종상환일 이내에 상각하는 것이 타당할 것이다. 「기업회계기준서」 제1039호에서는 사채발행비를 사채할인발행차금 또는 사채할증발행차금에 포함하여 사채발행 시부터 최종상환일 이내의 기간에 유효이자율법을 적용하여 상각하도록 규정하고 있다. 즉, 세 가지 방법 중 ②의 방법을 따르고 있다.

[25] 액면이자율, 시장이자율 및 유효이자율에 대하여 각각 설명하라.

액면이자율은 표시이자율 혹은 발행이자율이라고도 한다. 시장이자율은 투자자의 기대수익률로서 사채로부터의 현금흐름을 현재가치로 할인할 때 사용되는 이자율이다. 시장이자율은 관련시장에서 형성되는 동종 또는 유사한 채권·채무의 이자율 등을 기초로 하여 적정하게 산정되어야 한다. 유효이자율은 기업이 실제로 부담하는 이자율로서 사채발행비가 존재하지 않을 경우에는 시장이자율과 일치한다. 그러나 사채발행비가 존재할 경우에는 사채의 발행금액과 [사채이자의 정상연금 현재가치＋사채원금의 단일금액 현재가치]를 일치시키는 이자율이 된다.

[26] 사채할인(할증)발행차금 상각(환입) 시 적용하는 방법 중 「기업회계기준서」에서 택하고 있는 방법을 밝히고 해당 방법의 장단점에 대하여 설명하라.

사채할인(할증)발행차금의 상각(환입)방법에는 유효이자율법과 정액법이 있다. 정액법에 비하여 유효이자율법이 계산이 복잡하지만 경제적 실질에 부합한다는 장점이 있다. 우리나라의 「기업회계기준서」에서는 유효이자율법만을 인정하고 있다고 보아야 할 것이나, 사채할인발행차금 또는 사채할증발행차금의 금액이 유의적이지 않은 경우에는 정액법을 사용하여도 무방할 것이다.

[27] 유효이자율법과 정액법으로 상각(환입) 시 할인(할증)액 상각(환입)이 매년 증가 또는 감소하는지 각각 밝히고 그 이유를 설명하라.

정액법의 경우에는 상환시점까지 상각(환입)액이 매기 일정하다. 그러나 유효이자율법의 경우에는 할인(할증)발행의 상각(환입)액이 모두 최종상환일에 가까워질수록 증가한다. 이는 할인발행의 경우에는 유효이자율이 액면이자율보다 높아서 유효이자에서 액면이자를 차감한 금액이 상각액이 되는데, 사채의 차감적 평가계정인 사채할인발행차금의 상각에 따라 장부금액이 점차 증가하기 때문에 유효이자가 증가하여 액면이자와의 차이가 점차 증가한 결과이다. 할증발행의 경우에는 액면이자율이 유효이자율보다 높아서 액면이자에서 유효이자를 차감한 금액이 환입액이 되는데, 사채의 부가적 평가계정인 사채할증발행차금의 환입에 따라 장부금액이 점차 감소하기 때문에 유효이자가 감소하여 액면이자와의 차이가 역시 점차 증가한 결과이다.

[28] 사채를 상환할 때 처분손익이 발생하는 경우를 설명하라.

만기상환의 경우에는 사채할인(할증)발행차금이 모두 상각되어 사채의 장부금액과 액면금액은 동일하다. 즉, 사채의 장부금액이 바로 상환금액이므로 사채상환손익이 발생하지 않는다. 그러나 사채를 조기에 상환 또는 차환할 때에는 사채상환손실이 발생한다. 이러한 원인은 시장이자율이 변동하고 이에 따라 유효이자율이 변동하기 때문이다. 사채발행 시와 비교하여 조기상환 시 시장이자율이 상승(하락)했다면 사채의 시장가격이 하락(상승)하기 때문에 조기상환이익(손실)이 발생한다.

[29] 사채차환의 의미를 기술하고 기업이 사채차환을 하는 동기에 대하여 설명하라.

사채의 차환이란 새로운 사채를 발행하여 구사채를 상환하는 것을 말한다. 사채발행회사가 차환을 하는 이유는 구사채를 발행할 때보다 시장이자율이 하락했을 때 스왑을 하면 지급할 이자비용이 감소하기 때문이다. 이러한 경우에는 사채상환손실이 발생하나, 미래에 지급할 사채이자비용은 감소한다. 즉, 미래의 이익이 증가하는 대신에 현재의 비용도 증가한 경우이다. 시장이자율이 상승했을 때도 이와 같이 미래의 비용으로 현재의 이익을 증가시킬 수 있다.

[30] 다음의 사항에 대하여 옳은지 그른지 밝히고 그 판단근거를 제시하라.

(1) × 할인발행된 사채에 대하여 유효이자율법을 적용하면, 기말부채잔고가 증가함에 따라 잔고증가액(상각액)이 매기 증가한다. 반면 정액법은 매 기간 잔고 증가액(상각액)이 일정하므로 20×5년도 초에 할인발행된 사채에 대하여 정액법을 적용하여 사채할인발행차금을 상각하면 유효이자율을 적용했을 때보다 과대평가된다.

(2) × 차환에 따른 차액을 차환연도의 상환손익으로 인식해야 한다.

(3) × 시장이자율은 관련시장에서 형성되는 동종 또는 유사한 채권·채무의 이자율 등을 기초로 하여 적정하게 산정되어야 하며, 이자율의 산정이 곤란한 경우에는 정기예금이자율로 할 수 있다.

(4) × 할인발행과 할증발행의 상각(환입)액이 모두 최종상환일에 가까워질수록 증가한다.

(5) × 「기업회계기준서」에 의하면 사채발행비는 사채할인발행차금 또는 사채할증발행차금에 포함하여 사채발행 시부터 최종상환일 이내의 기간에 유효이자율법을 적용하여 상각하도록 규정하고 있다.

[31] 정부보조금의 유형을 밝히고 각 유형별 회계처리방법에 대하여 설명하라.

(1) 상환의무가 없는 정부보조금

- 자산관련 보조금 : 자산의 장부금액에서 차감하여 표시하거나 이연수익으로 표시한다.
- 수익관련 보조금 : 별도의 계정이나 기타수익과 같은 일반계정으로 표시하거나 대안으로 관련 비용에서 보조금을 차감하여 표시한다.

(2) 상환의무가 있는 정부보조금

상환할 금액이 확정된 경우에는 상환할 금액을 부채로 계상한다. 한편, 상환할 금액이 확정되지 않은 경우에는 상환할 금액을 추정하여 부채로 계상하고, 향후 부담할 부채액이 달라질 경우 추정의 변경으로 회계처리한다.

[32] 부외금융의 정의와 종류를 설명하라.

부외금융(off the balance sheet financing)이란 부채를 장부상에 기록하지 않고 자금을 조달하는 것을 의미한다. 부외금융은 회계처리기준을 위반하는 경우와 준수하는 경우로 나누어 볼 수 있다. 회계처리기준을 준수하는 경우의 부외금융에는 상환청구가능 수취채권의 양도, 재구매조건부 판매, 금융전담 종속회사의 설립, 연구개발회사의 설립 등이 있다.

[33] 채권·채무조정의 의미를 밝히고 어떠한 유형이 있는지 설명하라.

채권·채무조정은 채무자의 현재 또는 장래의 채무변제능력이 크게 저하되어 계속기업으로서의 존속가능성이 희박하게 되었을 때 채권자와 채무자 간의 합의 또는 법원의 결정 등의 방법으로 채무자의 부담완화를 공식화하는 것을 말한다. 채권·채무조정은 기본적으로 자산의 이전 또는 지분상품의 발행을 통한 채무의 변제(자산의 양수를 통한 채권의 회수)와 이자율의 인하, 유사한 위험을 가진 새로운 부채보다 낮은 이자율로 만기일을 연장, 원금의 감면, 발생이자의 감면 등의 조건변경을 통한 채무(채권)의 존속이라는 두 가지 유형으로 나눌 수 있다. 채권·채무조정은 각 유형을 결합하여 적용할 수도 있다.

「기업회계기준서」 제1039호 '금융상품: 인식과 측정'에 의하면 기존 차입자와 대여자가 실질적으로 다른 조건으로 채무상품을 교환한 경우, 최초의 금융부채를 제거하고 새로운 금융부채를 인식하여야 한다. 이와 마찬가지로, 기존 금융부채(또는 금융부채의 일부)의 조건이 실질적으로 변경된 경우(채무자의 재무적 어려움으로 인한 경우와 그렇지 아니한 경우를 포함)에도 최초의 금융부채를 제거하고 새로운 금융부채를 인식한다. 소멸하거나 제3자에게 양도한 금융부채(또는 금융부채의 일부)의 장부금액과 지급한 대가(양도한 비현금자산이나 부담한 부채를 포함)의 차액은 당기손익으로 인식한다.

[34] 현재의무를 이행할 수 있는 다양한 방법을 제시하라. 또한 현재의무를 이행하지 않고 소멸시킬 수 있는 방법은?

현재의무는 현금지급, 다른 자산의 이전, 용역의 제공, 다른 의무로 대체, 부채의 자본 전환 등으로 이행할 수 있다. 또한 채권자의 권리포기나 권리상실 등으로 현재의무를 이행하지 않고 동 의무가 소멸된다.

연습문제

[1] 부채의 측정

(1) 금융부채의 경우는 대부분 계약에 의해 명목현금흐름이 주어져 있을 뿐 아니라 유사한 자산 또는 부채의 시장이자율이 관측될 수 있다. 그러므로 그러한 자산과 부채에 대해서는 명목현금흐름을 유사한 자산 또는 부채의 현행 시장이자율로 할인하는 방법이 현금흐름 기대치를 측정해야 하는 방법들에 비해 사용하기 쉽고 공정가치 추정의 신뢰성도 더 높을 수 있다.

(2) 영업활동에 사용되는 장기부채의 경우에는 대부분 명목현금흐름이 주어져 있지 않으므로 현금흐름 기대치 또는 확실성등가액을 할인하는 방법을 사용하여야 할 것이다. 전자의 방법에서는 위험요소가 포함된 위험조정할인율을 사용하는 반면, 후자의 방법에서는 무위험이자율만을 사용하므로 할인율 측정의 어려움이 감소한다. 무위험이자율은 국채수익률로 측정할 수 있다. 그러나 후자의 방법에서는 현금흐름 기대치를 확실성등가액으로 조정해야 하는 어려움이 있다. 그러므로 어느 방법을 사용하는가는 측정상황에 따라 판단하여야 하며, 위험조정할인율 대 확실성등가액 추정오차의 상대적 크기를 고려하여 현재가치 측정치의 신뢰성이 더 높은 방법을 적용하여야 한다.

[2] 어음의 이자비용 계산

(1) ₩300,000×0.1×150/360＝₩12,500

(2) 20×5년 9월 15일 현재 장부금액 ₩300,000＋₩300,000×0.1×45/360＝₩303,750

차감: 현금 실수령액			
만기금액	₩300,000＋₩300,000×0.1×180/360＝₩315,000		
할인액	₩315,000×0.12×135/360＝	(14,175)	(300,825)
이자비용			₩2,925

[3] 유동부채와 비유동부채의 구분

채무자가 유동부채를 유동부채 이외의 다른 비유동부채나 주식을 발행하여 차환할 의도가 있는 경우가 있다. 이때 차환을 위하여 발행할 비유동부채 혹은 주식으로부터 유입될 현금을 초과하지 않는 범위 내에서 다음과 같은 조건이 충족되면 보고기간말 현재 차환이 발생하지 않았고, 보고기간후 12개월 이내에 만기가 도래한다 하더라도 부채를 비유동부채로 분류하여 보고하여야 한다.

- 보고기간말 이전의 대출계약조건에 따라 보고기간말 이전에 쌍방이 취소할 수 없는 차환약정이 체결되고, 쌍방이 약정을 준수할 수 있을 정도의 재무적 능력을 소지하고 있는 경우

차환한 매입채무 ₩80,000과 만기가 1년 내로 도래한 사채 ₩100,000을 비유동부채로 분류하여야 한다. 따라서 유동부채는 ₩70,000이다. 한편, 재무상태표에는 다음과 같이 계상한다.

유동부채:

매입채무 ₩70,000

비유동부채 :

사　　채	500,000
기타비유동부채	80,000

[4] 사채의 발행과 이자비용 인식

(1) 20×5년 4월 1일 사채발행가격

① 20×5년 1월 1일의 사채의 현재가치		₩96,619
② 유효이자 발생액(20×5년 1월 1일~20×5년 4월 1일)		
₩96,619×12%×3/12	=	2,899
③ 20×5년 4월 1일 사채의 발행가격		₩99,518
④ 미지급이자 발생액		
₩100,000×10%×3/12	=	(2,500)
⑤ 사채의 장부금액		₩97,018

(2) 만기까지 인식해야 될 이자비용의 총액

기　간	기초부채잔고[a]	이자비용[b]	이자지급액[c]	잔고증가액(상각액)[d]	기말부채잔고[e]
20×5년	₩96,619	₩11,594	₩10,000	₩1,594	₩98,213
20×6년	98,213	11,787	10,000	1,787	100,000

b = a×유효이자율
c = 액면가×액면이자율
d = b − c
e = a + d

① 20×5년의 이자비용(₩11,594×9/12)	₩8,696
② 20×6년의 이자비용	11,787
③ 만기까지 인식해야 될 이자비용의 총액	₩20,483

[5] 사채할인발행차금의 상각과 사채상환

회계기간과 지급이자기간이 다르면 지급이자기간(6개월)을 단위로 사채할인발행차금을 상각해야 함에 유의하라.

(1) 20×6년 사채할인발행차금 상각액

7월 1일 : ₩95,083×6% − ₩100,000×5%	=	₩705
12월 31일 : (₩95,083 + ₩705)×6% − ₩100,000×5%	=	747
		₩1,452

(2) 사채상환이익
=(현금지급액 − 미지급이자)* − 사채의 장부금액
=(₩19,800 − ₩20,000×5%) − (₩95,083 + ₩705 + ₩747)×20%
=(₩507)

* 사채의 장부금액은 이자가 이미 지급된 후의 금액이다. 따라서 현금지급액에서도 미지급이자를

차감하여야 한다.

(3) 사채상환 시의 분개

(차) 사　　채	20,000	(대) 현　　금	19,800
미지급이자	1,000	사채할인발행차금	693*
		사채상환이익	507

* (₩4,917 − ₩705 − ₩747)×상환비율 20% = ₩693

[6] 장기미지급금

「기업회계기준」 제66조 제1항에 의해 장기연불조건의 매매거래 또는 이와 유사한 거래에서 발생하는 자산·부채는 현재가치로 평가한다. 본 문제의 경우는 어음발행 즉시 1회분이 지급되었기 때문에 기초연금의 현가를 구해야 한다.

(1) 발행 시의 현재가치 $\left\{1+\dfrac{1-(1.10)^{-4}}{0.10}\right\}$×₩10,000 = ₩41,699*

20×5년 1월 1일 1회 지급액	(10,000)
장기미지급금의 장부금액	₩31,699

* 발행 시의 현재가치는 다음과 같이 계산할 수도 있다.

상환일시	상환금액	현재가치요소	현재가치
20×5년 1월 1일	₩10,000	1.00000	₩10,000
20×6년 1월 1일	₩10,000	0.90909	9,091
20×7년 1월 1일	₩10,000	0.82645	8,265
20×8년 1월 1일	₩10,000	0.75132	7,513
20×9년 1월 1일	₩10,000	0.68301	6,830
			₩41,699

(2) 20×5년 12월 31일 장기미지급금의 장부금액

20×5년 12월 31일의 현재가치 = 20×6년 1월 1일의 현재가치

$= \left\{1+\dfrac{1-(1.10)^{-3}}{0.10}\right\}$ × ₩10,000 = ₩24,869

(3) 20×5년 12월 31일 현재 약식 재무상태표

부　　채

유동부채 :

미지급금	10,000*

비유동부채 :

장기미지급금(현재가치할인차금 ₩5,131)	24,869

* 20×6년 1월 1일 상환예정분

주석 : 20×7년 1월 1일~20×9년 1월 1일 상환예정분 ₩30,000에서 현재가치할인차금 ₩5,131 (= ₩30,000 − ₩9,091 − ₩8,265 − ₩7,513)을 차감한 순액이 ₩24,879임.

[7] 장기성매입채무

장기연불조건의 매매거래에서 발생한 자산과 부채로서 명목가치와 현재가치의 차이가 유의적인

경우에는 이를 현재가치로 평가하여야 한다.

(1) 20×5년 1월 1일 매입채무의 분개와 장부금액

매입채무의 명목가치는 ₩1,210,000이며 장부금액은 ₩1,000,000[={₩1,210,000÷(1+0.1)^2}]이다.

(차) 매 입	1,000,000	(대) 장기성매입채무	1,210,000
현재가치할인차금	210,000		

부채

장기성매입채무(현재가치할인차금 ₩210,000) ₩1,000,000*

* 주석: 장기성매입채무 ₩1,210,000에서 현재가치할인차금 ₩210,000을 차감한 순액이 ₩1,000,000임.

(2) 20×5년 12월 31일의 매입채무의 분개와 장부금액

매입채무의 명목가치는 ₩1,210,000이며 장부금액은 ₩1,100,000[={₩1,210,000-₩210,000+(₩1,210,000-₩210,000)×0.1}]이다.

(차) 이자비용	100,000*	(대) 현재가치할인차금	100,000

* (₩1,210,000-₩210,000)×0.1=₩100,000

부채

매입채무(현재가치할인차금 ₩110,000) ₩1,100,000*

* 주석: 매입채무 ₩1,210,00에서 현재가치할인차금 ₩110,000을 차감한 순액이 ₩1,100,000임.

(3) 20×6년 12월 31일의 매입채무의 분개와 장부금액

매입채무의 명목가치는 ₩1,210,000이며 장부금액은 ₩1,210,000[={₩1,210,000-₩110,000+(₩1,210,000-₩110,000)×0.1}]이다.

(차) 이자비용	110,000*	(대) 현재가치할인차금	110,000

* (₩1,210,000-₩110,000)×0.1=₩110,000

(차) 매입채무	1,210,000	(대) 현 금	1,210,000

부채

매입채무 ₩1,210,000

[8] 사채할인발행차금의 상각(정액법과 유효이자율법)

(1) 사채발행금액의 계산

₩100,000×2.44371(기말연금의 현재가치계수: 기간 3년, 이자율 11%)+₩1,000,000× 0.73119(일회금액의 현재가치계수: 기간 3년, 이자율 11%)=₩975,561

(2) 우리나라 회계기준에 따른 사채발행일의 분개

(차) 현 금	975,561	(대) 사 채	1,000,000
사채할인발행차금	24,439		
(차) 사채할인발행차금	23,598	(대) 현 금	23,598

즉, 사채발행비를 사채의 발행금액에서 차감하여 사채발행으로 인하여 순수하게 유입된 금액 ₩951,963(=₩975,561-₩23,598)과 액면금액 ₩1,000,000의 차액 ₩48,037을 사채할인발행차

금으로 처리해야 한다.

(3) 사채할인발행차금의 상각을 위한 유효이자율의 계산

유효이자율을 r이라 하고 컴퓨터나 시행착오법에 의하여 계산하면

$$₩951,963 = \frac{₩100,000}{(1+r)} + \frac{₩100,000}{(1+r)^2} + \frac{₩1,100,000}{(1+r)^3}$$

$\therefore r = 12\%$

(4) 유효이자율법에 의한 상각표

기 간	기초부채(자산)잔고[a]	이자비용(이자수익)[b]	이자지급액(이자수취액)[c]	잔고증가액(상각액)[d]	기말부채(자산)잔고[e]
20×4년 1월 1일~ 20×4년 12월 31일	₩951,963	₩114,236	₩100,000	₩14,236	₩966,199
20×5년 1월 1일~ 20×5년 12월 31일	966,199	115,944	100,000	15,944	982,143
20×6년 1월 1일~ 20×6년 12월 31일	982,143	117,857	100,000	17,857	1,000,000
합 계		₩348,037	₩300,000	₩48,037	

b = a×유효이자율
c = 액면가×액면이자율
d = b − c
e = a + d

(5) 사채할인발행차금을 정액법과 유효이자율법으로 상각할 경우 일자별 분개

일 자	유효이자율법
20×4년 12월 31일	(차) 이자비용 114,236 (대) 현 금 100,000 사채할인발행차금 14,236
20×5년 12월 31일	(차) 이자비용 115,944 (대) 현 금 100,000 사채할인발행차금 15,944
20×6년 12월 31일	(차) 이자비용 117,857 (대) 현 금 100,000 사채할인발행차금 17,857

[9] 자기사채

- 사채발행시 분개(20×1년 4월 1일)

(차) 현 금	97,616	(대) 사 채	100,000
사채할인발행차금	3,381	현 금	1,000

- 결산시 분개(20×1년 12월 31일)

(차) 이자비용	8,696*	(대) 미지급이자	7,500**
		사채할인발행차금	1,196***

* ₩96,619×0.12×9/12＝₩8,696
** ₩10,000×9/12＝₩7,500

*** (₩96,619×0.12×9/12) － (₩10,000×9/12) ＝ ₩1,196

－자기사채 취득시 분개(20×2년 1월 1일)

(차) 사　채	30,000	(대) 현　금	31,000
미지급이자	2,250*	사채할인발행차금	656**
		사채상환이익	594***

* ₩30,000×10%×9/12＝₩2,250
** (₩3,381－₩1,196)×3/10＝₩656
*** 사채상환손익＝{사채의 액면금액＋미지급이자－(＋) 액면금액에 상당하는 사채할인(할증)발행차금 미상각잔액}－자기사채의 취득원가

－자기사채 매각시 분개(20×2년 7월 1일)

(차) 현　금	29,000	(대) 사　채	30,000
사채할인발행차금	1,750	미지급이자	750*

* ₩30,000×10%×3/12＝₩750

[10] 이자지급일 사이 사채의 중도발행과 상환

(1) 20×4년 1월 1일의 현가: ₩30,000×3.03735＋(₩300,000×0.63552) ＝ ₩281,777

20×4년 1월 1일～10월 1일까지의 유효이자: ₩281,777×0.12×9/12＝	25,360
20×4년 10월 1일의 현금수령액	₩307,137
20×4년 1월 1일～10월 1일까지의 표시이자: ₩30,000×9/12＝	(22,500)
20×4년 10월 1일의 순수 사채발행가격	₩284,637

따라서 사채할인발행차금＝₩300,000－₩284,637＝₩15,363

(차) 현　금	307,137	(대) 미지급이자	22,500
사채할인발행차금	15,363	사　채	300,000

(2) ① 사채할인발행차금 상각표

기 간	기초부채잔고[a]	이자비용[b]	이자지급액[c]	잔고증가액 (상각액)[d]	기말부채잔고[e]
20×4년	₩281,777	₩33,813	₩30,000	₩3,813	₩285,590
20×5년	285,590	34,271	30,000	4,271	289,861
20×6년	289,861	34,783	30,000	4,783	294,644
20×7년	294,644	35,357	30,000	5,357	300,000*

* 단수조정
b＝a×유효이자율
c＝액면가×액면이자율
d＝b－c
e＝a＋d

② 20×4년도 상각액 계산 및 분개

₩3,813×3/12=₩953

(차) 미지급이자	22,500	(대) 현　　금	30,000
이자비용	8,453*	사채할인발행차금	953

* (₩30,000 − ₩22,500 + ₩953) = ₩8,453

(3) 사채할인발행차금 상각액과 사채할인발행차금 잔액의 계산

사채할인발행차금상각액 = (₩294,500×0.12×5/12) − (₩30,000×5/12)

= ₩14,725 − ₩12,500 = ₩2,225

사채할인발행차금 계정잔액 = ₩5,500 − ₩2,225 = ₩3,275

사채상환이익의 계산

사채 장부금액 ₩300,000 − ₩3,275 =	₩296,725
순수 사채대가로 지급한 금액 ₩305,000 − ₩12,500 =	(292,500)
사채상환이익	₩4,225

<분 개>

① 20×7년 6월 1일까지의 이자비용 기록

(차) 이자비용	14,725	(대) 미지급이자	12,500
		사채할인발행차금	2,225

② 20×7년 6월 1일의 매입상환 기록

(차) 미지급이자	12,500	(대) 현　　금	305,000
사　　채	300,000	사채할인발행차금	3,275
		사채상환이익	4,225

또는

(차) 이자비용	14,725	(대) 현　　금	305,000
사　　채	300,000	사채할인발행차금	5,500
		사채상환이익	4,225

(4) 20×7년 6월 1일의 시장이자율은 사채발행시점의 시장이자율에 비하여 상승하였다. B사는 자기사채를 장부금액보다 저렴한 대가로 매입상환함으로써 사채상환이익이 발생하였다. 유통 중인 사채의 가격이 떨어지는 이유는 20×7년 6월 1일의 시장이자율이 사채발행 당시의 시장이자율보다 높아지거나, 사채를 발행한 회사의 재무상태가 악화되어 투자위험이 상승함에 따라 사채권자들이 B사 사채에 대하여 더 높은 수익률을 요구하기 때문이다.

[11] 사채의 발행과 조기상환

(1) 사채의 발행가격 = ₩10,000×0.7312(11%, 3년 단일금액 현가계수) + ₩1,000×2.4437(11%, 3년 연금 현가계수) − ₩236

= ₩7,312 + ₩2,444 − ₩236 = ₩9,520

20×5년 1월 1일

사채발행회사			사채권자		
(차) 현　　금	9,520		(차) 금융자산(AC)	9,756*	
사채할인발행차금	480		(대) 현　　금		9,756
(대) 사　　채		10,000	* ₩7,312＋₩2,444		

사채발행회사의 사채할인발행차금 상각표

기 간	기초부채잔고[a]	이자비용[b]	이자지급액[c]	잔고증가액 (상각액)[d]	기말부채잔고[e]
20×5년	₩9,520	₩1,142	₩1,000	₩142	₩9,962
20×6년	9,662	1,159	1,000	159	9,821
20×7년	9,821	1,179	1,000	179	10,000
계		3,480	3,000	480	

사채권자의 사채할인발행차금 상각표

기 간	기초부채잔고[a]	이자비용[b]	이자지급액[c]	잔고증가액 (상각액)[d]	기말부채잔고[e]
20×5년	₩9,756	₩1,073	₩1,000	₩73	₩9,829
20×6년	9,829	1,081	1,000	81	9,910
20×7년	9,910	1,090	1,000	90	10,000
계		3,244	3,000	244	

b＝a×유효이자율
c＝액면가×액면이자율
d＝b－c
e＝a＋d

20×5년 12월 31일

사채발행회사			사채권자		
(차) 이자비용	1,142		(차) 현　　금	1,000	
(대) 현　　금		1,000	금융자산(AC)	73	
사　　채		142	(대) 이자수익		1,073

(2) 상환금액＝상환시점에서 사채의 공정가치(현재가치)＋경과이자
＝[₩9,499* ＋(₩9,735** －₩9,499)×9/12]＋1,000×9/12
＝₩9,676＋₩ 750＝₩10,426

* 20×6년 1월 1일 사채의 현재가치
＝₩10,000×0.7831(13%, 2년 단일금액 현가계수)＋₩1,000×1.6681(13%, 2년 연금 현가계수)
＝₩9,499

** 20×7년 1월 1일 사채의 현재가치
＝₩10,000×0.8850(13%, 1년 단일금액 현가계수)＋₩1,000×0.8850(13%, 1년 연금 현가계수)
＝₩9,735

상환시점에서 이자비용과 이자수익의 인식을 위한 분개를 먼저 하고, 상환에 관한 분개를 하여야 한다.

20×6년 10월 1일 이자비용과 이자수익의 인식

사채발행회사		사채권자	
(차) 이자비용	869*	(차) 금융자산(AC)	61
(대) 미지급이자	750**	미수이자	750
사채할인발행차금	119	(대) 이자수익	811***

* ₩1,159×9/12
** ₩1,000×9/12
*** ₩1,081×9/12

20×6년 10월 1일 사채상환

사채발행회사		사채권자	
(차) 사 채	10,000	(차) 현 금	10,426
미지급이자	750	금융자산처분손실	214
(대) 현 금	10,426	(대) 만기보유금융자산	9,890**
사채할인발행차금	219*	미수이자	750
사채상환이익	105		

* ₩480 − ₩142 − ₩119
** ₩9,756 + ₩73 + ₩61

[12] 연속상환사채

연속상환사채(serial bonds)란 만기일이 하나로 고정되어 일시에 전액이 상환되는 것이 아니라 여러 번에 걸쳐 연속적으로 분할상환되는 사채를 말한다. 즉, 연속상환사채는 원금을 할부로 상환하기 때문에 만기일이 서로 다른 여러 사채를 동시에 발행한 것과 동일한 경제적 실질을 갖는다. 연속상환사채와 관련하여 특이한 점은 할인액 또는 할증액상각 시 정액법은 오히려 계산이 복잡해진다는 것이다. 이런 이유 때문에 정액법의 변형인 액면금액비례법이 정액법의 대용으로 널리 사용된다. 그리고 유효이자율법은 기초장부금액에서 원금상환액을 조정하는 것 이외에는 크게 달라진 것이 없다.

(1) 사채의 발행금액

		발행금액	사채할인발행차금
1년 후 상환액의 현재가치 :			
원금 : ₩1,000,000×0.89286 =	₩892,860		
이자 : 100,000×0.89286 =	89,286	₩982,146	₩17,854
2년 후 상환액의 현재가치 :			
원금 : ₩1,000,000×0.79719 =	₩797,190		
이자 : 100,000×1.69005 =	169,005	₩966,195	₩33,805
3년 후 상환액의 현재가치 :			
원금 : ₩1,000,000×0.71178 =	₩711,780		
이자 : 100,000×2.40183 =	240,183	₩951,963	₩48,037
사채발행금액 및 사채할인발행차금 :		₩2,900,304	₩99,696

(2) ① 정액법에 의한 할인발행차금 상각액을 구하고 20×5년 12월 31일과 20×6년 1월 1일의 분개를 하면 다음과 같다.

상환일	사채할인 발행차금	상각 기간	연간 상각액	연도별 상각액 20×5년	20×6년	20×7년
20×6년 1월 1일	₩17,854	1	₩17,854	₩17,854		
20×7년 1월 1일	33,805	2	16,903	16,903	16,902	
20×8년 1월 1일	48,037	3	16,012	16,012	16,012	16,013
	₩99,696			₩50,769	₩32,914	₩16,013

20×5년 12월 31일

(차) 이자비용	350,769	(대) 현　　금	300,000
		사채할인발행차금	50,769

20×6년 1월 1일

(차) 사　　채	1,000,000	(대) 현　　금	1,000,000

② 유효이자율법에 의한 할인발행차금 상각액을 구하고 분개를 하면 다음과 같다.

일　자	기초사채 장부금액[a]	사채 이자비용[b]	현금이자 지급액[c]	상각액[d]	기말사채 장부금액[e]	기초사채 액면금액[f]
20×5년	₩2,900,304	₩348,036	₩300,000	₩48,036	₩2,948,340	₩3,000,000
20×6년	1,948,340	233,801	200,000	33,801	1,982,141	2,000,000
20×7년	982,141	117,859	100,000	17,859	1,000,000	1,000,000
		₩699,696	₩600,000	₩99,696		

a = 전기 e − 전기 상환액(₩1,000,000)　　b = a×유효이자율
c = f×액면이자율　　d = b − c
e = a + d

20×5년 12월 31일

(차) 이자비용	348,036	(대) 현　　금	300,000
		사채할인발행차금	48,036

20×6년 1월 1일

(차) 사　　채	1,000,000	(대) 현　　금	1,000,000

③ 미상환잔액비례법에 의한 할인발행차금 상각액을 구하고 20×5년 12월 31일과 20×6년 1월 1일의 분개를 하면 다음과 같다.

일 자	현금이자 지급액[a]	기초미상환 액면금액[b]	비율[c]	상각액[d]	사채이자비용[e]
20×5년	₩300,000	₩3,000,000	3/6	₩49,848	₩349,848
20×6년	200,000	2,000,000	2/6	33,232	233,232
20×7년	100,000	1,000,000	1/6	16,616	116,616
	₩600,000	₩6,000,000		₩99,696	₩699,696

a = b×액면이자율(10%)
c = b÷3년간 기초 미상환잔액의 합계액(₩6,000,000)
d = 사채할인발행차금(₩99,696)×c
e = a + d

20×5년 12월 31일

(차) 이자비용	349,848	(대) 현　　금	300,000
		사채할인발행차금	49,848

20×6년 1월 1일

(차) 사　　채	1,000,000	(대) 현　　금	1,000,000

[13] 정부보조금

(1) ① 20×5년 말 회계처리

(차) 감가상각비	112,500	(대) 감가상각누계액	112,500*

* (₩1,000,000 − ₩100,000)÷4년×6/12 = ₩112,500

(차) 정부보조금	62,500	(대) 감가상각비	62,500*

* ₩112,500×₩500,000/(₩1,000,000 − ₩100,000) = ₩62,500

② 20×5년 말 부분재무상태표 (단위: 원)

유형자산		
기계장치	1,000,000	
감가상각누계액	(112,500)	
정부보조금	(437,500)	450,000

(2) 유형자산처분이익(20×6년 6월 30일)

유형자산처분금액	₩600,000
유형자산장부금액(₩1,000,000 − ₩225,000* − ₩375,000) =	(400,000)
유형자산처분이익	₩200,000

* 20×6년 1월 1일부터 6월 30일까지 감가상각이 반영된 금액임.

유형자산을 처분할 때의 회계처리는 다음과 같다.

(차) 감가상각비	112,500	(대) 감가상각누계액	112,500
정부보조금	62,500	감가상각비	62,500
(차) 현　　금	600,000	(대) 기계장치	1,000,000
감가상각누계액	225,000	유형자산처분이익	200,000
정부보조금	375,000		

[14] 계약상 의무와 경제적 의무

경제적 실질이 회사가 조기상환권을 행사할 가능성이 매우 높아서 8년 만기 차입금과 유사할지라도 경제적 강제(economic compulsion)와 같은 경제적인 의무 자체만으로는 금융상품을 금융부채로 분류하기 위한 충분조건이 되지 못한다. 금융상품을 분류할 때 실질(substance)에 따른 판단은 계약적 조건(명시적 또는 간접적)을 고려하는 것으로만 제한되며, 계약적 조건 이외에 대하여 실질을 고려하여 금융상품이 부채로 분류되는지 평가하면 아니 된다. 따라서 상기와 같이 경제적인 의무가 있는 금융상품이라도 계약적 의무가 존재하지 않지 않는 경우에는 지분상품으로 분류해야 한다.

[15] 실질적인 조건의 차이가 발생하는 채무교환 : 채권·채무조정

▶ 채권자의 회계처리

1. 20×5년 12월 31일

출자전환의 경우 출자전환의 합의나 법원의 인가가 이루어진 날에 출자전환채권으로 대체하고 출자전환으로 인하여 전환될 주식의 공정가치와 채권의 대손충당금 차감전 장부금액 중 낮은 가치로 평가함.

(차) 출자전환채권	10,000,000*	(대) 대출채권	10,000,000
대손상각비	1,000,000**	대손충당금	1,000,000

* 출자전환될 채권을 출자전환채권으로 대체함.
** 주식의 공정가치 ₩7,000,000[=₩1,000/주×7(감자비율)×1,000주]을 감안하여 산정된 대손충당금 중 부족액을 추가적으로 설정함.

2. 20×6년 1월 1일

(차) 금융자산(FVOCI)	8,500,000	(대) 출자전환채권	10,000,000
대손충당금	3,000,000	대손충당금환입	1,500,000

▶ 채무자의 회계처리

1. 20×5년 12월 31일

(차) 차 입 금	10,000,000	(대) 출자전환채무	7,000,000
		채무조정이익	3,000,000*

* 출자전환될 주식의 공정가치를 기준으로 차입금을 출자전환채무(자본조정)로 대체함.
₩10,000,000 − ₩7,000/주×1,000주 = ₩3,000,000

2. 20×6년 1월 1일

(차) 출자전환채무	7,000,000	(대) 자 본 금	5,000,000
		주식발행초과금	2,000,000

[16] 실질적인 조건의 차이가 발생하는 채무교환 : 복합적 채권·채무조정

▶ 채권자의 회계처리

1. 20×4년 12월 31일

(차) 대손상각비	2,000,000	(대) 대손충당금	2,000,000*

* 대출채권 ₩10,000,000×20% = ₩2,000,000(회사가 추정하고 있는 대손충당금)

2. 20×5년 12월 31일

(1) 채권·채무조정 후 채권의 현재가치(①+②)=₩6,927,716

① 원금의 현재가치 : ₩10,000,000×$\{1/(1.1)^{10}\}$=₩3,855,433

② 이자의 현재가치 : ₩500,000×6.144567*=₩3,072,283

* 기간 10년이며, 연이자율 10%인 기말연금의 현재가치계수

(2) 추가 대손발생액 : (₩10,000,000 − ₩2,000,000) − ₩6,927,716 =₩1,072,284

(3) 채권·채무조정의 회계처리

(차) 대손상각비	1,072,284	(대) 대손충당금	1,072,284
대손충당금	3,072,284	대출채권(구)	10,000,000
대출채권(신)	6,927,716		

3. 20×6년 12월 31일

(차) 현　　금	500,000	(대) 이자수익	692,772*
대손충당금	192,772		

* ₩6,927,716×10% ≒ ₩692,772

▶ 채무자의 회계처리

1. 20×5년 12월 31일

(차) 차입금(구)	10,000,000	(대) 차입금(신)	10,000,000
현재가치할인차금	3,072,284*	채무조정이익	3,072,284

* (₩10,000,000 − ₩6,927,716) 채권자의 경우에도 동일한 할인율을 적용한다고 가정함.

2. 20×6년 12월 31일

(차) 이자비용	692,772	(대) 현　　금	500,000
		현재가치할인차금	192,772

[17] 실질적인 조건의 차이가 발생하는 채무교환 : 채권·채무조정

▶채권자의 회계처리

1. 채권·채무조정이 복합적으로 이루어진 경우에는 다음의 순서로 회계처리한다.
   ① 자산의 이전 또는 지분상품의 발행을 통한 채무의 변제
   ② 이자율이나 만기 등의 조건변경을 통한 채무의 존속

2. 회계처리
   ① 자산의 이전

(차) 토　　지	10,000,000	(대) 대출채권	10,000,000

② 출자전환

(차) 금융자산(FVOCI)	30,000,000*	(대) 대출채권	30,000,000

* 3,000주×₩10,000/주 = ₩30,000,000

③ 원금감면: 채권·채무조정 약정상 원금이 감면되는 조건은 조건변경에 해당되기 때문에 미래현금흐름의 현재가치에서 고려한다.

④ 계약조건의 변경

- 수정된 채권의 명목가치

채권·채무조정 전 채권의 명목가치	₩100,000,000
토지의 이전	(10,000,000)
출자전환	(30,000,000)
차감잔액	₩60,000,000

- 미래현금흐름 합계액에 미달하는 금액

원리금의 감면을 통한 조건변경으로 인하여 채권·채무조정에 따른 약정상 정해진 미래현금흐름

의 합계금액이 채권의 명목가치에 미달할 경우에는 채권의 명목가치를 미래현금흐름의 합계금액으로 감액하고 동액을 먼저 대손충당금과 상계하고 부족한 금액은 대손상각비로 인식한다.

수정된 채권의 명목가치		₩60,000,000
미래현금흐름의 합계액		
원금(원금감면 ₩20,000,000)	₩40,000,000	
이자(₩500,000/년×10년)	5,000,000	(45,000,000)
		₩15,000,000

(차) 대손충당금	10,000,000	(대) 대출채권	15,000,000
대손상각비	5,000,000		

- 현재가치 계산

미래현금흐름의 합계액		₩45,000,000
계약조건의 변경에 따른 현재가치		
(₩40,000,000×0.38554)	₩15,421,600	
(₩500,000×6.14457)	3,072,285	(18,493,885)
대손충당금		₩26,506,115

- 회계처리

(차) 대손상각비	26,506,115	(대) 대손충당금	26,506,115

▶ 채무자의 회계처리

① 자산의 이전

(차) 차 입 금	10,000,000	(대) 토　　지	20,000,000
유형자산처분손실	10,000,000		

② 출자전환

(차) 차 입 금	30,000,000	(대) 자 본 금	15,000,000
		주식발행초과금	15,000,000

③ 원금감면: 채권·채무조정 약정상 원금이 감면되는 조건은 조건변경에 해당되기 때문에 미래현금흐름의 현재가치에서 고려한다.

④ 계약조건의 변경

- 수정된 채무의 명목가치

채권·채무조정 전 채무의 명목가치	₩100,000,000
토지의 이전	(10,000,000)
출자전환	(30,000,000)
차감잔액	₩60,000,000

- 미래현금흐름 합계액에 미달하는 금액

원리금의 감면을 통한 조건변경으로 인하여 채권·채무조정에 따른 약정상 정해진 미래현금흐름의 합계금액이 채무의 명목가치에 미달할 경우에는 채무의 명목가치를 미래현금흐름의 합계금액으로 감액하고 동액을 채무조정이익으로 인식

수정된 채무의 명목가치		₩60,000,000
미래현금흐름의 합계액		
원금(원금감면 ₩20,000,000)	₩40,000,000	
이자(₩500,000/년×10년)	5,000,000	(45,000,000)
		₩15,000,000

(차) 차 입 금 15,000,000 (대) 채무조정이익 15,000,000

- 현재가치 계산

미래현금흐름의 합계액		₩45,000,000
계약조건의 변경에 따른 현재가치		
(₩40,000,000×0.38554)	₩15,421,600	
(₩500,000×6.14457)	3,072,285	(18,493,885)
채무조정이익		₩26,506,115

- 회계처리

(차) 현재가치할인차금 26,506,115 (대) 채무조정이익 26,506,115

[18] 관련부채의 측정

(1)

구 분	양도자산	관련부채	비고(관련부채에 국한)
상각후원가로 측정되는 경우	₩294	₩261	₩300과 ₩261의 차이는 옵션만기까지 상각하여 당기손익으로 인식
공정가치로 측정되는 경우	₩285	₩261	= 양도자산의 공정가치 − 콜옵션의 공정가치 = (콜옵션의 행사가격 + 콜옵션의 내재가치) − (콜옵션의 내재가치 + 콜옵션의 시간가치) = 콜옵션의 행사가격 − 콜옵션의 시간가치 = ₩270 − ₩9 = ₩261

(2)

<table>
<tr><th>구 분</th><th>양도자산</th><th>관련부채</th><th>비고(관련부채에 국한)</th></tr>
<tr><td>상각후원가로 측정되는 경우</td><td>₩294</td><td>₩285</td><td>₩300과 ₩285의 차이는 옵션만기까지 상각하여 당기손익으로 인식</td></tr>
<tr><td rowspan="3">공정가치로 측정되는 경우</td><td>₩270
Min(276, 270)</td><td>₩279</td><td>= Min (양도자산의 공정가치, 풋옵션의 행사가격)
+ 풋옵션의 공정가치</td></tr>
<tr><td colspan="2"><외가격상태인 경우></td><td>= 풋옵션의 행사가격 + 풋옵션의 공정가치
= 풋옵션의 행사가격 + (내재가치 + 시간가치)
= ₩270 + (0 + ₩9)
= ₩279</td></tr>
<tr><td colspan="2"><내가격상태인 경우></td><td>= 양도자산의 공정가치 + 풋옵션의 공정가치
= (풋옵션의 행사가격 − 풋옵션의 내재가치)
+ (풋옵션의 내재가치 + 풋옵션의 시간가치)
= 풋옵션의 행사가격 + 풋옵션의 시간가치
= ₩270 + ₩9
= ₩279</td></tr>
</table>

제16장 충당부채와 기타부채

익힘문제

[1] 충당부채의 인식조건을 설명하라.

충당부채를 인식하기 위해서는 다음의 조건을 전부 충족해야 한다.
- 과거사건의 결과로 현재의무(법적의무 또는 의제의무)가 존재한다.
- 당해 의무를 이행하기 위하여 경제적 효익이 내재된 자원이 유출될 가능성이 높다.
- 당해 의무의 이행에 소요되는 금액을 신뢰성 있게 추정할 수 있다.

[2] 충당부채의 측정방법을 설명하라.

충당부채로 인식하는 금액은 현재의무의 이행에 소요되는 지출에 대한 보고기간말 현재 **최선의 추정치**이어야 한다. 측정하고자 하는 충당부채가 **다수의 항목**과 관련되는 경우에 당해 의무는 모든 가능한 결과와 그와 관련된 확률을 가중평균하여 기대가치를 추정한다. **하나의 의무**를 측정하는 경우에는 가장 가능성이 높은 단일의 결과가 당해 부채에 대한 최선의 추정치가 될 수 있으나, 그러한 경우에도 기타 가능한 결과들도 고려한다. 만약 기타 가능한 결과들이 가장 가능성이 높은 결과보다 대부분 높거나 낮다면 최선의 추정치도 높거나 낮은 금액일 것이다.

시간가치 효과가 중요하다면 충당부채는 의무를 이행하기 위하여 예상되는 지출액의 **현재가치**로 평가한다. 할인율은 부채의 고유한 위험과 화폐의 시간가치에 대한 현행 시장의 평가를 반영한 세전 이율이다. 이 할인율에 반영되는 위험에는 미래 현금흐름을 추정할 때 고려된 위험은 포함되지 아니한다.

현재의무를 이행하기 위하여 소요되는 지출금액에 영향을 미치는 **미래사건**이 발생할 것이라는 충분하고 객관적인 증거가 있는 경우에는 미래사건을 감안하여 충당부채금액을 추정한다. 하지만 **예상되는 자산처분**으로부터 발생하는 차익은 충당부채를 측정하는데 고려하지 않는다.

[3] 충당부채의 변제에 대하여 설명하라.

충당부채에 대하여 제3자가 변제할 것이 확실하면 이를 자산으로 처리할 수 있다. 자산인식액은 관련 충당부채금액을 초과할 수 없다. 충당부채에 관련하여 포괄손익계산서에 인식된 비용은 제3

자의 변제와 관련하여 인식한 금액과 상계하여 표시할 수 있다.

[4] 충당부채의 변동과 사용에 대하여 설명하라.

① 충당부채의 변동
- 보고기간말마다 잔액검토, 최선의 추정치를 반영하여 조정(충당부채환입의 발생이 가능)한다.
- 충당부채를 현재가치로 표시할 경우 기간경과에 따른 장부가액 증가액은 **차입원가**로 인식한다.

② 충당부채의 사용
- 충당부채는 최초의 인식과 관련되는 지출에만 사용한다.
- 다른 목적으로 충당부채를 사용하게 될 경우 서로 다른 두 가지 사건의 영향이 왜곡표시된다.

[5] 구조조정에서 의제의무의 발생요건을 설명하라.

구조조정에 대한 의제의무는 다음의 두 가지 요건을 모두 충족하는 경우에 발생한다.

① 구조조정에 대한 공식적이며 구체적인 계획에 의하여 적어도 아래에 열거하는 내용을 모두 확인할 수 있어야 함
- 구조조정 대상이 되는 사업 또는 사업의 일부
- 구조조정의 영향을 받는 주사업장 소재지
- 해고에 따른 보상을 받게 될 것으로 예상되는 종업원의 근무지, 역할 및 대략적인 인원
- 구조조정에 소요되는 지출
- 구조조정계획의 이행시기

② 기업이 구조조정 계획의 이행에 착수하였거나 구조조정의 주요 내용을 공표함으로써 구조조정의 영향을 받을 당사자가 기업이 구조조정을 이행할 것이라는 정당한 기대를 가져야 함.

공표되었을 때 의제의무가 발생할 수 있는 충분한 구조조정계획이 되기 위해서는 당해 구조조정이 가능한 신속하게 착수될 수 있도록 계획되어야 하며, 구조조정계획의 내용이 중요하게 변경될 여지가 없을 정도로 빠른 시기에 구조조정이 완결되어야 한다. 사업 매각을 결정하고 그 결정을 대외적으로 공표한 경우라 하더라도 매수자가 특정되고 구속력 있는 매각계약이 체결되기 전까지는 의제의무가 발생하지 않는다.

[6] 제품보증충당부채의 2가지 회계처리방법을 비교하여 설명하라.

제품보증을 회계처리하는 방법에는 발생주의회계하에서 비용발생법과 수익이연법이 있다. **비용발생법** 혹은 **보증비용인식법**(expense warranty treatment)은 미래에 지출될 보증비용의 추정액을 매출한 회계연도에 비용으로 인식하는 방법이다. 이 방법은 제품보증활동은 판매와 분리될 수 없는 활동이므로 보증활동자체에서는 이익이 창출되지 않는다는 입장을 취하고 있다. 따라서 이 방법에서는 단지 판매활동을 통해서만 수익이 창출된다고 보아 판매가격 전액을 매출액으로 인식한다. 반면에, **수익이연법** 혹은 **보증수익인식법**(sales warranty treatment)은 제품판매시 제품매출에 따른 수익과 보증용역매출에 따른 수익을 구분하여 회계처리하는 방법이다. 제품매출은 보증용역매출을 제외한 순액으로 계상하고, 보증용역매출은 미래에 실제로 보증비용이 발생하거나 보증유효기간이 경과할 때까지 이연시켰다가 실제로 보증비용이 발생했을 때 혹은 보증유효기간이 만료되었

을 때 이연된 보증수익을 인식하는 방법이다.

제품보증용역이 완료되었을 때는 제품판매로 인한 이익이 두 방법하에서 동일하지만, 수익이연법에서는 제품보증용역으로 인한 수익을 제품보증비가 발생할 때까지 이연한다는 점에서 보다 보수적인 회계처리방법이라고 볼 수 있다. 그러나 제품보증에 관한 회계처리방법 중에 비용발생법이 보다 일반적으로 인정된 회계처리방법이다. 그 이유는 수익인식법이 제품보증이라는 별도의 용역활동의 존재를 가정하고 있기 때문이다. 그렇기 때문에 확신유형 보증은 매출에 대응하는 비용으로 회계처리(비용발생법)하고, 서비스유형 보증의 경우 매출의 차감(수익이연법)으로 회계처리한다.

[7] 다음 중 충당부채로 인식할 수 있는 지출인 것은?

⑤ 구조조정과 관련하여 직접 발생하고, 구조조정과 관련하여 필수적으로 발생하며, 기업의 계속적인 활동과 관련 없는 지출
⑥ 강제해고와 관련된 비용
⑦ 공장의 폐쇄와 관련하여 지불해야 하는 최소리스료

[8] 손실부담계약에 대하여 설명하라.

손실부담계약(Onerous contracts)은 계약상 의무에 따른 회피불가능비용이 계약관련 기대효익을 초과하는 것으로 정의된다. 회피불가능한 비용은 다음의 ①과 ② 중 작은 금액으로서 계약을 이행하기 위한 최소비용을 말한다.
① 계약을 이행하기 위하여 소요되는 비용
② 계약을 이행하지 못하였을 때 지급하여야 할 보상금 또는 위약금

[9] 우발자산과 우발부채의 회계처리를 설명하라.

우발자산은 자산으로 인식하지 않는다. 경제적 효익의 유입가능성이 높은 경우에만 우발자산을 주석에 기재한다. 하지만 우발자산 관련 상황변화로 인하여 경제적 효익이 유입될 것이 거의 확실한 경우에는 그러한 상황변화가 발생한 기간에 관련 자산과 이익을 인식한다.

우발부채는 부채로 인식하지 않는다. 의무를 이행하기 위하여 경제적 효익이 내재된 자원의 유출가능성이 아주 낮지 아니하는 한, 우발부채를 주석에 기재한다. 제3자와 연대하여 의무를 지는 경우에는 이행할 의무 중 제3자가 이행할 것으로 기대되는 부분을 우발부채로 처리한다.

[10] 만일 어떤 기업이 보증기간이 명백히 경과한 후에 발생하는 제품하자에 대해서도 수리해주기로 방침을 정한 경우 이미 판매된 제품과 관련하여 지출될 것으로 예상되는 금액은 부채인가?

부채이다. 왜냐하면 의무는 정상적인 거래실무, 관행 또는 원활한 관계를 유지하거나 공평한 거래를 하는 의도에서 발생할 수도 있기 때문이다.

[11] 다음의 계정에 대하여 설명하라.

(1) 미지급금 : 지급기일이 도래한 부채로서 아직 지급하지 않고 있는 것 중 일반적 상거래 이외에서 발생한 것을 말한다. 즉, 부수적 상거래에서 이미 지급기일이 도래한 부채를 아직 지급하지

않고 있는 금융부채이다.

(2) 미지급비용 : 발생주의에 의하여 기간손익을 정확히 계산하기 위한 경과계정이다. 기말수정분개의 사유 중에서 발생항목(accrued items)에 해당하는 것으로 미지급된 비용에 대한 분개는 해당 비용을 차기하고 미지급비용을 대기한다. 미지급비용계정은 지급기일이 경과하면 미지급금으로 계정대체하여야 하는 금융부채이다.

(3) 미지급법인세 : 미지급법인세는 세법에 의한 법인세 등의 미지급액을 의미하므로 비금융부채이다. 여기에는 법인세비용뿐만 아니라 회사가 부담하는 재산세 등의 미지급액을 포함하는 것으로 볼 수 있다. 그러나 재산세의 금액이 큰 경우에는 별도로 표시하여야 할 것이다.

(4) 선수금 : 제품·상품·용역 등을 주문받는 시점이나 수주공사 및 기타 일반적 상거래에서 용역 등을 제공하기 전에 대가의 전부 혹은 일부를 먼저 받은 금액을 말한다. 즉, 일반적 상거래에서 미래에 재화나 용역을 제공하기로 하고 대금의 전부 혹은 일부를 미리 수령한 것이며, 현금 등 금융자산으로 상환되지 않기 때문에 현금을 상환할 의무가 있는 상품권선수금을 제외하고 비금융부채이다.

(5) 선수수익 : 발생주의에 의하여 기간손익을 정확히 계산하기 위한 이연항목이며, 현금 등 금융자산으로 상환되지 않기 때문에 비금융부채이다.

(6) 예수금 : 일반적 상거래 이외에서 발생한 일시적 제반 예수액을 말한다. 예수금은 크게 두 가지 유형으로 나눌 수 있다. 거래처로부터 받은 예수금의 경우 부가세예수금을 제외하고는 계약이행의 보증금으로 받은 것이며 거래가 완료되거나 상대방이 의무를 수행하면 반환하여야 하기 때문에 금융부채이다. 종업원으로부터 받은 예수금은 종업원신원보증금을 제외하고는 종업원으로부터 원천징수한 것으로 법령에 의하여 관계기관에 납부하면 소멸하는 비금융부채이다.

[12] 법인세효과와 법인세기간배분회계에 대하여 설명하라.

납부할 법인세등(산출세액)과 발생한 법인세비용과의 차이를 **법인세효과**라 한다. 법인세등이 법인세비용보다 큰 경우에는 미래에 법인세를 그만큼 적게 납부하게 되므로 이를 재무상태표에 **이연법인세자산**계정을 사용하여 기타비유동자산으로 계상하고, 그 반대의 경우에는 **이연법인세부채**계정을 사용하여 기타비유동부채로 계상한다. 이러한 법인세효과를 회계기간별로 배분처리하는 절차를 **법인세기간배분회계**라 한다.

[13] 선급금이 발생하는 상황 3가지를 제시하라.

첫째, 백화점에서 상품권을 판매하면 발생한다. 둘째, 원자재 등의 파동으로 제품의 수요자가 동물건의 확보를 위하여 선급금이 발생할 수 있다. 셋째, 용역 제공거래에서 용역선수금이 발생할 수 있다.

연습문제

[1] 충당부채와 우발부채의 구분

- 자원이 유출될 가능성이 높고 (50% 초과), 금액을 신뢰성 있게 추정할 수 있는 현재의무가 있는 경우	- 자원이 유출될 가능성이 높지도 않고, 아주 낮지도 않은 잠재의무가 있는 경우 - 자원이 유출될 가능성이 높지도 않고, 아주 낮지도 않은 현재의무가 있는 경우 - 자원이 유출될 가능성이 높지만, 금액을 신뢰성 있게 추정할 수 없는 현재 의무가 있는 경우	- 자원이 유출될 가능성이 희박한 잠재의무가 있는 경우 - 자원이 유출될 가능성이 희박한 현재의무가 있는 경우 - 잠재의무조차 없는 경우
충당부채를 인식함	충당부채를 인식하지 않음	충당부채를 인식하지 않음
충당부채에 대한 주석공시	우발부채에 대한 주석공시	주석으로 공시하지 않음

[2] 우발자산의 주석표시 여부

경제적 효익의 유입이 거의 확실한(virtually certain) 경우	경제적 효익의 유입가능성이 높지만, 거의 확실하지 않은 경우	경제적 효익의 유입가능성이 높지 않은 경우
자산임	자산을 인식하지 않음	자산을 인식하지 않음
해당 없음	주석공시	주석으로 공시하지 않음

주석: 우발자산은 자산으로 인식하지 않으며, 경제적 효익의 유입이 거의 확실시 되는 때(즉, 이익의 실현이 거의 확실시 되는 경우)에 관련자산과 이익을 인식함.

[3] 충당부채의 인식

(1) (가) 과거사건은 제품의 보증판매이기 때문에 법적 의무가 있으며, 보증판매를 전체적으로 보면 자원의 유출가능성이 높다.

(나) 보고기간말 이전의 보증판매에 따른 하자보상비에 대한 최선의 추정치로 충당부채를 인식한다.

(2) (가) 과거사건은 상품의 판매이며 의제의무가 있다. 왜냐하면 기업의 행위에 따라 기업이 환불해 줄 것이라는 정당한 기대를 고객이 가지게 되었기 때문이다. 또한 환불을 받기 위해 반품된 금액 중 일정비율만큼 자원이 유출가능성이 높다.

(나) 환불비용에 대한 최선의 추정치로 충당부채를 인식한다.

(3) (가) 기업에 어떠한 의무도 없다. 화재, 폭발, 다른 유사한 사건은 재산상의 손실이나 손상의 원인이 되지만 그 발생을 예측할 수 없다. 보험에 가입하지 않았다는 사실 자체가 보고기간말에 현재의무를 발생시키지는 않는다.

(나) 보고기간말 현재 보험미가입으로 인하여 인식하여야 할 부채는 없다.

(4) (가) 어떠한 의무발생사건도 없었으므로 현재의무도 없다.

(나) 충당부채를 인식하지 않는다.

(5) (가) 과거사건은 그 의사결정을 고객 및 종업원들에게 알림으로써 그와 같은 의사소통이 있었던 날부터 의제의무가 발생되었다. 왜냐하면 그 부서가 폐쇄될 것이라는 정당한 기대를 관련자들이 가지게 되었기 때문이다.

(나) 20×5년 12월 31일에 그 부서의 폐쇄비용에 대한 최선의 추정치로 충당부채를 인식하여야 한다.

(6) (가) 과거사건은 보증을 제공한 사건이기 때문에 법적 의무가 있지만, 20×4년 12월 31일에는 자원의 유출가능성이 높지 않다. 과거사건은 보증을 제공한 사건이기 때문에 법적 의무가 있고, 20×5년 12월 31일 현재 자원의 유출가능성이 높다.

(나) 20×4년 12월 31일에는 충당부채를 인식하지 않고 그 내용을 주석에 기재한다. 20×5년 12월 31일에는 의무이행 금액에 대한 최선의 추정치로 충당부채를 인식한다.

(7) (가) 20×4년 12월 31일에는 재무제표가 승인되기까지 이용가능한 증거를 바탕으로 판단할 때 과거사건의 결과로서의 현재의무는 없다. 20×5년 12월 31일에는 이용가능한 증거에 의하면 자원의 유출가능성이 높다.

(나) 20×4년 12월 31일에는 충당부채를 인식하지 않는다. 하지만 소송결과에 따른 의무발생가능성이 낮은 경우에도 그 내용을 주석에 기재한다. 20×5년 12월 31일에는 의무를 이행하기 위한 금액에 대한 최선의 추정치로 충당부채를 인식한다.

(8) (가) 어떠한 현재의무도 없다.

(나) 보고기간말 현재 충당부채를 인식하지 않으며 내벽교체비용도 인식하지 않는다. 그 지출 여부는 내벽을 교체할 것인지 아니면 용광로를 그대로 계속 사용할 것인지에 대한 회사의 의사결정에 달려 있으므로 기업의 의사결정과 독립적으로 발생하는 의무가 아니다. 이 경우에는 충당부채를 인식하는 것이 아니라 내벽교체 시 내벽교체원가를 자본적 지출로 처리하고 이후 5년에 걸쳐 감가상각하는 것을 고려해야 한다.

(9) (가) 어떠한 현재의무도 없다.

(나) 보고기간말 현재 충당부채를 인식하지 않는다. 기체정비비용은 위에서 내벽교체비용을 충당부채로 인식하지 않는 것과 같은 이유로 충당부채로 인식하지 않는다. 법에서 정비하도록 요구하더라도 정비와 관련된 부채는 발생하지는 않는다. 왜냐하면 기체를 정비해야 할 의무는 기업의 의사결정과 독립적으로 존재하지 않으므로(즉, 기업의 의사결정으로 기체를 정비해야 할 의무를 회피할 수 있으므로) 그러한 현재의무는 존재하지 않는다. 기업은 기체정비와 관련된 미래 지출을 회피하는 의사결정을 할 수도 있다. 예를 들면, 기체를 처분함으로써 기체를 정비하지 않아도 된다. 이러한 경우에는 충당부채를 인식하는 것이 아니라 자본적 지출에 해당하는 기체정비 소요비용을 3년에 걸쳐 감가상각하는 것을 고려해야 한다.

(10) (가) 오염에 대한 복구의무를 규정하는 법의 제정이 확실하므로 토지를 오염시킨 것은 과거사건이 된다. 또한 자원의 유출가능성이 높다.

(나) 오염 복구비용에 대한 최선의 추정치로 충당부채를 인식한다.

(11) (가) 토지를 오염시킨 과거사건으로 의제의무가 발생된다. 왜냐하면 회사의 행위에 의하여 회사

가 오염토지를 복구할 것이라는 정당한 기대를 상대방이 가지게 되었기 때문이다. 또한, 자원의 유출가능성이 높다.

(나) 오염 복구비용에 대한 최선의 추정치로 충당부채를 인식한다.

(12) (가) 석유채굴선의 완공이라는 과거사건의 결과로 현재의무를 발생시켰다. 왜냐하면 계약조건에 따라서 설치된 석유채굴선을 해체하여야 할 의무가 있기 때문이다. 그러나 아직 석유가 추출되지 않았으므로 석유추출로 인한 해저지반의 손상이 발생하지 않아 이로 인한 의무는 발생되지 않았다.

(나) 원상복구비의 90%인 석유채굴선의 제거에 지출될 금액에 대한 최선의 추정치로 충당부채를 인식한다. 이러한 비용은 석유채굴선의 취득원가에 포함한다. 석유추출로 인하여 손상된 해저지반을 원상복구하는 데 지출되는 나머지 10%의 금액은 석유를 추출하는 때에 부채로 인식한다.

(13) (가) 20×5년 6월 30일에는 법률에서 규정한 공해여과장치의 설치비나 벌과금은 20×5년 6월 30일 현재시점에서 과거사건이 아니므로 그 결과로서의 현재의무는 없다. 20×5년 12월 31일에도 공해여과장치의 설치가 없었으므로 공해여과장치의 설치비에 대한 현재의무는 없다. 그러나 의무발생사건인 법률규정 위배사실이 발생하였으므로 법률규정에 의한 벌과금에 대한 의무는 발생할 수 있다. 또한 법률 위배에 따른 벌과금의 발생가능성은 법률규정의 내용과 법집행기관의 정책을 고려하여 판단한다.

(나) 20×5년 6월 30일에는 공해여과장치의 설치비에 대한 충당부채를 인식하지 않는다. 20×5년 12월 31일에도 공해여과장치의 설치비에 대한 충당부채를 인식하지 않는다. 한편, 벌과금의 부과가능성이 높은 경우에는 벌과금에 대한 최선의 추정치로 충당부채를 인식한다.

[4] 충당부채와 우발부채의 구분과 공시방법

자원의 유출가능성은 낮고, 금액의 신뢰성 있는 추정이 가능한 우발부채로 볼 수 있는 상황이다. 우발부채는 주석공시하여야 한다.

[5] 추가납세충당부채

(주)제세의 부채는 의무로 인한 자원의 유출가능성이 높고 금액의 신뢰성 있는 추정이 가능하기 때문에 재무상태표의 본문에 충당부채로 계상해야 한다. 이때 부채로 계상해야 할 금액은 최선의 추정치로 한다.

∴ ₩5,500,000

[6] 제품보증충당부채

75%×0＋20%×12억원＋5%×48억원＝4.8억원

[7] 복구충당부채

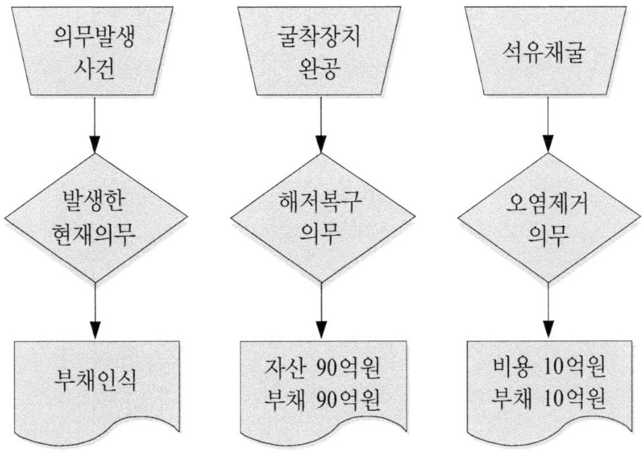

[8] 보고기간후사건과 충당부채

(1) 보고기간후사건이 보고기간말 현재 이미 존재하였던 사실에 대하여 추가적인 증거를 제공함으로써 재무제표의 작성에 사용된 추정치에 영향을 주는 경우이므로 당해 사건의 영향을 재무제표의 본문에 직접 반영하여야 한다.

(차) 대손상각비	9,900,000	(대) 대손충당금	9,900,000

(2) 패소의 가능성이 높으며 금액추정이 합리적으로 가능한 상황이다. 다시 말해서 보고기간말 현재 순자산이 감소할 가능성이 50% 이상이고, 동 손실금액을 합리적으로 추정할 수 있는 상황이기 때문에 재무제표의 본문에 부채로 계상하고 그 내용을 주석으로 기재하여야 한다.

(차) 손해배상손실	30,000,000	(대) 손해배상충당부채	30,000,000

(3) 승소의 가능성이 50% 이상이며, 금액이 일정범위로 추정가능하다. 하지만 우발이익은 미실현이익이므로 실현될 때까지는 인식하지 못한다. 다만, 그 내용을 주석으로 공시하여야 한다.

(4) 패소의 가능성이 50% 이상이며, 금액이 일정범위로 추정되는 경우에는 가장 합리적인 금액을 부채로 계상하여야 한다. 하지만 본 상황에서는 합리적인 금액을 추정하기 어렵기 때문에 최소금액을 부채로 계상한다. 또한 우발손실의 내용, 최소금액 및 최대금액, 금액추정의 가능성 등을 주석으로 기재하여야 한다.

(차) 손해배상손실	40,000,000	(대) 손해배상충당부채	40,000,000

(5) 보고기간말과 재무제표 발행승인일 사이에 발생한 사건은 재무제표를 수정할 필요가 없다. 다만, 그 금액이 중요하기 때문에 주석으로 공시하여야 한다.

(6) 보증으로 인한 변제의 가능성이 50% 이상이고, 신뢰성 있는 금액추정이 가능하므로 부채로 계상하고 그 내용을 주석으로 기재한다. 또한 우발손실액 중 반대청구권 또는 제3자에 대한 청구권이 존재하는 경우 동 금액만큼 손실액에서 차감하여야 한다.

(차) 지급보증손실	200,000,000	(대) 지급보증충당부채	200,000,000
대리변제자산	50,000,000	지급보증손실	50,000,000

[9] 충당부채의 현재가치 계산과정

- 인플레이션을 고려하기 전 예상현금유출액: ₩10,000
- 향후 10년간 물가상승률 4% 반영[₩10,000×$(1.04)^{10}$]: ₩14,802
- 시장위험프리미엄 반영(₩14,802×1.05): ₩15,542
- 무위험이자율에 신용위험을 감안한 할인율로 현재가치 계산: ₩5,991
  {₩15,542 × 1/$(1.10)^{10}$} = ₩15,542 × 0.3855 = ₩5,991

제17장 자 본

익힘문제

[1] 자본의 구성요소를 기술하라.

우리나라 「기업회계기준서」에서는 납입자본, 이익잉여금 및 기타자본요소로 분류한다. 납입자본에는 자본금과 자본잉여금이 포함된다. 그리고 기타자본요소에는 자본조정과 기타포괄손익누계액이 포함된다.

[2] 우선주의 의미를 보통주와 비교하여 설명하고, 우선주의 유형에 대하여 기술하라.

우선주란 이익배당과 청산분배에 관해서 보통주보다 우선적인 권리를 부여한 주식이다. 하지만 우선주에는 의결권을 부여하고 있지 않다. 우선주에 의결권을 부여하고 있지 않는 관계로 우선주는 보통주보다 통상 낮은 가격으로 거래된다. 우선주의 유형에는 이익배당우선주, 전환우선주, 상환우선주가 있다.

(1) 이익배당우선주 : 보통주주가 이익배당을 받기 전에 일정률의 배당을 우선적으로 받을 수 있는 권리가 부여된 주식을 말한다.

(2) 전환우선주 : 우선주주의 의사에 따라 미리 약정한 비율로 보통주로 전환할 수 있는 권리를 주주에게 부여한 우선주를 말한다.

(3) 상환우선주 : 회사가 일정한 요건하에서 이익으로 소각할 수 있는 주식을 말한다.

[3] 이익배당우선주의 유형을 설명하라.

이익배당우선주는 누적적 우선주·비누적적 우선주와 참가적 우선주·비참가적 우선주로 구분한다.

(1) 누적적·비누적적 우선주 : 누적적 우선주란 특정 연도에 이익배당을 지급받지 못한 경우 차후연도에 보통주에 대한 이익배당에 앞서 과거연도에 지급받지 못한 이익배당을 우선적으로 지급받을 수 있는 권리를 부여한 주식을 의미한다. 반면에, 그렇지 못한 우선주를 비누적적 우선주라고 한다.

(2) 참가적·비참가적 우선주 : 보통주에 동률의 배당을 지불받은 후에도 잔여이익이 있을 때, 그 잔여분에 대해서 보통주와 함께 추가적인 이익배당에 참여할 수 있는 정도에 따라 완전참가적 우선주, 부분참가적 우선주, 비참가적 우선주로 구분한다.

[4] 「기업회계기준서」 상의 신주발행비의 회계처리방법을 기술하라.

「기업회계기준서」에서 신주발행비를 주식발행금액에서 차감하여 회계처리하도록 규정하고 있다. 신주발행비는 자본조달에 따른 부대비용이므로 납입자본의 감소, 즉 주식발행초과금에서 차감하는 것이 타당하다.

[5] 자기주식의 거래에서 발생하는 자기주식처분손익을 포괄손익계산서항목으로 처리하지 않는 이유를 설명하라.

자기주식의 거래에서 발생하는 자기주식처분손익을 포괄손익계산서항목으로 처리하지 않는 이유는 자기주식거래를 통한 경영자의 이익조절행위를 방지하기 위한 것이다.

[6] 주식배당과 무상증자를 실시할 경우 발행회사와 투자자의 입장에서 각각 어떠한 영향이 있는지 기술하라. 또한 회계처리방법에 대하여 설명하라.

주식배당과 무상증자를 실시할 경우 투자자나 기업의 경제적 실질에는 변동이 없다. 그러므로 주식배당과 무상증자를 형식적 증자라 한다. 주식배당의 경우에는 기업의 이익잉여금을 자본전입하는 것이므로 회계처리는 다음과 같다.

(차) 미처분이익잉여금	×××	(대) 자 본 금	×××

무상증자의 경우에는 준비금 등을 자본전입하는 것이므로 회계처리는 다음과 같다.

(차) 자본잉여금	×××	(대) 자 본 금	×××
이익준비금	×××		

[7] 다음 기술사항에 대하여 옳은지 그른지를 판단하고, 그 근거를 제시하라.

(1) × 회사가 현물을 제공받고 주식을 발행한 경우에는 제공받은 현물의 공정가치를 주식의 발행금액으로 한다.

(2) ○

[8] 자본금과 주식발행초과금(또는 주식할인발행차금)을 구분하는 이유를 설명하라.

자본금은 주주들이 납입한 법정자본금으로서 주당 액면금액에 발행주식수를 곱한 금액이다. 우리나라는 법률적으로 액면가제도를 따르고 있다. 그렇기 때문에 법적 요구사항을 충족하고 있는지를 파악할 수 있도록 조달된 자본금을 액면총액인 액면자본금과 액면을 초과(또는 미달)하여 납입한 금액인 액면초과(또는 미달)자본금으로 구분하는 것이 바람직하다.

[9] 자기주식의 회계처리방법을 설명하라. 또한 자기주식을 매입하는 이유를 설명하라.

구 분	회계처리
자기주식의 평가	취득원가
손익의 발생시기 및 계산	처분 시(처분금액－취득원가)
관련이익의 처리	기타자본잉여금으로 계상
관련손실의 처리	자기주식처분이익과 우선 상계한 후 잔액은 결손금처리 순서에 준하여 처리
소각 시 발생손익 및 계산	감자차손익(취득원가－액면금액)
재무상태표 공시	자본에 대한 차감적 평가계정(자본조정)

주식가격이 떨어질 때는 주가부양을 위해 자사의 주식을 사들이는 회사들이 많다. 이때 자기주식을 매입하는 회사의 목적과 의도를 이해하는 것이 대단히 중요하다. 미국의 S&P500 지수에 포함되는 기업체의 자기주식 매입규모는 1991년부터 1998년까지 약 480% 증가하였다. 1998년 한 해만도 코카콜라, 인텔, 크라이슬러 등 미국 우량기업들은 자기주식을 매입하는데 약 1,500억 달러나 투입하였다.

기업들이 자기회사 주식을 매입하는 데는 다음과 같은 이유가 있다.

첫째, 자기주식을 매입하면 시장에서 거래되는 주식수가 줄고, 감소된 주식수의 비율만큼 주당 수익률이 증가하여 주식가치가 올라가고 주가상승이 유도된다.

둘째, 회사는 배당을 하는 대신 자기주식을 매입함으로써 투자자들에게 절세의 효과를 돌려줄 수 있다. 예를 들면, 시가총액이 같은 상태에서 자기주식 매입으로 거래되는 주식수가 줄면 투자자는 주당 가격이 상승하여 상승한 주가만큼 자산가치가 늘어나지만 배당을 받으면 배당소득세를 납부하게 된다.

셋째, 회사의 최고위층은 현금으로 자기주식을 매입할 정도로 건전한 재무구조를 갖고 있음을 외부에 보일 수 있는 수단이 되며, 투자자에게 자사의 주식이 저평가된 것을 홍보하여 적극적인 투자를 유인할 수 있다.

넷째, 매입한 자기주식으로 회사 임직원의 스톡옵션이나 우리사주에 제공할 수도 있다.

[10] 자본조정계정의 의미를 설명하라. 또한 자본조정계정 중 이익잉여금과 상계처리하는 항목에는 어떠한 것들이 있는지 설명하라.

자본조정은 자본금, 자본잉여금, 이익잉여금 중 어느 것에 가감해야 하는지 확정되지 않은 임시적인 자본항목이거나 그 특성상 자본에 차감 또는 가산되어야 하는 항목들을 말한다. 자본조정항목에 의해 임시적인 항목이나 미실현손익 등을 처리하기 때문에 포괄손익계산서는 불명확한 사항들을 포함할 가능성이 낮아진다. 자본조정항목 중 이익잉여금과 상계처리하는 항목에는 감자차손, 자기주식처분손실, 주식할인발행차금이 있다.

[11] 주식배당, 무상증자, 주식분할, 주식병합에 대하여 의미를 설명하고 기업과 투자자에게 각각 어떠한 영향을 미치는지 비교설명하라.

주식배당은 미처분이익잉여금을 자본에 전입하고 주주들에게 신주를 교부하는 것이다. 반면에 무상증자는 이익준비금 등의 이익잉여금 혹은 자본잉여금을 자본에 전입하고 기존주주들에게 신주를 교부한다는 점에서 차이가 있다. 무상증자 시 주식의 액면금액만큼을 자본금으로 대체하여야 한다. 주식분할은 하나의 주식을 여러 개의 동일 주식으로 분할하는 것을 말한다. 그리고 주식병합은 여러 개의 주식을 하나의 주식으로 통합하는 것을 의미한다. 이러한 주식배당, 무상증자, 주식병합 및 분할은 투자자나 기업의 경제적 실질에는 아무런 영향을 미치지 않는다. 다만 주식배당과 무상증자의 경우 기업의 자본구성에 변동이 발생하며, 주식분할 및 병합의 경우 주당 액면금액에 변동이 발생한다.

[12] 감자차손과 자기주식처분손실의 회계처리방법에 대하여 설명하라.

(1) 감자차손 : 감자차익이 있는 경우에는 감자차익에서 우선적으로 차감하고 그 잔액은 감자차손으로 계상한 후, 결손금처리순서에 준하여 먼저 이익잉여금의 처분으로 처리하고, 잔액이 있는

경우에는 자본잉여금의 처분으로 처리하도록 하고 있다. 이익잉여금과 자본잉여금의 처분으로도 잔액이 남을 경우에는 처분가능한 잉여금이 생길 때까지 자본에서 차감되는 자본조정항목으로 계상하여야 한다.

(2) 자기주식처분손실: 자기주식처분이익으로 계상된 기타자본잉여금과 우선적으로 상계하고 그 잔액은 자기주식처분손실로 계상한 후, 감자차손의 경우와 마찬가지로 결손금의 처리순서에 준하여 처리하도록 하고 있다. 이익잉여금과 자본잉여금의 처분으로도 자기주식처분손실 잔액이 남을 경우 처분가능한 잉여금이 생길 때까지 자본에서 차감하는 자본조정항목으로 계상한다.

[13] 기업과 소유주 간 자본거래에서 발생한 자본항목과 손익거래에서 발생한 자본항목을 설명하라.

여기서 자본거래란 자산 또는 부채의 증감으로 인하여 소유주지분의 변동을 발생시키는 거래 중에서 기업과 소유주 간 거래에서 발생한 자본거래만을 의미한다. 이러한 자본거래에서 발생한 자본항목에는 자본금, 자본잉여금 및 자본조정이 있다.

여기서 손익거래란 자산 또는 부채의 증감으로 인하여 소유주지분의 변동을 발생시키는 거래 중에서 기업과 소유주 간 자본거래를 제외한 거래를 말한다. 이러한 손익거래에서 발생한 자본항목에는 이익잉여금과 기타포괄손익누계액이 있다.

[14] 납입자본을 공정가치로 후속측정하지 않는 이유를 설명하라?

금융부채와 관련하여 발생하는 평가손익은 손익으로 인식하는 반면, 납입자본의 공정가치 변동은 재무제표에 직접 인식하지 않는다. 납입자본을 최초 측정액으로 계속하여 평가하는 이유는 잔여지분이기 때문이다. 이를 이해를 돕기 위한 목적에서 설명하면 첫째, 자산, 부채 및 자본 간 통계적 자유도가 2인 상황이기 때문에 자본은 측정의 독립성이 없는 것이다. 둘째, 총포괄손익을 통하여 순자산의 공정가치가 자본에 반영되기 때문에 납입자본을 공정가치로 후속 측정하면 이중으로 자본에 순자산의 공정가치가 반영되는 결과를 초래한다. 셋째, 삼각형의 두 변이 확정되면 다른 한 변은 자동으로 결정되기 때문에 공정가치로 후속측정하지 않는다.

[15] 이익잉여금의 의미를 자본잉여금과 비교하여 설명하라.

자본잉여금은 주로 증자나 감자와 같이 주주와의 자본거래에서 발생한다. 반면 이익잉여금은 영업활동, 재무활동 및 투자활동과 같은 기업의 이익창출활동에 의해 축적된 이익을 사외에 유출하거나 납입자본에 대체하지 않고 사내에 유보한 것을 말한다. 자본잉여금거래는 포괄손익계산서를 거치지 않고 자본에 직접 가감되지만 손익거래에서 발생하는 이익잉여금항목은 포괄손익계산서를 거쳐 재무상태표의 자본에 가감된다.

[16] 주식배당의 장단점에 관하여 기술하라. 또한 무상증자와의 차이를 설명하라.

기업이 주식배당을 하면 자산의 유출 없이 배당을 할 수 있고, 주식수를 증가시켜 주식의 시장성을 높일 수 있는 장점이 있다. 또한 대부분의 경우 시가가 액면금액보다 높기 때문에 주식배당은 현금배당과 비교하여 실질적으로 주주들의 배당욕구를 충족시켜 줄 수 있다. 하지만 주식수의 증가는 미래의 배당압력을 증가시키는 단점도 가지고 있다. 회사의 자산 및 자본과 투자자의 경제적 실질에 변화가 없다는 점은 무상증자와 유사하나, 무상증자는 자본잉여금, 이익준비금 등을 자본전입하지만 주식배당은 이익잉여금을 자본전입한다는 점에서 차이가 있다. 또한 무상증자는 한도에 제한이 없지만 주식배당은 배당가능이익의 1/2을 한도로 한다.

[17] 주식배당과 주식분할을 비교설명하라.

주식배당과 주식분할의 유사한 면을 살펴보면 다음과 같다. 첫째, 주식수가 증가한다. 둘째, 주식발행회사 입장에서는 주식배당이나 주식분할을 실시한 경우에 총주주지분의 변동이 없다. 주식배당과 주식분할은 다음과 같은 차이점이 있다. 첫째, 주식분할은 발행주식수의 증가와 이에 따른 주당 액면금액의 감소를 초래하는 데 비하여, 주식배당은 발행주식수의 증가를 초래하지만 주당 액면금액을 감소시키지는 않는다. 따라서 주식분할을 하는 경우에 자본금에는 변동이 없지만 주식배당의 경우에는 자본금이 증가한다. 둘째, 주식배당은 이익잉여금을 감소시키고 법정자본금을 증가시키나, 주식분할은 이익잉여금과 법정자본금에 대해서 어떤 변화도 초래하지 않는다.

한편, 자본주이론에 의하면 주식배당은 주주의 몫인 이익잉여금이 주주의 몫인 자본금으로 전환되는 것이므로 주주의 이익이 되지 않는다. 즉, 주식배당은 자본주에 이미 귀속된 지분의 재분류로 본다.

기업실체이론에서는 주식배당을 주주의 이익이라는 견해와 아니라는 견해가 있다. 전자는 주식배당의 경우에 기업에 귀속되는 이익을 주주의 자본에 대한 청구권으로 전환시키는 것이므로 주주의 이익이라는 것이다. 후자는 이익잉여금이 기업자체의 것일지라도 주주지분에 대한 미분배액을 나타내므로 주식배당은 주주의 이익이 아니라는 것이다. 후자가 통설이다.

[18] 다음 중 잘못된 내용이 있으면 지적하고 이를 수정하라.

(1) 이익준비금은 매 결산기의 주식배당이 아닌 이익배당액(중간배당액 포함)의 10분의 1을 자본금의 2분의 1에 달할 때까지 적립하여야 한다.

(2) 증여받은 시점에는 회계처리하지 않는다.

[19] 기타포괄손익 항목의 여섯 가지 유형을 제시하라.

포괄손익계산서상 기타포괄손익은 다음의 항목을 포함한다.

① 금융자산(FVOCI)의 재측정 손익(즉, 금융자산평가손익)

② 현금흐름위험회피를 할 경우 위험회피수단의 평가손익 중 효과적인 부분(즉, 현금흐름위험회피파생상품평가손익)

③ 해외사업장의 재무제표 환산으로 인한 손익(즉, 해외사업장환산손익)

④ 재평가잉여금의 변동(즉, 재평가이익)

⑤ 확정급여제도의 재측정요소

⑥ 지분법기타포괄손익(즉, 지분법자본변동)

[20] 자본변동표의 유용성을 설명하라.

자본변동표는 자산, 부채, 자본변동의 주요 원천에 대한 정보를 제공한다. 기업실체의 자본변동에 관한 정보는 일정기간 동안 발생한 기업실체와 소유주(주주) 간의 거래내용을 이해하고 소유주에게 귀속될 이익 및 배당가능이익을 파악하는 데 유용하다. 그러나 이러한 정보는 다른 재무제표

정보와 함께 사용되어야 그 유용성이 증대된다. 예를 들어, 주주에 대한 배당은 포괄손익계산서상의 이익과 비교될 필요가 있으며, 유상증자 및 자기주식 취득과 배당은 신규차입 및 기존채무의 상환 등과 비교될 때 그 정보유용성이 증대될 수 있다.

[21] 재무상태표, 포괄손익계산서, 자본변동표 및 현금흐름표 간의 관계를 설명하라.

재무제표 중에서 재무상태표가 중심이다. **포괄손익계산서, 자본변동표** 및 **현금흐름표**는 재무상태표를 보조한다. 포괄손익계산서는 당기순손익(실현손익)으로 인한 이익잉여금의 변동과 기타포괄손익(미실현보유손익)으로 인한 기타포괄손익누계액의 변동을 나타내고 있다. 당기순손익 정보는 경영자의 수탁책임평가에 유용하고, 기타포괄손익은 공정가치를 반영하고 있다는 점에서 포괄손익계산서의 의의를 찾아볼 수 있다. 자본변동표는 재무상태표상 모든 자본항목(순자산)의 변동내역을 2년간의 기간에 걸쳐 나타내고 있다. 그리고 현금흐름표는 재무상태표상 현금및현금성자산의 변동원인을 영업활동, 투자활동 및 재무활동으로 구분하여 나타내는 표이다.

연습문제

[1] 증자와 감자의 영향

(1) 실질적 증자(유상증자)

실질적 증자는 주식의 발행으로 회사의 자산이 증가하는 것이다. 여기서 실질적이라는 것은 자본금 증가에 대해 자산의 증가가 수반함으로써 실질적인 순자산의 증가가 이루어진다는 것이다. 실질적 증자에서 주식의 발행금액이 액면금액과 일치하면 액면발행, 발행금액이 액면금액보다 크면 할증발행, 발행금액이 액면금액보다 작으면 할인발행이라 한다.

할증발행의 경우에는 주식발행초과금이 나타난다. 주식발행초과금은 「상법」 제459조에 의하여 자본준비금, 즉 자본잉여금으로 적립하여야 한다. 또한 「상법」 제460조는 자본의 결손보전에 충당하는 경우 외에는 처분하지 못하며, 제461조에서는 이사회의 결의에 의하여 그 전부 또는 일부를 자본전입할 수 있도록 하고 있다. 할인발행의 경우에는 주식할인발행차금이 발생한다. 주식할인발행차금은 자본에서 차감하는 형식으로 기재하며, 주식을 할인발행한 연도부터 3년 이내의 기간에 매기 균등액을 상각할 수 있고, 동 상각액은 이익잉여금의 처분으로 한다. 다만, 결손이 있는 경우에는 차기 이후연도에 이월하여 상각할 수 있다.

실질적 증자에는 신주발행뿐만 아니라 흡수합병, 신주인수권부사채의 보유자가 신주인수권을 행사한 경우가 있다.

(2) 형식적 증자(무상증자)

형식적 증자는 주식의 발행이 있지만 회사의 자산이 증가하지 않는 경우를 말한다. 이러한 형식적 증자는 자본전입과 기타의 경우로 나눌 수 있다. 자본전입이란 배당이 불가능한 자본잉여금, 이익준비금 등을 자본금에 대체하는 것으로 구주주가 소유하고 있는 주식수에 비례하여 신주가 무상으로 분배된다. 기타의 경우로는 전환사채의 전환, 전환우선주의 전환, 주식배당 등이 있다.

(3) 실질적 감자(유상감자)

실질적 감자는 자본금의 감소로 회사의 자산이 감소하는 것이다. 실질적 감자는 기업규모를 축소하거나, 합병으로 재무상태를 조정하고자 하는 경우에 발생한다. 실질적 감자는 액면금액의 감소를 통한 주금액의 환급이나 주식을 매입하여 소멸시키는 주식의 소각으로 이루어진다. 주식의 액면가는 최저한도가 주당 ₩100으로 「상법」에서 규정하고 있기 때문에 액면가의 감소는 주금액이 ₩100 이상일 경우에만 가능하다. 한편, 주식의 소각에는 주주의 동의 여부에 따라 강제소각과 임의소각이 있다. 주식수의 감소는 주식을 매입하여 소각하는 것을 의미한다. 주식의 매입가격이 액면금액보다 높으면(낮으면) 감자차손(감자차익)이 발생한다.

(4) 형식적 감자(무상감자)

형식적 감자는 자본금이 감소하였지만 회사의 자산은 감소하지 않은 경우이다. 형식적 감자는 결손금이 있어 오랫동안 이익배당을 할 수 없거나, 주가가 하락될 우려가 있어 신주를 발행할 수 없을 경우에 이루어진다. 형식적 감자는 주금액의 절삭과 주식의 병합으로 이루어진다. 주금액의 절삭이란 주주가 이미 납입한 주금액의 일부를 주주의 손실로 처리하여 삭제하고 나머지 납입액을 주금액으로 하는 것이다. 주금액의 절삭에서 감소되는 자본금이 제거되는 결손금보다 많을 경우에는 그 차이를 감자차익으로 한다. 주식의 병합은 주식을 합하여 적은 수의 주식으로 바꾸어주는 것이다.

구 분	유상증자	무상증자	유상감자	무상감자
자본금	증가	증가	감소	감소
자본잉여금	할증발행 시 증가	자본잉여금 자본전입 시 감소	감자차익 발생 시 증가**	증가
이익잉여금	변동 없음*	법정적립금 자본전입 시 감소	감자차손을 결손처리하면 감소	결손보전 시 증가
자본조정	할인발행 시 감소	변동 없음	변동 없음	변동 없음
자본총계	증가	변동 없음	감소	변동 없음

* 이후 주식발행차금의 상각 시 감소
** 감자차익이 있는 상태에서 감자차손이 발생하면 감소가능

[2] 자기주식

(1) 자기주식처분손실(자본조정)이 계상되어 있는 상황에서 자기주식처분이익(자본잉여금)이 발생하면 자기주식처분손실과 우선 상계한다.

① 20×5년 1월 23일

(차) 현 금	600,000	(대) 보통주자본금	500,000
		주식발행초과금	100,000

② 20×5년 3월 10일

(차) 자기주식	180,000*	(대) 현 금	180,000

* 40주×₩4,500/주＝₩180,000

③ 20×5년 4월 17일

(차) 현 금	80,000	(대) 자기주식	90,000*
자기주식처분손실	10,000		

* 20주×₩4,500/주＝₩90,000

④ 20×5년 7월 24일

(차) 자기주식	114,000*	(대) 현 금	114,000

* 30주×₩3,800/주＝₩114,000

⑤ 20×5년 9월 30일

(차) 현 금	100,000	(대) 자기주식	81,600*
		자기주식처분손실	10,000
		자기주식처분이익	8,400

* 이동평균단가＝(20주×₩4,500/주＋30주×₩3,800/주)÷50주＝₩4,080/주
따라서 20주×₩4,080/주＝₩81,600

⑥ 20×5년 11월 5일

(차) 보통주자본금	100,000	(대) 자기주식	81,600*
		감자차익	18,400

* 20주×₩4,080/주=₩81,600

(2) 20×5년 12월 31일 재무상태표 자본부

자 본 금	
보통주자본금	₩400,000*
자본잉여금	
주식발행초과금	100,000
감자차익	18,400
자기주식처분이익	8,400
기타자본요소	
자기주식	(40,800)**
자본합계	₩486,000

* ₩500,000－₩100,000=₩400,000

** (₩180,000－₩90,000+₩114,000－₩81,600－₩81,600)=(₩40,800)

[3] 주식종류별 배당금의 배분

(1) 10% 누적적 우선주가 부분참가적일 경우의 배당금 배분

	10% 우선주	5% 우선주	보통주	합 계
1년분 누적액	₩500,000×10% =₩50,000			₩50,000
당기분 배당액	₩500,000×10% =₩50,000	₩500,000×5% =₩25,000	₩1,000,000×10% =₩100,000	₩175,000
잔여분 배당액	₩500,000×(12%－10%) =₩10,000		₩75,000－₩10,000 =₩65,000	₩75,000
계	₩110,000	₩25,000	₩165,000	₩300,000

* 만약에 잔여배당금이 ₩30,000[={(보통주자본금+10% 우선주자본금)×(12%－10%)}] 이하인 경우에는 10% 우선주와 보통주 각각의 총액면금액에 비례하여 배분한다.

(2) 10% 누적적 우선주가 완전참가적일 경우의 배당금 배분

	10% 우선주	5% 우선주	보통주	합 계
1년분 누적액	₩500,000×10% =₩50,000			₩50,000
당기분 배당액	₩500,000×10% =₩50,000	₩500,000×5% =₩25,000	₩1,000,000×10% =₩100,000	₩175,000
잔여분 배당액	₩75,000×1/3 =₩25,000		₩75,000×2/3 =₩50,000	₩75,000
계	₩125,000	₩25,000	₩150,000	₩300,000

[4] 주식종류별 배당금의 배분

(1) ₩340,000의 배당금 지급 시

구 분	액면금액	배당금지급액
우선주(누적적, 비참가적)	₩100,000	₩24,000 (=₩100,000/년×0.08×3년)
우선주(누적적, 완전참가적)	200,000	48,000 (=₩200,000/년×0.08×3년)
우선주(누적적, 10% 부분참가적)	300,000	72,000 (=₩300,000/년×0.08×3년)
우선주(비누적적, 비참가적)	400,000	32,000 (=₩400,000×0.08)
우선주(비누적적, 완전참가적)	500,000	40,000 (=₩500,000×0.08)
우선주(비누적적, 10% 부분참가적)	600,000	48,000 (=₩600,000×0.08)
보통주	1,000,000	76,000 (=₩340,000－₩264,000)*
합 계	₩3,100,000	₩340,000

* 우선주에 대한 배당금지급액 ₩264,000(=₩24,000+₩48,000+₩72,000+₩32,000+₩40,000+₩48,000)을 차감한 배당금을 지급한다. 이 경우에는 보통주에게 7.6%만의 배당을 할 수 있기 때문에 잔여이익도 발생하지 않는다.

(2) ₩532,000의 배당금 지급 시

구 분	액면금액	1차 배분액	잔여이익 배분액	배당금 지급액
우선주(누적적, 비참가적)	₩100,000	₩24,000	－	₩24,000
우선주(누적적, 완전참가적)	200,000	48,000	₩20,000[3)]	68,000
우선주(누적적, 10% 부분참가적)	300,000	72,000	6,000[1)]	78,000
우선주(비누적적, 비참가적)	400,000	32,000	－	32,000
우선주(비누적적, 완전참가적)	500,000	40,000	50,000[4)]	90,000
우선주(비누적적, 10% 부분참가적)	600,000	48,000	12,000[2)]	60,000
보통주	1,000,000	80,000	100,000[5)]	180,000
합 계	₩3,100,000	₩344,000	₩188,000	₩532,000

[해설]

(부분참가적 우선주+완전참가적 우선주+보통주)×(부분참가배당률－우선주배당률)

=(₩200,000+₩300,000+₩500,000+₩600,000+₩1,000,000)×(0.10－0.08)

=₩52,000

따라서 잔여이익 ₩188,000(=₩532,000－₩344,000)은 ₩52,000을 초과하므로 부분참가적 우선주에 대하여 배당을 한 후 나머지를 완전참가적 우선주와 보통주의 액면금액에 의해 비례배분한다.

1) ₩300,000×(0.10－0.08)=₩6,000
2) ₩600,000×(0.10－0.08)=₩12,000
3) (₩188,000－₩6,000－₩12,000)×(₩200,000/₩1,700,000*)=₩20,000
4) (₩188,000－₩6,000－₩12,000)×(₩500,000/₩1,700,000*)=₩50,000
5) (₩188,000－₩6,000－₩12,000)×(₩1,000,000/₩1,700,000*)=₩100,000

* ₩200,000+₩500,000+₩1,000,000=₩1,700,000

(3) ₩370,000의 배당금 지급 시

구 분	액면금액	1차 배분액	잔여이익 배분액	배당금 지급액
우선주(누적적, 비참가적)	₩100,000	₩24,000	–	₩24,000
우선주(누적적, 완전참가적)	200,000	48,000	₩2,000 1)	50,000
우선주(누적적, 10% 부분참가적)	300,000	72,000	3,000 2)	75,000
우선주(비누적적, 비참가적)	400,000	32,000	–	32,000
우선주(비누적적, 완전참가적)	500,000	40,000	5,000 3)	45,000
우선주(비누적적, 10% 부분참가적)	600,000	48,000	6,000 4)	54,000
보통주	1,000,000	80,000	10,000 5)	90,000
합 계	₩3,100,000	₩344,000	₩26,000	₩370,000

[해설]

잔여이익 ₩26,000(₩370,000 − ₩344,000)은 앞의 (2)에서 계산한 ₩52,000에 미달하므로 부분참가적 우선주, 완전참가적 우선주 및 보통주의 액면금액에 의해 잔여이익을 비례배분한다.

1) ₩26,000×(₩200,000/₩2,600,000*) = ₩2,000
2) ₩26,000×(₩300,000/₩2,600,000*) = ₩3,000
3) ₩26,000×(₩500,000/₩2,600,000*) = ₩5,000
4) ₩26,000×(₩600,000/₩2,600,000*) = ₩6,000
5) ₩26,000×(₩1,000,000/₩2,600,000*) = ₩10,000

* ₩200,000 + ₩300,000 + ₩500,000 + ₩600,000 + ₩1,000,000 = ₩2,600,000

[5] 감자와 주식병합

20×5년 9월 1일	(차) 보통주 − 자본금	500,000	(대) 현 금	530,000
	감자차손	30,000		
20×5년 11월 1일	(차) 보통주 − 자본금	500,000*	(대) 이월결손금	400,000
			감자차손	30,000
			감자차익	70,000

* (500주 − 100주)×(1 − 3/4)×₩5,000/주 = ₩500,000

[6] 자기주식

(1)

① 20×5년 5월 6일

(차) 자기주식	50,000,000	(대) 현 금	50,000,000

② 20×5년 6월 7일

(차) 자기주식	72,000,000	(대) 현 금	72,000,000

③ 20×5년 7월 8일

(차) 현 금	77,000,000	(대) 자기주식	68,000,000*
		자기주식처분이익	9,000,000

* 5,000주 × ₩10,000/주 + 2,000주 × ₩9,000/주 = ₩68,000,000

④ 20×5년 8월 9일

(차) 현　　금	28,000,000	(대) 자기주식	36,000,000*
자기주식처분이익	8,000,000		

* 4,000주×₩9,000/주=₩36,000,000

⑤ 20×5년 9월 10일

(차) 보통주자본금	5,000,000	(대) 자기주식	9,000,000
감자차손	4,000,000		

(2)

부분재무상태표

(주)샹드리에 (단위: 천원)

자 본 금		
보통주자본금		2,995,000
(발행주식수 599,000주 @₩5,000)		
자본잉여금		
주식발행초과금	1,800,000	
기타자본잉여금(자기주식처분이익)	1,000	1,801,000
기타자본요소		
자기주식(1,000주 @₩9,000)	△9,000	
감자차손	△4,000	(13,000)
이익잉여금		
당기순이익	200,000	200,000
		4,983,000

[7] 자본거래가 자본항목에 미치는 영향

② 주식배당이 이루어지더라도 자본잉여금은 불변이다.

[8] 자기주식과 자본변동표 작성을 위한 계산

(1) ①	(차) 자기주식(10주)	80,000	(대) 현　　금	80,000
②	(차) 자기주식(5주)	50,000	(대) 현　　금	50,000
③	(차) 자기주식(8주)	76,000	(대) 현　　금	76,000
④	(차) 현　　금	77,000	(대) 자기주식(7주)	56,000
			자기주식처분이익	21,000
⑤	(차) 현　　금	28,000	(대) 자기주식(4주)	34,000*
	자기주식처분이익	6,000		

* ①에서 3주×₩8,000+②에서 1주×₩10,000=₩34,000

⑥	(차) 자 본 금	25,000	(대) 자기주식(5주)	49,500*
	감자차손(자본조정)	24,500		

* ②에서 4주×₩10,000+③에서 1주×₩9,500=₩49,500

∴ 기말보유 자기주식: 7주×₩9,500=₩66,500

(2)

부분재무상태표

(주)자기	20×8. 12. 31.	(단위: 원)
자 본 금		
보통주(595주, @₩5,000)		₩2,975,000
자본잉여금		
주식발행초과금	₩1,800,000	
자기주식처분이익	15,000	1,815,000
이익잉여금		
미처분이익잉여금		420,000
(당기순이익 ₩300,000)		
기타자본요소		
자기주식(7주, ₩9,500)	(66,500)	
감자차손	(24,500)	(91,000)
자본총계		₩5,119,000

(3)

자본변동표 작성을 위한 계산표

구 분	자본금 (@₩5,000)	자본잉여금	자본조정		이익잉여금	자본총계
			자기주식 (원가)	감자차손 (기타)		
20×8. 1. 1.	3,000,000	1,800,000	0	0	120,000	4,920,000
① 20×8. 1. 5.			(80,000)			(80,000)
② 20×8. 3. 10.			(50,000)			(50,000)
③ 20×8. 5. 15.			(76,000)			(76,000)
④ 20×8. 7. 20.		21,000	56,000			77,000
⑤ 20×8. 9. 25.		(6,000)	34,000			28,000
⑥ 20×8. 11. 30.	(25,000)		49,500	(24,500)		0
당기순이익					300,000	300,000
20×8. 12. 31.	2,975,000	1,815,000	(66,500)	(24,500)	420,000	5,119,000

[9] 배당의 주식별 배분

우선주에 대한 배당순서는 ① 누적적, ② 당기분, ③ 참가적으로 이루어진다.

(1) • 20×7년 말 결손보전 후 미처분이익잉여금

=(₩350,000 + ₩1,300,000) − (₩120,000 + ₩250,000 + ₩180,000)

= ₩1,100,000

• 현금배당가능이익

= ₩1,100,000÷1.1* = ₩1,000,000

* 이익준비금 최소적립액(현금배당액의 10%) = ₩100,000

• 종류별 최대배당가능이익

구 분	자본금	누적적 효과	당기분	참가적 효과***	합 계
5% 우선주(누·참)	₩1,000,000	₩200,000*	₩50,000	₩264,000	₩514,000
6% 우선주(비누·비참)	250,000		15,000		15,000
보통주(잔여지분)	1,500,000		75,000**	396,000	471,000
	₩2,750,000	₩200,000	₩140,000	₩660,000	₩1,000,000

* ₩1,000,000×5%×4년(20×3년～20×6년)＝₩200,000(연체배당금)

** 5% 우선주는 참가적 우선주이므로 당기분 우선배당을 받은 이후에도 보통주 주주와 동등한 자격으로 잔여이익의 배당에 참가한다. 한편, 5% 우선주가 비참가적이었다면 잔여배당가능이익 ₩675,000(＝₩1,000,000－₩200,000－₩50,000－₩75,000)이 모두 보통주 주주에게 귀속된다. 그러나 참가적 조건으로 인하여 5% 우선주와 배당가능이익을 분배하는 것이므로 보통주 주주도 5%를 받아야 우선주 주주와 대등한 입장이 된다.

*** 자본금 구성비율에 따라 잔여이익 배분

우선주(누적적·참여적) : ₩660,000×{₩1,000,000/(₩1,000,000＋₩1,500,000)}

보통주 : ₩660,000×{₩1,500,000/(₩1,000,000＋₩1,500,000)}

(2) 우선주는 당기분 우선배당을 받은 후 모두 보통주와 동등한 자격으로 잔여이익 배당에 참가한다. 보통주도 각 우선주와 동등한 입장이 되기 위해서는 우선주만큼의 당기분 배당을 받아야 한다. 그러나 우선주별로 약정배당률이 다르므로 이를 가중평균한다.

$$\text{당기 우선주배당률}: \frac{(₩50,000+₩15,000)}{(₩1,000,000+₩250,000)} = 0.052$$

구 분	자본금	누적적	당기분	참가적***	합 계
5% 우선주(누·참)	₩1,000,000	₩200,000	₩50,000	₩238,909	₩488,909
6% 우선주(비누·비참)	250,000		15,000	59,727	74,727
보통주(잔여지분)	1,500,000		78,000*	358,364	436,364
	₩2,750,000	₩200,000	₩143,000	₩657,000**	₩1,000,000

* ₩1,500,000×0.052＝₩78,000

** ₩1,000,000－₩200,000－₩143,000＝₩657,000

*** 자본금 구성비율에 따라 잔여이익 배분

[10] 자본거래

회사는 자본금의 1/2에 도달할 때까지 매 결산기의 주식배당이 아닌 이익배당액 1/10 이상의 금액을 이익준비금으로 적립하여야 한다. 한편, 「기업회계기준서」에서 중단영업손익을 제외한 모든 손익은 계속영업손익에 포함하도록 규정하였으므로 자산수증이익, 채무면제이익, 보험차익 등은 기타수익에 포함된다.

(1) 각 일자별 회계처리

① 20×6년 2월 25일

(차) 미처분이익잉여금	110,000	(대) 이익준비금	10,000*
		미지급배당금	100,000**

* 현금배당의 10%를 이익준비금으로 적립하였음.

** ₩1,000,000×10%＝₩100,000

② 20×6년 3월 25일

(차) 미지급배당금	100,000	(대)	현 금	100,000

③ 20×6년 5월 5일

(차) 배당평균적립금	150,000	(대)	자 본 금	150,000

④ 20×6년 7월 10일

(차) 외상매입금	20,000	(대)	채무면제이익	20,000

⑤ 20×6년 9월 15일

(차) 미결산계정	120,000	(대)	건 물	100,000
건물감가상각누계액	30,000		재고자산	50,000

⑥ 20×6년 12월 25일

(차) 현 금	150,000	(대)	미결산계정	120,000
			보험차익	30,000

⑦ 20×6년 12월 31일

(차) 집합손익	300,000	(대)	미처분이익잉여금	300,000

⑧ 20×7년 3월 28일

(차) 미처분이익잉여금	266,800	(대)	이익준비금	13,800*
			미지급배당금	138,000**
			미교부주식배당금	115,000***

* 현금배당의 10%를 이익준비금으로 적립하였음.
** ₩5,000×230주×12%＝₩138,000
*** ₩5,000×230주×0.1주＝₩115,000

(2) 20×6년 12월 31일 재무상태표상 자본

부분재무상태표(자본)

20×6년 12월 31일 (단위: 원)

Ⅰ. 자 본 금		₩1,150,000
(발행주식수 230주, 액면금액 @₩5,000)		
Ⅱ. 자본잉여금		
1. 주식발행초과금	₩500,000	500,000
Ⅲ. 이익잉여금		
1. 법정적립금(이익준비금)	160,000	
2. 미처분이익잉여금	590,000*	750,000
(당기순이익 ₩300,000**)		
자본총계		₩2,400,000

* 미처분이익잉여금 = 전기말 미처분이익잉여금 − 당기 이익잉여금처분액 + 당기순이익
= ₩400,000 − ₩110,000 + ₩300,000 = ₩590,000

** 당기순이익 = 계속영업이익(채무면제이익과 보험차익 포함)
= ₩250,000 + ₩20,000 + ₩30,000 = ₩300,000

[11] 이익잉여금과 배당

(1) 사전 확인사항 : 자본금의 1/2 = ₩30,000 > 이익준비금 적립액 = ₩14,000

현금배당을 할 경우 최소 10% 이익준비금을 적립해야 함.

최대배당가능금액(X) = 미처분이익잉여금 + 임의적립금이입액 − 이익준비금 당기적립액(0.1X) − 기타이익잉여금 당기처분액

= (₩22,000 − ₩5,000) + ₩3,000 − 0.1X − ₩4,000 = ₩16,000 − 0.1X

X = ₩16,000/1.1 = ₩14,545

(2)	(차) 미처분이익잉여금	11,500	(대) 미지급배당금	5,000
			미교부주식배당금	6,000
			이익준비금	500
(3)	(차) 미지급배당금	5,000	(대) 현 금	5,000
	미교부주식배당금	6,000	자본금	6,000

[12] 자본변동표의 작성

자본변동표

제×기 20×4년 1월 1일부터 20×4년 12월 31일까지
제×기 20×5년 1월 1일부터 20×5년 12월 31일까지

회사명 (단위: 원)

구 분	납입자본	이익잉여금	자기주식	금융자산평가손익	해외사업장환산손익	합 계	비지배지분	자본총계
20×4. 1. 1 잔액	1,000,000	250,000	−	30,000	20,000	1,300,000	60,000	1,360,000
20×4년초까지 회계정책변경 누적효과		24,000				24,000	2,400	26,400
20×4년초까지 오류수정 누적효과		300,000				300,000	30,000	330,000
재작성잔액	1,000,000	574,000		30,000	20,000	1,624,000	92,400	1,716,000
20×4년 자본변동								
연차배당		(10,000)				(10,000)		(10,000)
중간배당		(10,000)				(10,000)		(10,000)
유상 증자(감자)	750,000*					750,000		750,000
총포괄손익		294,400**		(15,000)	(30,000)	249,400	24,940	274,340[3]
자기주식 취득			(12,000)			(12,000)		(12,000)
20×4. 12. 31. 잔액	1,750,000	848,400***	(12,000)	15,000	(10,000)	2,591,400	117,340	2,708,740[5]
20×5년 자본변동								
연차배당		(50,000)				(50,000)		(50,000)
중간배당		(30,000)				(30,000)		(30,000)
유상 증자(감자)	850,000[1]					850,000		850,000
총포괄손익		388,640[2]		15,000	(10,000)	393,640	39,364	433,004[3]
자기주식 취득			(18,000)			(18,000)		(18,000)
20×5. 12. 31. 잔액	2,600,000	1,157,040[4]	(30,000)	30,000	(20,000)	3,737,040	156,704	3,893,744[5]

* ₩500,000 + ₩250,000 = ₩750,000

** ₩400,000(20×4년 보고 당기순이익) − ₩5,600(회계정책변경 20×4년 당기효과) − ₩100,000(오류수정 20×4년 당기효과) = ₩294,400

*** 20×5년 초 회계정책변경누적효과와 오류수정누적효과를 반영하기 전 이익잉여금 보고금액 ₩630,000에 ₩18,400(20×5년 초까지 회계정책변경 누적효과)과 ₩200,000(20×5년 초까지 오류수정 누적효과)을 더하면 ₩848,400이 된다.

1) ₩500,000 + ₩350,000 = ₩850,000
2) ₩500,000(20×5년 보고 당기순이익) − ₩11,360(회계정책변경 20×5년 당기효과) − ₩100,000(오류수정 20×5년 당기효과) = ₩388,640
3) 해당 연도 포괄손익계산서의 총포괄손익과 동일금액이어야 한다.
4) 1,157,040 + ₩11,360(회계정책변경 20×5년 당기효과) + ₩100,000(오류수정 20×5년 당기효과) = ₩1,268,400 (20×5년 차기이월이익잉여금)
5) 회계정책변경과 오류수정의 누적효과를 반영한 해당 연도 재무상태표의 자본총계와 동일 금액이어야 한다.

제18장 복합금융상품

익힘문제

[1] 복합금융상품에 대해 설명하라.

복합금융상품(compound financial instrument)이란 발행자(issuer)의 관점에서 볼 때, 부채요소와 자본요소를 동시에 가지고 있는 비파생(non-derivative)금융상품을 말한다. 복합금융상품의 대표적인 예로는 전환사채, 신주인수권부사채, 발행자가 상환할 의무가 있는 상환우선주 등이 있다.

[2] 분할회계(split accounting)란 무엇인가?

복합금융상품의 발행자는 해당 상품이 부채요소와 자본요소를 모두 포함하는지 먼저 파악한 후, 그러한 사실이 확인되면 이들을 각각 금융부채, 금융자산 및 자본으로 구분하여 회계처리해야 한다. 이와 같이 하나의 복합금융상품을 각 요소별로 분할하여 회계처리하는 것을 분할회계라고 부른다. 발행자가 각 요소들을 파악할 때에는「기업회계기준서」 제1032호에서 제시하고 있는 금융자산, 금융부채 및 자본에 대한 정의에 근거하여 판단한다.

[3] 내재파생상품(embedded derivative)에 대해 설명하라.

전환사채의 전환권과 같이 주(主)계약(즉, 사채)에 포함되어 있는 파생상품을 내재파생상품(embedded derivative)이라 부른다. 내재파생상품이 주계약(host instrument)과 밀접하게 관련되어 있지 않은(not closely-related) 경우에는 주계약과 분리하여 회계처리해야 한다.

[4] 발행자가 의무적으로 상환해야 하는 상환우선주가 복합금융상품인 이유를 설명하라.

발행자가 의무적으로 상환해야 하는 약정이 있는 상환우선주의 경우, 미래시점에서 발행자가 현금(또는 그 밖의 금융자산)으로 주식을 상환해야 할 의무가 있으므로 이는 발행자에게 금융부채가 되고, 배당은 발행자의 재량에 의해 지급되므로 보유자에게 지급할 배당약정은 발행자에게 자본(부채가 아닌)이 된다. 따라서 이러한 상환우선주는 복합금융상품에 해당한다. 반면, 상환우선주의 상환이 발행자의 의무가 아니라 재량에 의한다면, 해당 재량적 상환은 더 이상 금융부채가 아니라 자본이 된다. 따라서 이러한 상환우선주는 전체가 자본(equity instrument)이며 복합금융상품이 아니다.

[5] 희석증권과 전환증권을 설명하라.

전환증권이란 보유자가 발행자의 보통주를 청구할 수 있는 권리(이를 전환권이라 함)가 첨부된 증권으로서, 전환사채, 전환우선주, 신주인수권부사채 등이 그 예가 된다. 전환권이 행사되어 보통주가 발행되면 유통주식수가 증가하여 기존주주들의 지분율이 낮아질 수 있으므로(즉, 지분율이 희석될 수 있으므로) 전환증권은 희석증권이기도 하다.

[6] 전환사채의 표시이자율이 시장이자율보다 현저하게 낮은 경우에도 액면발행되는 이유는 무엇인가?

전환사채는 일반사채처럼 표시이자율에 의한 이자를 지급받지만, 이에 더하여 발행회사의 주가가 상승하면 주식으로 전환하여 주가상승에 따른 이익을 취할 수 있다. 전환사채의 이러한 투자이점 때문에 표시이자율이 시장이자율보다 낮아도 투자자들은 액면금액만큼을 지급하고 취득한다.

[7] 전환사채의 전환비율과 신주인수권부사채의 행사비율을 비교·설명하라.

전환비율은 전환권의 행사로 발행될 주식 1주와 교환되는 사채의 액면금액을 의미하며 전환가격이라고도 한다. 일례로, 전환가격이 ₩1,000이라면 액면금액 ₩1,000,000의 전환사채가 전환되는 경우 발행주식수는 1,000주가 된다. 신주인수권부사채의 행사비율이란, 사채의 총액면금액과 신주인수권의 총행사가격과의 비율로서, 100%인 경우가 일반적이다. 일례로, 행사가격이 ₩1,000이고 행사비율이 100%라면 사채액면금액 ₩1,000,000에 대해 신주인수권이 행사되면 발행주식수는 1,000주(=₩1,000,000×100%÷₩1,000)가 된다. 따라서 전환가격과 행사가격이 일치하고 다른 조건이 동일하더라도, 행사비율이 100%보다 높으면 신주인수권의 행사로 발행되는 주식의 수가 전환권의 행사로 발행되는 주식의 수보다 많다. 즉, 위의 예에서 만일 행사비율이 120%라면 신주인수권의 행사로 발행되는 주식의 수는 1,200주가 된다.

[8] 전환사채나 신주인수권부사채의 만기보장수익률은 무엇인가?

만기보장수익률이란 채권보유자가 전환권 또는 신주인수권을 행사하지 않고 만기까지 채권을 보유하였다가 상환받는 경우 발행자가 보유자에게 보장을 약속한 투자수익률을 말한다. 발행자는 만기보장수익률을 채권의 표시이자율보다는 높게 정함으로써 전환권이나 신주인수권의 가치를 높게 평가하지 않는 투자자를 유인하는 수단으로 사용한다.

[9] 전환권이나 신주인수권을 만기까지 행사하지 않은 채권자들에게 사채발행회사는 어떠한 방법으로 표시이자율보다 높은 수익률을 보장해 주는지 설명하라.

발행자는 만기상환 때 액면금액보다 더 많은 금액을 상환함으로써 표시이자율보다 높은 수익률을 보장해 준다. 즉, 액면금액에 할증금(premium)을 가산하여 만기에 상환해 줌으로써, 채권보유기간 중 표시이자율에 따라 낮은 이자를 받은 것에 대해 보상해 준다. 이를 만기상환할증금이라고 부른다.

[10] 전환사채나 신주인수권부사채에 대한 만기보장수익률은 채권발행시점의 시장이자율에 비해 어떠한지 밝히고, 그 이유를 설명하라.

일반적으로 만기보장수익률은 채권발행시점의 시장이자율보다 낮은데 그 이유는 전환권 또는 신주인수권이 경제적 가치를 갖기 때문이다. 즉 일반사채의 경우는 발행시점의 시장이자율이 곧 만기보장수익률이 되는데, 전환사채나 신주인수권부사채는 일반사채의 만기보장수익률(즉, 시장이자율)보다 낮은 만기보장수익률을 갖더라도, 전환권 또는 신주인수권이 경제적 가치를 제공하므로, 투자자들은 만족한다. 따라서 극단적인 경우 전환권이나 신주인수권의 경제적 가치가 전무하다면 투자자들은 전환사채나 신주인수권부사채에 대해 시장이자율과 동일한 만기보장수익률을 요구할 것이다.

[11] 전환권의 공정가치를 계산하는 방법을 제시하고, 이때 사용하는 할인율은 무엇인지 설명하라.

전환권의 공정가치는 채권발행금액에서 전환사채 부채요소의 공정가치를 차감하여 계산한다. 부채요소의 공정가치란 발행자에게 요구되는 최대한의 현금지급액을 할인한 현재가치며, 이 현금지급액은 이자지급과 액면금액뿐 아니라 상환할증금이 있다면 상환할증금까지도 포함하는 지급액이다. 부채요소의 현재가치를 계산할 때 사용하는 할인율은 해당 전환사채 부채요소와 실질적으로 동일한 현금흐름을 제공하고, 유사한 신용위험을 갖지만 전환권은 없는 일반사채에 적용되는 시장이자율이다.

[12] 전환권대가에 대해 설명하라.

전환권대가는 전환권의 가치를 자본으로 인식할 때 사용하는 계정과목을 말하며, 추후 전환이 이루어져 주식이 발행되면, 주식발행초과금으로 대체되지만, 채권의 만기까지 전환권이 미행사되면 기타자본항목으로서 남게 된다.

[13] 전환권조정과 사채할인발행차금의 유사점과 차이점을 설명하라.

채권의 만기시점에서 볼 때 전환권조정과 사채할인발행차금은 표시이자율에 따른 이자에 추가하여 채권보유자에게 지급되는 '추가적 이자'라는 유사점을 갖는다. 그러나 발행시점에서 보면, 사채할인발행차금은 만기에 반드시 지급될 확정이자인 반면, 전환권조정은 아직 그 지급이 확정되지 않은 이자라는 차이점이 있다. 즉, 전환권조정은 전환사채가 중도에 전환되지 않고 만기까지 이른 상황에서만 이자로서 그 지급이 확정되는 우발성을 갖는다. 그러나 이러한 개념적 차이는 두 항목의 회계처리에는 영향을 주지 않는다.

[14] 전환사채에 첨부된 전환권의 행사와 신주인수권부사채에 첨부된 신주인수권의 행사 간의 유사점과 차이점을 설명하라.

전환권의 행사나 신주인수권의 행사로 채권보유자들이 전환비율 및 행사비율에 해당하는 주식을 배정받아 발행회사의 주주가 된다는 점에서 이 두 권리는 공통점을 갖는다. 그러나 신주인수권을 행사한 투자자들은 행사가격에 해당하는 현금을 회사에 납입하고(주금납입) 주주가 되어도 채권은 소멸되지 않고 만기에 가서 상환되지만, 전환권을 행사한 투자자들은 수령한 주식에 대해 주금을 납입하지는 않으나 채권이 소멸된다는 점에서 이 둘은 차이가 난다. 또한 신주인수권이 행사될 때에는 행사가격만큼 현금이 납입되므로 이를 발행주식금액으로 삼으면 되지만, 전환사채의 전환 시에는 발행주식금액을 결정함에 있어서 개념적으로는 여러 가지 대안을 사용할 수 있다는 점에서도 차이가 난다.

[15] 전환사채의 전환시점에서 발행회사가 전환손익을 인식하지 않는 이유를 설명하라.

전환의 대가로 발행되는 주식은 일상적인 주식발행과는 달리 현금이 수수되지 않으므로 '발행주식을 얼마로 계상하느냐'가 문제가 된다. 여기에 관해서는 몇 가지 대안이 있을 수 있는데, 사채의 전환을 발행된 주식과 전환사채 부채요소와의 교환으로 보아서, 교환된 부채요소의 장부금액(book value)이나 공정가치, 또는 교환된 주식의 공정가치를 발행주식의 금액으로 삼을 수 있다. 먼저, 부채요소의 장부금액을 발행주식금액으로 삼으면, 계상되는 자본금액이 장부상 제거되는 부채금액과 **동일**하므로 전환에 따른 손익이 발생하지 않는다. 반면, 부채요소의 공정가치나 주식의 공정가치를 발행주식금액으로 삼으면, 계상되는 자본금액과 제거되는 부채금액이 달라지므로 그 차액만큼 전환손실 또는 전환이익이 발생한다. 이때 사채의 전환을 사채의 조기상환으로 해석하면 전환손익을 인식하는 것이 타당하고, 자본거래로 보면 전환손익을 인식하지 않는 것이 맞다. 「기업회계기준서」 제1032호는 전환손익을 인식하지 않도록 규정함으로써 전환사채의 전환을 자본거래로 간주하는 입장을 취한다.

[16] 전환사채의 만기 이전 재매입에 대한 회계처리를 요약하라.

발행자는 재매입을 위해 지급한 대가(거래비용까지 포함한)를 거래발생시점에서 전환사채의 부채요소와 자본요소에 배분한다. 이때 배분하는 방법은 전환사채 발행시점에서 채권발행금액을 부채요소와 자본요소로 배분한 방법과 일치해야 한다. 이렇게 배분된 지급대가는 전환사채의 부채요소와 자본요소를 상환하는 대가이므로, 각각 관련 부채와 자본의 장부금액을 제거하는 금액이다. 이때 부채의 장부금액과 배분된 상환대가의 차액은 사채의 조기상환에 따른 당기손익으로 인식하지만, 자본의 장부금액과 배분된 상환대가의 차이는 자본거래로 인한 것으로 보아 손익으로 인식하지 않는다.

[17] 전환사채 상환할증금의 성격을 규명하고, 이것이 어떻게 회계처리되는지 설명하라.

전환사채 상환할증금은 전환권조정처럼 만기에 추가적으로 지급되는 이자의 성격을 지닌다. 그러나 이 추가이자는 전환사채가 중도에 전환되지 않고 만기에 상환될 때에만 이자로서 그 지급이 확정되는 우발성을 갖는다. 이러한 우발성에도 불구하고 「기업회계기준서」 제1032호는 이를 확정이자로 취급한다. 즉, 상환할증금은 유효이자율법에 따라 상각하고 이 상각액을 이자비용에 가산한다.

[18] 상환할증금이 있는 전환사채와 상환할증금이 없는 전환사채의 전환권 공정가치는 어떻게 다른지 설명하라. 두 전환사채는 상환할증금 유무(有無) 이외의 다른 발행조건은 동일하다고 가정하라.

상환할증금이 있는 전환사채의 전환권 공정가치는 상환할증금이 없는 전환사채의 경우보다 낮다. 왜냐하면 상환할증금이 있는 전환사채의 경우 부채요소의 현재가치(즉, 일반사채로서의 가치)는 상환할증금이 포함되어 더 커지므로 발행금액과의 차이가 줄어들기 때문이다. 일반적으로 상환할증금과 전환권 공정가치는 반비례관계에 있어서 상환할증금이 많을수록 전환권 공정가치는 낮아지는데, 그 이유는 발행회사의 주가상승 가능성이 낮아서 전환권의 경제적 가치가 낮으면 더 많은 상환할증금을 지급해야 투자자들이 유인되기 때문이다.

[19] 상환할증금이 있는 전환사채와 상환할증금이 없는 전환사채에 대한 이자비용은 어떻게 그리고 왜

다른지 설명하라. 두 전환사채는 상환할증금 유무(有無) 이외의 다른 발행조건은 동일하다고 가정하라.

전환사채는 이자지급 시마다 전환권조정금액을 유효이자율법에 따라 상각하고 이 상각액을 현금이자에 더하여 이자비용으로 인식한다. 그런데 상환할증금이 있는 전환사채의 경우 전환권조정에 상환할증금이 포함되므로 상환할증금이 없는 전환사채의 전환권조정보다 금액이 더 크다. 따라서 다른 발행조건이 동일하다면, 상환할증금이 있는 전환사채는 매기 전환권조정 상각액이 더 클 것이며 따라서 이자비용도 상환할증금이 없는 전환사채의 그것보다 더 커지게 된다.

[20] 전환사채가 전환될 때 발행되는 주식의 금액은 어떻게 결정되는지 상환할증금이 없는 경우와 있는 경우로 나누어 설명하라.

전환시 발행되는 주식의 금액은 부채요소의 장부금액과 전환권대가를 합한 금액으로 결정된다. 이는 상환할증금이 있거나 없거나 동일하다. 다만 상환할증금이 있는 경우 부채요소의 장부금액에는 상환할증금이 포함되어 있다는 점에서 상환할증금이 없는 경우와 차이가 난다.

[21] 전환사채의 유도전환을 위해 조건변경을 한 경우 발행회사가 인식해야 하는 손실은 어떻게 계산하는지 설명하라.

조건변경이 있는 경우에는 그 시점에서 다음 두 공정가치의 차액을 손실로 인식한다.

- 변경된 조건하에서 전환으로 보유자가 수취하게 되는 대가의 공정가치
- 변경전 조건하에서 전환으로 보유자가 수취하였을 대가의 공정가치

[22] 복합금융상품 발행에 따른 거래비용은 어떻게 회계처리하는지 설명하라.

거래비용은 전환사채의 최초인식 때에 부채요소와 자본요소에 배분하되, 각 요소의 공정가치에 따라 비례 배분하고, 배분금액 만큼을 관련 부채와 자본에서 차감한다. 이때 부채의 공정가치는 배분된 거래비용만큼 감소하므로 추후 회사가 이자비용 인식을 위해 사용하는 유효이자율은 발행시점의 시장이자율보다 높아진다. 이 유효이자율은 이자지급과 만기상환액의 현재가치를 부채요소에 배분된 순액(거래비용을 차감한)과 일치시켜주는 할인율이며 시행착오를 통해 구한다.

[23] 분리형 신주인수권과 비분리형 신주인수권의 차이는 무엇인가?

분리형은 사채와 분리되어 독립적인 유가증권으로서 자본시장에서 거래될 수 있는 반면, 비분리형은 사채와 독립적으로는 거래될 수 없다.

[24] 신주인수권조정과 전환권조정의 경제적 성격의 차이를 설명하라.

전환권조정은 전환청구기간이 만료되기 전까지는 그 지급이 아직 확정되지 않은 이자이나, 신주인수권조정은 그 지급이 발행시점에서 확정되는 이자라는 차이점을 갖는다. 이는 전환권과는 달리, 신주인수권은 만기 전에 행사되어도 채권이 중도에 소멸되지 않고 만기에 가서야 상환되기 때문이다. 이러한 분명한 차이에도 불구하고 신주인수권조정이나 전환권조정 모두 확정이자로 간주하여 회계처리한다(즉, 매기 상각액이 현금이자에 가산되어 이자비용으로 인식됨).

[25] 신주인수권이 행사될 때 발행되는 주식의 금액은 어떻게 결정되는지 상환할증금이 없는 경우와 있

는 경우로 나누어 설명하라.

신주인수권 행사로 발행되는 주식의 금액은 상환할증금이 없는 경우에는 주금납입액(즉, 행사가격)과 행사부분에 해당하는 신주인수권대가의 합계액이며, 상환할증금이 있는 경우에는 행사부분에 해당하는 상환할증금의 현재가치가 추가로 더해진다. 이때 현가계산에 사용되는 할인율은 채권발행시점의 시장이자율이다.

[26] 전환우선주에 첨부된 전환권의 가치를 별도로 분리하여 기록하지 않는 이유는 무엇인가?

전환사채는 부채요소와 자본요소가 복합된 증권이므로 자본요소의 성격을 갖는 전환권을 부채요소와 분리하여 별도로 기록할 필요가 있다. 그러나 전환우선주의 경우는 우선주 자체가 부채가 아닌 자본이므로 또 다른 자본요소인 전환권의 공정가치를 별도의 자본으로 기록할 필요가 없다.

[27] 전환우선주의 장부금액이 전환으로 발행되는 보통주의 액면금액보다 적을 경우 그 차이만큼 이익잉여금을 줄여주는 이유는 무엇인가?

우선주 전환을 유도하기 위해 우선주주들에게 발행회사가 추가적인 배당을 지급하였다고 간주하기 때문이다.

연습문제

[1] 전환사채 (개념적 문제)

전환사채에 관한 다음 각 호의 진술에 대해 true/false로 답하라.

(1) 다른 조건이 동일하다면 전환권가치가 낮을수록 만기상환할증금은 작아진다. **F**

(2) 만기보장수익률은 투자자들 입장에서 볼 때 내부수익률(internal rate of return)이다. **T**

(3) 전환권가치가 높을수록 만기보장수익률은 시장이자율에 근접하게 된다. **F**

(4) 만기수익률에 대한 보장이 달리 없이 액면발행된 전환사채를 만기까지 보유하면 표시이자율에 해당하는 만기수익률을 획득하게 된다. **T**

(5) 표시이자율이 2%이고 만기보장수익률이 8%인 전환사채가 시장이자율이 8%일 때 액면발행되었다면 발행시점에서 투자자들은 전환권의 경제적 가치를 인정하지 않은 것이다. **T**

(6) 표시이자율이 5%인 전환사채와 표시이자율이 7%인 전환사채가 10%의 만기수익률을 보장하는 조건으로 액면발행되었다. 다른 조건이 동일하다면, 전자의 만기상환할증금은 후자의 만기상환할증금보다 더 작다. **F**

(7) 상환할증금을 지급하는 조건으로 액면발행된 전환사채의 만기보장수익률과 상환할증금 지급조건 없이 액면발행된 전환사채의 만기수익률이 동일하다. 다른 조건이 동일하다면, 전자의 표시이자율이 후자의 표시이자율보다 낮다. **T**

[2] 전환권 공정가치의 계산

(주)현재는 회사의 현 신용등급으로 만기 5년, 표시이자율 15%, 액면금액 ₩1,000,000의 일반사채를 액면발행할 수 있다. 회사는 20×7년 1월 1일에 만기 5년, 표시이자율 8%, 액면 ₩1,000,000의 전환사채를 액면발행하였다. 이자는 매년 말 지급하는 조건이다. 이 전환사채의 전환권의 공정가치를 계산하라.

부채요소의 공정가치(PV) $= ₩80,000 \times \left[\frac{1-(1.15)^{-5}}{0.15}\right] + ₩1,000,000 \times (1.15)^{-5} = ₩765,349$

전환권 공정가치 $= ₩1,000,000 - ₩765,349 = ₩234,651$

[3] 전환사채의 만기보장수익률 계산

(주)미래는 액면금액이 ₩1,000,000이고, 만기가 3년이며, 표시이자율이 5%인 전환사채를 액면발행하였다. 이자는 매년 말 지급하는 조건이다. 전환사채 발행시 주식시장이 침체되어 있어서 회사는 만기에 액면금액의 29.098%에 해당하는 상환할증금을 지급하기로 하였다. 이 전환사채의 만기보장수익률은 얼마인가?

만기보장수익률을 r%라고 하면,

$$₩1,000,000(\text{채권발행금액}) = ₩50,000 \times \left[\frac{1-(1+r)^{-3}}{r}\right] + (1+r)^{-3} \times ₩1,000,000 \times 1.29098$$

시행착오를 통해 위의 식을 r에 관하여 풀면, r = 13.5%

[4] 전환사채의 상환할증금의 계산

(주)보장은 시장이자율이 8%일 때 액면 ₩1,000,000, 표시이자율 1%, 만기 7년인 전환사채를 액면발행하였다. 이자는 매년 말 지급한다. 만일 회사가 전환사채발행과 관련하여 ₩115,765의 전환권대가를 기록하였다면, 만기상환할증금은 얼마인가?

₩115,765(전환권대가) = ₩1,000,000(채권발행금액) − 부채요소의 PV ;
따라서 부채요소의 PV = ₩884,235 ;
상환할증금을 h라 하면,

$$₩884,235 = ₩10,000 \times \left[\frac{1-(1.08)^{-7}}{0.08}\right] + (₩1,000,000 + h) \times (1.08)^{-7}$$

위 식을 풀면, h = ₩426,195

[5] 전환사채의 표시이자율 계산

(주)화승은 액면이 ₩1,000,000이고, 만기 5년인 전환사채를 액면발행하였다. 이자는 매년 말 지급한다. 회사는 8%의 수익률을 보장하기 위해 만기상환할 경우 29.333%를 할증해 주기로 정하였다. 이 전환사채의 표시이자율은 몇 %인가?

표시이자율을 p%라 하면,
₩1,000,000(채권발행금액)

$$= (₩1,000,000 \times p\%) \times \left[\frac{1-(1.08)^{-5}}{0.08}\right] + ₩1,000,000 \times 1.29333 \times (1.08)^{-5}$$

이 식을 p에 관해 풀면, p = 3%

[6] 전환사채(상환할증금이 있는 경우)

(주)보석은 20×7년 1월 1일에 만기 3년, 표시이자율 2%, 액면 ₩1,000,000의 전환사채를 액면발행하였다. 전환가격은 ₩25,000이고, 보통주의 액면금액은 주당 ₩10,000이며, 이자는 매년 말에 지급한다. 전환사채 발행시의 시장이자율은 12.5%이었으며, 회사는 11.7%의 만기수익률을 보장하였다.

(1) (주)보석의 만기상환할증금을 계산하라.

$$₩20,000 \times \left[\frac{1-(1.117)^{-3}}{0.117}\right] + ₩1,000,000 + x) \times (1.117)^{-3} = ₩1,000,000$$

x = 만기상환할증금 = ₩326,375

(2) (주)보석의 전환권의 공정가치를 계산하라.

$$\text{부채요소의 PV} = ₩20,000 \times \left[\frac{1-(1.125)^{-3}}{0.125}\right] + ₩1,326,375 \times (1.125)^{-3} = ₩979,182$$

전환권 공정가치 = ₩1,000,000 − ₩979,182 = ₩20,818

(3) 전환사채의 발행에 따른 최초인식을 분개하라.

(차)			(대)	
	현　　금	1,000,000	전환사채	1,000,000
	전환권조정	347,193	전환권대가	20,818
			사채상환할증금	326,375

(4) 전환권조정의 상각표를 작성하라.

기 간	기초 부채잔고	이자비용	이자지급액	잔고증가액 (상각액)	기말 부채잔고
20×7	₩979,182	₩122,398	₩20,000	₩102,398	₩1,081,580
20×8	1,081,580	135,198	20,000	115,198	1,196,778
20×9	1,196,778	149,597	20,000	129,597	1,326,375
				₩347,193	

(5) 20×7년 12월 31일에 필요한 분개를 하라.

(차) 이자비용	122,398	(대) 현　금	20,000
		전환권조정	102,398

(6) 20×8년 1월 1일에 액면 ₩500,000에 해당하는 (주)보석의 전환사채가 주식으로 전환되었다. 필요한 분개를 제시하라.

재분류될 전환권대가 = ₩20,818×50% = ₩10,409

제거될 만기상환할증금 = ₩326,375×50% = ₩163,188

제거될 전환권조정 = (₩347,193 − ₩102,398)×50% = ₩122,398

발행주식수 = ₩500,000÷₩25,000 = 20주

자본금 = 20주×₩10,000 = ₩200,000

(차) 전환권대가	10,409	(대) 주식발행초과금	10,409
(차) 전환사채	500,000	(대) 전환권조정	122,398
사채상환할증금	163,188	자 본 금	200,000
		주식발행초과금	340,790

(7) 20×8년 12월 31일에 필요한 분개를 하라.

이자비용 = ₩135,198×50% = ₩67,599

(차) 이자비용	67,599	(대) 현　금	10,000
		전환권조정	57,599

(8) (주)보석은 20×9년 12월 31일 잔존 전환사채를 만기상환하였다. 필요한 분개를 하라. 마지막 이자비용 인식을 위한 분개는 하지 말 것.

(차) 전환사채	500,000	(대) 현　금	663,187
사채상환할증금	163,187		

(9) 위 (6)번과는 상관없이, 20x8년 1월 1일 (주)보석은 채권보유자들과 협상을 통해 전환사채 전부를 공정가치인 ₩1,600,000에 재매입하였다. 재매입일에 (주)보석이 매년 말 이자를 지급하는 만기 2년의 일반사채를 발행한다면 10.5%의 유효이자율로 발행할 수 있다. 전환사채 재매입에 필요한 분개를 제시하라.

재매입 대가의 부채요소 배분금액(부채요소의 재매입일 시점 공정가치)

$$= ₩20{,}000 \times \left[\frac{1-(1.105)^{-2}}{0.105}\right] + ₩1{,}326{,}375\times(1.105)^{-2} = ₩1{,}120{,}759$$

재매입 대가의 자본요소 배분금액 = ₩1,600,000 − ₩1,120,759 = ₩479,241

부채요소와 자본요소의 배분금액과 관련 부채 및 자본의 장부금액

	재매입대가의 배분금액 (상환대가)	관련 장부금액	차 액	비 고
부채요소	₩ 1,120,759	₩1,081,580	₩ 39,179	차액은 손실로 인식
자본요소	479,241	20,818	458,423	차액은 자본에서 차감
합 계	₩1,600,000	-		-

재매입 거래를 위한 분개를 부채요소와 자본요소로 나누어 보면 다음과 같다.

부채요소의 조기상환:

(차) 전환사채	1,000,000	(대) 현 금	1,120.759
사채상환할증금	326,375	전환권조정	244,795
사채조기상환손실	39,179		

자본요소의 조기상환:

(차) 전환권대가	20,818	(대) 현 금	479,241
기타자본항목	458,423		

[7] 전환사채(상환할증금이 없는 경우; 거래비용 있음)

(주)금광은 20×7년 1월 1일에 만기 3년, 표시이자율 3%, 액면 ₩1,000,000의 전환사채를 상환할증금 지급조건이 없이 액면발행하였다. 발행과 관련하여 (주)금광은 ₩70,000의 거래비용을 지불하였다. 이자는 매년 말에 지급하며, 전환가격은 ₩10,000이다. 보통주의 액면금액은 주당 ₩1,000이고, 전환사채 발행시점의 시장이자율은 7%이었다. 20×9년 1월 1일에는 (주)금광이 발행한 전환사채의 75%가 전환되었으며, 나머지는 만기에 상환되었다. (주)금광의 전환사채와 관련하여 필요한 모든 분개를 제시하라.

부채요소의 공정가치 $= ₩30{,}000 \times \left[\dfrac{1-(1.07)^{-3}}{0.07}\right]\Bigg\} + ₩1{,}000{,}000 \times (1.07)^{-3} = ₩895{,}027$

전환권의 공정가치 $= ₩1{,}000{,}000 - ₩895{,}027 = ₩104{,}973$

거래비용은 다음과 같이 배분된다.

	부채요소 배분액	자본요소 배분액	합 계
거래비용	₩70,000×895,027/1,000,000 = ₩62,652	₩70,000×104,973/1,000,000 = ₩7,348	₩70,000

최초인식을 위한 부채와 자본의 금액은 다음과 같다.

	부채요소 배분액	자본요소 배분액	합 계
채권발행총액	₩895,027	₩104,973	₩1,000,000
거래비용	(62,652)	(7,348)	(70,000)
채권발행순액	₩832,375	₩97,625	₩ 930,000

전환사채의 최초인식을 위한 분개:

(차) 현 금	930,000	(대) 전환사채	1,000,000
전환권조정	167,625	전환권대가	97,625

이자비용 인식을 위한 유효이자율(r)의 계산:

$$₩832,375 = ₩30,000 \times \left[\frac{1-(1+r)^{-3}}{r}\right] + ₩1,000,000 \times (1+r)^{-3}$$

시행착오를 통해 구하면, r = 9.7055%

전환권조정의 상각표:

기 간	기초 부채잔고	이자비용	이자지급액	잔고증가액 (상각액)	기말 부채잔고
20×7	₩832,375	₩80,786	₩30,000	₩ 50,786	₩883,161
20×8	883,161	85,715	30,000	55,715	938,876
20×9	938,876	91,123	30,000	61,124	1,000,000
				₩167,625	

이자비용 인식을 위한 분개(20×7년, 20×8년 말):

(차) 이자비용	80,786	(대) 현　　금	30,000
		전환권조정	50,786
(차) 이자비용	85,715	(대) 현　　금	30,000
		전환권조정	55,715

전환권행사를 위한 분개(20×9년 1월 1일):

재분류될 전환권대가 = ₩97,625×75% = ₩73,219
제거될 전환권조정 = ₩61,124×75% = ₩45,843
발행주식수 = ₩750,000÷₩10,000 = 75주
자본금 = 75주×₩1,000 = ₩75,000

(차) 전환권대가	73,219	(대) 주식발행초과금	73,219
(차) 전환사채	750,000	(대) 전환권조정	45,843
		자 본 금	75,000
		주식발행초과금	629,157

만기 이자비용인식 및 상환을 위한 분개:

(차) 이자비용	22,781*	(대) 현　　금	7,500
		전환권조정	15,281**
(차) 전환사채	250,000	(대) 현　　금	250,000

* ₩91,123 × 25% ; ** ₩61,124 − ₩45,843

[8] 전환사채(상환할증금이 있는 경우)

(주)영광은 20×7년 1월 1일에 액면금액이 ₩100,000이고, 만기 3년인 전환사채를 다음과 같은 조건으로 액면발행하였다. 시장이자율은 13%이었다.

- 표시이자율: 연 7%
- 만기보장수익률: 연 12%; 이자지급방법: 매 연도 말 지급
- 전환가격: ₩200; 전환주식의 종류: 주당 액면금액이 ₩100인 보통주
- 전환청구기간: 발행일 이후 1개월 경과시점부터 만기 1개월 전까지

(1) 연 12%의 수익률을 보장해 주기 위해 회사는 만기상환할증금으로 얼마를 지급하여야 하나?

$$₩7,000 \times \left[\frac{1-(1.12)^{-3}}{0.12}\right] + (₩100,000 + x) \times (1.12)^{-3} = ₩100,000$$

x = 만기상환할증금 = ₩16,872

(2) (주)영광이 발행한 전환사채에 포함된 전환권의 공정가치는 얼마인가?

$$\text{부채요소의 PV} = ₩7,000 \times \left[\frac{1-(1.13)^{-3}}{0.13}\right] + ₩116,872 \times (1.13)^{-3} = ₩97,526$$

전환권 공정가치 = ₩100,000 − ₩97,526 = ₩2,474

(3) 전환사채의 발행으로 인한 최초인식 및 20×7년과 20×8년도 이자비용의 인식을 위한 분개를 제시하라.

전환사채발행 최초인식을 위한 분개:

(차) 현　　금	100,000	(대) 전환사채	100,000
전환권조정	19,346	전환권대가	2,474
		사채상환할증금	16,872

전환권조정 상각표:

기 간	기초 부채잔고	이자비용	이자지급액	잔고증가액 (상각액)	기말 부채잔고
20×7	₩97,526	₩12,678	₩7,000	₩ 5,678	₩103,204
20×8	103,204	13,417	7,000	6,417	109,621
20×9	109,621	14,251	7,000	7,251	116,872
				₩19,346	

20×7년과 20×8년도 이자비용인식을 위한 분개:

(차) 이자비용	12,678	(대) 현　　금	7,000
		전환권조정	5,678
(차) 이자비용	13,417	(대) 현　　금	7,000
		전환권조정	6,417

(4) (주)영광의 전환사채가 20×9년 1월 1일 모두 전환되었다. 필요한 분개를 제시하라.

(차) 전환권대가	2,474	(대) 주식발행초과금	2,474

(차) 전환사채	100,000	(대) 전환권조정	7,251
사채상환할증금	16,872	자 본 금	50,000*
		주식발행초과금	59,621

*발행주식수 = ₩100,000÷₩200 = 500주
500주×₩100(보통주 액면금액)

(5) 위 (4)번과 상관없이, (주)영광의 전환사채가 중도 전환되지 않고 모두 만기에 상환되었다고 가정하고 필요한 분개를 제시하라. 마지막 이자지급에 대한 분개는 하지 말 것

(차) 전환사채	100,000	(대) 현 금	116,872
사채상환할증금	16,872		

(6) 위 (4)번과 상관없이, (주)영광은 20×9년 1월 1일, 채권보유자들과의 협상을 통해 전환사채 전부를 공정가치인 ₩140,000에 재매입하였다. 재매입일에 (주)영광이 연말에 이자를 지급하는 만기 1년의 일반사채를 발행한다면 10%의 유효이자율로 발행할 수 있다. 전환사채 재매입에 필요한 분개를 제시하라.

재매입 대가의 부채요소 배분금액(부채요소의 재매입일 시점 공정가치)
$=(₩7,000+₩116,872)\times(1.1)^{-1}=₩112,611$

재매입 대가의 자본요소 배분금액$=₩140,000-₩112,611=₩27,389$

부채요소와 자본요소의 배분금액과 관련 부채 및 자본의 장부금액

	재매입대가의 배분금액 (상환대가)	관련 장부금액	차 액	비 고
부채요소	₩112,611	₩109,621	₩2,990	차액은 손실로 인식
자본요소	27,389	2,474	24,915	차액은 자본에서 차감
합 계	₩140,000	-		-

재매입 거래를 위한 분개를 부채요소와 자본요소로 나누어 보면 다음과 같다.
부채요소의 조기상환:

(차) 전환사채	100,000	(대) 현 금	112.611
사채상환할증금	16,872	전환권조정	7,251
사채조기상환손실	2,990		

자본요소의 조기상환:

(차) 전환권대가	2,474	(대) 현 금	27,389
기타자본항목	24,915		

[9] 신주인수권부사채

(주)만세는 20×7년 1월 1일에 만기 3년, 액면금액 ₩1,000,000의 비분리형 신주인수권부사채를 액면발행하였다. 신주인수권의 행사비율은 100%이고, 행사가격은 ₩2,000이며, 보통주식의 액면금액은 주당 ₩500이다. (주)만세의 채권은 표시이자율이 5%로서 시장이자율 14.5%보다 현저하게 낮으며, 이자는 매년 말에 지급한다. 또, 회사는 만기수익률을 13.5%로 보장해 주기 위해 만기에 29.0974%의 할증금을 지급하기로 하였다.

(1) (주)만세가 발행한 신주인수권의 공정가치를 계산하라.

부채요소의 공정가치

$$=₩50,000\times\left[\frac{1-(1.145)^{-3}}{0.145}\right]+₩1,290,974\times(1.145)^{-3}$$

$=₩975,120$

신주인수권의 공정가치$=₩1,000,000-₩975,120=₩24,880$

(2) 사채발행에 따른 최초인식과 관련하여 필요한 분개를 제시하라.

(차) 현 금	1,000,000	(대) 신주인수권부사채	1,000,000
신주인수권조정	315,854	신주인수권대가	24,880
		사채상환할증금	290,974

(3) 신주인수권조정에 대한 상각표를 작성하라.

기 간	기초 부채잔고	이자비용	이자지급액	잔고증가액 (상각액)	기말 부채잔고
20×7	₩975,120	₩141,392	₩50,000	₩91,392	₩1,066,512
20×8	1,066,512	154,644	50,000	104,644	1,171,156
20×9	1,171,156	169,818	50,000	119,818	1,290,974
				₩315,854	

(4) 20×7년 12월 31일에 필요한 분개를 제시하라.

(차) 이자비용	141,392	(대) 현 금	50,000
		신주인수권조정	91,392

(5) 20×8년 12월 31일에 필요한 분개를 제시하라.

(차) 이자비용	154,644	(대) 현 금	50,000
		신주인수권조정	104,644

(6) 20×9년 1월 1일에 액면 ₩800,000에 해당하는 신주인수권이 행사되었다. 필요한 분개를 제시하라.

발행주식수 = ₩800,000×100% ÷ ₩2,000 = 400주
납입된 현금 = 400주×₩2,000(행사가격) = ₩800,000
재분류된 신주인수권대가 = ₩24,880×80% = ₩19,904
행사된 신주인수권에 대한 상환할증금 = ₩290,974×80% = ₩232,779
위 상환할증금의 현가 = ₩232,779×$(1.145)^{-1}$ = ₩203,301
위 상환할증금의 현가와의 차이 = ₩232,779 − ₩203,301 = ₩29,478
발행주식의 자본금 = ₩500(액면금액)×400주 = ₩200,000

(차) 신주인수권대가	19,904	(대) 주식발행초과금	19,904
(차) 현 금	800,000	(대) 자 본 금	200,000
사채상환할증금	232,779	주식발행초과금	803,301
		신주인수권조정	29,478

(7) (주)만세는 20×9년 12월 31일 신주인수권부사채를 만기상환하였으며, 사채액면 ₩200,000에 해당하는 신주인수권은 미행사된 채 소멸하였다. 만기상환에 필요한 분개를 제시하라.

80% 신주인수권 행사 직후의 신주인수권부사채 관련 B/S 정보:

신주인수권부사채	₩1,000,000
사채상환할증금	58,195
신주인수권조정	(90,340)(= ₩119,818 − ₩29,478)
	₩967,855
신주인수권대가:	₩4,976

① 마지막 이자지급에 대한 분개

이자비용 = ₩967,855×0.145 = 140,340

(차)	이자비용	140,340	(대) 현 금	50,000
			신주인수권조정	90,340

② 만기상환을 위한 분개

(차)	신주인수권부사채	1,000,000	(대) 현 금	1,058,195
	사채상환할증금	58,195		

[10] 발행자가 의무적으로 상환해야 하는 상환우선주

(주)희락은 20×1년 1월 1일에 배당률 4%, 액면금액 ₩1,000의 상환우선주 1,000주를 액면발행하였다. 이 상환우선주에 대한 배당은 (주)희락의 재량에 따라 지급하지만, 주식은 회사가 5년 후인 20×6년 1월 1일에 액면금액으로 상환해야 할 의무가 있다. 만일 회사가 이자를 매년 지급하는 5년 만기의 사채를 20×1년 1월 1일에 발행한다면 8%의 유효이자율이 적용될 것이다. 이 상환우선주의 발행에 따른 최초인식을 위한 분개를 제시하라.

부채요소의 공정가치 = ₩1,000,000÷$(1.08)^5$ = ₩680,583

자본요소의 공정가치 = ₩1,000,000 − ₩680,583 = ₩319,417

(차)	현 금	1,000,000	(대) 장기차입부채	680,583
	상환우선주할인발행차금	680,583	상환우선주자본금	1,000,000

추후 회계처리 요약:

- 장기차입부채에 대해서는 이후 8%로 이자비용을 인식함. 그러면 5년 후 장기차입부채 잔고는 1,000,000이 됨.
- 배당지급 시에는 이익잉여금과 상계함.
- 상환우선주할인발행차금은 보통주할인발행차금처럼 상각하여 이익잉여금과 상계하면 될 것임.
- 5년 후 상환시 상환금액은 장기차입부채와 상계함.

제19장 주식기준보상

익힘문제

[1] 주식기준보상거래를 설명하고, 그 유형에 대해 말하라.

주식기준보상거래란 기업이 재화나 용역을 제공받는 대가로 주식과 같은 지분상품을 부여하거나 지분상품의 가격에 기초한 금액만큼을 부채로 부담하는 거래를 말한다. 주식기준보상거래는 결제방식에 따라 주식결제형과 현금결제형, 그리고 결제방식을 사후적으로 선택할 수 있는 선택형 등 세 가지 유형이 있다.

[2] 주식기준보상거래에 있어서 회사가 제공받는 재화나 용역을 인식하는 데 적용하는 일반적인 원칙을 설명하라.

주식기준보상거래에서 회사가 제공받는 재화나 용역의 금액, 즉 보상원가는 일반적으로 제공받는 날에 인식하는데, 해당 거래가 주식결제형인 경우에는 제공받는 재화나 용역의 보상원가를 '자본'으로 인식하고, 현금결제형인 경우에는 '부채'로 인식한다. 이때 재화를 제공받는다면, 재화는 소비되거나 판매되는 시점에서야 비용으로 인식되므로 제공받는 날에는 '자산'으로 인식하지만, 용역을 제공받는 경우에는 '비용'을 인식한다.

[3] 주식기준보상거래에 있어서 회사가 제공받는 재화나 용역의 보상원가를 측정하는 데 적용하는 일반적인 원칙을 설명하라.

일반적으로 보상원가는 제공받는 재화나 용역의 공정가치를 측정기준으로 한다. 그러나 거래상대방이 종업원인 경우에서처럼 제공받는 용역의 공정가치를 신뢰성 있게 측정할 수 없다면 부여한 지분상품의 공정가치에 기초하여 용역의 공정가치를 간접 측정하고 그 금액을 보상원가로 삼는다. 이때 극히 예외적으로 해당 지분상품의 공정가치마저도 신뢰성 있게 측정할 수 없다면, 지분상품의 내재가치를 측정기준으로 할 수 있다.

[4] 가득이란 무엇을 의미하는가?

부여된 지분상품에 대한 거래상대방의 권리가 무조건적으로 확정되는 것을 가득이라고 한다. 일반적으로 지분상품에 대한 거래상대방의 권리는 일정 조건(예: 거래상대방이 종업원인 경우에 일정 근무연한)이 충족되어야 확정되므로, 이러한 조건이 충족될 때 권리가 가득되었다고 말한다.

[5] 가득조건의 두 가지 종류를 설명하라.

가득조건에는 용역제공조건(service condition)과 성과조건(performance condition)이 있다. 전자는 약정에 따라 거래상대방이 일정기간 용역을 제공해야 하는 조건을 말하며(예: 주식선택권을 부여받은 종업원이 해당 권리를 가득하기 위해 3년을 근무해야 함), 후자는 거래상대방이 일정한 성과를 달성해야 하는 조건을 가리킨다(예: 특정 목표주당이익, 목표주가 또는 목표매출액의 달성 등).

[6] 성과조건의 종류를 설명하라.

성과조건은 시장조건(market conditions)과 비시장조건(non-market conditions)으로 나누어 볼 수 있다. 전자는 회사의 주식과 같은 지분상품의 시장가격과 직접적으로 연계되어 있는 조건을 말하며, 가장 단순한 예로는 목표주가의 달성이라 할 수 있다. 반면 시장성과조건이 아닌 성과조건은 모두 비시장성과조건이다. 약정에 따라 회사 지분상품의 시장가격과 직접 연계되어 있지 않은 특정 성과(예: 목표판매량의 달성)를 거래상대방이 달성해야 하는 조건이 있다면, 이것이 비시장성과조건의 예가 된다.

[7] 시장조건의 예를 들어보라.

가장 단순한 시장성과조건의 예는 특정 목표주가의 달성이라 할 수 있다. 일례로 2년 내에 주가가 주당 ₩50,000 이상으로 상승하면 종업원들에게 각각 5주의 주식을 주기로 약정한 경우 '목표주가 ₩50,000의 성취'가 이에 해당한다. 또 주식선택권의 목표내재가치의 달성도 시장성과조건의 예가 되는데, 내재가치(intrinsic value)란 일반적으로 주가와 행사가격의 차이기 때문이다. 또 TSR(total shareholder return)에 기초하여 특정 성과조건을 설정한다면 이 또한 시장성과조건의 예가 된다. TSR이란 일정기간 동안 회사 주식에 투자한 금액의 증감을 가리킨다.

[8] 비시장성과조건의 예를 한 가지 들어보라.

일례로 연말까지 종업원 1인당 ₩500,000 이상의 매출을 달성하는 경우 종업원당 10주의 회사 주식을 주기로 약정한 경우 '1인당 목표매출액 ₩500,000의 성취'가 비시장성과조건의 예가 된다.

[9] 가득되기 전 지분상품이 취소되는 경우 회계처리를 간략히 요약하라.

가득되기 전 권리가 취소되면, 가득기간이 앞당겨진 것으로 간주하여 회계처리한다. 이는 권리가 취소되지 않았다면 원 가득기간에 걸쳐 인식하였을 금액을 즉시 비용으로 인식해야 함을 의미한다. 그렇게 하면 취소 직후의 관련 자본계정의 잔고는 취소일에 측정한 지분상품의 공정가치와 동등하게 된다. 이때 취소대가로 현금 등을 종업원에게 지급하였다면, 해당 현금액은 관련 자본계정과 상계한다. 만일 현금 등의 지급액이 관련 자본계정의 잔액을 초과하는 때에는 해당 초과액을 당기의 비용으로 처리한다. 반면, 현금 등의 지급 없이 권리가 취소되는 경우라면 관련 자본계정 잔액은 다른 적절한 자본계정(예: 기타자본잉여금)으로 대체한다 (혹은 현금 등의 지급액이 관련 자본계정 잔액보다 적은 경우라면, 그 차이도 다른 적절한 자본계정으로 대체함).

[10] 가득되기 전 지분상품에 대해 조건변경이 발생하는 경우의 회계처리를 간략히 요약하라.

가득 이전에 조건이 변경되었다면 최소한 해당 조건이 변경되지 않은 것으로 간주하여 보상원가를 인식한다. 즉 변경 전 지분상품의 공정가치(즉, 부여일에 측정한 공정가치) 및 변경 전 가득조건에 기초하여 원 가득기간 중 남은 기간에 걸쳐 보상원가를 계속적으로 인식한다. 뿐만 아니라, 조건변경 직후의 지분상품 공정가치와 조건변경 직전 지분상품의 공정가치를 조건변경일에 각각 계산한 후, 전자가 후자를 초과한다면, 즉 조건변경으로 지분상품의 공정가치가 증가한다면, 증분공정가치에 해당하는 보상원가를 조건변경일로부터 변경된 지분상품의 가득일까지의 기간에 배분하여 추가로 인식한다. 반면, 조건변경으로 지분상품의 공정가치가 하락한 경우에는 이러한 하락에 대해서는 회계처리하지 않는다.

[11] 가득기간이 무엇인지 설명하고, 가득기간이 부여일에 고정되는 경우와 그렇지 않은 경우를 나누어 예시해 보라.

가득기간이란 약정에 의해 지정된 가득조건이 충족되는 데 걸리는 시간을 말한다. 가득조건으로서 요구되는 것이 용역제공조건뿐이라면 가득기간은 부여일에 고정되고 이후 변경되지 않는다. 반면 가득기간에 영향을 미치는 성과조건이 부여된 경우에는 해당 성과조건의 달성 가능성에 대한 예상이 바뀜에 따라 가득기간도 변할 수 있다. 회사이익의 연평균 성장률이 높을수록 권리가득시점이 앞당겨지도록 설계된 주식기준보상거래의 경우 가득기간은 가변적이 된다.

[12] 시장조건이 있는 주식기준보상거래에서 시장조건이 미충족되어 가득되지 못한 권리에 대해서도 보상원가를 인식하는 경우가 발생할 수 있는지 설명하라.

시장조건을 제외한 다른 가득조건이 모두 충족되기만 하면 시장조건이 미충족되어 가득되지 못한 권리라 하더라도 보상원가를 인식한다. 그 이유는 부여된 지분상품의 공정가치를 부여일에 측정할 때 시장조건이 달성되지 못할 가능성을 이미 고려하여 측정하기 때문이다.

[13] 종업원이 거래상대방인 주식기준보상거래에서 지분상품의 공정가치를 측정할 때 그 효과를 반영해야 하는 가득조건은 무엇이고, 그 효과를 반영하지 않는 가득조건은 무엇인가?

일반적으로 부여일에 지분상품의 공정가치를 측정할 때는 가득조건의 효과를 반영하여 계산하지 않는다. 그러나 가득조건 중 시장조건만큼은 예외적으로 그 효과를 공정가치의 측정에 반영한다. 일례로, 부여일로부터 3년 내에 회사의 주가가 목표수준 이상 상승하여야 권리행사가 가능한 지분상품을 종업원에게 부여하였다면, 이 지분상품의 공정가치를 측정할 때 주가가 해당 목표수준 이상이 될 가능성과 그렇지 못할 가능성을 모두 고려해야 하는 것이다. 그러나 부여일에 일단 반영된 시장조건의 효과는 추후 시장상황이 변하더라도 더 이상 공정가치의 측정에 반영하지는 않는다.

[14] 내재가치방법은 무엇이며, 어떠한 경우에 사용하는지 설명하라.

지분상품의 공정가치를 신뢰성 있게 측정하는 것이 매우 어려운 극히 예외적인 경우에 공정가치 대신 권리의 행사가격과 주가의 차이, 즉 내재가치를 보상원가의 측정기준으로 삼을 수 있는데, 이러한 방법을 내재가치방법이라고 부른다.

[15] 현금결제형 거래에 대한 회계처리와 주식결제형 거래의 회계처리를 비교하여 설명하라.

현금결제형에 대한 회계처리는 주식결제형의 회계처리와 비교하여 다음 세 가지 측면에서 대조된다. 첫째, 현금결제형 거래에 대해 결제일에 지급될 현금은 결제일까지 부채로 계상된다는 점이다. 이는 주식결제형 거래에서 보상원가가 자본으로 계상되는 것과 대조된다. 둘째, 현금결제형 거래에서 인식되는 부채는 공정가치로 인식해야 하며, 이 부채의 공정가치는 지분증권의 공정가치로 측정한다. 그런데 이 부채의 공정가치는 매기 말과 결제일에 재측정해야 한다. 즉, 매기 말 지분증권의 공정가치를 재측정하는 셈이며, 이러한 회계처리는 주식결제형에서 지분증권의 공정가치가 부여일에 확정되는 것과 대조적이다. 셋째, 현금결제형에 대한 총보상원가는 궁극적으로 거래상대방에게 지급될 실제 현금총액, 즉 회사가 실제로 부담한 원가(cost)와 반드시 같아야 한다는 점이다. 이는 주식결제형에 대해 인식한 총보상원가가 회사가 실제로 부담한 원가와 다를 수도 있다는 사실과 대조된다.

[16] 결제방식을 종업원이 선택할 수 있는 주식기준보상거래의 회계처리를 요약하여 설명하라.

이 경우는 부채요소(종업원의 현금결제요구권)와 자본요소(종업원의 주식결제요구권)가 포함된 복합금융상품을 회사가 부여한 것으로 본다. 복합금융상품의 공정가치를 측정할 때에는 우선 부채요소의 공정가치를 측정한 다음 자본요소의 공정가치를 측정한다. 자본요소의 공정가치를 측정할 때는 종업원이 주식결제방식을 선택하기 위해서는 현금결제방식을 포기해야 한다는 점을 고려하여 자본요소의 공정가치를 그만큼 감액해야 한다. 각각의 구성요소별로 공정가치를 측정한 후, 부채요소에 대해서는 현금결제형 거래에서와 같이 용역을 제공받을 때 비용과 부채를 인식하고, 자본요소에 대해서는 주식결제형 거래에서와 같이 용역을 제공받을 때 비용과 자본을 인식한다. 궁극적으로 종업원이 현금결제방식 대신 주식결제방식을 선택하는 경우에는 부채의 장부금액을 발행하는 지분상품의 대가로 보아 자본으로 직접 대체한다. 반면, 종업원이 현금결제방식을 최종적으로 선택하는 경우 현금지급액은 모두 부채의 상환액으로 보며, 이미 인식한 자본요소는 계속 자본으로 분류한다.

[17] 결제방식을 회사가 선택할 수 있는 주식기준보상거래의 회계처리를 요약하여 설명하라.

회사가 현금결제방식이나 주식결제방식을 선택할 수 있는 경우에는, 우선 현금을 지급해야 하는 현재의무가 있는지 여부를 결정하고, 이러한 현재의무가 있는 경우에는 현금결제형 거래로 간주하여 회계처리한다. 반면, 현금을 지급해야 하는 현재의무가 없다면, 주식결제형 거래로 간주하여 회계처리하며, 최종적으로 결제를 할 때에는 다음과 같이 처리한다. 회사가 현금결제방식을 선택하는 경우에는 현금지급액을 자본에서 차감한다. 반면, 회사가 주식결제방식을 선택하는 경우에는 별도의 회계처리가 필요 없으나, 경우에 따라 자본계정 간 대체(예: '자본-주식선택권'을 자본금과 주식발행초과금 등으로 대체)를 위한 분개가 필요할 수는 있다. 한편, 결제시점에서 두 결제방식의 공정가치가 동등하지 않고, 이 두 방식 중 회사가 오히려 더 높은 공정가치를 갖는 결제방식으로 결제를 한다면, 해당 초과된 결제가치는 추가적인 비용으로 인식한다.

[18] 주식선택권, 가상주식, 가상주식선택권이 무엇인지 설명하라.

주식선택권이란 일정기간(즉, 행사기간)에 걸쳐 일정가격(즉, 행사가격)으로 회사의 주식을 취득할 수 있는 권리를 말한다. 가상주식이란 권리행사일의 주가에 상당하는 현금을 받을 수 있는 권리이고, 가상주식선택권이란 주식선택권을 가진 자가 이를 행사하여 취득한 주식을 매도하는 경우 얻을 수 있는 차익만큼의 현금을 받을 수 있는 권리를 말한다.

연습문제

[1] 거래상대방이 비종업원인 주식기준보상거래

20×8년 2월 1일:

(차) 금 재 고 100억 (대) 자본-주식선택권 100억

20×8년 10월 1일

(차) 금재고 90억 (대) 자본-주식선택권 90억

20Y1년 3월 1일:

(차) 현 금 0.25억* (대) 자기주식 400억
자본-주식선택권 275억**
주식보상비용 124.75억***

* ₩500(행사가격)×50,000
** ₩550억×(50,000/100,000)
*** 주식선택권과 현금수령액의 합계가 제공한 자기주식의 취득원가보다 적으므로 추가로 비용을 인식함(가득기간이 경과하였음).

[2] 거래상대방이 종업원인 주식기준보상거래

먼저 회사가 가득기간 2년에 걸쳐 인식할 보상원가는 다음과 같다.

회계연도	누적보상원가 계산의 근거	누적보상원가(₩)	당기보상원가(₩)
20×7	300명×100개×90%×₩50×1/2	675,000	675,000
20×8	260명×100개×₩50×2/2	1,300,000	1,300,000－675,000＝625,000

20×7년 말:

(차) 주식보상비용 675,000 (대) 자본-주식선택권 675,000

20×8년 말:

(차) 주식보상비용 625,000 (대) 자본-주식선택권 625,000

20×9년 1월 1일:

(차) 현 금 2,600,000 (대) 자 본 금 2,600,000
자본-주식선택권 1,300,000 주식발행초과금 1,300,000

[3] 행사가격을 좌우하는 비시장조건이 부과된 경우

보상원가의 계산은 다음과 같다.

회계연도	누적보상원가 계산의 근거	누적보상원가(₩)	당기보상원가(₩)
20×7	10,000개×₩120×1/3	400,000	400,000
20×8	10,000개×₩120×2/3	800,000	800,000－400,000＝400,000
20×9	10,000개×₩20×3/3	200,000	200,000－800,000＝(600,000)

20×7년 말:

(차) 주식보상비용 400,000 (대) 주식선택권 400,000

20×8년 말:

(차) 주식보상비용 400,000 (대) 주식선택권 400,000

20×9년 말:

(차) 주식선택권 600,000 (대) 주식보상비용환입* 600,000

*이미 인식한 보상원가의 일부를 환입하는 것이며, 기타수익 항목으로 처리함.

[4] 부여한 주식선택권이 분할하여 가득되는 경우

(대안 1)의 총보상원가와 매년 인식할 보상원가는 다음과 같다.

회계연도	누적보상원가 계산의 근거	누적보상원가(₩)	당기보상원가(₩)
20×7	900,000개×₩140×1/3	42,000,000	42,000,000
20×8	900,000개×₩140×2/3	84,000,000	84,000,000－42,000,000＝42,000,000
20×9	900,000개×₩140×3/3	126,000,000	126,000,000－84,000,000＝42,000,000

(대안 2)의 총보상원가와 매년 인식할 보상원가는 다음과 같다.

회계연도	누적보상원가 계산의 근거	누적보상원가(₩)	당기보상원가(₩)
20×7	3,000명×50개×₩180 +3,000명×100개×₩160×1/2 +3,000명×150개×₩140×1/3	72,000,000	72,000,000
20×8	3,000명×50개×₩180 +3,000명×100개×₩160×2/2 +3,000명×150개×₩140×2/3	117,000,000	117,000,000－72,000,000 ＝45,000,000
20×9	3,000명×50개×₩180 +3,000명×100개×₩160×2/2 +3,000명×150개×₩140×3/3	138,000,000	138,000,000－117,000,000 ＝21,000,000

(대안 1)은 가득기간에 걸쳐 매년 일정한 주식보상비용을 인식하는 반면, (대안 2)는 비용의 인식이 가속화된다. 즉, 가득기간 초기에 상대적으로 더 많은 비용을 인식하고 이후에는 적은 비용을 인식하게 된다. 따라서 (대안 1)은 보고이익이 평준화(income smoothing)되는 효과를 가져오고, (대안 2)는 보고이익이 뒤로 이연되는 효과를 낳는다.

[5] 시장조건과 비시장조건이 모두 있는 경우

총보상원가와 매년 인식할 보상원가는 다음과 같다.

회계연도	누적보상원가 계산의 근거	누적보상원가(₩)	당기보상원가(₩)
20×7	₩210억×1/3	70억	70억
20×8	₩300억×2/3	200억	200억 − 70억 = 130억
20×9	₩210억×3/3	210억	210억 − 200억 = 10억

▸참고: 만일 가득조건의 성취여부에 대한 예상이 다음과 같았다고 하자.

	주가상승률 조건(시장조건) 성취 여부에 관한 예상	목표누적이익 조건(비시장조건) 성취 여부에 관한 예상
20×7년 말	예	아니오
20×8년 말	예	아니오
20×9년 말	성취되지 않음	성취됨

그러면 매년 인식할 보상원가는 다음과 같다.

회계연도	누적보상원가 계산의 근거	누적보상원가(₩)	당기보상원가(₩)
20×7	₩210억×1/3	70억	70억
20×8	₩210억×2/3	140억	140억 − 70억 = 70억
20×9	₩300억×3/3	300억	300억 − 140억 = 160억

[6] 주식선택권의 조건변경 – 비시장조건의 변경

보상원가의 계산은 다음과 같다.

회계연도	누적보상원가 계산의 근거	누적보상원가(₩)	당기보상원가(₩)
20×7	12명×1,000개×₩150×1/3	600,000	600,000
20×8	12명×1,000개×₩150×2/3	1,200,000	1,200,000 − 600,000 = 600,000
20×9	0	0	0 − 1,200,000 = (1,200,000)

20×7년 말:

(차) 주식보상비용 600,000 (대) 주식선택권 600,000

20×8년 말:

(차) 주식보상비용 600,000 (대) 주식선택권 600,000

20×9년 말:

(차) 주식선택권 1,200,000 (대) 주식보상비용환입* 1,200,000

*비시장조건의 미충족으로 인해 과거 2년간 인식한 보상원가 전부를 환입하는 것임.

▸참고: 이 연습문제의 조건변경은 종업원에게 불리한 것으로서 주식선택권의 공정가치를 하락시키는 것이다. 지분상품의 공정가치를 하락시키는 조건변경은 회계적으로 무시된다.

[7] 주식선택권의 조건변경 – 현금결제선택권이 후속적으로 추가된 경우

먼저 20×7년 말 분개를 제시하면 다음과 같다.

(차) 주식보상비용 4,022,151 (대) 주식선택권 4,022,151

한편, 회사는 20×8년 1월 1일 종업원이 현금으로 결제할 수도 있는 선택권을 추가로 부여하였는데, 이는 물론 조건변경에 해당한다. 먼저 조건변경과는 상관없이 최소한 주식선택권 부여일 당시 측정한 공정가치에 따라 보상원가를 계속 인식해야 한다. 그 다음으로는 조건이 변경된 지분상품의 공정가치가 원래 조건의 지분상품 공정가치보다 더 높은지 조건변경일을 기준으로 확인하고 전자가 후자를 초과한다면 이 초과분에 대해 추가로 보상원가를 인식해야 하는데, 본 연습문제에서는 조건변경이 단순히 현금결제권의 추가에 불과하고 다른 조건(예: 행사가격 등)은 변경되지 않았으므로, 전자와 후자의 공정가치가 다르지 않다. 따라서 추가로 인식할 보상원가는 없는 셈이다. 또한편, 현금결제권이 추가로 종업원에게 부여되었으므로, 20×8년부터는 본 거래를 '선택형(종업원이 선택할 수 있는)' 주식기준보상거래로서 회계처리를 해야 한다. 이는 기존의 주식결제형 거래(자본요소)와 조건변경으로 추가된 현금결제형 거래(부채요소)를 분리하여 각각 회계처리해야 함을 의미한다. 먼저 조건변경일 시점 부채요소의 공정가치를 계산하면 ₩5,749,842(=₩7×821,406개)임을 알 수 있다. 그 다음 자본요소에 대한 공정가치를 측정해야 하는데, 최소한 주식선택권 부여일 당시 측정한 공정가치만큼의 총보상원가를 가득기간에 걸쳐 인식해야 하므로 부여일 공정가치인 ₩12,066,454에서 부채요소 공정가치인 ₩5,749,842을 차감하여 측정한다. 이에 따라 조건변경일에 측정한 자본요소의 (추정) 공정가치는 ₩12,066,454−₩5,749,842=₩6,316,612이 된다. 한편, 본 주식선택권의 가득기간은 1/3이 경과하였으므로, 자본요소에 대한 조건변경일 현재 누적보상원가는 ₩2,105,537(=₩6,316,612×1/3)이 되어야 한다. 이는 관련 자본조정계정 잔고가 ₩2,105,537이 되어야 함을 의미하는데, 실제 잔고는 20×7년 말에 인식하였던 ₩4,022,151이므로, 그 차액인 ₩1,916,614은 부채로 대체한다. 즉,

20×8년 1월 1일(조건변경일):

(차) 주식선택권	1,916,614	(대) 장기미지급비용	1,916,614

위 부채금액은 조건변경일 부채요소(₩5,749,842)의 1/3에 해당하는 금액이기도 하므로 위 분개로 인해 조건변경일에 인식해야 할 부채도 동시에 인식하게 된 셈이다. 이후 자본요소에 대한 회계처리는 자본요소의 공정가치인 ₩6,316,612에 근거한다. 즉,

20×8년 12월 31일 및 20×9년 12월 31일:

(차) 주식보상비용	2,105,537*	(대) 주식선택권	2,105,537

*₩6,316,612/3

한편, 부채요소에 대해서는 매기 말 공정가치에 근거하여 회계처리해야 한다. 20×8년 말 부채요소의 공정가치는 ₩25×821,406개=₩20,535,150이므로, 부채의 장부금액은 ₩20,535,150 ×2/3=₩13,690,100이 되어야 한다. 현재의 부채금액이 ₩1,916,614이므로 추가로 ₩11,773,486의 부채를 인식하고 동시에 비용을 인식한다. 즉,

20×8년 12월 31일:

(차) 주식보상비용	11,773,486	(대) 장기미지급비용	11,773,486

20×9년 말 부채요소의 공정가치는 ₩10×821,406개=₩8,214,060이고 권리가 모두 가득되었으므로 부채로 인식할 금액은 ₩8,214,060이다. 그러나 현재 부채금액은 ₩13,690,100 (=₩1,916,614+₩11,773,486)이므로, 부채금액을 ₩5,476,040(=₩13,690,100−₩8,214,060)만큼 감소시키고 동액의 보상원가를 환입한다. 즉,

20×9년 12월 31일:

(차) 장기미지급비용	5,476,040	(대) 주식보상비용환입	5,476,040*

* 기인식한 보상원가의 일부를 환입하는 것임.

이제 가득일(20×9년 말)에 모든 권리가 행사되었다고 가정하고, 종업원이 현금결제방식 또는 주식결제방식을 선택한 경우에 대해 각각 분개해 보자.

현금결제방식을 선택한 경우:

(차) 장기미지급비용	8,214,060	(대) 현　　금	8,214,060
주식선택권	6,316,612	기타자본항목	6,316,612

주식결제방식을 선택한 경우:

(차) 장기미지급비용	8,214,060	(대) 자 본 금	164,281,200*
주식선택권	6,316,612	주식발행초과금	96,671,272
현　　금	246,421,800**		

* 821,406주×₩200(액면금액)
** 821,406주×₩300(행사가격)

[8] 부여한 주식선택권을 가득기간에 중도 청산하는 경우

중도청산이 없다고 가정할 경우 매기 말 인식하여야 할 보상원가는 다음과 같다.

회계연도	누적보상원가 계산의 근거	누적보상원가(₩)	당기보상원가(₩)
20×7	50,000개×₩150×1/3	2,500,000	2,500,000
20×8	50,000개×₩150×2/3	5,000,000	5,000,000 − 2,500,000 = 2,500,000
20×9	50,000개×₩150×3/3	7,500,000	7,500,000 − 5,000,000 = 2,500,000

상황에 관계없이, 권리가 가득되기 전인 20x8년 12월 31일에 청산되었으므로, 미인식된 보상원가 ₩5,000,000을 다음과 같이 인식한다.

(차) 주식보상비용	5,000,000	(대) 주식선택권	5,000,000

위 분개 후 주식선택권 계정잔고는 부여일에 측정한 공정가치인 ₩7,500,000이 된다. 이제 상황별로 분개를 해보자.

(상황 1) 취소일 지분상품의 공정가치(₩120)가 부여일 공정가치(₩150)보다 낮음.

(차) 주식선택권	6,000,000	(대) 현　　금	6,000,000*

* ₩120×500명×100개

나머지 주식선택권 잔액은 기타자본항목으로 대체한다.

(차) 주식선택권	1,500,000	(대) 기타자본항목	1,500,000

참고 : 위 두 분개는 합쳐서 하나로 만들 수 있음.

(상황 2) 취소일 지분상품의 공정가치(₩170)가 부여일 공정가치(₩150)보다 큼.

(차) 주식선택권	7,500,000	(대) 현　　금	8,500,000*
기타자본항목	1,000,000*		

* ₩170×500명×100개

(상황 3) 취소일 지분상품의 공정가치(₩170)가 부여일 공정가치(₩150)보다 클 뿐 아니라 현금지급액(₩200)이 공정가치보다 큼.

(차) 주식선택권	7,500,000	(대) 현 금	10,000,000*
기타자본항목	1,000,000		
주식보상비용	1,500,000**		

* ₩200×500명×100개

** ₩10,000,000 − ₩8,500,000(취소일 공정가치를 초과하여 지급된 현금)

[9] 내재가치에 의해 회계처리하는 경우

회사가 가득기간 동안 매기 말에 인식하여야 할 보상원가는 다음과 같다.

회계연도	누적보상원가 계산의 근거	누적보상원가(₩)	당기보상원가(₩)
20×7	5,000개×70%×(₩430 − ₩200)×1/3	268,333	268,333
20×8	5,000개×80%×(₩450 − ₩200)×2/3	666,667	666,667 − 268,333 = 398,334
20×9	4,000개×(₩550 − ₩200)×3/3	1,400,000	1,400,000 − 666,667 = 733,333

가득기간 이후에는 미행사된 주식선택권에 대한 내재가치의 변동을 당기의 보상원가로 인식한다. 따라서

회계연도	당기 보상원가(₩)	
	행 사 분	미행사분
20y0	1,000개×(₩700 − ₩550) = 150,000	3,000개×(₩680 − ₩550) = 390,000
20y1	1,000개×(₩750 − ₩680) = 70,000	2,000개×(₩800 − ₩680) = 240,000
20y2	1,000개×(₩680 − ₩800) = (120,000)	1,000개×(₩700 − ₩800) = (100,000)
20y3	1,000개×(₩720 − ₩700) = 20,000	−

20×7년 말:

(차) 주식보상비용	268,333	(대) 주식선택권	268,333

20×8년 말:

(차) 주식보상비용	398,334	(대) 주식선택권	398,334

20×9년 말:

(차) 주식보상비용	733,333	(대) 주식선택권	733,333

20y0년 중(주식선택권 행사일):

(차) 주식보상비용	150,000	(대) 주식선택권	150,000
(차) 주식선택권	500,000*	(대) 자 본 금	100,000
현 금	200,000**	주식발행초과금	600,000

* 350,000(= 1,400,000×(1,000개/4,000개)) + 150,000

** 1,000개×₩200

20y0년 말:

(차) 주식보상비용	390,000	(대) 주식선택권	390,000

20y1년 중(주식선택권 행사일):

(차) 주식보상비용	70,000	(대) 주식선택권	70,000
(차) 주식선택권	550,000*	(대) 자본금	100,000
현 금	200,000**	주식발행초과금	650,000

* 350,000 + 130,000(= 390,000×(1,000개/3,000개)) + 70,000
** 1,000개×₩200

20y1년 말:

(차) 주식보상비용 240,000 (대) 주식선택권 240,000

20y2년 중(주식선택권 행사일):

(차) 주식선택권 120,000 (대) 주식보상비용환입* 120,000

*내재가치 하락으로 보상원가 일부를 환입하는 것임.

(차) 주식선택권 480,000* (대) 자 본 금 100,000
현 금 200,000** 주식발행초과금 580,000

* 350,000 + 130,000 + 120,000(= 240,000×(1,000개/2,000개)) − 120,000
** 1,000개×₩200

20y2년 말:

(차) 주식선택권 100,000 (대) 주식보상비용환입* 100,000

* 내재가치 하락으로 보상원가 일부를 환입하는 것임.

20y3년 중(주식선택권 행사일):

(차) 주식보상비용 20,000 (대) 주식선택권 20,000
(차) 주식선택권 520,000* (대) 자 본 금 100,000
현 금 200,000** 주식발행초과금 620,000

* 350,000 + 130,000 + 120,000 − 100,000 + 20,000
** 1,000개×₩200

[10] 현금결제형 주식기준보상거래

회사가 가득기간 동안 매기 말에 인식하여야 할 보상원가와 분개는 다음과 같다.

회계연도	부채장부금액(₩) (미가득/미행사 SAR)	현금지급액(₩) (행사된 SAR)	당기 보상원가(₩)
20×7	(70명 − 10명)×100개×₩14×1/3 = 28,000	−	28,000
20×8	(70명 − 5명)×100개×₩15×2/3 = 65,000	−	65,000 − 28,000 = 37,000
20×9	(70명 − 7명 − 23명)×100개×₩18 = 72,000	23명×100개×₩15 = 34,500	72,000 − 65,000 + 34,500 = 7,000 + 34,500 = 41,500

20×7년 말 분개

(차) 주식보상비용 28,000 (대) 장기미지급비용 28,000

20×8년 말 분개

(차) 주식보상비용 37,000 (대) 장기미지급비용 37,000

20×9년 말 분개

(차) 주식보상비용 41,500 (대) 장기미지급비용 7,000
현 금 34,500

회사가 가득기간 이후 매기 말에 인식해야 할 보상원가와 분개는 다음과 같다.

회계연도	부채장부금액(₩) (미행사 SAR)	현금지급액(₩) (행사된 SAR)	당기 보상원가(₩)
20y0	(40명 − 20명)×100개×₩21 = 42,000	20명×100개×₩20 = 40,000	42,000 − 72,000 + 40,000 = (30,000) + 40,000 = 10,000
20y1	0	20명×100개×₩25 = 50,000	0 − 42,000 + 50,000 = (42,000) + 50,000 = 8,000
합 계		124,500	124,500

20y0년 말 분개

(차) 장기미지급비용	30,000	(대) 현 금	40,000
(차) 주식보상비용	10,000		

20y1년 말 분개

(차) 장기미지급비용	42,000	(대) 현 금	50,000
(차) 주식보상비용	8,000		

제20장 주당이익

익힘문제

[1] 주당이익이 무엇인지 설명하라.

주당이익이란 보통주 1주당의 이익을 나타내는 숫자이며, 개념적으로는 보통주주들이 처분할 수 있는 당기의 이익을 유통 중인 보통주의 총수로 나눈 값이다. 중단영업이 있는 경우 주당이익은 계속영업이익과 당기순이익에 대해 각각 주당계속영업이익과 주당순이익을 계산한다. 중단영업이 없는 경우에는 주당순이익만 계산한다. 주당이익은 투자자들의 의사결정에 중대한 영향을 미치는 회계정보이므로, 기업회계기준은 이의 공시와 산출근거를 제시하도록 규정하고 있다.

[2] 기본주당이익과 희석주당이익의 차이를 간략히 설명하고, 희석주당이익을 보고하는 목적이 무엇인지 말하라.

기본주당이익은 권리행사가 되지 않은 잠재적 보통주의 희석효과는 고려하지 않고 계산한 주당이익이고, 희석주당이익은 권리가 미행사된 희석성 잠재적 보통주까지도 행사가 되었다는 전제하에 계산한 주당이익이다. 희석성 잠재적 보통주에 첨부된 권리가 행사되면 해당 희석효과로 인해 발행회사의 주주들에게 돌아갈 주당이익(또는 배당)이 감소하므로 주주들에게 이러한 잠재적인 희석가능성을 적절히 공시함으로써 잘못된 의사결정을 내리지 않도록 해줄 필요가 있다. 이러한 목적으로 보고하는 것이 희석주당이익이다.

[3] PER가 무엇인지 설명하고 투자전략에 어떻게 사용되는지 말하라.

주가를 주당이익으로 나눈 수치를 PER(price-earnings ratio)라 하며, 이는 해당 회사의 이익창출능력이 주가, 곧 기업가치에 어느 정도 반영되고 있는지를 알려준다. 만일 어떤 기업의 PER가 동종산업 내 경쟁기업들과 비교하여 상대적으로 낮다면 그 기업의 가치가 현재 저평가되어 있음을 말해주므로 그 주식은 좋은 매수대상이 된다. 반면 PER가 상대적으로 높으면 해당 기업의 가치가 상대적으로 과대평가되어 있음을 시사하므로 매도대상이 된다.

[4] 단순한 자본구조와 복잡한 자본구조의 차이는 무엇인가?

기업이 자본조달을 위하여 보통주, 우선주 또는 일반사채 이외에 어떠한 잠재적 보통주도 발행하지 않았다면 그 기업은 '단순한 자본구조'를 가진 기업이라고 한다. 반면 기업이 전환사채, 전환우선주, 신주인수권, 주식선택권과 같은 잠재적 보통주를 발행한 경우에는 '복잡한 자본구조'를 가지고 있다고 말한다.

[5] 보통주에 귀속되는 당기순이익을 구하는 방법을 개념적으로 간단히 설명하라.

보통주에 귀속되는 당기순이익이란 보통주주들만을 위한 순이익으로서 당기순이익에서 우선주배당금을 차감하고 남은 순이익을 말한다. 이때 우선주배당금은 우선주에 대한 배당이 선언된 경우에만 차감하나, 예외적으로 우선주가 누적적인 경우에는 배당선언 여부와 관계없이 정해진 배당률을 기준으로 계산한 우선주배당금을 차감한다. 또 우선주가 참가적인 경우에는 선언된 배당금 이외에도 사내(社內)에 유보되는 당기순이익 가운데 우선주주들에게 돌아갈 부분도 차감해야 한다.

[6] 가중평균유통보통주식수란 무엇인가?

회사가 발행한 보통주식의 총수에서 자기주식으로 보유하고 있는 보통주의 수를 차감한 것을 유통보통주식수라 하는데, 이 유통보통주식수가 유·무상증자(또는 감자), 자기주식의 취득(또는 재발행) 등으로 기중에 변하는 경우 유통기간을 가중치로 삼아 평균한 유통보통주식수를 가중평균유통보통주식수라 한다.

[7] 주식배당, 무상증자, 주식분할 등이 발생하면 가중평균유통보통주식수를 어떻게 조정하는지 설명하고, 그렇게 조정하는 이유에 대해 말하라.

주식배당, 무상증자, 주식분할 또는 주식병합(이하, 주식배당 등)이 회계기간 중에 발생하면 이러한 사건이 실제로 발생한 날에 상관없이 기초에 발생한 것으로 가정하고, 사건발생일 전에 해당하는 유통보통주식수를 해당 사건의 내용에 맞추어 조정한다. 이렇게 유통보통주식수를 조정해 주는 이유는 주식배당 등이 회사의 경제적 실질(구체적으로, 자본)에는 전혀 영향을 미치지 않고 단순히 주식수만 증감시키는 사건이므로, 이러한 사건을 전후하여 유통보통주식수가 구별되어야 할 이유가 없기 때문이다. 즉, 주식배당 등이 발생하기 전의 유통주식을 발생 후의 유통주식과 동등하게 간주해야 한다는 것이 조정의 논리적 근거이다.

[8] 공정가치보다 현저히 낮은 발행가격으로 유상증자를 하는 경우 가중평균유통보통주식수를 어떻게 조정해 주는지 설명하고 그렇게 조정하는 이유를 말하라.

공정가치보다 현저히 낮은 가격으로 유상증자를 한 회사는 주주들에게 무상으로 주식을 더 준 셈이 되므로, 이를 공정가치에 의한 유상증자 및 무상증자가 동시에 발생한 거래로 간주한다. 따라서 무상증자에 해당하는 비율을 구한 후 이 무상증자비율에 따라 증자 이전의 유통보통주식수를 조정해 준다. 이때 무상증자비율은 다음과 같이 구한다. 먼저 유상증자로 인하여 납입된 전체 금액을 권리락 직전일의 공정가치로 나누어 가상의 주식수(공정가치로 유상증자하였다면 발행되었을 주식수)를 구하고, 실제발행 주식수와 가상의 주식수의 차이에 해당하는 주식수, 즉 무상증자에 해당하는 주식수를 계산한다. 다음으로 무상증자에 해당하는 주식수를 권리락 직전일의 유통보통주식수와 가상의 주식수를 합한 값으로 나누면 무상증자비율이 된다.

[9] 회계연도 중에 전환된 전환사채 또는 전환우선주에 대해서는 가중평균유통보통주식수를 어떻게 조정해 주는가?

당기 이전에 발행되어 유통 중이던 전환사채나 전환우선주가 당기 중에 전환되어 발행된 주식은 통상 주식발생의 대가를 받을 권리가 발생하는 시점(일반적으로 주식발생일)부터 시작하여 가중평균유통주식수를 계산한다. 이자를 지급하는 전환사채의 전환으로 인하여 보통주를 발행하는 경우, 최종이자발생일의 다음 날부터 계산한다.

[10] 전환증권의 전환과 무상증자가 동일한 회계기간 내에 발생한 경우 가중평균유통보통주식수를 어떻게 조정해 주는가?

이 경우 전환으로 발행된 주식수를 무상증자비율에 따라 조정해 주어야 할지의 여부가 이슈가 된다. 만일 실제전환일이 무상증자일보다 앞선다면, 전환으로 발행된 주식수를 무상증자비율에 따라 조정해 주지만, 그렇지 않다면 전환으로 발행된 주식수는 조정하지 않는다.

[11] 회계연도 중에 행사된 신주인수권이나 주식선택권에 대해서는 가중평균유통보통주식수를 어떻게 조정해 주는가?

전환증권과는 달리 신주인수권이나 주식선택권의 행사가 기중에 이루어져 발행된 보통주는 유상증자 실시의 경우에서처럼 실제로 주식이 발행된 날부터 유통된 것으로 하여 가중평균유통보통주식수를 계산한다.

[12] 보통주에 귀속되는 당기순이익을 계산할 때에 당기에 결의된 전환우선주배당금은 어떻게 처리하는지 설명하라.

보통주에 귀속되는 당기순이익은 우선주배당금을 차감하고 남은 당기순이익이며, 이때 우선주배당금은 배당이 선언된 경우에만 차감한다. 따라서 기말 현재 보유 중인 우선주는 전환우선주든 일반우선주든 배당이 선언되었다면 해당 우선주배당금은 당기순이익에서 차감한다. 기중에 전환이 된 우선주의 경우는 전환일 기준으로 가중평균유통보통주식수에 가산하므로 기말에 순이익에 대한 특별한 조정을 하지 않는다. 그리고 전환 전에 실시한 배당금은 조정하지 않는다.

[13] 보통주에 귀속되는 당기순이익을 계산할 때에 누적적 우선주에 대한 배당은 어떻게 처리하는지 설명하라.

우선주가 누적적인 경우에는 배당선언 여부와 관계없이 정해진 배당률을 기준으로 계산한 우선주배당금을 차감한다. 즉, 누적적 우선주에 대한 배당금의 차감은 당기에 귀속하는 배당금으로 제한된다. 이는 누적적 우선주에 대해 연체배당금을 지급하는 경우, 이를 당기순이익에서 차감하지 않음을 의미하는 것이기도 하다.

[14] 희석주당순이익 계산을 위한 분모를 개념적으로 설명하라.

희석주당순이익 계산을 위한 분모는 희석성 잠재적 보통주에 첨부된 권리가 행사될 경우 추가로 유통될 가중평균유통보통주식수를 기본주당순이익 계산을 위한 가중평균유통보통주식수에 더한 주식의 수이다.

[15] 희석주당순이익 계산상 미행사된 희석성 잠재적 보통주의 권리는 언제 행사된 것으로 가정하는가?

기말 현재 미행사된 희석성 잠재적 보통주는 기초에 권리가 행사된 것으로 가정한다. 즉, 미행사된 희석성 잠재적 보통주의 경우 권리행사로 발행될 보통주는 1년 동안 유통된 것으로 가정한다. 단, 해당 미행사 희석성 잠재적 보통주가 당기 중에 발행되었다면 그 발행일로부터 기말까지의 기간 동안만 유통된 것으로 가정한다.

[16] 희석주당순이익 계산상 자기주식법을 설명하라.

주식선택권이나 신주인수권이 행사되면 현금이 회사로 유입된다. 이때 발행회사는 유입되는 현금을 사용하여 유통 중인 회사의 주식을 취득한다고 가정하고 이렇게 취득한 자기주식의 수를 권리행사로 발행될 주식수에서 차감하여 추가로 유통될 가중평균유통보통주식수를 계산한다. 이처럼 권리행사로 유입될 현금으로 자기주식을 취득한다고 가정하므로 신주인수권과 주식선택권에 대해 추가 유통될 가중평균유통보통주식수를 구하는 방법을 '자기주식법'이라고 부른다.

[17] 희석주당순이익 계산상 미행사된 전환우선주의 배당금과 기중 행사된 전환우선주의 배당금은 어떻게 처리하는지 설명하라.

기말 현재 미행사된 전환우선주에 선언된 배당은 우선주주의 몫이므로 보통주에 귀속되는 당기순이익에서 제외된다. 하지만 희석주당순이익의 관점에서 본다면 기말 현재 미행사된 전환우선주는 희석주당순이익 계산을 위한 가중평균유통보통주식수를 계산할 때 기초에 전환된 것으로 가정하기 때문에 기말 현재 미행사된 전환우선주에 대한 배당은 우선주배당금이 아니라 보통주배당금이 된다. 그런데 기본주당기순이익 계산을 위한 보통주귀속당기순이익을 구할 때에 해당 전환우선주 배당금을 당기순이익에서 차감하였으므로, 희석주당순이익 계산을 위한 보통주귀속당기순이익에는 이를 다시 가산하여 환원시켜 주어야 한다. 기중에 전환된 전환우선주에 대하여 전환이전에 중간 배당을 하였다면, 이 또한 희석주당순이익 계산을 위한 보통주귀속당기순이익에는 이를 다시 가산하여 환원시켜 주어야 한다. 그 이유는 전환일 이전에는 잠재적 보통주로 존재하고 있었기에 희석주당순이익 계산에서 분모인 가중평균유통 보통주식수에 추가되었기 때문이다.

[18] 희석주당순이익 계산상 미행사된 신주인수권부사채의 이자비용은 어떻게 처리하는지 설명하라.

신주인수권은 행사가 되어도 관련 사채는 소멸하지 않으므로 이자비용도 만기까지 계속해서 인식된다. 따라서 신주인수권부사채에 대해 인식한 이자비용은 보통주귀속당기순이익에 가산하지 않는다. 이는 전환사채의 이자비용을 세후로 환산하여 보통주귀속당기순이익에 가산하는 것과는 대조된다. 그러나 신주인수권부사채가 만기상환할증 조건으로 발행된 경우 신주인수권이 행사되면 상환할증금과 관련한 이자비용은 더 이상 인식하지 않는다. 따라서 이 경우에는 인식한 이자비용 중 상환할증금과 관련한 이자비용을 분리한 후, 이를 세후로 환산하여 보통주귀속당기순이익에 포함시킨다.

[19] 희석주당순이익 계산상 미행사된 주식선택권 관련비용은 어떻게 처리하는지 설명하라.

주식선택권에 대해서는 관련비용으로서 주식보상비용을 인식한다. 희석주당순이익 계산 시 포괄손익계산서상에 인식한 주식보상비용을 세후로 환산하여 보통주귀속당기순이익에 포함시켜 준다. 이러한 조정은 기말 현재 미행사된 것뿐 아니라 기중 행사된 주식선택권에 대해서도 동일하게 적용된다.

[20] 여러 종류의 잠재적 보통주를 발행한 회사가 희석주당순이익을 계산할 때에 밟아야 할 체계적인 절차를 설명하라.

여러 종류의 희석증권을 발행한 회사는 반희석효과를 갖는 잠재적 보통주를 제외시키기 위해 체계적인 계산절차를 따라야 한다. 기본주당순이익을 출발점으로 삼아 희석효과가 가장 큰 잠재적 보통주부터 차례로 하나씩 포함시켜 가면서 주당순이익을 계산한다. 이 과정에서 어느 특정한 잠재적 보통주를 포함하여 계산한 주당순이익이 이를 포함하기 전의 주당순이익보다 커지면(즉, 해당 잠재적 보통주가 반희석효과를 가지면), 그 직전의 주당순이익이 희석주당순이익이 된다.

연습문제

[1] 가중평균유통보통주식수의 계산

유통주식수(A)	가중치(B)	(A)×(B)
33,000주	4/12(1월~4월)	11,000주
31,000	4/12(5월~8월)	10,333
40,000	2/12(9월~10월)	6,667
41,000	2/12(11월~12월)	6,833
	가중평균유통보통주식수:	34,833주

[2] 가중평균유통보통주식수의 계산

재작성한 주식변동표

일 자	주식수의 변동	주식수 변동	유통주식수
1월 1일	기초 유통주식수	530,000주	530,000주
3월 1일	전환우선주 전환	35,000	565,000
4월 1일	150% 무상증자	847,500*	1,412,500
7월 1일	전환사채 전환	25,000	1,437,500
11월 1일	자기주식 취득	(15,000)	1,422,500
	기말 유통주식수	1,422,500주	1,422,500주

* (530,000+35,000)×150%

가중평균유통보통주식수의 계산*

유통주식수(A)	가중치(B)	조정치(C)	(A)×(B)×(C)
530,000주	2/12(1월~2월)	2.5	220,833주
565,000	1/12(3월)	2.5	117,708
1,412,500	3/12(4월~6월)	1.0	353,125
1,437,500	4/12(7월~10월)	1.0	479,167
1,422,500	2/12(11월~12월)	1.0	237,083
	가중평균유통보통주식수 :		1,407,916주

* 소수점 반올림

[3] 가중평균유통보통주식수의 계산

재작성한 주식변동표

일 자	주식수의 변동	주식수 변동	유통주식수
1월 1일	기초 유통주식수	750,000주	750,000주
2월 1일	전환사채의 전환	30,000	780,000
4월 1일	주식선택권 행사	50,000	830,000
6월 1일	유상증자	200,000	1,030,000
11월 1일	신주인수권 행사	45,000	1,075,000
	기말 유통주식수	1,075,000주	1,075,000주

가중평균유통보통주식수의 계산

유통주식수(A)	가중치(B)	(A)×(B)
750,000주	1/12	62,500주
780,000	2/12	130,000
830,000	2/12	138,333
1,030,000	5/12	429,167
1,075,000	2/12	179,167
	가중평균유통보통주식수:	939,167주

[4] 가중평균유통보통주식수의 계산

재작성한 주식변동표

일 자	주식수의 변동	주식수 변동	유통주식수
1월 1일	기초 유통주식수	1,200,000주	1,200,000주
5월 1일	신주인수권 행사	80,000	1,280,000
7월 1일	전환사채 전환	50,000	1,330,000
11월 1일	1대 4의 주식분할	3,990,000*	5,320,000
12월 1일	전환우선주 전환	95,000	5,415,000
	기말 유통주식수	5,415,000주	5,415,000주

* 1,330,000×(400% − 100%)

가중평균유통보통주식수의 계산*

유통주식수(A)	가중치(B)	조정치(C)	(A)×(B)×(C)
1,200,000주	4/12	4.0	1,600,000주
1,280,000	2/12	4.0	853,333
1,330,000	4/12	4.0	1,773,333
5,320,000	1/12	1.0	443,333
5,415,000	1/12	1.0	451,250
		가중평균유통보통주식수:	5,211,250주

* 소수점 반올림

[5] 가중평균유통보통주식수의 계산

1) 간주무상증자비율의 계산

a) 공정가치로 증자 시 발행가능주식수 : (300,000×₩12,000)÷₩18,000 = 200,000

b) 간주무상증자주식수 : 300,000 − 200,000 = 100,000주

c) 간주무상증자비율 : $\dfrac{100,000}{950,000 + 20,000 + 200,000} \fallingdotseq 8.5\%$

2) 재작성한 주식변동표

일 자	주식수의 변동	주식수 변동	유통주식수
1월 1일	기초 유통주식수	950,000주	950,000주
4월 1일	주식선택권 행사	20,000	970,000
5월 1일	유·무상증자	300,000	1,270,000
8월 1일	전환사채 전환	65,000	1,335,000
	기말 유통주식수	1,335,000주	1,335,000주

3) 가중평균유통보통주식수의 계산*

유통주식수(A)	가중치(B)	조정치C)	(A)×(B)×(C)
950,000주	3/12	1.085	257,688주
970,000	1/12	1.085	87,704
1,270,000	3/12	1.00	317,500
1,335,000	5/12	1.00	556,250
	가중평균유통보통주식수 :		1,219,142주

* 소수점 반올림

[6] 보통주에 귀속되는 당기순이익의 계산

(1) 차감할 우선주배당금 : ₩0
보통주귀속당기순이익 : ₩55,000,000

(2) 차감할 우선주배당금 : ₩50,000,000×0.09 = ₩4,500,000
보통주귀속당기순이익 : ₩55,000,000 − ₩4,500,000 = ₩50,500,000

(3) 차감할 우선주배당금 : ₩50,000,000×0.07 = ₩3,500,000
보통주귀속당기순이익 : ₩55,000,000 − ₩3,500,000 = ₩51,500,000

(4) 주식종류별 지분계산 :

구 분	자본금	당 기	참 가	합 계
보통주	200,000,000	6,000,000[1)]	37,200,000[2)]	43,200,000
우선주	50,000,000	2,500,000[3)]	9,300,000[4)]	11,800,000
계	250,000,000	8,500,000	46,500,000	55,000,000

1) 200,000,000×0.03 = 6,000,000

2) $(55{,}000{,}000-8{,}500{,}000)\times\frac{200{,}000{,}000}{250{,}000{,}000}=37{,}200{,}000$
3) $50{,}000{,}000\times0.05=2{,}500{,}000$
4) $(55{,}000{,}000-8{,}500{,}000)\times\frac{50{,}000{,}000}{250{,}000{,}000}=9{,}300{,}000$

보통주귀속당기순이익 : ₩43,200,000

(5) 차감할 우선주배당금 : ₩50,000,000×0.05＝₩2,500,000
보통주귀속당기순이익 : ₩55,000,000－₩2,500,000＝₩52,500,000

(6) 차감할 우선주배당금(미전환된 우선주分) : ₩25,000,000×0.05＝₩1,250,000
보통주귀속당기순이익 : ₩55,000,000－₩1,250,000＝₩53,750,000

[7] 기본주당이익의 계산

(1) 가중평균유통보통주식수의 계산

① 재작성한 주식변동표

일 자	주식수의 변동	주식수 변동	유통주식수
1월 1일	기초 유통주식수	30,000주	30,000주
3월 1일	전환우선주 전환	5,000	35,000
5월 1일	신주인수권 행사	3,000	38,000
8월 1일	1대 3 주식분할	76,000	114,000
10월 1일	전환사채 전환	6,000	120,000
12월 1일	자기주식 취득	(20,000)	100,000
	기말 유통주식수	100,000주	100,000주

② 가중평균유통보통주식수의 계산*

유통주식수(A)	가중치(B)	조정치(C)	(A)×(B)×(C)
30,000주	2/12	3.0	15,000주
35,000	2/12	3.0	17,500
38,000	3/12	3.0	28,500
114,000	2/12	1.0	19,000
120,000	1/12	1.0	20,000
100,000	1/12	1.0	8,333
	가중평균유통보통주식수 :		108,333주

* 소수점 반올림

(2) 보통주에 귀속되는 당기순이익의 계산
① 차감할 우선주배당금 : ₩0(기말 현재 미전환된 우선주가 없기 때문)
② 보통주귀속당기순이익 : ₩24,000,000

(3) 기본주당순이익 : ₩24,000,000/108,333＝₩221.54/주

(4) 기본주당계속영업이익의 계산

① 보통주에 귀속되는 당기순이익 : ₩24,000,000(위 (2)로부터)

② 중단영업손실(세후금액임) : ₩10,000,000

③ 보통주 귀속계속영업이익 : ₩24,000,000 + ₩10,000,000 = ₩34,000,000

(5) 기본주당계속영업이익 : ₩34,000,000/108,333 = ₩313.85/주

[8] 희석주당이익 계산을 위한 가중평균유통보통주식수의 계산

(1) 가중평균유통보통주식수의 계산

① 재작성한 주식변동표

일 자	주식수의 변동	주식수 변동	유통주식수
1월 1일	기초 유통주식수	46,000주	46,000주
2월 1일	신주인수권 행사	15,000	61,000
5월 1일	전환사채 전환	6,000	67,000
12월 1일	전환우선주 전환	3,000	70,000
	기말 유통주식수	70,000주	70,000주

② 가중평균유통보통주식수의 계산

유통주식수(A)	가중치(B)	(A)×(B)
46,000주	1/12	3,833주
61,000	3/12	15,250
67,000	7/12	39,083
70,000	1/12	5,833
	가중평균유통보통주식수 :	63,999주

[9] 기본주당순이익과 희석주당순이익의 계산

(1) 가중평균유통보통주식수의 계산

유통주식수(A)	가중치(B)	(A)×(B)
150,000주	5/12	62,500주
160,000	4/12	53,333
170,000	3/12	42,500
	가중평균유통보통주식수 :	158,333주

(2) 보통주귀속당기순이익의 계산

① 차감할 우선주배당금(기말 현재 미전환분) : 10,000주×₩10,000×3% = ₩3,000,000

② 보통주귀속당기순이익 : ₩75,000,000 − ₩3,000,000 = ₩72,000,000

(3) 기본주당순이익 : ₩72,000,000/158,333 = ₩455/주

(4) 잠재적 보통주에 대한 추가 유통보통주식수의 계산

① 전환사채

기말 현재 미전환분 : 10,000주

기중 행사본 : 10,000 × 5/12 = 4,167

14,167주

② 신주인수권 :

기말현재 미행사분 : [(₩9,000 − ₩5,000)/₩9,000]×10,000주 = 4,444주

기중 행사분 : [(₩9,000 − ₩5,000)/₩9,000]×10,000주×9/12 = 3,333주

7,777주

(5) 희석주당순이익을 위한 분자의 계산

① 가산할 전환우선주배당금(기말 미전환분) : ₩3,000,000

② 만기상환할증금과 관련한 신주인수권부사채의 이자비용(세후)

=₩163,000×(1 − 20%) = ₩130,400

▶참고 : 기중행사된 것과 기말 현재 미행사된 것을 구분할 필요 없음.

③ 분자 = ₩72,000,000(보통주귀속당기순이익) + ₩3,000,000 + ₩130,400

= ₩75,130,400

(6) 희석주당순이익 : $\frac{75,130,400}{158,333+14,167+7,777}$ = ₩417/주

▶참고 : 두 잠재적 보통주가 반희석적일 가능성의 검증

① 전환우선주 주당효과(per-share effect) = $\frac{3,000,000}{14,167}$ = ₩212/주

② 신주인수권 주당효과 = $\frac{130,400}{7,777}$ = ₩17/주

위 두 주당효과가 기본주당순이익(₩455)보다 현저하게 작으므로 두 증권 모두 희석적임.

[10] 기본주당순이익과 희석주당순이익의 계산

(1) 주당효과의 분석

① 전환사채 :

분자(세후 이자비용) → [(₩2,000,000 − ₩270,000)×12%×(6/12)]×(1 − 40%) = ₩62,280

분모(추가 유통보통주식수) → 60,000주×6/12 = 30,000주

주당효과 → ₩62,280/30,000 = ₩2.08

② 전환우선주 :

분자(배당금) → ₩0 : 배당이 결의되지 않았기 때문에 기본주당순이익에서 미차감되었음

분모(추가 유통보통주식수) → 10,000주×2 = 20,000주

주당효과 → ₩0/20,000 = ₩0.00

※ 만일 배당이 결의되었다면, 기본주당순이익에서 ₩80,000이 이미 차감되었을 것이므로 아래와 같이 계산할 수 있다.

분자(배당금) → ₩100×10,000주×8% = ₩80,000

분모(추가 유통보통주식수) → 10,000주×2 = 20,000주

주당효과 → ₩80,000/20,000 = ₩4.00

③ 옵션(주식선택권) :
분자 : 조정 없음
분모(추가 유통보통주식수 = 순증가주식수) → [(₩30 − ₩20)÷₩30]×6,000 = 2,000주
주당효과 → ₩0/2,000 = ₩0
이에 따라 (1순위) 옵션과 전환사채, (3순위) 전환주선주가 된다.

(2) 기본주당순이익 : ₩420,000/100,000 = ₩4.20

(3) 희석주당순이익의 계산
① 옵션을 포함하여 계산한 주당순이익 = 420,000/(100,000+2,000) = ₩4.12(희석적)
② 전환사채를 포함하여 계산한 주당순이익
= (420,000+62,280)/(100,000+2,000+30,000) = ₩3.65(희석적)
③ 전환우선주 주당효과 ₩4.00은 ₩3.65보다 크므로 반희석적이다. 따라서
희석주당순이익 = ₩3.65

제21장 법인세

익힘문제

[1] 회계이익과 과세소득 간에 차이가 발생하는 원인에 대하여 설명하라.

회계이익과 과세소득 간에 차이가 발생하는 원인을 크게 4가지로 분류하면 다음과 같다.

(1) 조세정책적 목적에 의한 차이 : 특정한 사항에 대하여 세법상 특혜나 불이익을 부여함에 따라 차이가 발생한다.

(2) 손익인식기준에 의한 차이 : 기업회계기준에서는 수익을 실현주의에 따라 인식하고 비용은 관련수익이 보고되는 기간에 인식하지만, 세법에서는 권리의무확정주의에 따라 손익을 인식함으로써 차이가 발생한다.

(3) 자산·부채의 평가방법상 차이 : 자산·부채의 일부 평가방법에 대하여 기업회계기준과 세법이 달리 규정함에 따라 차이가 발생한다.

(4) 회계이익과 과세소득의 개념에 의한 차이 : 기업회계기준에서는 손익거래에서 발생한 순자산증가만을 회계이익에 포함시키나 세법에서는 자본거래에서 발생한 순자산증가인 자본잉여금을 포함한 모든 순자산증가액을 과세소득에 포함시킴에 따라 회계이익과 과세소득 간에 차이가 발생한다. 이와 같이 기업회계기준등에관한해석 45-52에서 제시한 네 가지 원인 외에도 규정이행의 강제성에 의한 차이가 있다.

[2] 회계이익과 과세소득 간에 발생하는 일시적 차이와 일시적 차이를 유발하지 않는 차이를 정의하고 그 차이점을 설명하라.

(1) 일시적 차이 : 특정 회계사건이 회계이익의 결정에 포함된 시기와 과세소득의 산정에 포함된 시기가 상이함에 따라 발생하는 차이로서 재무상태표일 현재 기업회계상 자산·부채와 세무회계상 자산·부채의 차이를 말한다. 이러한 일시적 차이는 미래의 과세소득에 가산되는 "가산할 일시적 차이"와 미래의 과세소득에서 차감되는 "차감할 일시적 차이"로 구성되며, 한 회계기간에 발생하고 직후 또는 그 이후 기간에 걸쳐 소멸된다.

(2) 일시적 차이를 유발하지 않는 차이 : 한 회계연도의 과세소득과 회계이익과의 차이 중 당기에 발생하였으나 그 후 차기에 소멸되지 않는 차이를 말한다.

[3] 법인세효과의 회계기간별 배분의 필요성을 주장하는 논리와 반대하는 논리를 각각 세 가지씩 제시하라.

법인세효과의 회계기간별 배분의 필요성을 주장하는 논리를 다음과 같이 크게 세 가지로 요약해 볼 수 있다.

첫째, 법인세효과의 회계기간별 배분의 필요성은 법인세가 비용이기 때문에 수익에 대응하여야 한다는 점에서 찾아볼 수 있다.

둘째, 이연법인세자산과 이연법인세부채가 자산과 부채의 정의를 충족하고 있기 때문에 재무상태표에 계상하여야 한다는 것이다.

셋째, 정책적 목적으로 빈번히 변경되는 세법의 규제로 인한 당기순이익의 왜곡현상을 방지함으로써 특정 기업의 기간별 비교가능성과 일정시점에 있어서 기업 간 비교가능성을 향상시킬 수 있다는 것이다.

한편, 법인세효과의 회계기간별 배분에 반대하는 논리를 다음과 같이 크게 세 가지로 요약해 볼 수 있다.

첫째, 법인세비용은 기업이 이익을 창출했을 때 지급하는 일종의 배당과 같은 성격을 지니고 있기 때문에 이를 기간별로 배분하는 것은 비합리적이고, 포괄손익계산서에 계상하여서도 안 된다.

둘째, 이연법인세자산과 이연법인세부채는 미래기간에 과세소득의 존재 여부에 따라 나타날 우발적 성격을 지니므로, 자산이나 부채의 요건을 충족시키지 못할 경우도 있다.

셋째, 법인세효과의 회계기간별 배분에 여러 가지 가정이 필요하고, 이에 따라 회계정보의 유용성이 의문시된다는 것이다.

[4] 이연법인세자산의 인식요건에 대해 설명하라.

차감할 일시적 차이가 사용될 수 있는 과세소득의 발생가능성이 높은 경우에, 모든 차감할 일시적 차이에 대하여 이연법인세자산을 인식한다. 다만 차감할 일시적 차이가 사용될 수 있는 과세소득의 발생가능성이 높은 경우에만 이연법인세자산을 인식한다.

[5] 법인세효과에 대해 설명하라.

과세소득에 의해 납부할 법인세부담액과 법인세차감전순이익에 의해 발생한 법인세비용과의 차이를 법인세효과라 한다. 법인세효과로 인하여 이연법인세자산과 이연법인세부채가 발생한다.

[6] 법인세효과를 현재가치로 평가하지 않는 이유를 설명하라.

이연법인세 자산과 부채는 할인하지 아니한다. 그 이유는 이연법인세 자산과 부채를 신뢰성 있게 현재가치로 할인하기 위해서는 각 일시적 차이의 소멸시점을 상세히 추정하여야 한다. 그런데 많은 경우 소멸시점을 실무적으로 추정할 수 없거나 추정이 매우 복잡하다. 따라서 이연법인세 자산과 부채를 할인하도록 하는 것은 적절하지 않다. 또한 법인세효과를 현재가치로 평가하는 경우, 기업 간 이연법인세 자산과 부채의 비교가능성이 저해될 것이다. 따라서 기업회계기준서에서는 이연법인세자산과 부채를 할인하지 않도록 하였다.

[7] 법인세효과의 기간별 배분의 적용범위에서 부분배분법과 종합배분법에 대해 설명하라.

(1) 부분배분법 : 회계이익과 과세소득의 일시적 차이 중 비반복적으로 발생하는 차이에 대해서만 법인세기간배분을 적용해야 한다는 것이다. 그 이유는 반복적으로 발생하는 일시적 차이는 법

인세효과가 반대의 방향으로 발생하는 것을 무기한 연기시킬 수 있어 기간배분이 불필요하기 때문이다. 법인세효과가 상쇄되는 것을 무기한 연기시킬 수 있는 이유는 어느 한 거래에 대한 법인세 지급의 이연이 종료될 때면 다른 거래에 대한 법인세 지급의 이연이 발생하기 때문이다. 부분적 배분은 기업의 유동성이나 지급능력을 잘 나타내 줄 수 있다는 장점이 있다. 또한 일시적 차이를 발생시키는 항목이 많은 경우, 즉「기업회계기준서」와 세법 간 괴리가 큰 경우 실무에서 쉽게 적용할 수 있는 방법이다. 하지만 부분적 배분은 반복적 차이와 비반복적 차이에 대한 구분을 경영자 자의로 할 수 있다는 단점이 있다. 또한 부분적 배분은 현금주의에 가까운 방법이기 때문에 발생주의에 부합하지 않는다.

(2) 종합배분법 : 모든 일시적 차이가 법인세효과를 가지고 있으며, 그 차이의 반복성 여부와는 상관없이 모두 기간배분을 하여야 한다는 것이다. 그 이유는 모든 일시적 차이에 따른 법인세효과를 인식할 때 비로소 발생주의에 따른 정확한 법인세비용을 계상할 수 있기 때문이다. 종합배분법의 장점은 자의적인 판단의 가능성을 배제할 수 있어서 회계정보의 조작가능성을 낮춘다는 점과 발생주의와 수익·비용대응원칙에 부합한다는 것이다. 우리나라에서도 법인세의 기간배분에 있어 특정 일시적 차이가 일정한 기간 내에 소멸이 예상되는지의 여부와 상관없이 모든 일시적 차이를 인식대상으로 하는 종합배분법을 수용하였다.

[8] 법인세의 기간별 배분에 있어서 자산·부채법과 이연법의 의미와 차이점을 설명하고 장·단점을 기술하라.

(1) **자산·부채법** : 회계이익과 과세소득의 차이로 인해 재무상태표일 현재 기업과 정부 사이에 채권·채무관계가 발생되었다고 가정하고 매 회계연도 말 동 채권·채무의 금액을 유효한 세법과 세율의 구조 속에서 평가하여 재무제표에 반영하고자 하는 방법이다. 그렇기 때문에 자산·부채법에서는 일시적 차이에 의한 법인세효과를 계산함에 있어서 그 일시적 차이가 반대방향으로 나타나는 기간의 예상세율(당기말 현재 확정된 세율)을 적용한다. 단, 세율의 변동을 예상할 수 없을 경우에는 일단 일시적 차이가 발생한 기간의 세율을 적용하여 법인세효과를 계산하지만, 향후 세율이 변동하면 이연법인세자산(부채)의 계정금액을 조정하여야 한다. 이와 같이 자산·부채법은 법인세와 관련된 자산 및 부채의 정확한 계상을 강조하므로 재무상태표 지향적인 접근방법이다. 그러나 자산·부채법은 포괄손익계산서상 당기의 수익에 대응하는 법인세비용을 적절히 계상하지 못한다는 단점을 지닌다.

(2) **이연법** : 포괄손익계산서상에 계상될 법인세비용은 법인세비용차감전순이익에 근거하여 산출하고, 실제로 지급하여야 할 재무상태표상의 법인세부담액은「법인세법」상 과세소득에 의해 결정한 후에 양자 간의 차이인 법인세효과를 이연해 두었다가 향후 일시적 차이가 소멸될 때마다 일정액을 상각하는 방법이다. 이연법에서는 일시적 차이에 의한 법인세효과를 계산함에 있어서 그 일시적 차이가 발생한 기간의 세율을 적용하여야 한다. 그렇기 때문에 이 방법은 일시적 차이가 발생한 연도의 법인세비용을 중시하는 포괄손익계산서 지향적인 접근방법이다.「기업회계기준」에서는 명시적으로 자산·부채법과 이연법 중에서 자산·부채법을 사용하도록 규정하고 있다.

[9] 이월결손금과 이월세액공제가 있는 경우에 발생하는 과세소득과 회계이익 간의 차이는 일시적 차이를 유발하지 않는 차이이다. 일시적 차이를 유발하지 않는 차이임에도 불구하고 법인세 기간 배분의

대상이 되는 이유에 대하여 설명하라.

우리나라의 「법인세법」은 결손이 발생한 기업의 세금부담을 줄여주기 위하여 당해 회계연도에서 발생한 결손금을 결손금 발생연도 후 5년간 이월하여 과세소득에서 공제해 주고 있기 때문에 법인세효과를 발생시킨다. 또한, 세액공제의 경우에도 「법인세법」 등에서 당해 회계연도의 세액공제금액이 산출세액을 초과하는 경우에 공제받지 못한 미공제세액을 향후 5년간 이월하여 산출세액에서 공제해 주고 있기 때문에 법인세효과를 발생시킨다. 이와 같이 이월결손금과 세액공제는 영구적 차이지만 특수한 형태의 법인세효과를 발생시키는 항목이라 할 수 있다.

[10] 기업회계기준에서 규정하고 있는 법인세효과의 공시방법을 기술하라.

우선 포괄손익계산서에서는 법인세비용을 당기법인세와 이연법인세자산 또는 부채를 구분하여 보고한다. 이러한 표기는 포괄손익계산서에서 계속영업손익과 관련된 법인세비용(법인세비용감소분)에 해당한다. 또한 중단영업손익과 관련된 법인세비용(법인세비용감소분)은 해당 손익에 직접 차감(가산)한 후 해당 손익항목을 법인세비용차감(가산) 후 금액으로 기재한다. 또한 포괄손익계산서에서 기타포괄손익에 대하여도 이를 구분하여 해당 손익항목을 법인세비용차감(가산) 후 금액으로 기재한다. 이는 계속영업손익에 대응할 수 있는 상황에 대하여 보다 잘 설명할 수 있는 방법이다. 이연법인세자산과 이연법인세부채는 별도로 비유동항목으로 보고하는 것이 원칙이다. 그러나 다음의 조건을 모두 충족하는 경우에만 이연법인세자산과 이연법인세부채를 상계한다.

(1) 기업이 당기법인세자산과 당기법인세부채를 상계할 수 있는 법적으로 집행가능한 권리를 가지고 있다.

(2) 이연법인세자산과 이연법인세부채가 다음의 각 경우에 동일한 과세당국에 의해서 부과되는 법인세와 관련되어 있다.
  (가) 과세대상기업이 동일한 경우
  (나) 과세대상기업은 다르지만 당기법인세 부채와 자산을 순액으로 결제할 의도가 있거나, 중요한 금액의 이연법인세부채가 결제되거나 이연법인세자산이 회수될 미래의 각 회계기간마다 자산을 실현하는 동시에 부채를 결제할 의도가 있는 경우

[11] 법인세의 기간 내 배분에 대하여 설명하라.

법인세 기간 내 배분이란 당기의 세전이익에 대응되는 법인세비용을 같은 기간에 속하는 주요 손익항목별로 배분하는 절차를 의미하는데, 다음 세 항목으로 구분한다. 현행 포괄손익계산서에서는 1) 계속영업손익과 관련된 법인세비용(법인세비용감소분)은 법인세비용차감전계속영업손익에서 차감(가산)하는 형식으로 기재하고, 2) 중단영업손익과 관련된 법인세비용(법인세비용감소분)은 해당 손익에 직접 차감(가산)한 후 해당 손익항목을 법인세비용차감(가산) 후 금액으로 기재한다. 또한 3) 포괄손익계산서에서 기타포괄손익에 대하여도 이를 구분하여 해당 손익항목을 법인세비용차감(가산) 후 금액으로 기재한다.

[12] 자본에 가감하는 법인세효과에 대하여 설명하라.

재무회계상 대부분의 손익은 포괄손익계산서에 보고되고 과세소득 계산에 포함된다. 그런데 일부 항목들은 재무회계상 직접 자본잉여금, 자본조정, 기타포괄손익누계액 및 이익잉여금(당기순이익

으로 발생한 부분은 제외)으로 보고되지만 세무회계상으로는 익금 또는 손금으로 분류되어 과세소득에 포함되기도 한다. 이 경우 회계이익과 당기법인세 간에 일정한 인과관계가 성립하지 못하게 된다. 이런 경우에는 재무상태표에 계상되는 자본항목은 관련 법인세효과를 가감한 잔액으로 보고한다. 자본에 직접 조정되는 회계사건에서 발생하는 법인세효과는 당해 자본에서 직접 가감하여야 하기 때문에 법인세 기간 내 배분의 효과가 재무상태표 본문에 나타나는 것이다.

「기업회계기준서」는 특정 항목에 대해 법인세효과를 자본계정에 직접 계상하도록 요구하고 있는데 예를 들면 다음과 같다.

① 소급적용되는 회계정책의 변경이나 오류의 수정으로 인한 기초이익잉여금 잔액의 조정

② 자본잉여금에 반영되는 자기주식처분손익

자기주식처분손익은 재무회계상 직접 자본잉여금으로 보고되지만 세무회계상 과세소득에 포함된다. 이러한 항목들은 관련 법인세 효과를 직접 가감한 잔액으로 자본에 표시하여야 한다.

[13] 다음의 시점에서 필요한 법인세회계처리를 설명하라. 단, 이연법인세회계는 무시한다.

(1) 법인세 원천징수 혹은 중간예납 시

(차)	선급법인세	×××	(대) 현　　금	×××

(2) 결산 시

원천징수세액과 중간예납세액 > 법인세납부액

(차)	미 수 금	×××	(대) 선급법인세	×××
	법인세비용	×××		

원천징수세액과 중간예납세액 < 법인세납부액

(차)	법인세비용	×××	(대) 선급법인세	×××
			미지급법인세	×××

(3) 법인세 납부 시

법인세부담액이 증가한 경우

(차)	미지급법인세	×××	(대) 현　　금	×××
	법인세추납액	×××		

법인세부담액이 감소한 경우

(차)	미지급법인세	×××	(대) 현　　금	×××
			법인세환급액	×××

[14] 잘못된 부분이 있으면 지적하라.

(4) 미수금에 차기하고, 법인세비용에 대기한다.

(차)	미 수 금	×××	(대) 법인세비용	×××

▸참고 : 우리나라 「법인세법」에서는 결손금의 발생 시 중소기업에 한하여 1년 전에 납부한 법인세를 환급하여 주거나(소급공제), 모든 기업에 대하여 향후 5년간 미래의 과세소득에서 감소시켜 준다(이월공제). 소급공제의 법인세효과는 전기 또는 전전기에 납부한 법인세의 계산 시는 그 당시에 적용한 법인세율을 적용하여 계산한다.

[15] 법인세회계의 적용순서를 설명하라.

① 회계처리기준서에 따라 재무회계상 회계이익 산출
② 결산일에 자산부채의 장부금액과 세무기준액을 비교하여 일시적 차이와 기타 비일시적 차이의 존재 여부 확인
③ 과세소득 = 회계이익 ± 일시적 차이 ± 기타 비일시적 차이
④ 당기법인세 (미지급법인세) = 과세소득 × 당기 법인세율
⑤ 가산할 일시적 차이 × 미래 세율 = 이연법인세부채 (예외사항 유의)
차감할 일시적 차이 × 미래 세율 = 이연법인세자산 (실현가능성 평가)
⑥ 법인세비용 = 당기법인세 − 이연법인세자산 증가액 + 이연법인세부채 증가액,
단, 법인세효과가 자본에 직접 반영된 항목과 관련된 경우 당해 자본항목에 반영

연습문제

[1] 자산의 세무기준액과 부채의 세무기준액

(1) 자산과 부채의 세무기준액(기존해석은 '과세기준액')은 세무회계상 자산, 부채의 금액을 말한다. 자산의 세무기준액은 기업이 자산의 장부금액을 회수할 때 기업에 유입되는 과세대상 경제적 효익에 대하여 세무목적상 차감될 금액이다. 그러나 유입되는 경제적 효익이 과세대상이 아니라면 자산의 세무기준액은(세무상으로 인정하지 않는 평가금액을 반영하지 않은) 장부금액과 일치한다.
부채의 세무기준액은 장부금액과 미래기간에 당해 부채와 관련하여 과세소득에서 차감될 금액의 차액이다. 그러나 선수수익의 세무기준액은 장부금액과 미래기간에 과세되지 않을 수익금액의 차액이다.

[2] 이연법인세자산·부채의 인식

(1) 법인세비용 및 이연법인세계산

	당 기	차기 이후			
	20×5	20×6	20×7	20×8	20×9
1. 법인세비용차감전순이익	₩1,000,000				
2. 영구적 차이	100,000				
법인세율	×20%				
3. 법인세비용	₩220,000				
4. 일시적 차이					
관세환급금	200,000	₩(50,000)	₩(50,000)	₩(50,000)	₩(50,000)
감가상각비 한도초과액	300,000	(150,000)	(150,000)		
연구·인력개발준비금	(600,000)		200,000	200,000	200,000
5. 과세소득	₩1,000,000	₩(200,000)	₩0	₩150,000	₩150,000
법인세율	×20%	20%	20%	20%	20%
6. 미지급법인세	₩200,000				
7. 이연법인세부채(자산)		₩(40,000)	₩0	₩30,000	₩30,000

(2) 회계처리

(차) 법인세비용	220,000	(대) 미지급법인세	200,000
		이연법인세부채	20,000

[3] 법인세회계 종합문제

(1) 가산할 차이와 차감할 차이

가산할 차이 : 연구인력개발준비금 손금 인정분 ₩60,000

차감할 차이 : 제품보증비용 손금 부인액 ₩30,000 + 감가상각비 한도초과액 ₩40,000

= 총 ₩70,000

(2) 이연법인세자산과 부채

총 계		20x6(t=20%)	20x7(t=20%)	20x8(t=18%)
이연법인세자산	13,800	제품보증비용 10,000	제품보증비용 10,000	제품보증비용 10,000
		Dep한도초과 20,000	Dep한도초과 20,000	
이연법인세부채	11,400		개발준비금 30,000	개발준비금 30,000

(3) 법인세 관련 분개

(차) 이연법인세자산	13,800	(대) 미지급법인세	36,000
법인세비용	33,600	이연법인세부채	11,400

(4) 손익계산서

	20×5
법인세공제전 이익	₩100,000
당기법인세 부담액	₩36,000
(−) 일시적 차이로 인한 이연법인세자산의 증가	(13,800)
(+) 일시적 차이로 인한 이연법인세부채의 증가	11,400
당기 법인세 비용	₩33,600
당기순이익	₩66,400

(5) 이연법인세 조정 이유

세무회계와 재무회계의 목적이 다르고 각자의 산출 세액과 법인세 비용이 다르기 때문에 이연법인세 조정을 하게 된다. 손익계산서에 보고된 법인세차감전순이익(재무회계)에 당기법인세 비용의 대응이 당기법인세부담액보다 더 적절하며 자산과 부채가 적절히 기록되고 더 신뢰성 있는 정보를 제공하게 된다.

[4] 법인세 기간 내 배분

(1) 법인세비용의 배분

	계속영업이익	기타자본잉여금
과세소득	₩1,500,000	₩100,000
법인세율	16%, 28%	28%
법인세부담액	₩300,000*	₩28,000

* ₩1,000,000×16% + ₩500,000×28% = ₩300,000

(2) 회계처리

(차) 법인세비용	328,000	(대) 미지급법인세	328,000*
자기주식처분이익	28,000	법인세비용	28,000

* ₩300,000 + ₩28,000 = ₩328,000

[5] 법인세비용

(1) 20×5년 말 법인세비용 회계처리

(차)	법인세비용	1,500,000	(대) 미지급법인세	2,000,000*
	이연법인세자산	500,000**		

* (₩6,000,000 + ₩2,000,000) × 25% = ₩2,000,000

** ₩2,000,000(일시적 차이) × 25% = ₩500,000이며, 20×6년도에 과세소득이 발생하여 일시적 차이로 인한 법인세효과의 실현가능성이 높으므로 이연법인세자산(비유동자산)을 계상함.

(2) 20×6년 말 법인세비용 회계처리

(차)	법인세비용	1,500,000	(대) 미지급법인세	1,000,000*
			이연법인세자산	500,000

* (₩6,000,000 − ₩2,000,000) × 25% = ₩1,000,000

(3) 법인세율이 변동할 경우 포괄손익계산서상 법인세비용은 다음과 같이 구성된다.

① 당기 납부할 법인세부담액

② 당기에 발생한 일시적 차이나 전기 이전에 발생하여 당기에 소멸되는 일시적 차이의 법인세효과

③ 전기 이전에 계상되어 당기말에 남아 있는 이연법인세자산(부채)의 세율변동으로 인한 조정금액

[6] 법인세율의 계산

x = 법인세비용차감전순이익, t = 법인세율

법인세비용 = tx = ₩150,000 − ₩50,000원 = ₩100,000

당기순이익(= ₩100,000) = $x - tx = x$ − ₩100,000 ⇒ x = ₩200,000

$$\therefore t = \frac{100,000}{200,000} \times 100 = 50\%$$

[7] 중단영업손익과 법인세 기간 내 배분

(1)

1) 사업중단직접비용(퇴직금예상액) =	(₩300)
2) 중단영업손상차손 = (₩100) + (₩200) =	(₩300)
3) 사업중단 확정일까지 계속영업이익 =	₩100*
4) 중단영업의 총추정처분손익 =	(350)
가. 추정계속영업손실(사업중단 확정일～결산일) = (₩50)*	
나. 추정계속영업손실(20×6년 1월 1일～처분일) = (₩100)	
다. 추정처분손실 = (₩200)	
	(850)

* 중단영업손상차손 ₩300과 C부문 매각에 따른 퇴직금예상액 ₩300은 포함되지 않은 금액임.

따라서 20×5년의 포괄손익계산서상의 중단영업손실 = ₩850 − ₩255** = ₩595

** 법인세효과 = ₩850×30% = ₩255

(2)

포괄손익계산서

20×5년 1월 1일부터 20×5년 12월 31일까지

삼송회사	(단위: 원)
매 출 액	20,000
매출원가	(15,000)
매출총이익	5,000
판매비와관리비	(3,000)
영업이익	2,000
금융수익	500
금융비용	(500)
법인세비용차감전계속영업이익	2,000
계속영업이익법인세비용	(600)
계속영업이익	1,400
중단영업손익	
(법인세효과 당기 −255)	(595)
당기순이익	805

[8] 자본에 부가(차감)하는 법인세부담액

자본잉여금이 일시적 차이를 발생시키지 않는 경우

(차)		(대)	
법인세비용	2,000	미지급법인세	2,800*
자본잉여금	800**		

* (₩10,000 + ₩4,000)×20% = ₩2,800

** ₩4,000×20% = ₩8,000

[9] 세액공제와 법인세효과의 회계기간별 배분

(1) 세액공제가 이월되지 않을 경우

(차)		(대)	
법인세비용	15,000	미지급법인세	15,000*

* 세액공제 시 납부할 법인세 = ₩100,000×20% − ₩10,000 = ₩10,000
최소한 납부할 법인세 = ₩100,000×15% = ₩15,000
실제 납부할 법인세 = max[₩10,000, ₩15,000] = ₩15,000

(2) 세액공제가 이월되는 경우

(차)		(대)	
이연법인세자산	5,000*	미지급법인세	15,000
법인세비용	10,000		

* 세액공제 시 납부할 법인세 = ₩100,000×20% − ₩10,000 = ₩10,000
최소한 납부할 법인세 = ₩100,000×15% = ₩15,000
이월공제대상 세액공제 = ₩15,000 − ₩10,000 = ₩5,000

▶ 자산의 세무기준액 계산

장부금액	−	회수에 따른 미래과세소득	+	사용에 따른 소득차감액	=	세무기준액

<예 1> 매도가능금융자산을 100원에 취득, 연말시가가 120원

120	−	120	+	100	=	100

<예 2> 기계장치를 300원에 취득(5년, 정액법, 잔존가치 없음), 세무상 내용연수는 6년, 취득 1년 후의 세무기준액

240	−	240	+	250	=	250

<예 3> 매출채권잔액 500원에 대하여 100원의 대손충당금을 설정, 세무상 대손은 매출채권 제각 시 손금산입됨.

400	−	0	+	100	=	500

▶ 부채의 세무기준액 계산

장부금액	−	상환에 따른 미래과세소득 차감액	+	상환에 따른 미래과세소득 가산액	=	세무기준액

<예 4> 미지급비용(세무상 현금주의)이 100원 있음.

100	−	100	+	0	=	0

<예 5> 선수수익(세무상 현금주의)이 200원 있음.

장부금액 200	−	상환액 중 미래비과세금액 200	=	세무기준액 0

[10] 법인세비용 기간 내 배분 (2023년 공인회계사 2차 기출문제 변형)

<사례 1> 금융자산

- 금융자산 처분시

  (차) 금융자산(FVOCI)평가이익 2,000 (대) 금융자산(FVOCI)처분이익 2,000

- 금융자산 평가시

  (차) 금융자산(FVOCI) 500 (대) 금융자산(FVOCI)평가이익 500

- 기말법인세회계

  (차) 법인세비용 50,000 (대) 미지급법인세 50,000

  (차) 이연법인세자산 220* (대) 법인세비용 220

  * 기말 이연법인세자산 = (₩8,000 − ₩3,000) × 22% = ₩1,100

  기초 이연법인세자산 = (₩8,500 − ₩4,500) × 22% = ₩880

- 금융자산처분이익 중 재분류조정에 대한 법인세효과

  (차) 법인세비용 440* (대) 금융자산(FVOCI)평가이익 440

  * ₩2,000×22%

- 당기 금융자산(FVOCI)평가이익에 대한 법인세비용의 기간 내 배분

  (차) 법인세비용 110* (대) 금융자산(FVOCI)평가이익 110

  * ₩500×22%

<사례 2> 전환사채

- 전환사채의 발행금액: ₩7,000 × 3.2397(9%, 4년 연금현가계수) + ₩100,000 × 0.7084(9%, 4년 단일현가계수) = ₩93,518
- 전환권조정: ₩100,000 − ₩93,518 = ₩6,482 → 세무상 부채의 세무기준액으로 인정(가산할 일시적 차이)

<참고 세무조정> 전환권조정 ₩6,482 (△유보) 전환권대가 ₩6,482 (기타)

<일시적 차이의 변동 및 이연법인세 계산>

구분	기초	감소	증가	기말
차감할 일시적 차이	₩8,500	₩3,500	₩3,000	₩8,000
전환사채 관련 가산할 일시적 차이			(6,482)	(6,482)
계	₩8,500	₩3,500	(₩3,482)	₩1,578
법인세율	22%			22%
이연법인세자산	1,870			334

- 전환사채의 발행

  (차) 현 금 100,000 (대) 전환사채 100,000
  전환권조정 6,482 전환권대가 6,482
  (기타자본잉여금)

- 당기법인세

  (차) 법인세비용 50,000 (대) 미지급법인세 50,000

- 이연법인세자산 변동액 인식

  (차) 법인세비용 1,536* (대) 이연법인세자산 1,536

  * 상기 표에서 기말 이연법인세자산 334 − 기초 이연법인세자산 1,870 = 이연법인세자산 1,536 감소

- 기간 내 배분

  (차) 전환권대가 1,426 (대) 법인세비용 1,426
  (기타자본잉여금)

  * ₩6,482의 가산할 일시적 차이는 회계상 수익이 아닌 자본잉여금으로 반영됨. 따라서 ₩6,482×22%만큼 법인세비용이 아닌 전환권대가로 기간 내 배분함.

20×1년 말 이연법인세자산 = ₩334

20×1년 법인세비용 = ₩50,000 + ₩1,536 − ₩1,426 = ₩50,110

[11] 중간재무제표와 이연법인세

구분	법인세계산구조	1분기	2분기(누적)	연간예상	비 고
A	세전당기순이익	10,000	30,000	100,000	
±	세무조정	−2,000		+10,000	일시적 차이
B	각사업연도소득	8,000	30,000	110,000	
−	세무결손금 등	−2,000	−6,000	−20,000	
C	과세표준	6,000	24,000	90,000	
D	산출세액			21,900	법인세율: 15%(2만원 이하), 27%(2만원 초과)
−	세액공제·감면			−3,200	
E	법인세부담액			18,700	
F	법인세비용			16,000	연간유효세율

(1) 방법 1(연간예상유효세율)＝법인세비용÷세전당기순이익

→ 연간 F÷연간 A＝16%

→ 분기의 법인세비용을 먼저 계산하고, 이연법인세 변동액을 연간변동액과 법인세부담액(미지급법인세)을 세전이익비율에 따라 계산하는 방법.

(2) 방법 2(연간예상평균세율)＝법인세부담액÷과세표준

→ 연간 E÷연간 C＝약 20.78%(단, 문제에서 20%로 가정하였기에 20%로 계산)

→ 분기의 법인세부담액을 먼저 계산하고 분기의 이연법인세 변동을 반영하여 분기의 법인세비용을 계산하는 방법.

→ 실제발생세무조정항목을 기초로 법인세비용을 계산하므로 중간기간의 재무상태와 경영성과를 보다 더 잘 나타낼 수 있음. 다만, 연간실적과 관련된 세액공제 등 일부항목은 누적중간기간의 세전이익에 비례하여 안분함.

▸두 가지 방법에 의한 계산비교

	방법 1(연간예상유효세율)		방법 2(연간예상평균세율)	
	1분기	2분기(누적)	2분기	2분기(누적)
법인세부담액	1,870(a)	5,610	1,200(d)	4,800
이연법인세자산	270(b)	810		
이연법인세부채			540(e)	
법인세비용	1,600(c)	4,800	1,740	4,800
유효세율	16%	16%	17.4%	16%

(a) ₩18,700×(₩10,000/₩100,000)

(b) ₩1,870－₩1,600(1분기 말 현재에는 가산할 일시적 차이가 있으며, 2분기 말 현재는 일시적 차이가 없는데, 각각 이연법인세자산을 인식하게 됨)

(c) 세전당기순이익×연간예상유효세율

(d) 과세표준×연간예상평균세율

(e) ₩2,000×27%

제22장 리 스

익힘문제

[1] 리스이용자가 식별되는 자산의 사용통제권을 보유하고 있는지를 판단하기 위한 기준을 제시하라.

① 자산이 식별되는가?(**자산대체불가요건**) : 리스제공자가 자산을 대체할 권한이 있으면 식별되는 자산이 없다.

② 리스이용자가 사용기간 내내 자산 사용에서 발생하는 경제적 효익의 대부분을 얻을 수 있는 권리가 있는가?(**경제적 효익요건**)

③ 리스이용자가 자산의 사용을 지시할 수 있는가?(**사용지시요건** ; 누가 사용기간 동안 자산의 사용방법과 목적을 변경할 수 있나?)

[2] 리스의 부외부채(off-balance sheet liabilities) 효과에 대해 간략히 설명하라. 구체적으로 자산의 소유권을 직접 취득하는 회사와 리스계약을 통해 해당 자산에 대한 소유권 없이 사용권만을 획득한 회사의 재무상태를 자산 및 부채 규모, 그로 인한 부채비율을 중심으로 비교하라.

리스계약을 통해 자산에 대한 소유권 없이 사용권만을 획득하는 경우 해당 자산의 소유권을 직접 취득하는 경우에 비해 자산과 부채가 동시에 누락되게 되며, 그 결과 자본이 일정한 상황에서 부채비율이 감소하게 된다. 이를 리스의 부외부채효과라 부른다.

[3] 리스거래와 임대차거래의 차이점을 설명하라.

리스계약으로부터 발생하는 리스거래는 임대차거래와 다음과 같은 차이가 있다.

(1) 판매형리스를 제외한 일반적 리스거래에서는 리스제공자와 리스이용자 이외에 리스물건의 공급자가 개입되나, 임대차거래에서는 임차인과 임대인만이 개입된다. 리스거래에서는 리스이용자가 리스물건, 공급자, 가격조건 등을 결정하고, 리스제공자는 이 조건에 따라 리스물건을 구입하여 리스이용자에게 제공하는 것이다. 반면에, 임대차거래는 일반적으로 임대인이 소유하고 있는 물건을 일정기간 동안 임차인이 사용하는 거래이다.

(2) 리스거래는 리스물건에 대한 유지관리책임이 계약에 따라 리스제공자 혹은 리스이용자에게 있을 수 있다. 하지만 임대차거래에서는 1차적 유지관리책임이 임대인에게 있고, 임차인은 선의의

관점에서 주의의무만 있다.

(3) 여신전문금융업법의 적용을 받는 리스거래에서는 리스대상물건이 제한되어 있으나, 민법의 적용을 받는 임대차거래에서는 제한이 없다.

[4] 리스자산을 리스이용자 입장에서 자본화해야 한다는 주장과 자본화해서는 안 된다는 주장이 있다. 이들 주장의 논리적 근거를 제시하라.

먼저 자본화 반대주장의 논리적 근거는 다음과 같다. 첫째, 리스계약은 구매계약이나 고용계약과 마찬가지로 계약의 당사자가 실행해야 할 의무가 상당히 남아 있는 미이행계약이므로 리스료의 수취(지급)분에 대해서만 회계처리해야 한다는 것이다. 둘째, 리스이용자가 리스자산을 자본화하면 동액을 부채로 계상해야 하므로 추가적인 자본조달의 어려움으로 인하여 리스계약을 회피하게 된다. 셋째, 리스자산의 법적 소유권이 리스제공자에게 있기 때문에 리스이용자의 자산으로 보고하면 재무정보이용자를 오도하는 것이다.

다음으로 자본화 찬성주장의 논리적 근거는 다음과 같다. 계약해지가 불가능한 장기의 리스계약은 할부매입과 경제적 실질이 유사하기에 자본화하여야 한다. 여기서 계약해지가 불가능하다는 것은 권리와 의무의 확정을 위하여 필요한 조건이며, 리스기간이 장기라는 것은 리스물건에서 발생되는 경제적 효익의 대부분을 리스이용자에게 귀속시키기 위하여 필요한 조건이다.

[5] 리스의 자본화에 대하여 미이행계약적 관점과 회계사상적 관점에서 각각 설명하라.

리스의 자본화에 대한 미이행계약적 관점과 회계사상적 관점은 다음과 같다.

- **미이행계약적 관점**: 리스의 자본화를 반대한다. 리스계약은 구매계약이나 고용계약과 마찬가지로 계약의 당사자가 실행해야 할 의무가 상당히 남아 있는 미이행계약이므로 리스료의 수취(지급)분에 대해서만 회계처리해야 한다는 것이다.
- **회계사상적 관점**: 자본화를 찬성한다. 리스계약의 체결이라는 사건을 통해 쌍방의 재무상태 및 재무성과에 영향을 초래하며, 그 영향을 거의 확실하게 측정할 수 있는 경우에는 리스계약을 회계사상으로 인식할 수 있기 때문에 자본화할 수 있다는 것이다.

[6] 리스기준서에서 리스의 자본화 논쟁에 대하여 어떠한 관점을 취하고 있는지 설명하라.

리스기준서는 리스이용자가 일정기간 식별되는 자산의 사용통제권을 보유하고 있는 경우만 해당 계약을 리스로 분류하고, 리스이용자가 자본화하도록 하였다. 한편, 리스제공자 관점에서는 기초자산의 소유에 따른 위험과 보상의 대부분(substantially all)을 이전하는 리스를 금융리스로 분류하고, 기초자산에 대해 감가상각하지 않는다. 기초자산의 소유에 따른 위험과 보상의 대부분을 이전하지 않는 리스는 운용리스로 분류하고, 기초자산에 대해 감가상각한다. 여기서 유의해야 할 부분이 리스이용자와 리스제공자의 회계모형 간 비대칭성이다. 리스기준서에서 리스이용자는 단일모형을 적용하지만, 리스제공자는 이중모형을 적용하므로 대칭적이지 않다.

[7] 리스료의 최초 측정을 설명하라.

리스료는 리스기간에 걸쳐 기초자산을 사용하는 권리에 대한 지급액 중 현재 지급되지 않은 다음 금액으로 구성된다. 리스료는 비리스요소에 배분되는 금액을 포함하지 않는다. 리스료는 리스기간에 걸쳐 기초자산을 사용하는 권리에 대한 지급액 중 현재 지급되지 않은 다음 금액으로 구성된다.

리스료는 비리스요소에 배분되는 금액을 포함하지 않는다. ①과 ②는 상호배타적이다. 또한 ③과 ④ 및 ④와 ⑤도 상호배타적으로 동시에 발생할 수 없다.

① **고정리스료**(실질적인 고정리스료(any in-substance fixed lease payments)를 포함하며, 아직 수취하지는 않았지만 미래 수취할(receivable) **리스인센티브**를 차감한 금액)

② 지수나 요율(이율)에 따라 달라지는 **변동리스료**

③ 잔존가치보증(residual value guarantee)에 따라 리스이용자가 지급할 것으로 예상되는 금액

④ 리스이용자가 매수선택권을 행사할 것이 상당히 확실한(reasonably certain) 경우에 그 **매수선택권의 행사가격**

⑤ 리스이용자가 종료선택권을 행사할 것이 상당히 확실하여 리스기간 산정에 반영(종료선택권을 행사할 가능성이 상당히 확실한 경우는 리스기간에 포함되지 않음)된 경우, 그 리스를 종료하기 위하여 필요한 **부담금**. 예를 들면, 해지불능리스에서 해지불능기간이 리스개시일로부터 3년이지만, 리스이용자가 리스개시일로부터 2년이 경과한 시점에서 종료선택권을 행사할 가능성이 상당히 확실한 경우 리스를 종료하기 위하여 지급하는 부담금이다.

[8] 사용권자산의 최초 측정을 설명하라.

리스이용자는 리스개시일에 **사용권자산**을 원가로 측정한다. 사용권자산의 원가는 다음 항목으로 구성된다.

① **리스부채**의 최초 측정금액

② 리스개시일이나 그 전에 지급한 **선급리스료**(이미 수령한(received) **리스인센티브**는 차감)

③ 리스이용자가 부담하는 **리스개설직접원가**

④ **해체원가** 혹은 **복구원가**. 단, 그 원가가 재고자산의 생산 때문에 생긴 것이 아니어야 한다.

[9] 금융리스로 분류되는 상황의 예를 제시하라.

금융리스로 분류되는 상황의 예는 다음과 같다.

① 리스이용자에게 리스기간 종료시점까지 기초자산(underlying asset)의 소유권 이전: **소유권이전기준**

② 매수선택권의 행사가 리스약정일 현재 **상당히 확실**(reasonably certain): **매수선택권기준**

③ 리스기간이 기초자산 경제적 내용연수(economic life)의 **상당부분**(major part) – 비상장 외부감사대상 기업이 사용하는 일반기업회계기준에서는 상당부분을 (리스기간 ÷ 내용연수)의 75%로 규정: **리스기간기준**

④ 리스료의 현재가치가 리스약정일 현재 기초자산 공정가치의 **대부분**(substantially all) – 비상장 외부감사대상 기업이 사용하는 일반기업회계기준에서는 대부분을 (최소리스료의 현재가치 ÷ 공정가치)의 90%로 규정: **리스료기준** 혹은 **공정가치회수기준**

⑤ 해당 리스이용자만이 중요한 변경없이 사용할 수 있는 **특수한 성격**(specialised nature)의 기초자산: **범용성기준**

[10] 원가모형을 적용하는 경우 사용권자산의 후속 측정을 설명하라.

리스이용자는 다음을 반영하여 사용권자산을 원가로 측정한다.

① 감가상각누계액과 손상차손누계액을 차감

② **재평가**(reassessment) 또는 **리스변경**(lease modification)을 반영하거나, **실질적인 고정리스료의 변경**을 반영하여 리스부채의 재측정을 위한 조정

> ■사용권자산의 감가상각(리스이용자) : 정액법인 경우
> **리스기간 종료시 소유권이전이 상당히 확실한 리스인 경우 :**
> 감가상각비 = (취득원가* − 기초자산 내용연수 종료 후 추정잔존가치) ÷ 기초자산의 내용연수
> **소유권 이전이 상당히 확실하지 않은 리스인 경우 :**
> 감가상각비 = (취득원가* − 리스기간 종료 후 잔존가치보증에 따라 지급할 금액**) ÷ Min (리스기간, 사용권자산의 내용연수 종료일)
> * 사용권자산의 최초 장부금액
> ** 잔존가치보증을 하지 않는 경우에는 리스기간 종료 후 사용권자산의 잔존가치는 0

[11] 리스부채의 후속 측정을 설명하라.

리스이용자는 리스개시일 후에 다음을 반영하여 리스부채를 측정한다.

① 리스부채에 대한 **이자**를 반영하여 장부금액을 **증액**

② 지급한 **리스료**를 반영하여 장부금액을 **감액**

③ 재평가 또는 리스변경을 반영하거나 **실질적인 고정리스료의 변경**을 반영하여 장부금액을 **재측정**

[12] 리스부채를 재측정할 때 수정할인율을 사용할 경우와 변경되지 않은 할인율을 사용할 경우로 구분하여 설명하라.

리스이용자는 다음 중 어느 하나에 해당하는 경우에 **수정할인율**(남은 리스기간의 내재이자율 혹은 리스변경 유효일 현재 리스이용자의 증분차입이자율)로 수정리스료를 할인하여 리스부채를 재측정한다.

① 리스이용자는 **연장선택권**이나 **종료선택권** 행사가능성의 변화에 따라 변경된 **리스기간**에 기초하여 수정리스료를 산정한다.

② 리스이용자는 **매수선택권** 행사가격의 변동을 반영하기 위하여 수정리스료를 산정한다.

한편, 리스이용자는 다음 중 어느 하나에 해당하는 경우에 **변경되지 않은 할인율**(최초 내재이자율이나 이를 모를 경우 최초 증분차입이자율)로 수정리스료를 할인하여 리스부채를 재측정한다. 단, 아래의 수정리스료가 변동이자율(floating interst rates)의 변경으로 발생된 경우는 수정할인율로 할인한다.

① 리스이용자는 **잔존가치보증**에 따라 지급할 것으로 예상되는 금액의 변동을 반영하기 위하여 수정리스료를 산정한다.

② 리스료를 산정할 때 사용한 **물가지수**나 **시장 대여요율**(market rental rates)의 변동을 반영하기 위하여 수정리스료를 산정한다.

[13] 리스변경으로 인한 재측정의 회계처리를 설명하라.

리스변경은 최초 리스조건의 일부가 아닌 리스의 범위 또는 리스대가의 변경을 의미한다. 예를 들

면, 하나 이상의 기초자산 사용권의 추가 또는 종료, 계약상 리스기간의 연장 또는 단축이 리스변경에 해당한다.

아래 두 가지 리스변경의 조건을 동시에 충족하면 별도 리스로 회계처리	별도 리스로 회계처리하지 않는 리스변경의 회계처리 절차
① 기초자산 사용통제권을 추가적으로 부여하여 리스범위가 확대됨 ② 범위확대 부분에 대한 현행 시장가격만큼 리스대가를 증액함*	① 변경된 계약의 대가 배분(리스요소의 독립적인 가격에 기초하여 계약대가를 각 리스요소에 배분) ② 변경된 리스의 리스기간 산정 ③ 리스부채 재측정(수정할인율**로 수정리스료 할인) - 리스범위 축소(리스기간 단축 포함) : 리스의 일부나 전부의 종료를 반영하기 위하여 리스종료 관련 차손익(리스범위 축소로 인한 리스부채 감소액과 사용권자산 감소액 간 차이)을 당기손익으로 인식하고, 변경사항 전부 반영 후 리스부채와 리스범위 축소 반영 후 리스부채 간 차이를 리스부채와 사용권자산의 장부금액에 반영하여 조정 - 리스료 변경이나 리스범위 확대 등 리스범위 축소 이외의 리스변경 : 리스부채의 변동액을 리스부채와 사용권자산에 반영하여 조정

* 남은 리스기간의 내재이자율 혹은 리스변경 유효일 현재 리스이용자의 증분차입이자율

[14] 금융리스에서 수취채권의 최초 인식 방법을 제시하라.

리스순투자(net investment in the lease)
= 리스총투자(gross investment in the lease)의 현재가치
= 수취채권(receivable)
= 리스료(고정리스료, 변동리스료, 매수선택권 행사가격, 종료 부담금, 잔존가치보증으로 지급할 금액 포함)의 현재가치 + 무보증잔존가치의 현재가치
= 기초자산의 공정가치 + 리스개설직접원가

[15] 다음의 각 기술이 옳은지 그른지를 밝히고 판단근거를 제시하라.

(1) × 리스이용자가 잔존가치에 대하여 일정액을 보증하는 부분인 잔존가치보증으로 지급할 금액을 제외한 무보증잔존가치가 존재하는 경우에는 리스제공자의 총 미래현금유입예상액과 리스이용자의 총 미래현금유출예상액 간에는 무보증잔존가치만큼 차이가 발생한다.

(2) ○

(3) × 내재이자율은 리스약정일 현재 리스료와 무보증잔존가치의 현재가치 합계액을 리스자산의 공정가치와 리스개설직접원가의 합계액과 일치시키는 할인율을 말한다. 또한 내재이자율은 리스자산의 취득에 필요한 자금조달 시 적용되는 이자율에 리스제공자의 이익률을 가산한 개념으로 리스제공자의 목표수익률이다.

(4) × 판매형리스거래가 이루어지는 경우에 리스제공자의 매출액과 이에 대한 수취채권은 다음과 같이 산정한다.

수취채권(매출액) = Min[리스료의 현재가치, 리스자산의 공정가치]

[16] 판매후리스와 판매형리스의 의미에 대하여 간략히 설명하라.

(1) 판매후리스: 판매후리스란 물건의 소유자(판매자이면서 동시에 리스이용자)가 물건을 다른 실체에 판매하고, 동시에 새로운 소유자로부터 당해 물건을 리스하는 거래를 말한다. 예를 들면, 어떤 회사가 통신설비를 자신의 사용목적에 부합되게 자체적으로 제작한 후, 이 물건을 제3자에게 판매함과 동시에 다시 리스하여 사용한다면 이는 판매후리스에 해당한다. 이와 같은 판매후리스는 필요로 하는 물건을 리스제공자의 자금으로 조달할 수 있기 때문에 이용한다.

(2) 판매형리스: 제조업자 또는 판매업자가 제조하거나 구매한 자산을 고객에게 구매하거나 리스할 수 있는 선택권을 제공하여 판매부진을 해결하기 위한 거래이다. 판매형리스는 제조업자나 판매업자가 수요자의 취향에 부응하기 위한 마케팅전략의 일환으로 볼 수 있다.

[17] 판매후리스의 회계처리방법을 제시하라.

구 분	판매인 경우	판매가 아닌 경우
판매자-리스이용자	-추가 금융부분을 제외한 리스료 현금흐름의 할인액에 기초자산 공정가치 대비 장부금액의 비율을 곱한 금액으로 계속 보유하는 사용권자산 측정 -기초자산의 판매차익(=공정가치-장부금액) 중 기초자산 공정가치 대비 리스이용자가 보유하는 기초자산 사용통제권에 관련 없는 부분의 비율을 곱한 금액을 판매손익으로 인식	-이전된 자산 계속 인식 -금융부채(이전대가로 받은 금액) 인식(기업회계기준서 제1109호 금융상품 적용)
구매자-리스제공자	-자산 매입에 적용할 수 있는 기준서 적용 -리스에는 리스제공자 회계규정 적용 -금융자산(공정가치를 초과한 판매대가에 해당하며, 리스이용자가 추가 금융을 제공받은 것) 인식	-금융자산(이전대가로 지급한 금액) 인식(기업회계기준서 제1109호 금융상품 적용)

연습문제

[1] 리스의 정의(식별)

<table>
<tr><th>구분</th><th colspan="4">검토요소</th><th colspan="3">검토결과</th></tr>
<tr><td rowspan="3">식별되는 자산</td><td colspan="4">분명히 측정 혹은 암묵적 특정</td><td colspan="2">분명히 특정</td><td rowspan="3">식별됨</td></tr>
<tr><td colspan="2" rowspan="2">공급자 대체권</td><td colspan="2">실질적 능력</td><td>유</td><td rowspan="2">실질적 대체권 없음</td></tr>
<tr><td colspan="2">경제적 효익</td><td>무</td></tr>
<tr><td rowspan="4">사용통제권</td><td colspan="4">경제적 효익의 대부분을 얻을 권리</td><td colspan="2">고객</td><td rowspan="4">고객의 권리</td></tr>
<tr><td rowspan="3">사용지시권</td><td rowspan="3">사용방법과 사용목적을 지시할 권리</td><td colspan="2">고객</td><td>유</td><td rowspan="3">고객</td></tr>
<tr><td rowspan="2">미리 결정</td><td>운용권리</td><td>해당 없음</td></tr>
<tr><td>설계</td><td>해당 없음</td></tr>
</table>

결론: 계약은 리스를 포함한다.

[2] 리스의 정의(식별)

<table>
<tr><th>구분</th><th colspan="4">검토요소</th><th colspan="3">검토결과</th></tr>
<tr><td rowspan="3">식별되는 자산</td><td colspan="4">분명히 측정 혹은 암묵적 특정</td><td colspan="2">분명히 특정</td><td rowspan="3">식별됨</td></tr>
<tr><td colspan="2" rowspan="2">공급자 대체권</td><td colspan="2">실질적 능력</td><td>무</td><td rowspan="2">무</td></tr>
<tr><td colspan="2">경제적 효익</td><td>무</td></tr>
<tr><td rowspan="4">사용통제권</td><td colspan="4">경제적 효익의 대부분을 얻을 권리</td><td colspan="2">고객</td><td rowspan="4">공급자 권리</td></tr>
<tr><td rowspan="3">사용지시권</td><td rowspan="3">사용방법과 사용목적을 지시할 권리</td><td colspan="2">고객</td><td>무</td><td rowspan="3">공급자</td></tr>
<tr><td rowspan="2">미리 결정</td><td>운용권리</td><td>해당 없음</td></tr>
<tr><td>설계</td><td>해당 없음</td></tr>
</table>

결론: 계약은 리스를 포함하지 않는다.

[3] 리스의 정의(식별)

<table>
<tr><th>구분</th><th colspan="4">검토요소</th><th colspan="3">검토결과</th></tr>
<tr><td rowspan="3">식별되는 자산</td><td colspan="4">분명히 측정 혹은 암묵적 특정</td><td colspan="2">분명히 특정</td><td rowspan="3">식별됨</td></tr>
<tr><td colspan="2" rowspan="2">공급자 대체권</td><td colspan="2">실질적 능력</td><td>무</td><td rowspan="2">무</td></tr>
<tr><td colspan="2">경제적 효익</td><td>무</td></tr>
<tr><td rowspan="4">사용통제권</td><td colspan="4">경제적 효익의 대부분을 얻을 권리</td><td colspan="2">고객</td><td rowspan="4">고객의 권리</td></tr>
<tr><td rowspan="3">사용지시권</td><td rowspan="3">사용방법과 사용목적을 지시할 권리</td><td colspan="2">고객</td><td>유</td><td rowspan="3">고객</td></tr>
<tr><td rowspan="2">미리 결정</td><td>운용권리</td><td>해당 없음</td></tr>
<tr><td>설계</td><td>해당 없음</td></tr>
</table>

결론: 계약은 리스를 포함한다.

[4] 리스의 정의(식별)

<table>
<tr><th>구분</th><th colspan="4">검토요소</th><th colspan="3">검토결과</th></tr>
<tr><td rowspan="3">식별되는 자산</td><td colspan="4">분명히 측정 혹은 암묵적 특정</td><td colspan="2">분명히 특정</td><td rowspan="3">식별됨</td></tr>
<tr><td colspan="2" rowspan="2">공급자 대체권</td><td colspan="2">실질적 능력</td><td>유</td><td rowspan="2">실질적 대체권 없음</td></tr>
<tr><td colspan="2">경제적 효익</td><td>무</td></tr>
<tr><td rowspan="4">사용통제권</td><td colspan="4">경제적 효익의 대부분을 얻을 권리</td><td colspan="2">고객</td><td rowspan="4">고객의 권리</td></tr>
<tr><td rowspan="3">사용지시권</td><td rowspan="3">사용방법과 사용목적을 지시할 권리</td><td colspan="2">고객</td><td>유</td><td rowspan="3">고객</td></tr>
<tr><td rowspan="2">미리 결정</td><td>운용권리</td><td>해당 없음</td></tr>
<tr><td>설계</td><td>해당 없음</td></tr>
</table>

결론: 계약은 리스를 포함한다.

[5] 리스제공자의 리스 분류

리스약정일 현재 매수선택권의 가치는 2억원으로 상당한 가치가 있으며, 리스이용자가 행사할 가능성이 상당히 확실하다. 따라서 금융리스로 분류할 수 있다.

[6] 리스제공자의 리스 분류

잔여 경제적 내용연수 20년 중 19년의 리스계약을 체결하였으므로 리스기간이 경제적 내용연수의 상당부분(major part)을 차지한다. 따라서 금융리스로 분류한다.

[7] 리스총투자, 리스순투자 및 미실현이자수익

리스총투자, 리스순투자 및 미실현이자수익은 다음과 같다.

- 리스총투자 = 리스료 + 무보증잔존가치
  = ₩1,000,000 + ₩50,000 = ₩1,050,000
- 리스순투자 = 리스료의 현가 + 무보증잔존가치의 현가
  = ₩600,000 + ₩10,000 = ₩610,000
- 미실현이자수익 = 리스총투자 − 리스순투자 = ₩440,000

[8] 리스제공자의 운용리스

실제 지급액과 관계없이 총리스료 ₩13,500을 리스기간 3년 동안 정액으로 인식한다. 따라서 매년 ₩4,500의 운용리스료수익을 인식한다.

[9] 리스제공자가 지급한 리스인센티브

운용리스의 경우 다른 합리적인 기준이 존재하지 않는다면 리스기간에 걸쳐 정액기준으로 수익과 비용을 인식하여야 한다. 따라서 지급한 리스인센티브는 다른 합리적인 배분기준이 없다면, 리스기간에 걸쳐 정액기준으로 관련 운용리스료수익에서 차감하여야 한다. 매년 인식할 운용리스료수익은 다음과 같다.

₩10,000,000 × (5 − 0.5) / 5 = ₩9,000,000

[10] 사용량에 연동하는 추가리스료

리스이용자는 계약상 매출액이나 사용량에 연동하여 추가 지급하기로 한 금액이 있다면 이를 리스부채와 사용권자산에 포함하지 않고 발생 연도의 비용으로 인식해야 한다. 리스제공자도 수취채권을 인식할 때 사용량에 연동하는 리스료를 포함할 수 없다. 리스제공자가 추정하는 ₩30,000,000(=₩80,000,000−₩50,000,000)의 연간 추가리스료는 미래의 실제 사용량에 따라서 변동될 수 있다. 이러한 리스료가 발생 시 리스제공자는 수익으로 인식하며, 리스이용자는 비용으로 인식해야 한다. 따라서 연간리스료는 최소 지급액인 ₩50,000,000이다.

[11] 리스료 계산시 부담금의 포함 여부

리스이용자에게 리스연장의무조건이 부과된 경우, 리스기간 연장이 상당히 확실하여 부담금 지급이 예상되지 않는다면 부담금을 리스료에 포함하지 않고, 리스기간 연장기간 부분의 리스료만 리스료에 포함한다. 하지만 리스기간 연장이 상당히 확실하지 않아서 부담금 지급이 예상된다면, 부담금을 리스료에 포함하여야 한다.

[12] 리스변경

구분	리스부채	사용권자산	조정금액
변경 전 장부금액	A = PV(5%, 4년, ₩10,000) = ₩10,000 × 3.5460 = ₩35,460	최초 인식금액 = PV(5%, 8년, ₩10,000) = ₩10,000 × 6.4632 = ₩64,632 C = 감가상각 후 금액 = ₩64,632 − ₩32,316 = ₩32,316	
리스기간 단축	E = PV(5%, 2년, ₩10,000) = ₩10,000 × 1.8594 = ₩18,594	F = ₩32,316 × 50% = ₩16,118	E−A(=−₩16,866)와 F−C(=−₩16,118)의 차이(=₩748)를 당기손익으로 인식
변경 후 장부금액	B = PV(6%, 2년, ₩15,000) = ₩15,000 × 1.8334 = ₩27,501	D = F + ₩8,907 = ₩25,025	B−E(=₩8,907)를 사용권자산과 리스부채의 조정액으로 인식

리스범위 축소

(차) 리스부채	16,866	(대) 사용권자산	16,118
		리스조정이익	748

리스범위 확대(리스료 변경 포함)

(차) 사용권자산	8,907	(대) 리스부채	8,907

[13] 금융리스

(1) 리스료

매년 수수할 리스료(X)는 다음과 같이 계산할 수 있다.

$$₩532,948 = \chi \times \left[1 + \frac{1-(1.05)^{-5}}{0.05}\right]$$

$= \chi \times 5.32948$(기초연금의 현재가치계수: 6회, 5%)

$\therefore \chi =$ ₩100,000

(2) 상각표

기 간	기초잔고[a]	리스료수취액 (지급액)[b]	조정된 기초잔고[c]	이자수익 (이자비용)[d]	기말잔고[e]
20×5년 1월 1일~ 20×5년 6월 30일	₩532,948	₩100,000	₩432,948	₩21,647	₩454,595
20×5년 6월 30일~ 20×5년 12월 31일	454,595	100,000	354,595	17,730	372,325
20×6년 1월 1일~ 20×6년 6월 30일	372,325	100,000	272,325	13,616	285,941
20×6년 7월 1일~ 20×6년 12월 31일	285,941	100,000	185,941	9,297	195,238
20×7년 1월 1일~ 20×7년 6월 30일	195,238	100,000	95,238	4,762	100,000
20×7년 7월 1일~ 20×7년 12월 31일	100,000	100,000	0	0	0

* c = a − b, d = c × 5%, e = c + d

[14] 운용리스와 금융리스

(1) 리스료

(₩400,000 + ₩6,000) ÷ 2.28323(기말연금의 현재가치계수; 기간 3년, 이자율 15%)
= ₩177,818

(2) 리스제공자의 분개

① 운용리스

20×4년 12월 31일

(차) (선급)리스자산	406,000	(대) 현 금	406,000

20×5년 1월 1일

(차) 리스자산	406,000	(대) (선급)리스자산	406,000

20×5년 12월 31일

(차) 현 금	177,818	(대) 운용리스료수익	177,818

② 금융리스

20×4년 12월 31일

(차) (선급)리스자산	406,000	(대) 현 금	406,000

20×5년 1월 1일

(차) 수취채권	406,000	(대) (선급)리스자산	406,000

20×5년 12월 31일

(차) 현 금	177,818	(대) 수취채권	116,918
		이자수익	60,900*

*₩406,000×15%=₩60,900

[15] 금융리스의 리스제공자와 리스이용자

(1) 리스료

매년 수수할 리스료(χ)는 다음과 같이 계산할 수 있다.

₩100,000=리스료의 현재가치+매수선택권의 현재가치=χ × 2.73554(기초연금의 현재가치계수; 기간 3년, 이자율 10%)+₩10,000 × 0.75131(단일금액의 할인율; 기간 3년, 이자율 10%)

∴χ=₩33,809

(2) 상각표

일 자	리스료[a]	이자수익 (이자비용)[b]	수취채권 (리스부채) 원금 회수액(상환액)[c]	수취채권 (리스부채) 잔액[d]
20×5년 1월 1일				₩100,000
20×5년 1월 1일	₩33,809		₩33,809	66,191
20×5년 12월 31일		₩6,619	(6,619)	72,810
20×6년 1월 1일	33,809		33,809	39,001
20×6년 12월 31일		3,900	(3,900)	42,901
20×7년 1월 1일	33,809		33,809	9,092
20×7년 12월 31일		908	(908)	10,000*
20×7년 12월 31일	10,000		10,000	0
합 계	₩111,427	₩11,427	₩100,000	

* 단수조정

b=당기초 d × 10%　　c=a−b　　d=당기초 d−c

(3) 리스제공자와 리스이용자의 일자별 분개

일 자	리스제공자		리스이용자	
20×5년 1월 1일	(차) (선급)리스자산	100,000	(차) 사용권자산	100,000
	(대) 현 금	100,000	(대) 리스부채	66,191
	(차) 수취채권	100,000	현 금	33,809
	(대) (선급)리스자산	100,000		
	(차) 현 금	33,809		
	(대) 수취채권	33,809		
20×5년 12월 31일	(차) 수취채권	6,619	(차) 이자비용	6,619
	(대) 이자수익	6,619	(대) 리스부채	6,619
			(차) 감가상각비	25,000*
			(대) 감가상각누계액	25,000

*₩100,000 ÷ 4년 = ₩25,000/년

20×6년 1월 1일	(차) 현 금	33,809	(차) 리스부채	33,809
	(대) 수취채권	33,809	(대) 현 금	33,809
20×6년 12월 31일	(차) 수취채권	3,900	(차) 이자비용	3,900
	(대) 이자수익	3,900	(대) 리스부채	3,900
			(차) 감가상각비	25,000
			(대) 감가상각누계액	25,000
20×7년 1월 1일	(차) 현 금	33,809	(차) 리스부채	33,809
	(대) 수취채권	33,809	(대) 현 금	33,809
20×7년 12월 31일	(차) 수취채권	908	(차) 이자비용	908
	(대) 이자수익	908	(대) 리스부채	908
			(차) 감가상각비	25,000
			(대) 감가상각누계액	25,000

매수선택권이 행사되었을 경우:

20×7년 12월 31일	(차) 현 금	10,000	(차) 리스부채	10,000
	(대) 수취채권	10,000	(대) 현 금	10,000

매수선택권이 행사되지 않았을 경우(리스자산의 공정가치가 ₩8,000인 경우):

20×7년 12월 31일	(차) 리스자산	10,000	(차) 리스부채	10,000
	(대) 수취채권	10,000	감가상각누계액	75,000
	(차) 손상차손	2,000	매수선택권	
	(대) 리스자산	2,000	포기손실	15,000
			(대) 리스자산	100,000

▸ 참고: 리스이용자가 리스료를 지급하여 자신의 이익을 극대화하기 위해서는 매수선택권을 행사가능기간 중 최초일에 행사하여야 한다. 이러한 논리로 매수선택권이 행사가능기간 중 최초일에 행사될 것이라고 볼 수 있는 것이다. 따라서 매수선택권의 행사일 이후의 리스료는 리스료의 현재가치계산에서 제외하여야 한다.

[16] 판매형리스

(1) ㈜장비는 판매자(dealer)이므로, 위 리스가 금융리스이면 판매형리스로 회계처리함.
위 리스가 금융리스인 근거는, 리스기간(3년)이 기초자산의 내용연수(4년)의 상당부분(75%)을 차지하며, 리스료의 현재가치(₩656,079)가 기초자산 공정가치(₩700,000)의 대부분(94%)을 차지한다는 사실임. (즉, 기초자산의 소유에 따른 위험과 보상의 대부분이 리스이용자에게 이전됨)

(2) 매출수익 = min{공정가치, 리스료의 현재가치} = ₩656,079(=수취채권 최초인식 금액)
매출원가 = 장부금액 − 무보증잔존가치의 현재가치 = ₩500,000 − ₩81,630 = ₩418,370

(차) 수취채권	656,079	(대) 매 출	656,079
매출원가	418,370	재고자산	418,370

(차) 판매비(비용) 20,000 (대) 현 금 20,000

(3) 이자수익 = ₩656,079 × 7% = ₩45,926

(차) 현 금	250,000	(대) 수취채권	204,074
		이자수익	45,926

[17] 판매후리스

(1) 리스료의 현재가치(₩300,000 × 3.79079 = ₩1,137,237)가 리스자산의 공정가치와 동일하다.
리스부채 = ₩300,000 × 3.79079 = ₩1,137,237
사용권자산 = ₩1,137,237 × (₩1,000,000 ÷ ₩1,137,237) = ₩1,000,000
유형자산처분이익 = (₩1,137,237 − ₩1,000,000) × (₩1,137,237 − ₩1,137,237) ÷ ₩1,137,237 = 0

20×5년 1월 1일의 분개

(차) 현 금	1,137,237	(대) 운 반 구	1,000,000
사용권자산	1,000,000	리스부채	1,137,237

20×5년 12월 31일의 분개

(차) 리스부채	186,276	(대) 현 금	300,000
이자비용	113,724*		

* ₩1,137,237 × 10% = ₩113,724

(차) 감가상각비	200,000*	(대) 감가상각누계액	200,000

* ₩1,000,000 ÷ 5년 = ₩200,000/년

(2) 리스부채 = ₩200,000 × 3.79079 = ₩758,158
사용권자산 = ₩758,158 × (₩1,000,000 ÷ ₩1,137,237) = ₩666,667
유형자산처분이익 = (₩1,137,237 − ₩1,000,000) × (₩1,137,237 − ₩758,158) ÷ ₩1,137,237
= ₩45,746

20×5년 1월 1일의 분개

(차) 현 금	1,137,237	(대) 운 반 구	1,000,000
사용권자산	666,667	리스부채	758,158
		유형자산처분이익	45,746

20×5년 12월 31일의 분개

(차) 리스부채	124,184	(대) 현 금	200,000
이자비용	75,816*		

* ₩758,158 × 10% = ₩75,816

(차) 감가상각비	133,333*	(대) 감가상각누계액	133,333

* ₩666,667 ÷ 5년 = ₩133,333/년

[18] 리스제공자의 리스분류

리스 A: 운용리스
리스 B: 금융리스[매수선택권기준+공정가치회수기준(혹은 리스료기준)]
리스 C: 금융리스(리스기간기준; 리스기간+ 연장선택권기간)
리스 D: 운용리스
리스 E: 금융리스(공정가치회수기준+리스기간기준)
리스 F: 금융리스(소유권이전기준+공정가치회수기준)

[19] 수취채권과 리스부채 간 차이: 잔존가치의 영향

상 황	차이 여부	이 유
리스기간 종료 시 잔존가치 없음	차이가 없음	리스제공자와 리스이용자에게 잔존가치가 미치는 영향이 없다.
리스기간 종료 시 잔존가치 전액 무보증	차이가 있음	리스제공자는 잔존가치의 현재가치를 전액 수취채권에 포함하지만, 리스이용자는 리스부채에 잔존가치의 현재가치를 포함하지 않는다.
리스기간 종료 시 잔존가치 전액 보증	차이가 있음 또는 차이가 없음	리스제공자는 잔존가치의 현재가치를 전액 수취채권에 포함하지만, 리스이용자는 잔존가치보증으로 지급을 예상하는 금액의 현재가치를 리스부채에 포함한다. 리스이용자가 잔존가치보증으로 지급을 예상하는 금액이 잔존가치 전액이라면 차이가 없다.
리스기간 종료 시 잔존가치 일부 보증	차이가 있음	리스제공자는 잔존가치의 현재가치를 전액 수취채권에 포함하지만, 리스이용자는 잔존가치보증으로 지급을 예상하는 금액의 현재가치만 리스부채에 포함한다.
리스기간 종료 시 잔존가치 제3자 보증	차이가 있음 또는 차이가 없음	리스제공자는 잔존가치의 현재가치를 전액 수취채권에 포함하지만, 리스이용자는 제3자의 지급이 예상되는 잔존가치의 현재가치를 리스부채에 포함하지 않는다. 단, 리스이용자가 제3자에게 구상권의 행사로 인하여 변제할 금액이 잔존가치와 동일하다면 차이가 없다.

[20] 수취채권손상차손

리스료: 연간 리스료 ₩120,000(매년 ₩40,000씩 3회)과 잔존가치보증으로 지급할 금액 ₩6,000
내재이자율: 최소리스료(3년간 매년 ₩40,000) 현재가치와 무보증잔존가치(₩4,0000) 현재가치의 합계액을 기초자산의 공정가치와 리스개설직접원가의 합계액과 일치시키는 할인율 =10%

리스제공자의 상각표(추정잔존가치가 ₩6,000)

연도	기초 수취채권	이자수익 (10%)	리스료 수령액	수취채권 원금 회수액	기말 수취채권	채권 손상차손	손상차손 인식 후 수취채권 잔액
20×6년	₩106,988	₩10,698	₩40,000	₩29,302	₩77,686	₩3,306*	₩74.380
20×7년	74,380	7,438	40,000	32,562	41,818		
20×8년	41,818	4,182	40,000	35,818	6,000**		

* 추정잔존가치(즉, 추정무보증잔존가치) 감소액

= ₩4,000(= ₩10,000 − ₩6,000 = ₩4,000 − ₩0)을 내재이자율 10%로 할인한 현재가치

= ₩4,000 ÷ $(1.10)^2$ = ₩3,306

** 기초자산의 추정잔존가치

20×6년 1월 1일 회계처리

(차) 수취채권	106,988*	(대) 선급리스자산	106,000
		현 금	988

* ₩106,000(수취채권) + ₩988(리스개설직접원가) = ₩106,988

20×6년 12월 31일 회계처리

(차) 현 금	40,000	(대) 이자수익	10,698
		수취채권	29,302

20×6년 12월 31일 추정무보증잔존가치 감소

(차) 수취채권손상차손	3,306	(대) 수취채권	3,306

제23장 종업원급여

익힘문제

[1] 단기종업원급여란 무엇이며, 회계처리에 대해 설명하라.

단기종업원급여는 종업원의 근무에 따라서 지급되는 통상적인 급여로서, 종업원이 관련 근무용역을 제공하는 연차보고기간 말 이후 12개월 이전에 전부 결제될 것으로 예상되는 종업원급여(해고급여 제외)를 말한다. 단기종업원급여의 회계처리는 종업원이 회계기간에 근무용역을 제공한 때 이에 대하여 지급이 예상되는 단기종업급여를 할인되지 않는 금액으로 인식한다.

[2] 기타장기종업원급여란 무엇이며, 회계처리에 대해 설명하라.

기타장기종업원급여는 단기종업원급여, 퇴직급여 및 해고급여를 제외한 급여로서, 종업원이 관련 근무용역을 제공하는 연차보고기간 말 이후 12개월 이전에 전부 결제될 것으로 예상되지 않는 경우로 한정한다. 기본적인 회계처리는 확정급여제도와 유사하나, 기타장기종업원급여는 퇴직급여와 달리 보험수리적 손익을 즉시 인식하고 '범위'를 적용하지 아니하며, 모든 과거근무원가를 즉시 인식한다.

[3] 해고급여 회계처리를 설명하라.

해고급여는 통상적인 퇴직시점 이전에 종업원을 해고하고자 하는 기업의 결정이나 일정한 대가와 교환하여 자발적 명예퇴직을 수락하고자 하는 종업원의 결정으로 인해 지급되는 종업원급여를 말한다. 해고급여와 관련하여 채무를 발생시키는 중요한 사건은 종업원의 근무가 아니라 해고이다. 해고급여를 인식하는 시기는 다음의 두 시기 중 더 빠른 날에 해고급여에 대한 부채와 비용을 인식한다.

(가) 기업이 해고급여의 제안을 더 이상 철회할 수 없을 때

(나) 기업이 기업회계기준서 제1037호(충당부채, 우발부채 및 우발자산)의 적용범위에 포함하고 해고급여의 지급을 수반하는 구조조정에 대한 원가를 인식할 때

[4] 확정기여제도와 확정급여제도에 대해 간략히 설명하라.

확정기여제도란 기업이 별개의 실체(기금)에 고정기여금을 납부하여야 하고, 그 기금이 당기와 과거기간에 제공된 종업원 근무용역과 관련된 모든 종업원급여를 지급할 수 있을 정도로 충분한 자산을 보유하지 못하더라도 기업에게는 추가로 기여금을 납부해야 하는 법적 의무나 의제의무가 없는 퇴직급여제도를 의미하고, 확정급여제도는 확정기여제도 이외의 모든 퇴직급여제도를 일컫는다.

[5] 당기근무원가란 무엇인가?

당기에 종업원이 근무용역을 제공함에 따라 발생하는 확정급여채무의 현재가치 증가액

[6] 과거근무원가의 의미와 회계처리에 대하여 간단히 언급하라.

기업이 확정급여제도를 새로 도입하거나 기존의 확정급여제도에서 지급해야 하는 급여를 변경하는 경우 과거근무원가가 발생한다. 이렇게 발생한 과거근무원가는 제도의 개정이나 축소가 발생할 때와 관련되는 구조조정원가나 해고급여를 인식할 때 중 빠른 날에 전액 비용으로 인식한다.

[7] 예측단위적립방식에 대해 간단히 설명하라.

예측단위적립방식이란 근무기간에 비례하도록 퇴직급여를 발생시키는 방법으로 매 근무기간에 추가적인 급여수급권단위를 발생하는 것으로 처리하는 방식으로 다음과 같은 순서에 따라 이루어진다.

① 퇴직시점, 임금상승률, 할인율 등 보험수리적 가정을 한다.

② 보험수리적 평가방법을 적용하여 퇴직급여액을 결정한다.

③ 퇴직급여액을 종업원의 근무기간에 걸쳐 정액법으로 배분하여 기간별 귀속급여액을 결정한다.

귀속급여액 = 퇴직급여액/종업원 기대근무기간

④ 각 기간별 귀속급여액을 할인하여 당기근무원가를 결정한다.

당기근무원가 = 당기귀속급여액/$(1+\text{할인율})^{\text{잔여근무연수}}$

⑤ 이자원가는 전기말(당기초) 확정급여채무에 이자율(할인율)을 곱하여 계산한다.

이자원가 = 기초확정급여채무 × 이자율(할인율과 동일)

⑥ 기말 확정급여채무는 당해 연도와 과거연도에 귀속되는 급여의 현재가치로서 기초확정급여채무와 이에 대한 이자원가, 당기근무원가를 합산하여 계산한다.

기말확정급여채무 = 기초확정급여채무 + 이자원가 + 당기근무원가

⑦ 매 기간 ⑤와 ⑥ 과정을 반복한다.

[8] 예측단위적립방식에서 급여의 기간배분에 대해 설명하라.

확정급여채무의 현재가치와 관련 당기근무원가를 결정할 때에는 제도에서 정하고 있는 급여산정식에 따라 종업원의 근무기간에 걸쳐 급여를 배분하며, 적용가능하다면 과거근무원가를 결정할 때에도 이와 동일한 방식을 사용한다. 그러나 종업원의 근무기간 후반에 귀속되는 급여수준이 근무기간 초반에 귀속되는 급여 수준보다 중요하게 높은 경우에는 정액법에 따라 급여를 배분한다.

[9] 확정급여채무를 계산하기 위한 할인율에 대해 설명하라.

확정급여채무(기금이 적립되는 경우와 적립되지 않는 경우 모두 포함)를 할인하기 위해 사용하는 할인율은 보고기간 말 현재 우량회사채의 시장수익률을 참조하여 결정한다. 만약 그러한 회사채에 대해 거래층이 두터운 시장이 없는 경우에는 보고기간 말 현재 국공채의 시장수익률을 사용한다.

[10] 확정급여원가에서 당기손익으로 인식되는 항목은 어떤 것들이 있는가?

당기손익으로 인식되는 항목은 다음과 같다.

(가) 당기근무원가
(나) 과거근무원가와 정산으로 인한 손익
(다) 순확정급여부채(자산)의 순이자

[11] 확정급여원가에서 기타포괄손익으로 인식되는 항목은 어떤 것들이 있는가?

확정급여원가에서 기타포괄손익으로 인식되는 항목은 순확정급여부채(자산)의 재측정요소이며 다음과 같다.

(가) 보험수리적 손익
(나) 순확정급여부채(자산)의 순이자에 포함된 금액을 제외한 사외적립자산의 수익
(다) 순확정급여부채(자산)의 순이자에 포함된 금액을 제외한 자산인식상한효과의 변동

[12] 보험수리적 손익이 발생하는 예를 들어보라.

보험수리적 손익은 확정급여채무 현재가치의 증감이나 사외적립자산 공정가치의 증감이 있을 때 발생한다. 보험수리적 손익이 발생하는 원인의 예는 다음과 같다.

(1) 종업원의 이직률, 조기퇴직률, 사망률, 임금상승률, 급여(제도의 공식적 규약이나 의제의무에 따라 물가상승률에 연동하여 급여가 증액되는 경우) 또는 의료원가가 실제로는 당초 예상보다 높거나 낮은 경우
(2) 종업원의 이직률, 조기퇴직률, 사망률, 임금상승률, 급여(제도의 공식적 규약이나 의제의무에 따라 물가상승률에 연동하여 급여가 증액되는 경우) 또는 의료원가에 대한 추정치가 변경됨에 따른 효과
(3) 할인율의 변경에 따른 효과
(4) 사외적립자산의 실제수익과 기대수익의 차이

[13] 사외적립자산으로부터의 수익을 당기손익으로 인식되는 항목과 기타포괄손익으로 인식되는 항목을 구별하여 설명하라.

사외적립자산의 실제수익은 연도말 사외적립자산의 추정잔액과 공정가치의 차이금액이다. 이 중에서 당초 할인율을 적용한 사외적립자산에 대한 이자수익부분을 당기손익으로 인식된다. 그 외에 실제수익과 이자수익의 차이는 사외적립부채(자산)의 재측정요소에 포함되어 기타포괄손익으로 인식된다.

[14] 확정급여제도에서 확정급여부채와 확정급여채무의 차이점은 무엇인가?

확정급여채무는 종업원이 당기와 과거기간에 근무용역을 제공하여 발생한 채무를 의미한다. 확정급여부채는 확정급여채무의 현재가치에서 사외적립자산의 공정가치를 차감하였을 때 확정급여채무의 현재가치가 사외적립자산의 공정가치보다 높을 경우에 인식된 확정급여채무를 의미한다.

[15] 확정급여제도에서 확정급여부채의 금액이 부(−)의 금액이 될 수도 있다. 이 경우 확정급여자산이라고 하는데, 어떤 경우에 이러한 현상이 발생하는지 설명하라.

확정급여자산은 확정급여제도가 채무를 초과하여 적립되거나 보험수리적 이익이 발생한 경우에 발생할 수 있다. 구체적으로 종업원이 당기와 과거기간에 근무용역을 제공하여 발생한 채무를 결제하는 데 필요한 예상 미래지급액의 현재가치(사외적립자산 차감 전)보다 종업원급여를 지급하기 위하여 장기종업원급여기금이 보유하고 있는 자산과 적격보험계약을 포함하는 사외적립자산이 많을 때 확정급여자산이 발생하게 된다.

그리고 확정급여자산은 (1) 확정급여제도에서의 초과적립액, (2) 보고기간말 현재 우량회사채의 시장수익률(또는 국공채의 시장수익률)을 사용하여 결정한 자산인식상한 금액 중 작은 것으로 측정한다.

연습문제

[1] 예측단위적립방식(일시불지급)

(1) 퇴직시점 지급될 일시불급여 : $10,000 \times 1.07^4 \times 1\% \times 5$년 = 655원

매 근무기간에 배분되는 금액 : 655원 ÷ 5년 = 131원

당기근무원가

2009 : $131 \div 1.1^4 =$ 89원

2010 : $131 \div 1.1^3 =$ 98원

2011 : $131 \div 1.1^2 =$ 108원

2012 : $131 \div 1.1$ = 119원

2013 : 131원

※ 당기근무원가는 당해 연도에 귀속되는 급여의 현재가치를 말한다.

(2) 기별로 확정급여채무를 계산하여 보자.

	2009	2010	2011	2012	2013
귀속급여					
과거연도	-	131	262	393	524
당해 연도	131	131	131	131	131
당해 연도와 과거연도	131	262	393	524	655
기초 확정급여채무	-	89	196	324	476
이자비용(할인율=10%)	-	9	20	33	48
당기근무원가	89	98	108	119	131
기말 확정급여채무	89	196	324	476	655

2009 : 89

2010 : 196

2011 : 324

2012 : 476

2013 : 655

※기말 확정급여채무는 당해 연도와 과거연도에 귀속되는 급여의 현재가치를 말한다.

(3)

	차변	금액	대변	금액
2009년 :	차) 당기근무원가(퇴직급여)	89	대) 확정급여채무	89
2010년 :	차) 당기근무원가(퇴직급여)	98	대) 확정급여채무	107
	차) 이자원가(퇴직급여)	9		
2011년 :	차) 당기근무원가(퇴직급여)	108	대) 확정급여채무	138
	차) 이자원가(퇴직급여)	20		
2012년 :	차) 당기근무원가(퇴직급여)	119	대) 확정급여채무	152
	차) 이자원가(퇴직급여)	33		

2013년 : 차) 당기근무원가(퇴직급여) 131 대) 확정급여채무 179
차) 이자원가(퇴직급여) 48
※ 이자원가＝기초 확정급여채무 × 할인율(10%)

[2] 예측단위적립방식(일시불지급)

(1) 퇴직시점에서 연금의 현재가치 : 10,000×3.7908(5년,10%연금현가) = 37,908
각 근무기간에 할당하면 37,908 ÷ 3년= 12,636
당기근무원가
2009년 : 12,636 ÷ 1.1^2 =10,443
2010년 : 12,636 ÷ 1.1 =11,487
2011년 : 12,636
※ 당기근무원가는 당해 연도에 귀속되는 급여의 현재가치를 말한다.

(2) 기별로 확정급여채무를 계산하여 보자.

	2009	2010	2011
귀속급여			
과거연도	−	12,636	25,272
당해 연도	12,636	12,636	12,636
당해 연도와 과거연도	12,636	25,272	37,908
기초 확정급여채무	−	10,443	22,974
이자비용(할인율＝10%)	−	1,044	2,297
당기근무원가	10,443	11,487	12,636
기말 확정급여채무	10,443	22,974	37,907

2009 : 10,443
2010 : 22,974
2011 : 37,907
※기말 확정급여채무는 당해 연도와 과거연도에 귀속되는 급여의 현재가치를 말한다.

(3) 2009년 : 차) 당기근무원가(퇴직급여) 10,443 대) 확정급여채무 10,443
2010년 : 차) 당기근무원가(퇴직급여) 11,487 대) 확정급여채무 12,531
차) 이자원가(퇴직급여) 1,044
2011년 : 차) 당기근무원가(퇴직급여) 12,636 대) 확정급여채무 14,933
※ 이자원가＝기초 확정급여채무 × 할인율(10%)

[3] 과거근무원가

(1) 퇴직급여원가
- 당기근무원가 : 20,000원
- 이자원가 : 100,000 × 10%＝10,000원
- 과거근무원가: 7,000＋5,000＝12,000원
(2011년도 회계기준서 개정으로 가득여부와 무관하게 전액 인식한다)

(2) 2010년 분개

차) 퇴직급여원가(당기근무원가)	20,000	대) 퇴직급여부채	42,000
퇴직급여원가(이자비용)	10,000		
퇴직급여원가(과거근무원가)	12,000		

[4] 사외적립자산손익

(1) 당기손익 인식항목인 순확정급여채무의 순이자원가
= (확정급여채무의 현재가치 × 할인율) − (사외적립자산의 공정가치 × 할인율)
= (₩10,000 × 10%) − (₩9,000 × 10%) = ₩1,000 − ₩900 = ₩100

(2) 2011년도 사외적립자산의 수익에서 당기손익 인식금액과 기타포괄손익 인식금액
2011년도 사외적립자산의 수익 : ₩10,500 − ₩9,000 = ₩1,500
당기손익 인식금액 : ₩9,000 × 10% = ₩900
기타포괄손익 인식금액 : ₩1,500 − ₩900 = ₩600

(3) 기타포괄손익으로 인식되는 순확정급여부채(자산)의 재측정요소를 식별하시오.
- 보험수리적손익 : ₩55
- 순확정급여부채(자산)의 순이자를 제외한 사외적립자산의 수익 : ₩600

[5] 퇴직급여 : 종합문제

(1) 각 연도별 기말확정급여채무

	2009	2010	2011
기초확정급여채무	10,000	11,950	11,865
당기근무원가	1,650	1,820	2,000
이자원가(할인율 = 10%)	1,000	1,195	1,187
급여지급액	(1,500)	(2,100)	(1,500)
기말확정급여채무(보험손익반영전)	11,150	12,865	13,552
보험수리적이익(손실)	(800)	1,000	
기말확정급여채무	11,950	11,865	13,552

(2) 당기손익항목과 기타포괄손익항목

	2009		2010		2011	
연도말 기말사외적립자산(A)						
기초사외적립자산공정가치	10,000		12,000		12,500	
급여지급액	(1,500)		(2,100)		(1,500)	
기여금수령액	2,000	10,500	2,000	11,900	2,000	13,000
기말사외적립자산공정가치(B)		12,000		12,500		10,000
실제 수익(손실)(C)		1,500		600		(3,000)
수익률 = 10%(당기손익)(D)		1,000		1,200		1,250
기타포괄이익(손실)(C − D)		500		(600)		(4,250)

(3) 각 연도별 기말확정급여부채(자산)금액

	2009	2010	2011
기말확정급여채무	11,950	11,865	13,552
기말사외적립자산공정가치	12,000	12,500	10,000
기말확정급여부채(자산)	(50)	(635)	3,552

제24장 회계변경과 오류수정

익힘문제

[1] 회계변경에는 어떠한 유형이 있는지 밝히고 각 유형에 대해 설명하라.

회계변경의 유형으로는 크게 회계추정의 변경과 회계정책의 변경이 있다. 발생주의에 따른 회계처리를 하기 위해서는 미래의 사건이나 상황을 현시점에서 추정해야 할 필요가 생긴다. 이를 회계추정이라 하며 감가상각기간, 잔존가치, 매출채권대손율, 제품보증충당부채 등이 그 예에 속한다. 회계추정의 변경이란 원래의 추정치를 새로운 정보나 경제적 상황변화에 따라 더 합리적인 추정치로 변경시키는 것을 말한다. 또 회계정책의 변경은 재무제표의 작성과 보고를 위해 선택한 회계기준과 그 적용방법을 경제적 상황변화에 따라 더 합리적인 회계기준이나 적용방법으로 변경시키는 것을 가리킨다.

[2] 회계추정변경의 예를 들어보라.

회수불능채권으로 인한 대손, 유형자산의 내용연수와 잔존가치, 무형자산의 상각기간, 제품보증충당부채, 복구충당부채 등의 충당부채에 대한 추정치를 변경하는 것이 회계추정변경의 예가 된다. 그리고 감가상각방법을 변경하는 것도 자산이 갖는 미래경제적 효익의 예상소비형태가 변동되어, 변동된 소비형태를 반영하기 위하여 상각방법을 변경하는 것이기 때문에 회계추정변경의 예가 된다.

[3] 회계정책변경의 예를 들어보라.

회계정책의 변경은 하나의 GAAP에서 또 다른 GAAP으로 전환하는 경우에만 해당하며,재고자산 평가방법을 선입선출법에서 평균법으로 변경, 유형자산 측정모형을 원가기준에서 시가기준으로 변경, 건설자금이자를 비용화방법에서 자본화방법으로 변경, 탐사지출에 대한 원가를 전부원가법에서 성공원가법으로 변경하는 경우를 들 수 있다.

[4] 기업들이 회계변경을 하는 이유를 설명하라.

가장 명백한 회계변경의 이유는 기업회계기준이 새로 제정되거나 개정되어 이를 따르기 위한 것이다. 그러나 이러한 의무적인 회계변경보다는 자발적 회계변경이 더 보편적인데, 기업이 스스로 회계변경을 하는 이유는 변화된 새로운 기업환경에서 더 합리적인 회계절차로 전환하는 것이 필요하거나, 회사의 기술이나 경영상의 변화로 인해 회계변경이 필요하기 때문이다.

[5] 회계변경을 통한 기업의 이익관리에 대해 설명하라.

「기업회계기준서」 제1호에 의하면 기업은 정당한 사유가 있는 경우에 한하여 회계변경을 할 수 있도록 규정함으로써 자의적인 회계변경을 엄격히 제한하고 있는데, 그 이유는 회계변경이 '이익관리'의 수단으로 이용되는 것을 막기 위함이다. 회계변경을 통한 기업의 이익관리란 회계변경이 본래의 취지를 떠나 기업의 이익을 임의로 줄이거나 늘리는 수단으로 남용되는 것을 말한다.

[6] 정당한 회계변경이란 무엇인가?

정당한 회계변경이란 회계정책 또는 회계추정의 변경을 통하여 회계정보의 유용성을 높이는 경우, 또는 기업회계기준이 새로 제정 또는 개정됨에 따라 회계정책을 변경하는 경우를 말한다.

[7] 정당한 회계변경이 아닌 예를 들어보라.

정당한 회계변경이 아닌 예로서, 단순히 세법의 규정을 따르기 위한 회계변경을 들 수 있다. 그 이유는 세무보고의 목적과 재무보고의 목적이 서로 다르므로 세법을 따른 회계변경이 반드시 회계정보의 유용성을 향상시키는 것은 아니기 때문이다. 또 이익을 늘이거나 줄이기 위한 것이 주목적인 회계변경도 정당한 회계변경이 될 수 없다.

[8] 당기일괄처리법에 대해 요점만 간략히 설명하라.

이 방법은 회계정책변경누적효과를 계산한 후, 이를 회계변경이 속한 연도의 포괄손익계산서상에 경상적인 항목과 구분하여 별도의 항목으로 보고하는 방법이다. 이 방법하에서는 비교재무제표를 제시할 때에 과거연도의 재무제표를 당기에 새로 채택한 회계절차에 맞추어 재작성하지 않는다. 즉, 회계정책변경누적효과를 당기의 재무제표에만 반영시킨다. 그 대신 회계정보의 비교가능성을 위해 가상재무제표(pro-forma financial statements)를 작성한다.

[9] 소급법에 대해 요점만 간략하게 설명하라.

이 방법은 회계정책변경누적효과를 계산한 후 이를 회계변경이 속한 연도 초의 이익잉여금, 즉 전기이월이익잉여금을 조정하는 전기조정항목(prior-period adjustment)으로 보고하는 방법이다. 결과적으로 회계정책변경누적효과는 당기순이익에는 반영되지 않고 이익잉여금에 직접 반영된다. 또 비교재무제표를 제시할 때에 새로운 회계처리절차에 따라 과거회계연도의 재무제표를 재작성함으로써 새로운 회계처리절차를 과거로 소급하여 적용한다.

[10] 당기일괄처리법의 장단점을 소급법과 비교하여 설명하라.

당기일괄처리법은 당기의 회계정보와 과거의 회계정보가 서로 다른 회계기준에 의해 산출됨으로써, 소급법과 비교하여 정보의 기간별 비교가능성이 저해된다는 단점이 있다. 반면, 과거의 재무제표를 재작성함으로써 발생할 수 있는 문제점들을 회피할 수 있다는 장점도 있다. 예를 들어, 과거에 이미 공시한 회계정보를 당기에 변경하여 보고한다면 투자자들은 회계정보에 대해 신뢰성을 잃을 가능성이 있다. 또한 순이익이나 부채비율, 자기자본비율 등과 같은 재무제표상에 보고된 숫자에 근거하여 성립된 과거의 금전대차계약이나 약정들에 대해서는 이들 숫자의 변경이 계약변경이나 파기와 같은 심각한 법적인 문제를 초래할 수도 있다. 이에 더하여 과거 재무제표를 재작성함으로써 회계처리비용이 가중되는 문제도 있으며, 또 회사가 과거 재무제표를 재작성할 수 있을 만큼 충분한 정보를 보유하고 있지 않을 수도 있다. 이처럼 당기일괄처리법을 사용하면 과거 재무제표의 재작성에 수반하는 위의 문제점들을 회피할 수 있다.

[11] 전진법에 대해 요점만 간단히 설명하라.

이 방법에서는 회계정책변경누적효과를 보고하지도 않으며, 과거 재무제표나 재무제표상의 어떠한 항목도 재작성 또는 재계산하지 않는다. 즉, 변경된 회계절차를 변경연도로부터 전진적으로 미래 회계기간에 대해서만 적용하는 것이다. 따라서 회계변경 자체를 위한 어떠한 분개도 필요하지 않게 된다.

[12] 회계정책변경누적효과란 무엇인가?

회계정책변경누적효과란 새로 채택한 회계절차를 과거 해당 연도부터 적용하여 왔었다고 가정할 때의 순자산과 현재의 실제 순자산 간의 차이를 가리키며, 이는 변경이 속하는 회계연도의 초에 계산한다.

[13] 가상재무제표(pro-forma financial statements)란 무엇인가?

당기일괄처리법에서 회계정보의 기간별 비교가능성이 저해되는 문제를 부분적으로나마 해소하기 위해 영업이익이나 당기순이익을 구성하는 항목 등 중요한 회계정보에 한하여 과거의 정보를 당기에 새로 채택한 회계절차에 따라 다시 계산하여 주석으로 보고하는데 이러한 재무제표를 '가상재무제표'라고 부른다.

[14] 전기조정항목(prior-period adjustments)이란 무엇인가?

전기오류수정손익이나 회계정책변경누적효과가 전기이월이익잉여금을 조정하는 항목으로 보고됨으로써 그 재무적 효과가 포괄손익계산서에 반영되지 않고 이익잉여금에 직접 반영될 때 이를 전기조정항목이라 한다.

[15] 회계오류의 예를 몇 가지 들어보라.

회계오류의 대표적인 예로서 계산상의 오류, 기록상의 오류, 계정분류의 오류, 회계기준적용의 오류, 추정의 오류, 고의적인 회계부정 등을 들 수 있다.

[16] 중요한 오류란 무엇인가?

「기업회계기준서」 제1008호에 따르면 중요성(materiality)이란 '어떠한 항목이 개별적으로나 집합적으로 재무제표에 기초한 경제적 의사결정에 영향을 미치는 경우 그 항목의 누락이나 왜곡표시는 중요하다'고 해석한다. 중요성은 관련 상황을 고려하여 누락이나 왜곡표시의 크기와 성격에 따라 결정된다. 그 항목의 크기나 성격 또는 두 요소의 결합이 결정요소가 될 수 있다. 특정 항목의 누락이나 왜곡표시가 재무제표이용자의 경제적 의사결정에 영향을 미칠 수 있는지와 그것이 재무적으로 중요한 것인가에 대한 평가는 재무제표이용자의 특성에 대한 이해를 필요로 한다. 그러므로 이러한 특성이 있는 재무제표이용자의 경제적 의사결정에 미칠 것으로 기대되는 영향을 고려하여 누락 또는 왜곡표시의 중요성을 평가하여야 한다. 본 기준서에서는 중요한 오류(material error)에 대하여 소급법을 적용하도록 하고 있다.

[17] 전기오류수정손익이란 무엇인가? 그리고 당기일괄처리법과 소급법하에서 전기오류수정손익이 각각 어떻게 보고되는지 설명하라.

전기오류수정손익은 전기 이전에 발생한 사유로 인해 전기 이전에 작성한 재무제표에 발생한 오류를 당기에 발견하여 이를 수정함으로써 발생하는 손익금액을 말한다. 당기일괄법에서는 전기오류수정손익을 당기의 포괄손익계산서에 보고하나, 소급법에서는 전기이월이익잉여금에 반영함으로써 전기조정항목으로 취급한다. 또 소급법에서는 비교재무제표를 작성하는 경우 회계오류의 영향을 받는 과거회계기간의 재무제표를 재작성한다.

[18] 차기자동수정오류와 비차기자동수정오류를 구분하여 설명하라.

차기자동수정오류는 연속된 두 회계기간에 걸쳐 자동적으로 수정되는 오류를 가리킨다. 즉, 올해 발생한 차기자동수정오류는 시간이 경과하여 내년에 장부가 마감되면 저절로 시정된다. 반면, 연속된 두 회계기간에 걸쳐 자동적으로 수정되지 않는 오류는 비차기자동수정오류이다.

[19] 차기자동수정오류가 장부마감 후에 발견되면 별도의 회계처리가 필요 없는 이유는 무엇인가?

전기의 오류로 인해 당기의 이익잉여금이 과대 또는 과소계상되지만, 이것이 차기자동수정오류라면 장부마감 후에는 전기의 오류를 자동적으로 수정해 주는 또 다른 오류가 당기에 발생하여 결과적으로 이익잉여금이 저절로 수정되는 효과가 발생하기 때문이다.

[20] 비차기자동수정오류를 장부마감 전에 발견한 경우와 장부마감 후에 발견한 경우 회계처리가 어떻게 다른지 설명하라.

비차기자동수정오류를 발견한 경우, 장부마감 전이라면 전기오류수정손익 뿐만 아니라 오류가 발견된 연도에 해당하는 비용이나 수익도 수정해야 하나, 장부마감 후에는 오류발견연도에 대한 비용이나 수익은 수정할 수 없으므로 이를 전기오류수정손익에 추가로 반영하여 처리한다는 점에서 차이가 난다.

[21] 회계변경과 오류수정에 관한 회계절차에 있어서 우리나라 회계기준과 미국회계기준이 어떻게 다른지 설명하라.

회계추정의 변경은 우리나라와 미국 회계기준 모두 전진법을 적용한다. 그러나 회계정책의 변경의 경우 우리나라 회계기준은 소급법을 적용하나, 미국회계기준은 일부 회계원칙의 변경에 대해서만 소급법을 적용하고, 원칙적으로는 당기일괄처리법을 적용한다. 다만, 회계정책변경누적효과를 합리적으로 계산하는 것이 불가능한 경우에는 우리나라는 새로운 회계정책을 실무적으로 적용할 수 있는 가장 이른 기간의 기초부터 전진적으로 적용하나, 미국은 변경연도부터 전진법을 적용한다. 한편, 회계오류에 대해서 두 나라 모두 일괄적으로 소급법을 적용하도록 규정하고 있다.

연습문제

[1] 회계변경의 유형

(1) a　　(2) a
(3) d　　(4) c
(5) c　　(6) d
(7) d
(8) d(정당한 회계변경이 아니므로 외부감사인이 승인하지 않을 것임)
(9) a　　(10) a

[2] 회계정책의 변경

(1)

	20×2	20×3	20×4	계
순이익의 차이	₩5,500	₩3,300	₩4,400	₩13,200

회사가 선입선출법을 20×2년부터 사용하였다면, 과거 3년간 순이익은 누적적으로 ₩13,200만큼 더 컸을 것임. 소급법에서 이 회계변경누적효과는 전기이월이익잉여금에 반영함.

회계변경을 위한 분개

(차) 재고자산　13,200　(대) 이익잉여금　13,200

재고자산을 차기한 이유는 선입선출법을 사용하였을 경우 회사의 20×5년 기초재고원가가 ₩13,200만큼 더 높았을 것이기 때문임.

(2) 소급법하에서의 비교재무제표는 새로운 회계방법인 선입선출법을 과거연도로 소급적용하여 재작성함. 예제에서 주어진 포괄손익계산서 정보는 순이익뿐이므로 20×5년도 비교포괄손익계산서는 다음과 같음.

20×5년 비교포괄손익계산서

	20×5	20×4	20×3	20×2
당기순이익	₩84,700	₩81,400	₩78,100	₩73,700

[3] 회계추정의 변경

(주)변심이 20×5년말까지 4년간 정액법으로 상각한 결과는 다음과 같다.

20×5년 대차대조표 (부분)

	20×5
트　　럭	₩76,000
감가상각누적액	27,200
장부가액	₩48,800

(1) 감가상각방법의 변경은 회계추정의 변경에 해당하므로 전진법을 적용한다.

(차) 감가상각비	11,657	(대) 감가상각누계액	11,657

(48,800 − 8,000) × [6/(1 + 2 + 3 + 4 + 5 + 6)] = 11,657

(2) 회계추정의 변경에 해당하므로 전진법을 적용한다.

(차) 감가상각비	4,680	(대) 감가상각누계액	4,680

(48,800 − 2,000)/(6 + 4) = 4,680

(3) 잔존가액의 감소는 감가상각비를 상승시키며, 내용연수의 증가는 감가상각비를 증가시킨다. 이들을 종합하면, 당초 감가상각비는 ₩6,800이나 ₩4,680으로 감소하여 당기순이익을 ₩2,120 증가시킨다.

[4] 오류 수정

(1) ① 20×2년 : 순이익, 자산, 이익잉여금(혹은 자본)이 ₩69,200만큼 과소평가됨.
② 20×3년 : 순이익이 ₩6,800만큼 과대평가됨. 자산과 이익잉여금(혹은 자본)이 ₩62,400만큼 과소평가됨.
③ 20×4년 : 순이익이 ₩6,800만큼 과대평가됨. 자산과 이익잉여금(혹은 자본)이 ₩55,600만큼 과소평가됨.

(2) ① 오류수정을 위한 분개

(차) 설비자산(트럭)	76,000	(대) 감가상각누계액	20,400
		이익잉여금	55,600

② 회계연도 말 감가상각 인식을 위한 분개

(차) 감가상각비	6,800	(차) 감가상각누계액	6,800

[5] 오류 수정

(1)

	20×5	20×6	20×7
순이익(수정 전)	₩65,000	₩66,000	₩62,000
20×5 기말재고의 과대계상	(6,000)	6,000	
20×6 기말재고의 과대계상		(8,000)	8,000
20×7 기말재고의 과대계상			(4,000)
20×5 미지급이자의 과소계상	(800)	800	
20×6 미지급이자의 과소계상		(1,500)	1,500
20×7 미지급이자의 과소계상			(900)
감가상각비의 과소계상	(2,800)	(2,500)	(2,200)
순이익(수정 후)	₩55,400	₩60,800	₩64,400

(2) 오류수정을 위한 분개 (소급법) : 20×7년도 장부가 마감된 20×8년도에 발견한 경우

(차) 이익잉여금	7,500	(대) 감가상각누계액	7,500

<참고> 만일 20×7년도 장부가 마감되지 않았다면 다음과 같은 분개가 되어야 한다.

(차) 이익잉여금	10,200	(대) 감가상각누계액	7,500
감가상각비	2,200	미지급이자	900
		재고자산	4,000

[6] 차기자동수정오류

(1) 연도별 정확한 순이익을 계산하여 보면 다음과 같다.

연 도	20×1	20×2	20×3
당초 보고된 순이익	₩76,200	₩69,500	₩73,100
당초 보고된 기말재고	3,200	6,000	5,100
정확한 기말재고	4,000	4,500	6,500
전기말 재고 차이영향 조정	₩0	₩(800)	₩1,500
당기말 재고 차이영향 조정	800	(1,500)	1,400
정확한 순이익	₩77,000	₩67,200	₩76,000
순이익 차이 조정액	₩800	₩(2,300)	₩2,900

(2) 소급법에서는 20×1년도 오류는 20×3년도에 영향을 미치지 않는다. 오류수정을 위한 기초재고 수정분개는 다음과 같다.

(차) 이익잉여금	1,500	(대) 재고자산	1,500

장부 마감 전이므로 20×3년 기말재고 오류에 대한 수정이 다음과 같이 이루어진다.

(차) 재고자산	1,400	(대) 매출원가	1,400

제25장 현금흐름표

익힘문제

[1] 현금흐름표에서 현금의 의미는 무엇인가?

현금흐름표가 의미하는 현금은 재무상태표상의 현금및현금성자산이다. 현금성자산이란 큰 거래비용 없이 현금으로 전환이 용이하고 이자율변동에 따른 가치변동의 위험이 중요하지 않은 채무증권과 단기금융상품으로서 취득 당시 만기 또는 상환일이 3개월 이내인 것을 말한다.

[2] 영업활동, 투자활동 및 재무활동으로 인한 현금흐름의 예를 각각 들어보라.

영업활동현금유입으로는 제품, 상품 또는 용역의 판매대가로 받은 현금과 이자 또는 배당금으로 받은 현금 등이 있고, 영업활동현금유출로는 원재료, 상품, 용역의 구입을 위해 지출한 현금, 종업원급여로 지급한 현금, 법인세로 납부한 현금, 이자로 지급한 현금 등이 있다.
투자활동현금유입의 예로는 금융상품의 처분, 당기손익인식금융자산의 처분, 투자자산 및 유·무형자산의 처분대가로 받은 현금과 대여금의 회수에 따라 받은 현금이 있다. 투자활동현금유출로는 대여금으로 지출된 현금을 비롯하여 금융상품의 취득, 당기손익인식금융자산의 취득, 투자자산과 유·무형자산을 취득하기 위해 지불된 현금이 있다.
재무활동현금유입의 예로는 단기자금의 차입, 어음 및 채권의 발행, 주식의 발행을 통해 조달된 현금이 있고, 재무활동현금유출로는 사채의 상환, 유상감자, 자기주식의 취득, 차입금의 상환 등으로 주주나 채권자에게 지불된 현금이 있다.

[3] 영업활동, 투자활동 및 재무활동이 영향을 미치는 재무상태표계정을 각각 설명하라.

영업활동은 주로 유동자산과 유동부채계정에 영향을 미치고, 투자활동은 주로 비유동자산계정에 영향을 미친다. 재무활동은 단기차입금과 미지급배당금 등의 유동부채에 영향을 주기도 하지만, 대부분 비유동부채와 자본계정에 영향을 미친다.

[4] 직접법과 간접법의 차이 및 장·단점을 설명하라.

간접법은 단순히 영업활동으로 인한 순현금흐름만을 보고하지만, 직접법은 영업활동으로 인한 현금유입액과 현금유출액을 원천별(즉, 매출, 매입, 법인세 등)로 구분하여 보고하므로, 영업을 통한 미래현금창출능력에 관하여 더 상세한 정보를 제공해 준다. 그러나 발생주의에 근거한 회계정보시스템은 현금유입과 유출에 관한 정보를 원천별로 기록하지 않기 때문에, 이에 관한 정보를 창출하기 위해서는 상당한 회계정보처리비용이 소요되는 단점이 있다. 또 직접법은 영업에 관해 지나치게 상세한 정보를 공개하고, 이러한 정보가 경쟁회사들에 의해 전략적으로 이용당함으로써 해당 회사의 경쟁력을 약화시킬 수도 있다. 반면, 간접법은 발생주의에 근거한 당기순이익과 영업활동으로 인한 현금흐름 간의 차이를 조정하는 데 초점을 맞추므로, 현금흐름표와 발생주의에 근거한 재무제표(재무상태표와 포괄손익계산서) 간에 연결고리를 제공함으로써 재무제표의 종합적인 이해를 증진시켜 준다. 또 간접법은 현금흐름표를 작성할 때 회계정보시스템에서 처리된 재무정보를 그대로 이용할 수 있으므로 직접법에 비해 정보처리비용이 적게 든다. 그러나 간접법은 사실상 포괄손익계산서정보를 발생주의가 아닌 현금주의에 입각하여 재작성하는 것이므로, 회계정보이용자들에게 발생주의보다는 현금주의가 더 유용하다는 잘못된 인식을 심어줄 우려가 있다.

[5] 간접법에서 당기순이익에 가산하거나 차감할 항목들을 개념적으로 열거하고 각 항목을 설명하라.

간접법에서 당기순이익에 가산해 주는 첫 번째 항목으로는 '현금유출이 없는 비용(non-cash expenses)'이다. 현금유출이 없는 비용의 대표적인 예는 감가상각비이다. 감가상각비는 비용으로 인식되어 당기순이익을 감소시키지만 현금의 감소를 초래하지는 않는다. 이와 같이 현금유출이 없는 비용을 가산해 주는 이유는 비용의 인식으로 당기순이익은 감소하지만, 그에 상응하는 현금의 감소는 일어나지 않기 때문이다. 따라서 그 금액만큼을 더해 주어야 당기순이익을 실제 현금흐름과 일치시킬 수 있다. 이와 반대로 당기순이익에서 차감해야 할 항목으로는 '현금유입이 없는 수익(non-cash revenues)'이다. 현금유입이 없는 수익의 대표적인 예는 유가증권평가이이익이다.

두 번째 항목은 재고자산과 영업활동에 관련된 채권 · 채무의 변동이다. 예를 들어, 매출채권 증가액은 매출은 하였으나 현금수입은 없었으므로 차감하여야 하며, 반대로 매입채무 증가액은 매입은 하였으나 현금을 지급하지 않았으므로 가산하여 준다.

세 번째로 투자활동 또는 재무활동 현금흐름으로 분류되는 기타 모든 항목들도 조정하는데, 이자수입 및 지출, 배당금수입, 자산 처분손익, 부채 상환손익 등이 있다.

[6] 현금흐름표의 주석이나 주기로 보고해야 하는 사항에는 어떤 것이 있는가?

투자활동이나 재무활동과 연관된 중요한 거래지만 현금의 유입이나 유출을 수반하지 않는 거래가 대표적인 현금흐름표 주석사항이다. 당기손익인식금융자산 등의 비현금자산을 대가로 하는 자산의 취득, 전환사채의 전환, 유형자산의 연불구입, 금융리스에 의한 자산의 취득, 기부에 의한 비현금자산의 취득 등이 그러한 예가 된다. 또한 영업활동으로 인한 현금흐름을 직접법으로 계산하는 경우 당기순이익 및 당기순이익에 가감할 항목들을 주석사항으로 보고한다. 한편, 영업활동으로 인한 현금흐름을 간접법으로 표시하는 경우의 이자 및 배당금수령액, 이자지급액 및 법인세납부액은 영업활동현금흐름에 대한 주기사항이다.

[7] 감가상각누계액계정을 분석하여 감가상각비를 계산할 수 있는 방법을 설명하라.

감가상각비는 감가상각누계액계정의 기말잔고에서 기초잔고를 차감한 후 회계기간 중에 처분한 자산의 감가상각누계액을 더하여 구한다.

[8] 간접법에서 선급비용계정의 잔고가 증가하면 그 증가액을 당기순이익에서 차감하는 이유는 무엇인가?

선급임차료나 선급보험료와 같은 선급비용계정의 변동은 비용의 인식과 현금의 선급이라는 두 가지 상반된 거래로 말미암아 생긴다. 이때 선급비용계정의 잔고가 증가하였다면, 이는 현금으로 선급한 보험료나 임차료가 당기에 인식한 보험료비용 또는 임차료비용보다 컸기 때문이다. 즉, 선급비용계정의 증가액은 인식한 비용을 초과하여 지급한 현금이므로 '비용이 아닌 현금유출'이다. 따라서 이를 당기순이익에서 차감한다.

[9] 간접법에서 매출채권계정의 잔고가 감소하면 그 감소액을 당기순이익에 가산하는 이유는 무엇인가?

매출채권계정의 잔고감소는 매출채권의 회수로 인한 현금유입이 수익으로 인식한 외상매출액을 초과할 때 발생한다. 이러한 초과 매출채권 회수액은 개념적으로 '수익이 아닌 현금유입'이므로 당기순이익에 가산한다.

[10] 간접법에서 선수수익계정의 잔고가 증가하면 그 증가액을 당기순이익에 가산하는 이유는 무엇인가?

선수수익계정의 잔고증가는 고객으로부터 받은 선수대금액이 고객에게 인도한 재화 및 용역의 가치를 초과하여 발생한다. 즉, 선수수익계정의 잔고증가는 현금유입액이 수익으로 인식한 금액을 초과한 부분이다. 이는 '수익이 아닌 현금유입'을 의미하므로 당기순이익에 가산한다.

[11] 간접법에서 당기순이익을 조정할 때 유동계정에 대한 일정한 규칙이 있다. 이를 설명하라.

선급비용이나 재고자산과 같은 유동자산계정이 감소하거나, 선수수익 또는 매입채무와 같은 유동부채계정이 증가하면 이를 당기순이익에 가산한다. 반대로 유동자산계정의 증가와 유동부채계정의 감소는 당기순이익에서 차감한다.

[12] 일반적으로 간접법에서는 유동계정의 증감에 대해 당기순이익을 조정해 준다. 유동계정이면서도 그 변동을 당기순이익에 가산하거나 차감해서는 안 되는 계정의 예를 들어보라.

대부분의 유동자산과 유동부채가 영업활동과 연관이 있지만, 일부 유동자산이나 유동부채계정은 투자활동이나 재무활동과 연관되므로 그 변동에 대해서는 당기순이익을 조정하지 않는다. 일례로, 단기대여금, 단기금융상품(현금성자산으로 분류되지 않은), 또는 유동자산으로 분류된 매도가능금융자산 등은 유동자산이지만 투자활동과 연관이 있고, 단기차입금이나 미지급배당금은 유동부채이지만 재무활동과 상관이 있다. 따라서 영업활동과 상관이 없는 이러한 유동계정들의 변동은 비유동자산, 비유동부채 및 자본계정의 변동처럼 투자활동 또는 재무활동으로 인한 현금흐름에 반영한다.

[13] 현금흐름표를 작성하기 위해 재무상태표의 모든 계정의 변동을 빠짐없이 분석해야 하는 이유는 무엇인가?

회계등식에 의하면 자산의 변동은 부채의 변동과 자본의 변동을 합한 것과 같다. 또 자산은 현금과 비현금자산으로 나누어 볼 수 있으므로 회계등식은 '△현금 = △부채 + △자본 − △비현금자산'으로 나타낼 수 있다. 이 식은 현금의 변동이 현금을 제외한 모든 재무상태표 계정의 변동과 연관이 있음을 보여준다. 즉, 부채의 증가와 자본의 증가는 현금의 증가를 초래하고, 비현금자산의 증가는 현금을 감소시킨다. 반면, 부채의 감소와 자본의 감소는 현금을 감소시키지만, 비현금자산의 감소는 현금을 증가시킨다. 다시 말해, 현금의 변동은 부채, 자본, 그리고 비현금자산 등 현금을 제외한 재무상태표상의 모든 계정의 변동으로 설명될 수 있다.

[14] 간접법에서 사채할인(또는 할증)발행차금의 상각에 대해서는 어떠한 조정이 필요한지 설명하라.

사채가 할인발행되면 해당 할인발행차금의 상각액은 현금이자와 함께 이자비용으로 인식한다. 따라서 이자비용은 이자지급으로 인한 현금유출보다 사채할인발행차금상각액만큼 더 크다. 이는 사채할인발행차금상각액이 '현금유출이 없는 비용'임을 의미하므로, 이를 당기순이익에 가산한다. 반대로 사채가 할증발행된 경우의 이자비용은 현금이자에서 사채할증발행차금의 상각액을 차감한 것이다. 따라서 사채할증발행차금상각액은 '비용이 아닌 현금유출'이 되어 당기순이익에서 차감한다.

[15] 간접법에서 지분법적용투자주식에 대해서는 어떠한 조정이 필요한지 설명하라.

피투자회사의 지분을 취득하기 위해 지불한 현금은 투자활동으로 인한 현금유출로 보고하고, 피투자회사로부터 받은 현금배당액은 투자활동으로 인한 현금유입으로 보고한다. 또한, 영업활동으로 인한 현금흐름을 계산할 때 지분법이익은 당기순이익에서 차감하고, 지분법손실은 가산한다.

[16] 현금흐름표를 작성할 때 법인세 납부액에 대해서는 어떠한 가정을 하는가?

회사가 납부하는 법인세는 대부분이 영업이익에 대한 세금이지만 일부 법인세는 영업활동과 관련이 없을 수도 있다. 일례로, 회사가 비유동자산을 처분하여 차익이나 차손이 발생하였다면 이에 대한 법인세효과는 투자활동과 연관된다. 그럼에도 이와 같은 법인세의 발생원천별 배분은 실무적으로 매우 번거롭고, 또 그렇게 번거로운 회계절차를 거쳐 생산한 정보의 효용(benefits)도 추가적 정보처리비용(costs)을 정당화해 줄만큼 크지 않다. 따라서 법인세 지급과 환급은 일괄적으로 영업활동현금흐름으로 분류한다. 그러나 예외적으로, 거래별로 관련법인세현금흐름을 별도로 직접 확인할 수 있다면 그 법인세현금흐름은 투자활동 또는 재무활동으로 분류할 수 있다. 일례로 특정유형자산의 처분이익에 대해 법인세 이외에 특별부가세가 부과되어 현금유출이 직접 발생하였다면 이를 투자활동현금흐름으로 분류한다.

연습문제

[1] 당기순이익의 조정

(1) 비용이 아닌 현금유출
(2) 현금유출이 없는 비용
(3) 비용이 아닌 현금유출
(4) 현금유출이 없는 비용
(5) 현금유출이 없는 비용
(6) 수익이 아닌 현금유입
(7) 현금유입이 없는 수익
(8) 현금유출이 없는 비용
(9) 현금유출이 없는 비용
(10) 현금유출이 없는 비용
(11) 현금유입이 없는 수익

[2] 당기순이익의 조정

(1) 당기순이익에 가산
(2) 당기순이익 조정항목이 아님 : 지분법적용 피투자회사로부터 수령한 배당은 투자원금의 회수로 간주하므로 투자활동으로 인한 현금유입임. 따라서 영업활동현금흐름의 계산과는 무관함.
(3) 당기순이익 조정항목이 아님 : 매도가능금융자산평가손익은 기타포괄손익항목으로서 당기순이익에 포함되지 않으므로 조정대상이 아님.
(4) 당기순이익에 가산 : 단기매매증권의 거래는 투자활동이 아니라 영업활동으로 간주됨에도 불구하고 처분손실은 당기순이익에 가산하고 처분이익은 차감함. 이는 단기매매증권처분손익이 비현금항목으로서 당기순이익에 포함되어 있기 때문임. 단기매매증권처분손익을 당기순이익에 가산 또는 차감한 후 해당 처분대가는 반드시 당기순이익에 가산해 주어야 하는데, 이는 단기매매증권의 거래가 영업활동이기 때문임.
(5) 당기순이익 조정항목이 아님 : 중요한 전기오류수정손실은 기초이익잉여금에 반영되는 항목으로서 당기순이익에 포함되지 않으므로 조정대상이 아님.
(6) 당기순이익에 가산
(7) 당기순이익에서 차감

[3] 영업활동으로 인한 현금흐름(직접법)

영업활동으로 인한 현금흐름 :		₩237,000
영업활동으로 인한 현금유입액		
매출처로부터의 현금유입액 : ₩350,000 + ₩1,230,000	₩1,580,000	
영업활동으로 인한 현금유출액		
매입처에 대한 현금유출 : ₩740,000 + ₩215,000	(955,000)	
종업원에 대한 현금유출	(450,000)	
영업활동에서 창출된 현금	₩175,000	
이자 등에 따른 현금흐름		
이자의 수령	285,000	
배당의 수령	132,000	
이자 등 금융비용의 지급 : ₩500,000×8%	(40,000)	
법인세 등에 따른 현금흐름		
법인세의 납부	(315,000)	

[4] 영업활동으로 인한 현금흐름(직접법)

영업활동으로 인한 현금흐름 :		₩(1,754,700)
영업활동으로 인한 현금유입액		
매출처로부터의 현금유입액 : ₩1,740,000 + ₩4,635,000 + ₩719,000	₩7,094,000	
단기매매증권의 처분	563,000	
영업활동으로 인한 현금유출액		
매입처에 대한 현금유출 : ₩1,734,000 + ₩3,553,000	(5,287,000)	
종업원에 대한 현금유출	(1,735,000)	
보험료 현금유출	(432,500)	
단기매매증권의 취득	(1,917,000)	
영업활동에서 창출된 현금	₩1,714,500	
이자 등에 따른 현금흐름		
이자의 수령	732,000	
배당의 수령	98,300	
이자 등 금융비용의 지급 : ₩2,500,000×7%×(6/12)	(87,500)	
법인세 등에 따른 현금흐름		
법인세의 납부	(783,000)	

[5] 현금흐름표(간접법)

(1) ① 건물의 감가상각비 :

매각한 건물의 취득원가 = ₩145,000
매각한 건물의 장부금액 = 90,000
매각한 건물의 감가상각누계액 = ₩55,000

건물의 감가상각비＝감가상각누계액의 증가＋매각한 건물의 감가상각누계액
＝₩8,000＋₩55,000＝₩63,000

② 설비자산의 감가상각비＝(설비자산 감가상각누계액의 감소)＋처분한 설비자산의 감가상각누계액
＝(₩3,000)＋₩5,600＝₩2,600

③ 20×7년 총감가상각비＝₩63,000＋₩2,600＝₩65,600

(2) ① 20×7년에 취득한 건물의 취득원가 :
건물계정잔고의 증가액＝신규취득한 건물의 취득원가－매각한 건물의 취득원가
₩150,000＝신규취득한 건물의 취득원가－₩145,000
신규취득한 건물의 취득원가＝₩295,000

② 20×7년에 매입한 토지의 취득원가 :
₩75,000(토지계정 잔고의 증가)＝신규취득－₩5,000(매각)－₩60,000(수용된 토지)
신규매입한 토지의 취득원가＝₩140,000

(3) ① 건물과 토지 : ₩125,000(처분금액)－₩95,000(장부금액)＝₩30,000(처분이익)
② 투자주식 : ₩55,000(처분금액)－₩36,000(장부금액)＝₩19,000(처분이익)

(4) 현금수령액＝₩60,000(장부금액)－₩27,000(영업외비용)＝₩33,000

(5) 20×7년 12월 31일 현재 유통주식수＝21,900주
6월 15일 발행주식수＝3,000
5% 주식배당 후의 유통주식수＝18,900주
5% 주식배당 전의 유통주식수＝18,900주÷1.05＝18,000주 ; 따라서 주식배당으로 900주가 발행되었다.

(6) 900주×₩10(액면금액)＝₩9,000

(7) ₩13,000(이익잉여금의 증가)＝₩53,000(당기순이익)－₩9,000(주식배당)－현금배당액
따라서 현금배당액＝₩31,000

(8) 20×7년에 발행한 사채의 할증발행차금＝2%×₩200,000＝₩4,000
(사채할증발행차금의 감소)＝(₩3,000)＝₩4,000(신규 할증발행차금)－상각액
따라서 사채할증발행차금상각액＝₩7,000

(9)

현금흐름표

20×7년 1월 1일부터 20×7년 12월 31일까지

회사명 : (주)이화 (단위 : 원)

과 목	제×(당)기	
I. 영업활동으로 인한 현금흐름		₩27,000
법인세비용차감전순이익(당기순이익)	53,000	
가감 :		
감가상각비	65,600	
토지수용으로 인한 손실	27,000	
순매출채권의 감소	19,500[1)]	
미지급비용의 증가	18,000	
재고자산의 증가	(59,300)	
선급비용의 증가	(5,000)	
매입채무의 감소	(35,800)	
사채할증발행차금의 상각	(7,000)	
건물 및 토지 처분이익	(30,000)	
투자주식 처분이익	(19,000)	
II. 투자활동으로 인한 현금흐름		₩(222,000)
투자활동으로 인한 현금유입액		
투자주식의 처분	55,000	
건물과 토지의 일괄처분	125,000	
토지의 강제수용	33,000	
투자활동으로 인한 현금유출액		
건물의 취득	(295,000)	
토지의 취득	(140,000)	
III. 재무활동으로 인한 현금흐름		₩233,000
재무활동으로 인한 현금유입액		
보통주식의 발행	60,000[2)]	
사채발행	204,000[3)]	
재무활동으로 인한 현금유출액		
배당금지급[4)]	(31,000)	
IV. 현금의 증가(I+II+III)		₩38,000

주 : 1) 순매출채권의 감소=매출채권의 감소+대손충당금의 증가=₩16,000+₩3,500=₩19,500

2) 보통주식의 발행=3,000주×₩20=₩60,000
이 가운데 ₩30,000은 보통주계정으로, 나머지 ₩30,000은 자본잉여금 계정으로 배분됨.

3) 사채발행=액면×102%=₩200,000×102%=₩204,000

4) 배당금의 지급은 재무활동 또는 영업활동의 분류를 기업이 선택하고 매 기간 일관성 있게 각 현금흐름을 분류하면 된다. 본 문제에서는 재무활동으로 분류하였다.

[6] 현금흐름표(직접법/간접법)

(1) 매출채권의 증가=매출−매출채권의 회수−대손

₩34,000−₩29,000=₩704,000−매출채권의 회수−대손 (식 ①)

대손충당금의 증가 = 대손상각비 − 대손
₩4,000 − ₩2,400 = ₩2,000 − 대손 (식 ②)
식 ②에서, 대손 = ₩400
식 ①로부터 매출채권의 회수 = ₩698,600

(2) 재고자산의 감소 = 매출원가 − 매입
₩25,400 − ₩21,000 = ₩368,000 − 매입 (식 ①)
매입채무의 감소 = 매입에 대한 현금지급액 − 매입
₩11,200 − ₩7,000 = 현금지급액 − 매입 (식 ②)
식 ①에서 식 ②를 차감하면, ₩200 = ₩368,000 − 매입에 대한 현금지급액
따라서 매입에 대한 현금지급액 = ₩367,800

(3) 선급보험료의 증가 = 현금으로 선급한 보험료 − 보험료비용
₩5,600 − ₩4,000 = 현금으로 선급한 보험료 − ₩2,400
따라서 현금으로 선급한 보험료 = ₩4,000

(4) 현금이자 = 미지급이자의 기초잔고 + 이자비용 − 미지급이자의 기말잔고
= ₩2,000 + ₩2,800 − ₩1,000 = ₩3,800

(5) 이연법인세가 없으므로 미지급법인세의 증가 = 법인세비용 − 현금납세액
₩12,000 − ₩8,000 = ₩37,600 − 현금납세액
현금납세액 = ₩33,600

(6) 급여 = 판매관리비 − 감가상각비 − 대손상각비 − 보험료비용
= ₩184,200 − ₩7,000 − ₩2,000 − ₩2,400 = ₩172,800
▸참고: 미지급급여계정이 없으므로 비용으로 인식한 급여 전액을 현금으로 지급하였음.

(7)

영업활동으로 인한 현금흐름:		₩116,600
영업활동으로 인한 현금유입액		
매출처로부터의 현금유입	₩698,600	
영업활동으로 인한 현금유출액		
매입처에 대한 현금유출	(367,800)	
종업원에 대한 현금유출	(172,800)	
보험료 현금유출	(4,000)	
영업활동에서 창출된 현금	₩154,000	
이자 등에 따른 현금흐름		
이자 등 금융비용의 지급	(3,800)	
법인세 등에 따른 현금흐름		
법인세의 납부	(33,600)	

(8)

포괄손익계산서

매 출	₩704,000
매출원가	368,000
매출총이익	₩336,000
판매비와관리비	(184,200)
영업이익	₩151,800
영업외항목	
당기손익인식금융자산처분이익	2,000
이자비용	(2,800)
설비자산처분손실	(1,000)
법인세비용차감전순이익	₩150,000
법인세비용	(37,600)
당기순이익	₩112,400

(9)

현금흐름표

20×7년 1월 1일부터 20×7년 12월 31일까지

회사명 : (주)만나 (단위 : 원)

과 목	제×(당)기	
I. 영업활동으로 인한 현금흐름		₩116,600
법인세비용차감전순이익	₩150,000	
가감 :		
감가상각비	7,000	
재고자산의 감소	4,400	
설비자산처분손실	1,000	
순매출채권의 증가	(3,400)	
선급보험료의 증가	(1,600)	
매입채무의 감소	(4,200)	
투자주식처분이익	(2,000)	
이자비용	2,800	
영업에서 창출된 현금	154,000	
이자지급액	(3,800)	
법인세납부액	(33,600)	
II. 투자활동으로 인한 현금흐름		₩3,800
투자활동으로 인한 현금유입액		
투자주식의 처분	₩12,800[1]	
설비자산의 처분	3,000	
투자활동으로 인한 현금유출액		
설비자산의 취득	(12,000)[2]	
III. 재무활동으로 인한 현금흐름		₩(2,000)
재무활동으로 인한 현금유입액		
자기주식의 처분	₩6,000[3]	
재무활동으로 인한 현금유출액		
장기차입금의 상환	(8,000)[4]	
IV. 현금의 증가		₩118,400
기초의 현금		58,000
기말의 현금		₩176,400

주: 1) 투자주식이 ₩10,800 감소한 것은 처분으로 인한 것이며, 처분이익이 ₩2,000이므로 처분에 따른 현금 유입액은 ₩12,800임.

2) 설비자산은 ₩14,000이 증가하였는데, 기중에 취득원가가 ₩10,000인 설비자산을 처분한 사실을 감안하면 20×7년도에 신규로 취득한 설비자산이 ₩24,000임을 알 수 있음. 그러나 추가정보 ⑤를 보면, 이 ₩24,000 가운데 ₩12,000만 현금으로 지급하였고, 나머지 ₩1,000은 주식의 발행으로 지급하였다. 따라서 현금흐름표에는 현금으로 지급한 ₩12,000만 보고함. 한편, 재무상태표를 보면 나머지 ₩12,000이 자본금에 ₩10,000(액면금액), 그리고 자본잉여금에 ₩2,000(주식발행초과금)이 배분되었음을 알 수 있음. 설비자산의 구입을 위해 발행한 주식은 현금유출입이 없는 중요한 거래로서 현금흐름표의 주석으로 보고함.

3) 자기주식의 재발행으로 잔고가 ₩10,000이 감소하였으므로 재발행한 자기주식의 취득원가가 ₩10,000임을 알 수 있음. 그러나 재발행가격이 이보다 ₩4,000 낮으므로 현금유입액은 ₩6,000임. 한편, 차액인 ₩4,000은 자기주식처분손실로서 기말에 이익잉여금과 상계처리함. 그러나 재무상태표상의 이익잉여금은 장부마감 전 금액이므로 자기주식처분손실에 반영되어 있지 않음. 반면, 추가정보 ②에 의하면 이 금액이 자본잉여금에 포함되어 있음을 유추할 수 있음.

4) 장기차입금이 ₩8,000 감소하였으므로 그 금액만큼의 장기차입금을 상환한 것으로 유추할 수 있음.

※ 참고로 종전에 당기순이익에서 조정하던 방식으로 작성하면 다음과 같다.

I. 영업활동으로 인한 현금흐름		₩116,600
당기순이익	₩112,400	
당기순이익조정항목		
감가상각비	7,000	
재고자산의 감소	4,400	
미지급법인세의 증가	4,000	
설비자산처분손실	1,000	
순매출채권의 증가	(3,400)	
선급보험료의 증가	(1,600)	
매입채무의 감소	(4,200)	
미지급이자의 감소	(1,000)	
투자주식처분이익	(2,000)	

[7] 현금흐름표(간접법)

추가정보의 분석

(1)	(차) 감가상각누계액	5,000	(대) 설비자산	50,000
	현　　금	60,000	유형자산처분이익	15,000
(2)	(차) 지분법적용투자주식	115,000	(대) 지분법이익	115,000
	현　　금	40,000	지분법적용투자주식	40,000
(3)	(차) 매도가능금융자산	35,000	(대) 현　　금	35,000
(4)	(차) 현　　금	20,000	(대) 자기주식	20,000

(5) 감가상각비의 계산

건물 감가상각비 = 기말잔액 ₩400,000 − 기초잔액 ₩360,000 = ₩40,000

설비 감가상각비 = 기말잔액 ₩155,000 + 당기처분 분 ₩5,000 − 기초잔액 ₩135,000 = ₩25,000

현금흐름표

20×7년 1월 1일부터 20×7년 12월 31일까지

회사명 : (주)번성 (단위 : 원)

과 목	제×(당)기	
I. 영업활동으로 인한 현금흐름		₩161,000
법인세비용차감전순이익	₩428,533	
가감 :		
감가상각비	65,000	
무형자산상각비	2,000	
사채할인발행차금의 상각[1)]	13,880	
선급임차료의 감소	9,000	
매입채무의 증가	25,000	
미지급급여의 증가	7,000	
유형자산처분이익	(15,000)	
지분법이익	(115,000)	
매출채권의 증가	(34,000)	
상품(재고자산)의 증가	(50,000)	
배당금 수익	(15,000)	
이자비용[1)]	85,000	
영업에서창출된 현금	406,413	
이자지급액[1)]	(85,000)	
법인세납부액	(160,413)	
II. 투자활동으로 인한 현금흐름		₩(85,000)
투자활동으로 인한 현금유입액		
설비자산의 처분	₩60,000	
배당금 수익	15,000	
지분법적용피투자회사의 배당금수령	40,000	
투자활동으로 인한 현금유출액		
매도가능금융자산의 취득	(35,000)	
토지의 취득	(165,000)	
III. 재무활동으로 인한 현금흐름		₩(60,000)
재무활동으로 인한 현금유입액		
주식의 발행	₩135,000	
자기주식의 처분	20,000	
재무활동으로 인한 현금유출액		
장기차입금의 상환	(5,000)	
배당금지급	(210,000)	
IV. 현금의 증가		₩16,000
기초의 현금		30,000
기말의 현금		₩46,000

주 : 1) 포괄손익계산서상 이자비용 ₩98,880에는 사채할인발행차금상각액 ₩2,13,880 이 포함되어 있으므로 순수한 이자지급액은 ₩85,000이 된다.

저자소개

▌정운오(鄭雲午)

서울대학교 사회과학대학 졸업(경제학 학사)
Cornell University 경영대학원 졸업(경영학 석사)
UCLA 경영대학원 졸업(경영학 박사)
University of Illinois, Urbana-Champaign 회계학과 교수
한양대학교 상경대학 교수
서울대학교 경영대학 교수
홍콩 이공대학/중국 상해교통대학 초빙교수
State University of New York, Korea 석좌교수
한국회계기준위원회(KASB) 비상임위원
한국회계학회 삼일 저명교수(연구분야)
한국세무학회장
한국회계기준원 이사회 의장
(현) 서울대학교 경영대학 명예교수

〈주요 저술〉

- "Controlling Shareholders' Tax Incentives and Related Party Transactions"(*Pacific-Basin Finance Journal*, 2019), 공저
- "Income Shifting by NOL Firms When Loss Carry-Forward Period is Extended"(회계학연구, 2019), 공저
- "Earnings Management by Controlling Shareholders Who Plan for Stock Gifts: Korean Evidence"(*Asia-Pacific Journal of Accounting and Economics*, 2017), 공저
- "Financial Disclosure Incentives and Organizational Form Changes"(*Asia-Pacific Journal of Financial Studies*, 2016), 공저 외 다수

▌조성표(趙盛豹)

연세대학교 상경대학 졸업(경영학 학사)
한국과학기술원(KAIST) 경영과학과 졸업(공학 석사)
연세대학교 대학원 졸업(경영학 박사)
공인회계사(등록번호 : 1757호), 경북대학교 기획처장, BK사업단장, 융합기술경영사업단장 역임
Fulbright Visiting Scholar at Purdue University
Asian Accounting Associations, 2018 Best Paper Award
한국경영학회 '학회창립 60주년기념 최우수논문상' 수상
Global Engagement Committee, American Accounting Association 위원 역임
제37대 한국회계학회 회장 역임
공인회계사, 행정고시 출제위원 역임
(현) 경북대학교 경영학부 명예교수

〈주요 저술〉

- 연구개발 관리와 회계(형설출판사, 1996), 공저
- 공학회계 제6판(청람, 2020), 공저
- 돈 걱정 없는 인생(CUP, 2008)
- Sunder, Shyam ed., *A chapter in Japanese Style Accounting*(Quorum Books, 1999)
- Comparative Analysis on the Performance Evaluation of National R&D Projects(*Asian Journal of Technology Innovation*, 2009), 공저
- 杉本德榮 · 조성표 편저, 『韓國企業の IFRS 導入』, (中央經濟社, 日本 東京, 2011), 공저

▌한승엽(韓承燁)

서울대학교 경영대학 경영학과 졸업(경영학 학사)
The University of Texas at Austin, MBA 졸업(경영학 석사)
서울대학교 경영대학 경영대학원 졸업(경영학 박사)
삼일회계법인 감사 본부 Associate
금융감독원(복합금융감독실, 회계감독국, 비서실, 보험리스크제도실) 선임조사역
금융위원회 자본시장조사단 선임검사역
공인회계사(등록번호 : 12427호)
한국회계학회 회계학연구 '우수논문상' 및 회계저널 '우수논문상', 한국공인회계사회 회계 · 세무와 감사 연구 '최우수논문상'
(현) 이화여자대학교 경영대학 부교수

〈주요 저술〉

- "신용카드 포인트 리워드 거래에 대한 이해: 회계적 고려사항과 재무정보 비교가능성을 중심으로"(회계저널, 2022), 공저
- "건설사업과 경제적 실질 우선 원칙: 시행사와 시공사 관계를 중심으로"(회계저널, 2022), 공저
- "IFRS 17(보험계약) 수익성 정보의 이해와 해석: 수익 인식 체계의 비일관성을 중심으로"(회계저널, 2021)
- "대규모 기업집단 총수일가의 경영 참여와 감사보수"(회계학연구, 2021), 공저
- "Financial Reporting Quality of Privately Held Firms: Evidence from Private Corporations versus Limited Companies"(*Asia-Pacific Journal of Accounting and Economics*, 2020), 공저 외 다수

▌선우희연(鮮于希娟)

서울대학교 경영대학 경영학과 졸업(경영학 학사)
서울대학교 경영대학 경영대학원 졸업(경영학 석사 및 박사)
삼일회계법인 감사 및 세무 본부
프랭클린템플턴투신운용 고유회계부서
SC금융지주회사 세무부서
공인회계사(등록번호 : 8792호)
한국회계학회 회계학연구 '우수논문상' 및 'KAA-한경논문상', 한국경영학회 '최우수논문상' 등
(현) 세종대학교 경영학부 부교수

〈주요 저술〉

- "An empirical analysis of gender differences in asymmetric labor adjustment: Evidence from Korea"(*Review of Accounting Studies*, 2024), 공저
- "National culture and the revenue-expense matching"(*Journal of International Financial Management & Accounting*, 2023), 공저
- "ESG 중요성 공시의 유용성"(회계학연구, 2022), 공저
- "연구개발 지출의 수익성, 지속성, 자본화, 가치관련성의 추세"(회계저널, 2021), 공저
- "주기적 감사인 지정제의 이행비용: 피감법인의 효용변화를 중심으로"(회계학연구, 2020), 공저
- "Income shifting by NOL firms when loss carry-forward period is extended"(회계학연구, 2019), 공저 외 다수

IFRS 중급회계 연습문제 해답 – 2025년판

공저자	정운오 · 조성표 · 한승엽 · 선우희연
발행자	한헌주
발행처	도서출판 **경문사**
	서울특별시 서대문구 독립문로 21-9
	전화 738-7035 FAX. 722-4678
	E-mail : kmsp@korea.com
	홈페이지 : http://www.kmsp.co.kr
등 록	1995년 11월 9일 제300-1995-138호

2009년 3월 10일 초 판 발행
2025년 2월 25일 2025년판 발행

정가 20,000원

ISBN 978-89-420-0044-9 93320